JN376182

포퓰리즘의 거짓 약속

LEFT BEHIND:
LATIN AMERICA AND THE FALSE PROMISE OF POPULISM by Sebastian Edwards

Copyright © 2010 by The University of Chicago
All rights reserved.
Korean translation rights © 2012 by Sallim Publishing Co.
This translation rights are licensed by The University of Chicago Press, Chicago, Illinois, USA through Amo Agency Korea.

이 책의 한국어판 저작권은 Amo Agency를 통한
The University of Chicago와의 독점계약으로 (주)살림출판사가 소유합니다.
저작권법에 의하여 한국 내에서 보호를 받는 저작물이므로 무단전재와 복제를 금합니다.

포퓰리즘의 거짓 약속

라틴아메리카, 희망에서 좌절의 대륙으로

세바스티안 에드워즈 지음 | 이은진 옮김

살림Biz

이 책을 시어도어 마누엘에게 바친다.

서문
■ ■ ■

라틴아메리카 경제 개혁의 실패는 무엇 때문인가

500여 년이 넘는 라틴아메리카의 경제사는 비애와 좌절의 역사이다. 1700년대에만 해도 엇비슷했던 아메리카 대륙 남과 북의 생활 수준은 점점 격차가 벌어져, 1820년에는 라틴아메리카의 일인당 국민소득이 미국과 캐나다의 3분의 2 수준밖에 되지 않는 지경에 이르렀고, 2009년에는 북아메리카 일인당 국민소득의 5분의 1에 불과한 수준으로 떨어졌다. 그리고 이런 지속적 경제 침체는 수백만 명의 삶을 바꾸어놓았다. 수많은 라틴아메리카의 젊은이들이 고국을 등지고 기를 쓰고 다른 나라로 떠나가도록 만든 것이다. 매년 라틴아메리카 인구 약 40만 명(합법적 이민자 수)이 미국으로 이민을 가고, 수십만 명에 달하는 사람들이 유럽연합에 불법 체류 중이다. 이 책은 최근 수십 년간 이렇다 할 성과 없이 지지부진한 경제실적, 되풀이되는 위기, 인플레이션, 빈곤, 권위주의 정권의 악순환의 고리를 끊으려고 노력해온 라틴아메리카에 관한 이야기이다. 라틴아메리카가 1990년대와 2000년대에 시도해온 개혁의 역사, 이른바 '워싱턴 컨센서스Washington Consensus' 개혁의 역사를 기록한 책이라 할 수 있다. 또한 국가 경제와 제도를 현대화하려고 애써온 라틴아메리카 정부들의 투쟁의 역사이며, 사회 여건을 개선하고 가난과 불평등을 줄이려고 애써온 라틴아메리카 역사의 기록이기도 하다.

20세기 초반, 처음 10년 동안 많은 라틴아메리카 국가는 세계화의 실체에 실망감을 감출 수 없었다. 우고 차베스Hugo Chávez, 에보 모랄레스Evo Morales, 라파엘 코레아Rafael Correa, 네스토르 키르치네르Néstor Kirchner 등 포퓰리스트 정치인들이 융성하는 세태도 실망스럽기는 마찬가지였다. 이 책은 라틴아메리카 국가들이 느낀 이런 실망감에 대해 다룬다. 또한 포퓰리즘을 거부한 대표적인 정치인, '룰라'라는 이름으로 더 유명한 브라질 대통령 루이스 이나시우 다 시우바Luiz Inácio da Silva와 현대화 개혁, 자본주의, 경제 개방에 성공한 칠레의 사례를 살필 것이다. 장기적 관점에서 앞에서 열거한 문제들을 포괄적으로 다루되, 우선 라틴아메리카가 스페인으로부터 물려받은 제도를 분석하며 이야기를 시작하려 한다. 그러고 나서 스페인이 라틴아메리카에 남긴 식민 유산과 영국의 지배를 받은 북아메리카의 식민 유산을 비교하고, 독자들이 역사적 배경을 제대로 이해할 수 있도록 1940년부터 1990년까지 반세기 동안 라틴아메리카가 온 몸으로 겪어온 보호무역주의와 산업화의 경험을 상세히 분석할 것이다. 그 다음에 1820년대에 스페인으로부터 독립한 초창기부터 줄기차게 이 지역에 영향을 끼쳤던 통화위기에 대해서도 살펴볼 것이다.

2006년에 나는 마드리드 카를로스3세 대학교에서 강연을 한 적이 있다. 그때 「역사적 관점에서 본 세계경제의 위기와 성장」이라는 소논문을 발표하면서 라틴아메리카의 미래가 상당히 암울하다고 언급했다. 1990년대에 각국 정부가 추진한 현대화 개혁은 수박 겉핥기식으로 끝나버렸고, 대부분의 국가가 경제·제도적 비능률성과 후진성을 끝까지 파고들지 못했기 때문이다. 그 결과 대부분의 라틴아메리카 국가가 여전히 불필요한 요식 체계와 보호무역주의, 경쟁 부재, 부실한 제도에 발목이 잡혀 있다고 지적했다. 덧붙여 라틴아메리카의 실패는 미국과 유럽연합에도 결코 좋을 것이 없다고 강조했다.

이제 저성장은 라틴아메리카의 고유한 특징처럼 굳어졌다. 그런데 지정학적으로 이 지역의 빈곤 문제는 서구세계에 잠재적 위험요소로 작용할 수밖에 없다. 라틴아메리카 국가들이 경제개혁에 실패하면 사회적 압력은 그만큼 높아지고, 이는 곧 불법 이민으로 표출되기 때문이다. 울타리를 더 높게 치고 마드리드 바하라스 공항에 더 엄격한 이민국 관리들을 배치한다고 해서 이민 행렬을 단속할 수는 없다. 경제 실패는 곧 국가의 실패, 폭력, 암살, 불처벌, 마약 밀매로 이어진다. 최근 몇 년 동안의 멕시코 사례는 정부 기관이 마약 조직과 무법자들을 통제하지 못할 때 무슨 일이 벌어지는지 똑똑히 보여주었다. 실패한 정부는 테러리스트들에게 은신처를 제공했다. 국제법을 무시하고 국제사회의 외교적 결단에도 협력하지 않았다. 선진국들도 라틴아메리카가 그동안의 부진을 씻고 높이 날아오르길 바란다. 여기에는 의심의 여지가 없다. 그러나 그들의 염원이 아무리 간절하다 한들 이 지역에 사는 5억 명의 국민보다 더하겠는가. 따라서 논의를 진행하기에 앞서 다음과 같은 질문을 던지지 않을 수 없다. 라틴아메리카는 왜 그토록 오랫동안 뒤처져 있는 것일까? 왜 매번 경제를 위태롭게 만드는 조치를 단행하는 것일까? 왜 라틴아메리카와 선진국 간의 소득 격차는 줄어들 줄을 모르고 점점 더 벌어지기만 하는 것일까?

  마드리드에서 강연을 마쳤을 때 많은 학생과 동료 들이 이 주제에 관한 책을 쓰고 있느냐고 물었었다. 그때는 아니라고 대답했다. 당시에는 당면한 연구 과제로 눈코 뜰 새 없이 바빴고, 불균형한 세계경제에 관한 책을 쓸 계획이었다. 그러나 라틴아메리카를 둘러싼 일련의 의문들이 도무지 머릿속에서 떠나지 않았다. 나도 모르게 라틴아메리카의 경제사에 관한 책을 구상하게 되었다. 그러다 2007년 멜버른대학교에서 있었던 강연에서도 다시 라틴아메리카 문제를 화두로 삼았고, 이번에도 강연 내용을 책으로 쓸 계획이 있느냐는 질문을 받았다. 이번에는 단호하게 부인하지 않았다. 아마도 그럴 것 같다고 대답했다.

사실 멜버른에서 대강 책의 개요를 짰다. 친구 맥스 코르덴W. Max Corden과 오랜 시간 기분 좋은 대화를 나누는 동안 내가 이 책에서 다룰 거의 모든 주제와 국가에 관한 조사를 이미 마쳤다는 사실을 깨달았다. 그리고 새로운 책이 1995년 옥스퍼드대학출판부에서 나온 『라틴아메리카의 위기와 개혁: 절망에서 희망까지Crisis and Reform in Latin America: From Despair to Hope』라는 책의 후속편이 될 것이라는 사실을 알고 나서 책을 집필하고 싶은 마음이 더 강해졌다. 그러나 정작 실제로 책을 쓰기 시작하고 나서는 계속 써야 할지 갈피를 잡지 못했다. 나중에 오스트레일리아부터 칠레 산티아고까지 여행하면서 태평양 상공 3만 5,000피트 높이에서야 비로소 확신이 섰다.

책을 쓰는 과정에서 많은 이들에게 빚을 졌다. 로스앤젤레스에서 나를 도와준 알베르토 나우던, 크리스틴 리치먼드, 제시카 롤단에게 고맙다는 말을 전하고 싶다. 긴 시간 토론하며 의견을 나눠준 동료 에드워드 리머, 알 하버거, 로메인 와치아그, 디팍 랄에게도 신세를 졌다. UCLA 앤더슨경영대학원에서 재정학 토론에 참여해준 참가자들에게도 고마움을 전하고 싶다. 그곳에서 나는 경제개발, 라틴아메리카, 시장, 포퓰리즘에 관한 나의 시각을 개진하고 여러 사람의 의견을 들을 수 있었다. 안드레스 벨라스코, 로베르토 리고본, 로베르토 스테이너, 마우리시오 카르데나스, 리카르도 하우스만, 로드리고 베르가라, 하랄 베이어, 후안 안드레스 폰테인, 대니얼 아르타나, 카를로스 로드리게스, 이갈 마겐조, 로베르토 알바레스, 모이세스 나임, 호르헤 카스타네다, 막시모 랑거, 파트리시오 나비아, 호세 데 그레고리오와 나눈 대화도 주제를 더 날카롭게 만드는 데 큰 도움이 되었다. 지난 몇 년간 나는 기예르모 칼보에게 많은 것을 배웠다. 오랜 시간 인내하며 너그럽게 대해준 그에게 감사한다. 통찰력 있는 독자는 벌써 눈치챘겠지만 훌륭한 지성인이자 문필가이며 그리운 나의 친구 고故 루디거 돈부시Rudi Dornbusch에게도 말로 다할 수 없이 많은 빚을 졌다. 이 책 일부분을 읽고 의견을 나누고 격려와 지지를 아끼지 않았던 많은 학생과 친구 들에게도 감사한다.

원고를 수정하는 과정에서도 지혜로운 동료들의 조언을 받고 감탄했던 기억이 난다. 검토자들이 보내준 모든 비평이 최종 원고를 다듬는 데 도움이 되었다. 모두에게 감사를 전한다. 바르셀로나에 있는 에이전트 윌리 샤벨존과 시카고대학교 출판부 편집자 데이비드 페빈에게도 감사한다. 두 사람이 보내준 아낌없는 격려와 열정적이고 유용한 조언이 큰 도움이 되었다. 그러나 그 누구보다 많은 신세를 진 사람은 내 아내 알레한드로 콕스 에드워즈다. 나는 모든 논점과 생각을 아내와 나누었다. 내 생각에 항상 동의하지는 않았지만, 늘 관심을 보이며 경청하고 조언과 격려를 아끼지 않은 아내에게 감사를 전한다.

차례

서문 · 5

1장 라틴아메리카, 영원한 미래의 땅 · 17

라틴아메리카의 경제적 미래와 미국 · 22
워싱턴 컨센서스부터 포퓰리즘의 부활까지 · 25
라틴아메리카 경제 현대화의 주요 쟁점 · 29
국가의 번영과 성장 이행의 역학 · 34

| PART 1 | 식민지 시대 이후부터
워싱턴 컨센서스까지

2장 라틴아메리카의 침체 · 47

점진적이고 지속적인 침체의 역사 · 48
부실한 제도와 장기 침체 · 53
통화위기, 경기불안, 인플레이션 · 65
불평등과 빈곤 · 70
미국, 미래의 침입자? · 74

3장 진보를 위한 동맹부터 워싱턴 컨센서스까지 · 89

쿠바혁명과 진보를 위한 동맹 · 90
보호무역주의와 사회 여건 · 95
실업과 비공식 노동시장 · 104
재정 낭비, 통화 팽창, 불안정, 통화위기 · 107
석유파동과 외채위기 · 110
잃어버린 10년, 시장개혁, 워싱턴 컨센서스 · 114

PART 2 | 1989-2002, 워싱턴 컨센서스와 반복되는 위기

4장 등뼈가 부러진 자유주의 · 123

제도와 경제실적 · 128
라틴아메리카의 경제성적표 · 133
지키다 만 십계명, 경제정책 개혁 · 146
평범한 정책과 부실한 제도 · 167

5장 칠레, 라틴아메리카에서 가장 빛나는 별 · 169

1970-1973, 살바도르 아옌데 시대 · 171
시카고 보이스와 칠레의 시장 견학 · 174
시카고 보이스, 정치, 노동조합 · 180
칠레, 성장 이행의 성공사례 · 184
실용주의, 시장, 성공 · 189
칠레식 자본 통제 · 191
제도의 주요 역할과 실패 사례 · 194
칠레의 성공 열쇠 · 199

6장 멕시코, 신과는 너무 멀고 미국과는 가까운 · 200

날조된 멕시코의 기적 · 203
환율, 자본 유입, 대외 불균형 · 207
1994, 반복되는 악몽 · 211
데킬라 위기의 여파 · 218
멕시코 위기가 주는 교훈 · 222
환율 고정, 라틴아메리카 국가들이 반복하는 실수 · 225

7장 아르헨티나, 모든 위기의 어머니 · 232

불안정과 고인플레이션의 기나긴 역사 · 234
태환법, 정부의 두 손을 묶다 · 235
멕시코 위기와 태환법의 함정 · 238
고정환율에 발목 잡히다 · 242
1999-2001, 외부 충격을 견디지 못하는 무능력 · 243
예견된 재앙 · 246
평가절하, 채무불이행, 표시 통화 변경 · 251
사회비용, 회복, 포퓰리즘 · 255

PART 3 라틴아메리카와 포퓰리즘의 덫

8장 21세기의 포퓰리즘, 네오포퓰리즘, 불평등 · 265

포퓰리즘과 네오포퓰리즘 · 268
포퓰리스트의 사이클 · 272
네오포퓰리즘 정책 · 274
라틴아메리카의 불평등과 네오포퓰리즘 · 277
개방, 세계화, 불평등, 사회 여건 · 281

소득 격차와 교육 • 286
포퓰리즘과 정치제도 • 292
네오포퓰리즘과 신헌정주의 • 296

9장 차베스와 룰라 • 304

차베스와 베네수엘라의 포퓰리즘 • 306
볼리바르혁명, 그리고 좌절 • 314
차베스와 사회 여건 • 318
브라질, 포퓰리즘이 없는 나라 • 326
룰라의 브라질, 경제 안정과 사회정책 • 334
룰라의 실용주의, 차베스의 이데올로기 • 338
룰라 이후 브라질의 도전 • 343

PART 4 | 라틴아메리카의 미래

10장 21세기의 라틴아메리카 • 351

국가 제도와 마약 무역 • 356
퇴행, 정체, 비상, 라틴아메리카의 세 갈래 길 • 362
라틴아메리카의 미래를 향한 도전 • 370

각주 • 373   참고문헌 • 395

1장

라틴아메리카, 영원한 미래의 땅

2003년 1월 1일, '룰라'라는 이름으로 더 유명한 루이스 이나시우 다 시우바가 브라질 대통령에 취임했다. 시종일관 엄숙한 분위기에서 진행된 취임식은 그 자체가 상징적 사건이었다. 노조위원장 출신에다 사회주의자를 자임하는 인물이 라틴아메리카 국가에서 대통령에 당선된 것은 룰라가 처음이었다.[1] 룰라가 속한 노동자당 PT: Partido dos Trabalhadores은 수년간 대기업 및 은행의 국유화, 철저한 농지개혁, 사회주의 노선을 지향했다.

룰라의 당선은 브라질 역사에 일어날 지각변동의 예고인 동시에 브라질의 신생 민주주의를 시험해볼 기회였다. 1964년부터 1985년까지 20년이 넘도록 브라질은 군사 독재정권 지배 아래 있었다. 군부는 정적인 좌파들을 끊임없이 박해하고 감금하고 고문했다. 룰라도 1970년대를 감옥에서 보내야 했다. 대대로 육군 장교를 배출한 군인집안 출신의 대학교수였던 룰라의 전임자 페르난두 엔리케 카르도수도 1960년대에는 망명생활을 할 수밖에 없었다.

브라질에서 가장 현대적인 도시 브라질리아에서 열린 룰라의 취임식에는 전 세계 국가 원수와 정부 관료, 고위 공무원들이 대거 참석했다. 그러나 취임식장 어디에서도 조지 부시 대통령의 모습은 볼 수 없었다. 부통령 딕 체니와 국무부장관 콜린 파월은 물론이고 다른 국무위원의 모습도 마찬가지였다. 부시 행정부에서 파견한 인물은 미국 통상 대표 로버트 졸릭이었다. 로버트 졸릭이 수완 좋은 관료임엔 틀림없지만 정치적으로나 외교적으로나 대통령 취임식에 걸맞은 인물은 아니었다.[2] 룰라는 타고난 쾌활함과 유머 감각으로 모욕감을 누르고 북아메리카에 있는 동료들을 만날 일이 앞으로 많을 거라고 말했다.

그러나 라틴아메리카의 다른 국가 원수들과 관료들은 룰라처럼 마음이 넓지 않았다. 그들은 대놓고 불쾌감을 드러냈다. 미국에서 격에 맞는 대표를 보내지 않은 것은 외교적으로 심각한 모욕이었다. 쿠바나 멕시코 같은 몇몇 국가를 빼면 라틴아메리카 지역은 미국 정치외교에 있어 우선순위가 아니라는 점을 확인시키는 처사였다. 이 사건은 라틴아메리카가 '잊힌 대륙'이라는 사실을 다시 한번 확인해주었다.[3]

그러나 룰라가 옳았다. 당선되고 4년이 지나자 룰라 정부와 부시 행정부 사이의 균열은 자연스럽게 메워졌다. 룰라는 재선에 성공했고 콘돌리자 라이스 국무부장관이 룰라의 두 번째 취임식에 참석했다. 룰라는 부시 대통령과도 관계를 돈독히 했다. 2007년에는 라틴아메리카 국가의 정치지도자로서는 처음으로 미국 대통령 전용 별장인 캠프 데이비스에 초대를 받았다. 이렇게 경제적으로나 외교적으로 미국과 관계를 개선할 수 있었던 것은 룰라가 노동자당이 오랫동안 지지해온 좌파 정책과 거리를 둔 덕분이었다. 대신 룰라는 인플레이션을 줄이고 주식시장을 활성화하여 외국인 투자를 상당한 수준으로 끌어올리는 시장 중심의 경제정책을 추진했다. 룰라가 재정긴축, 경제안정, 무역 개방, 시장지향에 집중한 덕분에 2008년에는 미국 신용평가회사 S&P Standard & Poor's에서도 브라질의 국가 신용등급을 '아주 인기 있음'이라는 투자등급으로 분류했다. 이로써 브라질은 외국인 투자를 더 유치하고 저금리로 차관을 들여올 수 있었다.

이렇게 브라질의 이야기는 해피엔딩을 향해 흘러갔다. 그러나 다른 라틴아메리카 국가들은 상황이 좋지 않았다. 21세기 초부터 라틴아메리카의 대중은 갈수록 좌파 성향으로 기울었다. 미국과 미국의 경제 및 외교정책을 대놓고 비판하는가 하면 포퓰리즘 정책을 밀어붙이는 인물을 대통령으로 선출했다. 포퓰리스트 중에는 상대 후보와 압도적인 표차로 당선되는 경우도 더러 있었다.

베네수엘라의 우고 차베스는 대중의 인기에 영합하여 반미를 주장하는 라틴아메리카 정치지도자들 중에서도 가장 목소리가 큰 인물이다. 물론 우고 차베스 말고도 꽤 많다. 아르헨티나의 네스토르 키르치네르와 크리스티나 페르난데스 Cristina Fernández de Kirchner, 볼리비아의 에보 모랄레스, 에콰도르의 라파엘 코레아, 파라과이의 페르난도 루고 Fernando Lugo, 니카라과의 다니엘 오르테가 Daniel Ortega도

1장 라틴아메리카, 영원한 미래의 땅 19

미국과 시장경제를 대놓고 비난했다. 이들은 모두 대중의 인기에 영합하는 미사여구를 동원하여 세계화를 성토하고 라틴아메리카 경제를 위해 정부의 역할을 크게 늘려야 한다고 주장했다. 지난 몇 년간 이들은 민영기업 대부분을 국영화했다. 무역장벽도 대폭 높이고 물가, 투자, 기업 활동에 대한 정부규제도 더 강화했다. 볼리비아, 에콰도르, 베네수엘라를 포함한 많은 국가가 새로운 헌법을 제정하여 사회주의 사회로 나아가는 기틀을 다지는 한편 좌파 대통령의 연임을 보장하는 법적 조치를 단행했다.[4]

우고 차베스 대통령은 자본주의, 외국인 투자자, 국제 사업을 규탄했다. 이 밖에도 베네수엘라 대법원을 측근들로 채우고, 정적들 소유의 TV 채널을 폐쇄하고, 이웃나라 콜롬비아와 외교관계를 끊었다(며칠 만에 원상태로 돌려놓긴 했다). 다른 국가들의 내정에 간섭하고, 병색이 짙은 피델 카스트로Fidel Castro의 둘도 없는 협력자임을 자처했다. 2006년 9월에는 유엔에서 조지 부시를 '악마'라 칭하고 "세계를 자기 손아귀에 넣기라도 한 것처럼 행동한다."고 비난을 퍼부었다.

비난의 화살은 미국에만 쏟아진 게 아니었다. 2007년 11월 칠레 산티아고에서 열린 이베로-아메리카 정상회담에서는 스페인의 국왕 후안 카를로스와 심한 언쟁을 벌였고, 스페인 국무총리를 역임한 호세 마리아 아스나르를 가리켜 '파시스트', '뱀' 같은 인간이라고 비난했다. 나중에는 스페인에 기반을 둔 다국적 기업을 베네수엘라에서 추방하겠다고 으름장을 놓기도 했다. 2008년 5월에는 독일 총리 앙겔라 마르켈에게 비난을 쏟아붓고 마르켈이 속한 기독

교민주당이 '아돌프 히틀러의 노선'을 따른다고 공격했다.[5]

2009년 2월, 우고 차베스는 자기가 바라는 대로 대통령직을 연임할 수 있는 개헌안을 국민투표에 부쳤고 승인받았다. 일이 술술 풀려서 2013년에 재선에 성공하면 우고 차베스는 최소한 2019년까지 베네수엘라 대통령으로 군림할 수 있다. 그렇게 되면 재임 기간이 자그마치 21년에 이르게 된다. 칠레의 아우구스토 피노체트를 포함하여 최근 이 지역에서 권좌에 오른 그 어떤 독재자보다 훨씬 긴 기간이다. 물론 일이 더 잘 풀리면 무기한으로 권좌를 지킬 수도 있을 것이다. 육군 장교 출신의 우고 차베스는 국민투표에서 승리하자 며칠 뒤 쌀 생산회사들을 인수하고자 베네수엘라 전역에 군대를 파견했다. 그리고 새로 선출된 미국 대통령 버락 오바마가 이른바 조지 부시의 외교정책을 고수한다고 규탄했다. 미국 국무부가 베네수엘라 인권 현황을 조사한 보고서를 연이어서 발표하자 자기네도 깨끗할 것 하나 없으면서 사돈 남 말한다고 불만을 토로하기도 했다.[6]

물론 모든 좌파 지도자가 우고 차베스처럼 자유시장과 세계화에 반대하고 포퓰리즘 정책을 밀어붙이지는 않는다. 멕시코 전 외무부장관 호르헤 카스타네다Jorge Castannda가 '라틴아메리카의 현대 좌파'라 명명한 이들은 우고 차베스나 그의 지지자들과 분명한 대조를 이룬다. 룰라와 브라질의 페르난두 엔리케 카르도수, 칠레의 리카르도 라고스Ricardo Lagos와 미첼 바첼레트Michelle Bachelet, 페루의 알란 가르시아Alan Garcia, 우루과이의 타바레 바스케스Tabaré Vázquez가 대표적 중도좌파에 속한다. 이들 온건파들은 세계화를 악마로 매도

하지 않는다. 2008년 세계 금융위기를 촉발시킨 시장과잉 현상은 비판하지만 시장의 중요성만큼은 충분히 이해하고 있다. 혁신과 효율이 경제성장의 핵심이라는 점도 인정한다. 물론 이들도 불평등을 줄이려면 정부가 더 많이 개입하고 규제해야 한다고 확신하지만 그렇다고 과격한 사회주의자는 아니다. 이들이 도입하고 싶어 하는 정책은 바로 서유럽의 사회민주주의 정책이다.[7]

라틴아메리카의 경제적 미래와 미국

5억이 넘는 인구에 방대한 양의 천연자원을 보유한 라틴아메리카의 경제적 미래는 주변국에도 무척 중요한 영향을 끼친다. 특히 이렇다 할 성과를 내지 못하고 제자리를 맴도는 라틴아메리카 경제는 미국에도 하등 좋을 것이 없다. 라틴아메리카에서 소득, 일자리, 임금 등의 상승 속도가 너무 느리거나 상황이 악화되어 침체 국면에 접어들면 미국으로 흘러드는 불법이민자 수가 가파르게 상승할 가능성이 크기 때문이다.

지난 10년간 매년 50만 명에 육박하는 불법이민자가 미국으로 흘러들었다. 불법이민자라고 하면 주로 멕시코인과 중앙아메리카 사람들이던 시대는 지나갔고, 지금은 아르헨티나, 볼리비아, 콜롬비아, 에콰도르, 파라과이, 페루, 베네수엘라 등 라틴아메리카 곳곳에서 수많은 사람이 고국을 떠나 미국으로 향한다. 경기가 안 좋을수록 불법으로 국경을 넘는 사람 수가 늘어나는 것은 당연하다. 불법이민은 미국뿐 아니라 유럽연합에도 영향을 끼친다. 21세기에 들어서 많은 라틴아메리카인이 스페인, 포르투갈, 이탈리아, 프랑스 등으로 불법이민을 했다. 대부분 이렇다 할 기술이 없는 가난한 젊은이들이다. 이에 유럽 당국은 2005년 초 라틴아메리카에서 몰려오는 불법이민자를 단속하기 위해 공항 심사를 강화했다. 나이와 직업을 막론하고 수많은 라틴아메리카인이 입국을 거부당하고 억류되었으며 본국으로 송환되었다.

경제성장에 실패한 라틴아메리카가 빈곤과 불평등의 늪에 빠지는 것은 불 보듯 뻔하다. 국민은 라틴아메리카의 불운이 죄다 자본주의와 세계화 탓이라고 비난하고, 결국 또다시 보호무역정책과 정부규제가 단행될 것이다. 미국에 기반을 둔 다국적 기업과 스페인 은행, 유럽 공익기업은 더 강경해진 각종 규제와 심각한 국유화의 위험에 직면할 것이다. 또한 경제성장이 좌절되면 지적재산권과 같은 영역에서의 경제협력도 더 어려워질 수밖에 없다. 베네수엘라와 에콰도르 같은 몇몇 산유국은 으레 석유 공급 흐름을 교란하여 미국에 심각한 경제 혼란을 유발할 것이다.

이뿐 아니다. 라틴아메리카와 미국 간에는 외교협력 문제도 얽혀 있다. 많은 라틴아메리카 국가는 미국과 동맹이면서도 정작 유엔을 비롯한 국제 포럼에서 늘 미국의 발의를 지지하지 않았다. 일례로 2003년 4월, 콜린 파월 국무부장관이 유엔 안전보장이사회에서 이라크에 대한 핵심 결의안을 제의했을 때도 칠레와 멕시코는 거부했다. 이런 마당에 라틴아메리카 전역에 반미 정서마저 퍼지면 결정적 순간에 협력을 얻어내기는 더 어려워질 것이다.

게다가 라틴아메리카 경제가 현저히 쇠퇴하면 마약 밀매, 밀

수, 화폐 위조, 돈세탁 같은 불법 활동이 늘어날 가능성도 커진다.[8] 2008년과 2009년 사이, 멕시코에서는 마약 관련 폭력 사건이 크게 증가했다. 사법 당국에서 발표한 각종 보고에 따르면 시날로아Sinaloa라는 멕시코 최대 마약 범죄조직이 이미 미국의 여러 도시에 침투한 것으로 드러났다.

경기침체가 심해질수록 라틴아메리카 지역은 테러리즘이나 테러리스트들의 위협에 치밀한 경계 태세를 취하지 못할 가능성이 크다. 멕시코와 미국의 국경지대는 테러리스트들이 미국에 밀입국하는 경로로 즐겨 이용할 만큼 허술하다. 아르헨티나와 브라질, 파라과이 3국의 접경지대도 온갖 불미스러운 인사들이 모여드는 곳으로 악명이 높다. 개중에는 이름만 대면 알 만한 테러리스트들과 관련이 있는 인물도 있다.

물론 라틴아메리카의 미래가 반드시 경기침체와 실패로 점철되리라는 법은 없다. 몇몇 국가는 향후 20년 안에 사회 여건을 개선하는 한편 탄탄한 경제성장을 보여줄 수도 있다. 라틴아메리카 지역에 지긋지긋하게 따라붙던 '미래의 땅'이라는 자조적인 꼬리표를 뗄 수 있을지도 모른다. 그러나 먼저 라틴아메리카가 혁신을 장려하고 효율성을 높이고 제도를 현대화해야 가능한 일이다. 교육의 질을 개선하기 위해 중대 개혁을 단행해야 하며, 갈수록 복잡해지고 치열해지는 국제 경쟁에서 살아남는 데 필요한 기술을 익혀야 한다. 하지만 가장 덩치가 큰 브라질을 비롯해 라틴아메리카가 현대화라는 새로운 압력에 맞설 정치적 준비가 되어 있는지 아닌지는 아직 좀 더 살펴보아야 할 문제다.

워싱턴 컨센서스부터 포퓰리즘의 부활까지

라틴아메리카가 좌파로 기울기 시작한 것은 1990년대에 추진한 시장 중심 개혁에 깊은 환멸을 느끼면서부터다. '워싱턴 컨센서스'로 알려진 개혁정책에는 긴축재정, 인플레이션 축소, 국제무역에 대한 규제 철폐, 국영기업의 사유화가 포함되어 있었다. 또한 수십 년간 투자를 억제하고 부패를 조장해온 번문욕례(번거로운 관청절차)와 통제 및 규제에 매어 있던 시장의 자유화 요구도 있었다.[9]

워싱턴 컨센서스 개혁은 전체 라틴아메리카 국가 정책의 급격한 변화를 의미한다. 1940년대부터 자유시장을 탐탁지 않아 했던 라틴아메리카의 모든 국가는 국내 산업을 보호하는 거대한 관세장벽에 의존해왔다. 대부분 대규모 적자재정에 허덕였고 끝없이 치솟는 인플레이션을 경험했으며 되풀이되는 통화위기에 직면했다. 그러다 1980년대 후반에 교착 상태에 빠져버렸다. '잃어버린 10년'이라 불리는 10년간 일인당 평균 소득은 마이너스 성장을 기록했고 실업률은 치솟았다. 인플레이션이 세자릿수에 이르는 국가도 꽤 많았다. 게다가 소득분배 불평등 지수가 세계에서 가장 높았고 빈곤율은 경악할 정도였다. 바로 이때 라틴아메리카의 정치인들은 연이어 중대한 방향 전환에 착수했다. 서둘러 외국인 투자를 유치하고, 수입관세를 낮추고, 사업규제를 철폐하고, 재정적자를 줄이고, 국영기업을 민영화했다.

이런 워싱턴 컨센서스 개혁은 1990년대 초반만 해도 열매를 맺는 듯했다. 인플레이션이 상당히 줄었고 경제성장에도 가속도가 붙었다. 인플레이션을 감안한 실질임금도 인상되었다.[10] 국제통화기금과 세계은행 관리들을 비롯한 낙관론자들은 라틴아메리카가 마침내 '미래의 땅'이라는 꼬리표를 떼고 높이 날아오르리라 확신했다. 경제성장, 사회 여건 개선, 번영 같은 찬란한 단어들이 수십 년간 이어져온 지지부진한 경제실적과 사회 전반에 만연한 불평등, 반복되는 정치 및 경제 불안을 대체할 수 있다고 전망했다. 라틴아메리카 대부분의 나라에서 1990년대 전반기는 희망과 기대에 부풀었던 시기다.[11]

그러나 발전은 오래 가지 못했다. 설비, 기계, 사회기반시설에 대한 투자도 효율성도 장기 경제성장을 뒷받침할 수 있을 만큼 충분히 증가하지 못했다. 제도 개혁도 이뤄지지 않았고 재산권도 충분히 보호받지 못했으며 법치도 개선되지 않았다. 빈곤율도 그다지 줄지 않았고 소득분배의 불균형도 예전에 비해 크게 달라지지 않았다. 게다가 국내 통화 가치를 미국 달러화에 고정하는 정책은 수출업자의 경쟁력을 떨어뜨려 놓았다. 해외에 제품을 수출할 때 달러당 받을 수 있는 페소화(또는 이 지역의 다른 통화)의 양이 줄어들 수밖에 없으니 당연했다.

많은 나라가 지출을 줄이거나 세금을 올려서 공적자금을 관리할 능력이 없었다. 이 때문에 정부는 계속해서 대규모 재정적자를 냈다. 결국 아르헨티나, 브라질, 도미니카공화국, 에콰도르, 멕시코, 우루과이 등 여러 국가가 심각한 통화위기에 맞닥뜨렸다. 1998년 초에는 많은 라틴아메리카 국가가 극심한 경기침체에 빠졌다. 실업률이 치솟고 빈곤율이 증가했다. 1998년부터 2002년까지 라틴아메리카의 일인당 평균 소득 성장률은 0.2퍼센트에 불과했다. 같은 기간에 중국과 인도를 포함한 신흥 아시아 국가의 일인당 소득은 매년 약 2퍼센트씩 증가했다. 라틴아메리카보다 열 배나 빠르게 성장한 셈이다. 소위 '아시아 호랑이'라 불리는 홍콩, 인도네시아, 말레이시아, 싱가포르, 한국, 대만, 태국도 일인당 매년 국민소득이 평균 1퍼센트씩 증가했다.

1990년대를 거쳐 2000년대 초반 라틴아메리카에 위기가 닥치자 사람들은 실망과 당혹감을 감추지 못했다. 통화 가치는 폭락하고 실업률은 증가하고 임금은 하락하고 빈곤율은 치솟았다. 사람들은 워싱턴 컨센서스와 국제통화기금 같은 국제기구에 비난을 퍼부었다. 포퓰리스트 정치인들은 민족주의와 평등주의를 자극하는 미사여구를 총동원하여 보호무역정책을 강화해야 한다고 핏대를 세웠다. 외국인 투자자들과 외국계 기업을 괴롭히고, 외국계 기업을 국유화하고, 거의 몰수에 가까운 비율로 수출관세를 부과하고, 규제와 절차, 요식 체계를 강화하고, 정부의 권한을 강화하는 게 마땅하다고 말했다.

물론 라틴아메리카에 이때 처음 포퓰리즘이 등장한 것은 아니다. 그 전에도 포퓰리스트 정치인이 꽤 있었다. 아르헨티나의 후안 도밍고 페론Juan Domingo Perón, 브라질의 제툴리오 바르가스Getúlio Vargas, 멕시코의 루이스 에체베리아Luis Echeverría와 호세 로페스 포르티요José López Portillo가 대표적인 인물이다. 페루의 알란 가르시아도 첫 임기 때 포퓰리즘 정책을 추진했다. 칠레의 살바도르 아옌데Salvador Allende 행정부, 니카라과의 다니엘 오르테가와 산디니스타 민족해방전선도 포퓰리즘 정책을 밀어붙인 대표적인 사회주의 정부다.

역사적으로 이런 정치지도자들은 대개 카리스마가 있고 개성이 강했다. 대부분 기존의 전통 정당과는 거리를 두었다. 또한 권위주의적인 데가 있고 자유민주주의의 원칙과 제도를 거부하는 경우도 더러 있었다.[12]

1991년, MIT 경제학 교수 루디거 돈부시와 나는 '성장과 소득분배를 강조하는 한편, 인플레이션의 위험, 외부 제약, 공격적인 비시장 정책에 대한 경제 행위자들의 반응을 경시하는 경제 접근방식'을 경제적 포퓰리즘이라 정의했다.[13] 포퓰리스트 정치인의 실험은 엄청난 희열과 대중의 지지 속에 막을 올린다. 하지만 국가 부채를 무한정 늘리거나 단순히 돈을 찍어낸다고 해서 번영을 이어가는 데 필요한 재원이 충당되지는 않는다. 예외 없이 급격한 인플레이션(경우에 따라서는 초인플레이션)과 고실업, 저임금을 심화시키는 실패작으로 막을 내리고 만다. 결국 이런 정책들은 혜택을 기대했던 빈곤층과 중산층을 번번이 실망시키고 더 비참하게 만든다. 이 패턴이 반복될수록 국민이 겪는 고통은 점점 더 심해진다. 그런데 아이러니하게도 포퓰리즘 정책이 제대로 굴러가지 못하고 역효과를 낼 게 뻔해 보이던 바로 그때에 정확히 맞춰 2008년 세계 금융위기가 터짐으로써 포퓰리스트 정치인들은 더 힘을 얻을 수 있었다.

자, 이쯤에서 반드시 짚고 넘어가야 할 점이 있다. 바로 라틴아메리카는 매우 넓고 다양하고 복잡한 지역이라는 것이다. 이 말은 곧 라틴아메리카 혹은 전형적인 라틴아메리카 국가에 초점을 맞춘 모든 연구가 문제를 지나치게 단순화할 여지가 있다는 뜻이다. 하지만 그럼에도 라틴아메리카를 포괄적으로 다루는 이유는 대부분의 라틴아메리카 국가에서 공통으로 나타나는 구조 및 제도의 특징에 집중할 수 있기 때문이다. 나는 이 책에서 가능한 한 다양한 정황을 제시하기 위해 되도록 많은 국가를 다룰 생각이다. 각각의 국가가 겪은 구체적인 경험과 사례를 풍부하게 담을 예정이다. 특히 아르헨티나, 브라질, 칠레, 엘살바도르, 멕시코, 베네수엘라의 사례를 자세히 살펴볼 참이다.

라틴아메리카 경제 현대화의 주요 쟁점

경제분석가, 기자, 학자 들이 내놓은 일반론과는 상반되게 1990년대부터 2000년대까지 대부분의 라틴아메리카 국가는 경제 현대화 작업에 별다른 진전을 보지 못했다. 대부분의 국가에서 경제개혁은 미완성으로 끝나고 말았다. 그러니 경제개혁이 라틴아메리카를 경제 강국으로 변모시키지 못한 것은 당연하다.

전 세계 언론이 호들갑을 떤 것이 무색하게 소위 워싱턴 컨센서스 개혁은 라틴아메리카의 비효율적인 정책 환경의 핵심은 건드리지 못하고 수박 겉핥기식으로 진행될 뿐이었다. 여전히 대다수 라틴아메리카 국가의 경제는 세계에서 가장 규제가 많고 가장 심하게 왜곡되어 있다. 세계에서 보호무역주의가 가장 강한 지역으로 라틴아메리카 대부분의 나라에서 사업을 시작하려면 돈이 너무 많이 든다. 형식적인 절차가 너무 많아서 숨이 막힐 지경이고 세금도 너무 과도하게 부과한다. 극히 일부의 예외가 있긴 하지만 제도가 부실하기 짝이 없다. 재산권은 충분히 보호받지 못하고 사법부는 비효율적이다. 채권회수는 어렵고, 사회 곳곳에 부패가 만연하고, 법치는 제대로 구현되지 않고 있다. 게다가 정부는 예나 지금이나 너무 크고 강하고 아주 비효율적이다. 질 높은 교육과 사회기반시설 같은 기본 서비스를 제공하지도 못하고 연구개발을 지원하지도 못한다. 각국 정부는 밀어붙이기만 할 뿐 무능하기 짝이 없다. 정부가 나서서 독점을 보호하고 스스로 부패의 온상이 되곤 한다.

1990년대 후반부터 2000년대 초반까지 라틴아메리카의 경제실적은 썩 좋지 못했다. 철저한 시장개혁을 단행하지 않고 혁신, 생산성 향상, 지속적인 경제성장을 독려하는 정책과 제도를 도입하지 않은 탓이었다. 일부의 예외가 있긴 하지만 라틴아메리카는 지금 도중에 발목이 꺾여 미완성으로 끝나버린 경제개혁의 후유증을 앓고 있는 것이 분명하다.

이 기간에 라틴아메리카 경제개혁에 차질이 빚어진 원인은 철저한 시장 중심 개혁이 아니라 너나할 것 없이 국내 통화 가치를 높은 미국 달러화에 고정한 탓이다. 이는 곧 외국인들이 페소화나 레이스화, 코르도바화, 콜론화로 환전하려면 지나치게 많은 달러를 내야 한다는 뜻이다. 그 결과 많은 라틴아메리카 수출업자들이 터무니없이 비싼 가격 때문에 세계시장에서 배척을 당했다. 당연히 매출이 떨어질 수밖에 없었다. 많은 국가가 수출 부진과 더불어 점점 늘어나는 무역적자로 애를 먹었다. 결국에는 실업률 급증, 임금 하락, 소득 급락을 유발하는 심각한 통화위기를 겪어야 했다. 예를 들어 멕시코에서는 1994년 12월 페소화 급락 이후 실업률이 두 배

넘게 치솟았고, 아르헨티나에서는 2001~2002년 통화위기 이후 빈곤율이 전체 가구의 40퍼센트로 껑충 뛰었다.

국내 통화 가치를 미국 달러화에 고정하는 정책이 시장 중심 개혁에 필요한 조건도 아니고 현대화 개혁의 핵심 요소도 아니라는 점을 감안하면 왜 그렇게 많은 국가가 이 정책에 매달렸는지 참으로 아이러니하다. 밀턴 프리드먼Milton Friedman의 말대로 국내 통화의 가치가 시장 원리에 따라 자연스럽게 오르내리도록 놔두지 않고 정부가 개입하는 행위는 시장 중심 정책의 기본 교리에 어긋난다. 이러한 환율정책상의 실수는 자만심과 권도權道에서 비롯되었다.

1990년대에는 라틴아메리카의 많은 기술관료가 특정 경제이론을 열렬히 신봉했다. 그리고 여기에 동의하지 않는 사람들을 구식이라거나 무식하다고 몰아붙였다. 이들이 신앙심에 가까운 열정으로 붙들었던 이론 중 하나가 정부가 개입하여 국내 통화 가치를 미국 달러화에 고정하면 인플레이션을 확실히 낮출 수 있다는 개념이었다. 이 개념에 상충하는 증거가 나오면 상관없다며 묵살하거나 덮어놓고 무시했다. 뒤에서 계속 살펴보겠지만 이런 잘못된 믿음이 투기를 부추기고 결국에는 1990년대부터 21세기 초까지 라틴아메리카를 괴롭힌 연쇄 통화위기를 불러왔다. 여기에는 정치인들의 조바심도 한몫했다. 많은 정책결정자가 국내 통화 가치를 높은 미국 달러화에 고정하는 정책을 도입하면 물가를 신속하게 조정할 수 있다고 맹신했다. 또한 두자릿수 인플레이션을 재빨리(아무리 길어도 2년 안에) 없애야 정치적으로 이득을 볼 수 있다고 확신했다.

1990년대부터 2000년대까지 추진한 개혁이 얄팍하고 불완전했던 까닭에 대부분의 라틴아메리카 국가는 여전히 비효율적이고 생산성이 낮고 빈곤율이 높다. 생산성이 낮다는 말은 이들 국가 대부분이 세계시장에서 경쟁하기 어렵다는 뜻이다. 구리, 석유, 철광석, 대두, 소고기, 커피 등 천혜의 자원을 제외하면 대부분의 분야에서 경쟁력이 없는 것이 사실이다. 문제는 원자재 수요가 아주 많음에도(2003년부터 2008년까지는 그랬다) 높은 수출 가격으로 인해 지속적이고 보편적인 번영을 이뤄내지 못한다는 데 있다. 경제성장이 꾸준히 일어나고 임금과 소득이 종합적으로 증가하려면 생산품과 수출품이 어느 정도 수준 이상은 유지해야 한다. 경제학자들이 '고부가가치'라 부르는 상품이 필요한 법이다. 결국 숙련된 노동력과 더불어 혁신과 효율을 장려하는 장려책, 즉 정책과 제도가 뒷받침되어야 한다. 그러나 라틴아메리카 국가들은 워싱턴 컨센서스 개혁을 추진하던 시기를 포함하여 실로 오랫동안 경쟁력을 키우는 정책과 제도를 제대로 확립하지 못했다. 게다가 지난 20년간 그랬던 것처럼 앞으로도 썩 잘해낼 것 같지 않다. 대부분의 라틴아메리카 국가에서 생산성을 높이는 데 필요한 개혁에 착수할 기미가 보이지 않는 것이다.

　앞으로 10년에서 15년 사이에 우리는 라틴아메리카에서 세 부류의 국가를 보게 될 것 같다. 첫 번째 부류는 포퓰리즘을 열렬히 수용하는 나라들이다. 이들 국가에서는 교육의 질도 꾸준히 떨어지고 국가 제도도 약해질 것이다. 생산성이나 효율성의 향상은 거의 기대할 수 없다. 빈민층과 토착민을 위한다는 명목으로 혁신 및 기업 활동의 의욕을 꺾는 정책이 실시될 것이다. 경제성장률은 아주 낮을 것이고 실업률은 증가할 것이다. 암시장이 등장하고 인플레이션이 심화되고 빈곤율 등 사회 여건은 악화될 것이다. 사회불안이 높아지기 십상이고 국가 기관은 범죄 조직이나 마약 조직과의 싸움에서 패할 것이다.

두 번째 부류는 포퓰리스트 정치인들의 유혹에 빠지지도 않지만 효율성을 높이는 정책을 실시하지도 않는 나라들이다. 이들 국가의 정치인들은 정부의 통제와 간섭, 인플레이션, 보호무역정책이 빈곤을 줄이고 생활수준을 높일 수 없다는 사실을 알고 있다. 그러나 효율성을 높이고 경제성장을 끌어 올리는 데 필요한 정책을 실행할 만한 대담함도 정치적 수완도 없다. 이들 국가는 라틴아메리카의 경제 역사를 그대로 답습할 것이다. 잘해야 중간일 거라는 말이다. 빈곤율은 천천히 떨어지고 불평등은 여전할 것이며 국민의 열망은 좌절되고 말 것이다.

마지막 세 번째 부류는 혁신적인 경제발전의 길을 열렬히 수용하는 몇 안 되는 나라들이다. 이들은 실질적인 소득 증가, 사회 여건 개선, 빈곤율 및 불평등 지수 감소를 경험할 것이다. 자국의 제도를 강화하는 한편, 점점 더 다른 라틴아메리카 국가들과 차별화하려 할 것이다. 자국의 소득과 생활수준이 북아메리카와 유럽, 아시아에 있는 선진국의 소득 및 생활수준과 비슷해지는 것을 경험하게 될 것이다.

물론 문제의 핵심은 이 세 부류에 각각 어떤 나라가 속하게 될 것이냐에 있다. 어떤 나라들이 마지막 부류에 속하게 될까? 어떤 나라들이 앞의 두 부류에 속하게 될까? 어떤 나라가 번창하고 어떤 나라가 침체를 겪을까? 어떤 나라가 성장과 번영을 경험하고 어떤 나라가 퇴보할까? 이제 이런 질문을 비롯하여 여기에서 파생되는 여러 질문에 세세히 답을 해나갈 것이다.

국가의 번영과 성장 이행의 역학

경제학자들은 그동안 무엇 때문에 국가들 간에 소득 수준이 차이가 나는지 그 요인에 대해 연구해왔다. 그리고 지난 70년간 이 분야에서 탁월한 진전을 이뤘다. 경제학자들은 다음과 같은 의문들에 답하기 위해 노력했다. 왜 오스트레일리아가 아르헨티나보다 생활수준이 훨씬 높은가? 지난 20년간 아일랜드가 코스타리카보다 훨씬 빨리 성장한 이유는 무엇일까? 왜 동남아시아 국가들은 라틴아메리카 국가들보다 생산성이 높은가?

그리고 각 나라별 장기 소득 수준과 관련하여 일반적으로 받아들여지는 몇 가지 원칙을 세웠다. 첫째, 투명성 제고 및 제도 강화는 장기 경제실적의 차이를 설명할 때 중요한 변수다. 법치를 증진하고 재산권을 보호하고 빠른 갈등 해결을 장려하고 부정부패를 방지하는 제도는 성장과 번영을 촉진하는 데 도움이 된다.[14] 둘째, 국가의 경제정책이 중요하다. 경쟁과 효율성, 수출을 장려하는 정책은 관세장벽으로 국내 산업을 보호하는 정책보다 경제성장에 긍정적인 영향을 끼친다. 셋째, 인플레이션을 억제하고 심각한 통화위기를 피하는 것이 장기 경제실적과 경제성장에서 중요하다.[15]

경제학자들은 생산성을 '생산 요소, 즉 기계와 근로자가 산출로 전환된 효율의 정도'라고 정의한다.[16] 이 말은 곧 오스트레일리아가 아르헨티나보다 생산성이 높으면 두 나라에 비슷한 기술을 지닌 근로자와 기계의 수가 똑같더라도 오스트레일리아가 아르헨티나 더 많이 생산할 수 있다는 뜻이다. 즉, 오스트레일리아가 생산성이 더 높다는 것은 오스트레일리아가 아르헨티나보다 자원을 더 효율적으로 사용한다는 말이다. 경제사가들은 각 나라의 번영과 소득 수준의 차이는 대개 생산성을 높이는 방법에 원인이 있다고 밝혔다. 시간이 흐를수록 생산성이 빠르게 증가한 나라, 즉 더 빠르게 효율성을 높인 나라가 생산성 증가율이 낮은 나라보다 더 잘산다는 말이다. 경제성장을 이끄는 요인에는 여러 가지가 있겠지만 몇몇 나라의 경우에는 수십 년에 걸쳐 이룩한 경제성장의 50퍼센트 이상이 생산성 증가 또는 효율성 향상 덕분으로 파악된다.[17]

정치, 사회, 경제가 안정되면 효율성이 높아지고 결과적으로 생산성이 올라간다. 제도가 학습과 혁신을 뒷받침할 때도 마찬가지다. 경제정책이 경쟁을 장려할 때도 역시 효율성과 생산성이 올라간다. 앞으로 펼쳐질 라틴아메리카 이야기에서도 이런 요소들이 아주 중요한 역할을 할 것이다. 지금까지 라틴아메리카는 이 중 어느 것 하나 제대로 충족시키지 못했다. 워싱턴 컨센서스 개혁은 철저하지 못했고, 생산성 증가 면에서도 눈에 띄는 성과를 내지 못했다. 이 밖에도 생산성 향상을 돕고 장기 경제실적에 이바지하는 요소는 두 가지가 더 있다. 하나는 기계, 설비, 사회기반시설에 대한 투자이고, 다른 하나는 기술이 좋은 근로자를 더 많이 고용하는 것이다. 이 두 가지 요소 역시 라틴아메리카의 지지부진한 경제실적의 원인을 탐구하면서 중점적으로 살펴볼 생각이다.

엘리트만이 아니라 모든 시민의 재산권을 보호하는 것 또한 빼놓을 수 없이 중요한 요소이다. 그런 의미에서 민주주의가 잘 정착될수록 효율성과 생산성은 상승하는 경향이 있다.[18] 마찬가지로 사법부의 독립성이 잘 보장된 사회일수록 혁신 과정에서 부정적인 영향을 받지 않고 효율적으로 당사자들 간의 분쟁을 해결할 수 있는 법이다.[19]

'혁신과 생산성 향상이 경제성장을 이끄는 기본 동력'이라고 맨 처음 주장한 오스트레일리아의 경제학자 조지프 슘페터Joseph Schumpeter는 거의 1세기 전에 혁신과 생산성 향상의 중요성을 꿰뚫어 본 인물이다. 슘페터는 경제성장의 과정이 항상 온화하거나 아름답지는 않다고 했다. 때로는 옛날 방식을 무너뜨리고 오래된 기술을 소멸시킨 끝에 진보와 기술 발전이 이뤄지기도 한다. 그래서 슘페터는 이것을 '창조적 파괴'라 불렀다.[20]

이런 슘페터의 주장은 오랜 기간에 걸쳐 여러 나라의 성과를 조사한 광범위한 연구로 입증되었다. 그리고 이 연구는 혁신과 생산성 향상에 기반을 둔 경제제도가 성공하는 데 필요한 중요한 단서를 제공했다.[21] 그 단서는 다음과 같다.

첫째, 사업을 시작하고 끝내기가 쉬워야 한다. 사업 등록 과정이 간단하고 쉬워야 한다. 서류 작업과 형식적 절차는 최소화되고 근로자의 고용이 쉬워야 하며 때에 따라 근로자의 해고도 쉬워야 한다. 또한 자금조달이 쉬워야 한다. 폐업 절차도 간단하고 효율적이며 신속해야 한다. 둘째, 혁신에 성공한 사람들이 노력한 대가를 얻을 수 있어야 한다. 이를 위해선 법치, 재산권 보호, 채권회수가 가능해야 한다. 사법부는 독립성을 갖추고 정직하고 효율적으로 법을 집행하되 공정하고 신속하게 분쟁을 해결해야 한다. 경쟁을 독려하는 적정한 세율과 규제 체계 역시 혁신을 장려하는 데 필요한 요소이다. 셋째, 경쟁이 보편화되어야 하고 공공 부문이든 민간 부문이든 시장의 원리를 크게 침해하지 않는 역동적이고 지능적인 규제를 통해 독점을 방지해야 한다. 국제 경쟁과 개방은 독점의 여지를 줄이는 데 도움이 된다. 경쟁을 촉진하려면 특혜와 세금 감면을 노린 로비 활동을 어렵게 만들어야 한다. 직무를 이용해 재물을 바치라고 강요하거나 뇌물을 수수하는 행위를 엄중히 처벌해야 한다. 넷째, 무역협회, 대기업, 종교 단체, 노동조합 등 이익집단이 단속 기관에 압력을 행사하지 못하도록 힘써야 한다. 이익집단이 규제 및 단속 방식에 입김을 행사하게 놔둬서는 안 된다. 다섯째, 기업과 개인 들이 부단히 혁신을 꾀하도록 장려하는 정책을 추진해야 한다. 항상 새로운 생각과 기술을 환영하는 분위기를 조성해야 한다. 신흥국가는 선진국에서 처음 개발한 신기술을 채택하고 모방하는 것 또한 생산성 증가에 도움이 된다. 이를 위해 외국인 투자를 두 팔 벌려 환영하고 무역을 개방하고 모든 단계의 교육제도를 높은 수준으로 끌어올려야 한다.

  그러나 좋은 정책과 강력한 제도만으로 장기 경제성장을 이룰 수는 없다. 성장 이행에 성공한 역사적 사례와 유형을 정확히 이해하는 것도 정책과 제도 구축 못지않게 중요하다. 경제실적이 형편

없다가 수년 혹은 십 년 이상 신속한 경제성장을 이룬 국가의 사례를 철저히 분석할 필요가 있다. 성장 이행에 성공한 국가들의 사례는 상당히 많다. 개중에는 최근의 사례도 있고 조금 오래된 사례도 있다. 한국, 아일랜드, 스페인, 이탈리아, 중국, 일본이 대표적인 예다. 라틴아메리카에서는 칠레가 지난 25년간 성장 이행에 성공한 사례로 꼽힌다.

경제학자들은 국가들 간의 장기 소득 차이를 결정하는 요인은 비교적 잘 파악하고 있지만 성장 이행에 필요한 요인이 무엇인지는 잘 모르는 것이 사실이다. 대개 강한 제도, 화폐 및 재정 안정, 혁신을 장려하는 좋은 경제정책을 오래 유지해온 국가들이 성공한다고 말하는 정도다. 이것은 성공을 위해 실행해야 하는 특정 정책과 개혁을 정확하고 세세하게 처방하는 것과는 상당한 차이가 있다. 그 누구도 한 국가가 높이 비상해 성공을 이루기 위해서 어떤 절차를 밟아야 하는지 정확한 처방을 내리지 못하고 있다.

성장 이행을 위한 청사진을 잘 제시하지 못하는 이유는 두 가지 때문이다. 첫째, '좋은 정책'과 '강한 제도'라는 넓은 개념이 정책 방안과 경제 입법을 정확하고 세세하게 확인하는 대조표 역할을 하기에는 역부족이기 때문이다. 둘째, 실제로 종합적인 개혁 정책을 고안하기가 아주 어렵기 때문이다. 어떤 정책을 먼저 실행해야 하는가, 어떤 정책을 점진적으로 추진하고 어떤 정책을 신속히 추진해야 하는가, 개혁에 대한 정치권의 반대를 어떻게 처리해야 하는가, 이런 복잡한 질문들을 해결할 수 있어야 한다.

때로는 문화 특성과 국민 전통이 정치적으로 실현 가능한 경제

개혁의 성격을 규정하기도 한다. 수학적으로 표현하자면 정책의 효과는 덧셈이 아니다. 이를테면 재산 등록에 소요되는 날짜를 줄이는 등 어떤 정책을 조금 더 추진한다고 해서 조금 더 성장하는 것이 아니라는 말이다. 실상은 전혀 다르다. 정책과 제도는 복잡하게 얽혀서 서로 영향을 끼친다. 정책과 제도는 교묘한 곱셈 방식 혹은 비선형 방식으로 서로 연결되어 있다. 이는 곧 한 국가가 대부분의 일을 바르게 추진하고도 개혁에서 중요한 정책 하나를 실행하지 못할 수 있고, 그래서 경제성장에 실패할 수도 있다는 말이다. 중요한 정책 하나를 실행하지 못하는 것은 곧 '영'을 곱하는 것과 같다. 다른 개혁에 아무리 많은 노력을 쏟아부어도 최종 결과는 '영'이 될 수밖에 없다.

'좋은 정책'과 '강한 제도'가 많은 요소와 잠재적인 상쇄 요인이 뒤섞인 다차원적 개념이라는 사실을 깨달으면 분석과 계획의 어려움은 더 심해지기 마련이다. 국가마다 이러한 요소들이 제각각 다르게 결합된 채 비슷한 종합 정책이나 제도를 가지고 있을 수 있다. 예를 들어 무역 개방 수준이 다른 두 나라가 비슷한 종합 정책을 채택하는 경우도 있다. 수입관세가 높은 국가가 개방성이 높은 국가보다 인위적인 통화 강세 정책을 기피하거나 공익사업에 대한 규제 정책이 더 좋거나 번문욕례와 요식 체계가 덜 복잡할 수도 있다. 물론 보호무역정책과 고립정책이 좋은 성과를 낸다는 말은 절대 아니다.[22]

요컨대 경쟁을 촉진하고 강한 제도를 개발하는 방법은 실로 다양하다. 모든 사람의 몸에 딱 맞는 옷은 있을 수 없다. 그렇다고 어떤 방법이든 상관없다는 말은 아니다. 명백히 '나쁜' 정책은 피하되 다양한 경험을 받아들여야 한다는 말이다. 나쁜 정책은 경쟁과 창의력, 혁신을 질식시키고 독점을 보호하고 부정부패를 조장하는 정책이다. 국가는 문화와 전통, 현실을 감안하여 나름대로 시장 중심 정책을 실행해야 한다. 인플레이션을 야기하고 심각한 재정 불균형이나 무역 불균형을 일으키는 정책은 피해야 한다. 국내 통화 가치를 인위적으로 높이는 정책도 피해야 한다. 이런 정책은 예외 없이 매우 심각하고 출혈이 큰 통화위기를 불러오기 마련이다.

일본과 독일, 이탈리아, 스페인, 그리고 무엇보다 아시아 호랑이 국가들의 사례를 분석해보면 성공적인 성장 이행은 때로 두어 단계가 겹치기도 하지만 3단계를 거친다는 것을 알 수 있다. 그런데 라틴아메리카 국가들은 대부분 1단계도 제대로 통과하지 못했다. 그러니 경제개혁에 대한 염원이 수포로 돌아간 것은 지극히 당연하다. 이 책을 쓰고 있는 지금 라틴아메리카에서 유일하게 3단계를 성공리에 모두 통과한 나라는 칠레밖에 없다.

그동안 경제실적이 좋지 않았던 국가는 대개 1단계에서 경제정책의 중요한 변화를 꾀한다. 기초적인 현대화 계획을 시행하고 물가를 안정시키는 조치나 물가안정을 유지하는 데 필요한 조치를 실시한다. 아주 가끔은 경제개혁이 주요 금융위기나 정치제도의 변화와 같은 굵직한 정치적 사건에 의해 터져 나오기도 한다. 이를 테면 독재정권이 막을 내리거나 내란이 끝나는 사건에 힘을 받아 경제개혁이 이뤄지는 경우도 더러 있다. 폭넓은 정치 변화나 경제 변화가 일어나면 국민은 혁신을 이루고 신기술을 도입하는 데 더 많은 시간을 쏟을 수 있다. 1단계에서는 대부분 생산성이 산출량 증대와 소득 증가를 견인한다. 간단히 말하면 1단계에서 경제성장은 기계와 근로자를 더 투입한 결과가 아니라 더 효율적으로 일한 결과라 할 수 있다. 경제학자들이 말하는 생산성 증가를 보여주는 정확한 예다.[23]

1990년대 개혁 이후 대부분의 라틴아메리카 국가는 바로 이 생산성 중심 단계에 들어섰다. 기존의 자원을 더 효율적으로 활용하여 기계와 사회기반시설, 설비에 많은 투자를 하지 않고도 빠르게 산출량을 늘릴 수 있었다. 그러나 대부분의 국가가 1단계를 넘어서지 못했다. 몇 년이 지나자 초기에 속도를 내던 생산성이 뚝 떨어졌다. 전체적인 경제성장률도 이제까지 그래왔던 것처럼 중간 수준으로 내려앉았다. 아르헨티나, 콜롬비아, 도미니카공화국, 엘살바도르, 멕시코, 페루, 우루과이가 바로 이 1단계에서 주저앉고 말았다.[24]

2단계에서는 효율성과 생산성 증가가 여전히 탄탄하게 진행되는 가운데 경제 전반에 걸쳐 계속해서 빠른 성장이 이뤄진다. 1단계 때와는 달리 2단계에서는 기계와 설비, 도로, 항만에 대한 투자가 성장을 이끄는 중요한 요인이 된다. 즉, 높은 효율성에 덧붙여 2단계에서는 더 좋은 기술을 지닌 더 많은 근로자와 더 많은 기계가 생산을 뒷받침한다. 그리하여 2단계에서는 선순환이 발생한다. 고도성장이 수익 예상치를 높이고, 이는 설비와 기계, 기반시설에 대한 투자를 증가시키는 결과를 가져온다. 그러면 성장에 더 불이 붙는다. 2단계에서 가장 중요한 특징은 제도 개혁을 비롯하여 개혁의 폭이 넓어진다는 점이다. 재산권 보장이 더 확실해진다. (이는 외국인 투자를 유치하는 데 도움이 된다.) 또한 법치가 개선되고 경쟁 촉진을 위한 현대적인 규제 체계가 수립되며 사법부의 독립성과 효율성이 높아져 부정부패가 줄어든다. 2단계에서 나타나는 특징으로는 교육제도 개선과 근로자의 기술 향상도 빼놓을 수 없다.[25]

개혁을 추진하는 처음 두 단계에서 반드시 엄수해야만 하는 치밀한 청사진은 없다. 기계적 실행만으로 성공과 번영이 보장되는 정해진 체크리스트 따위는 없다는 말이다. 그러나 처음 두 단계에서 경쟁 정책과 제도의 영역의 확실한 진전이 있어야 한다. 또한 중대한 실수, 특히 통화위기를 초래하는 실수를 하지 않도록 조심해야 한다.

처음 두 단계에서는 생산성 증가가 경제성장의 근본 요인이고 생산성 증가 속도도 상당히 빠르다. 그러나 3단계에서는 장기적으로 국제 동향과 수준을 맞춰감에 따라 생산성 증가 속도가 줄어들기 시작한다. 대신에 2단계에서 시작된 제도 개혁이 강화되어 설비, 기계, 기반시설에 대한 외국인과 내국인의 투자가 꾸준히 증가한다. 3단계에서는 물적 자본과 인적 자본을 막론하고 자본의 축적이 가장 중요한 성장 요인이 된다. 축적된 자본은 비교적 높은 수준의 경제성장을 뒷받침하는 데 도움이 된다. 때로는 생산성을 크게 증가시키는 새로운 구조 변화 또는 기술 변화에 힘입어 3단계에 들어서기도 한다. 그리고 새롭고 조금 더 정돈된 순서에 따라 위에서 언급한 과정을 겪는다.[26]

앞에서 이야기한 대로 라틴아메리카 국가 대다수는 성장 이행의 1단계도 제대로 통과하지 못했다. 여러 가지 요인이 뒤섞여 개혁 진전에 걸림돌이 되었다. 공공 부문의 노동조합, 높은 무역장벽 덕분에 이득을 보는 기업가, 독점으로 이득을 챙기는 회사, 국영기업 고용인, 사법부 구성원, 교원노조로부터 부정적인 영향을 받은 무리가 개혁을 반대했다. 국영기업을 민영화하는 과정에서 벌어진 부정부패 사건도 여론에 악영향을 끼쳤다. 그러나 뭐니 뭐니 해도 유권자들에게 가장 큰 영향을 끼친 것은 1994년부터 2004년까지 이 지역에 불어닥친 심각한 통화위기였다. 통화위기 탓에 소득은 줄고 실업률은 치솟고 임금은 하락하고 빈곤율은 증가했다. 상황이 이러하니 국민이 개혁에 등을 돌리는 것도 당연하다.

심각한 타격을 입힌 엄청난 위기가 지나간 뒤 라틴아메리카 사람들은 이번 위기가 현대화 개혁 때문인지 환율 정책 때문인지도 제대로 구분할 수 없었고 구분할 마음도 없었다. 그들에게는 경제를 개방하고 국영기업을 민영화하고 국내 통화 가치를 높게 고정하는 것이 모두 다 거대한 신자유주의의 책략으로 보였다. 그리고 이 모든 정책이 워싱턴 컨센서스라는 거대한 우산 아래 하나로 묶였다.

환율을 고정하는 정책이 현대화 개혁의 필요 요건도 충분 요건도 아니라는 사실은 중요하지 않았다. 고정환율제가 모든 것을 시장에 맡기는 현대화 개혁의 기본 개념과 모순된다는 사실 역시 중요하지 않았다. 사람들이 알고 있는 것은 안정과 성장, 번영을 약속했던 개혁이 정작 심각한 통화위기와 평가절하를 불러왔다는 사실뿐이었다. 많은 사람이 실업자가 되었고 생활수준이 나아지리라는 꿈은 산산이 부서지고 말았다. 이런 충격적인 현실을 경험한 국민이 21세기에 맞은 첫 10년 동안 포퓰리스트 정치지도자들을 지지하고 그들의 입에서 흘러나오는 그럴듯한 말에 열광한 것은 그리 놀라운 일이 아니다.

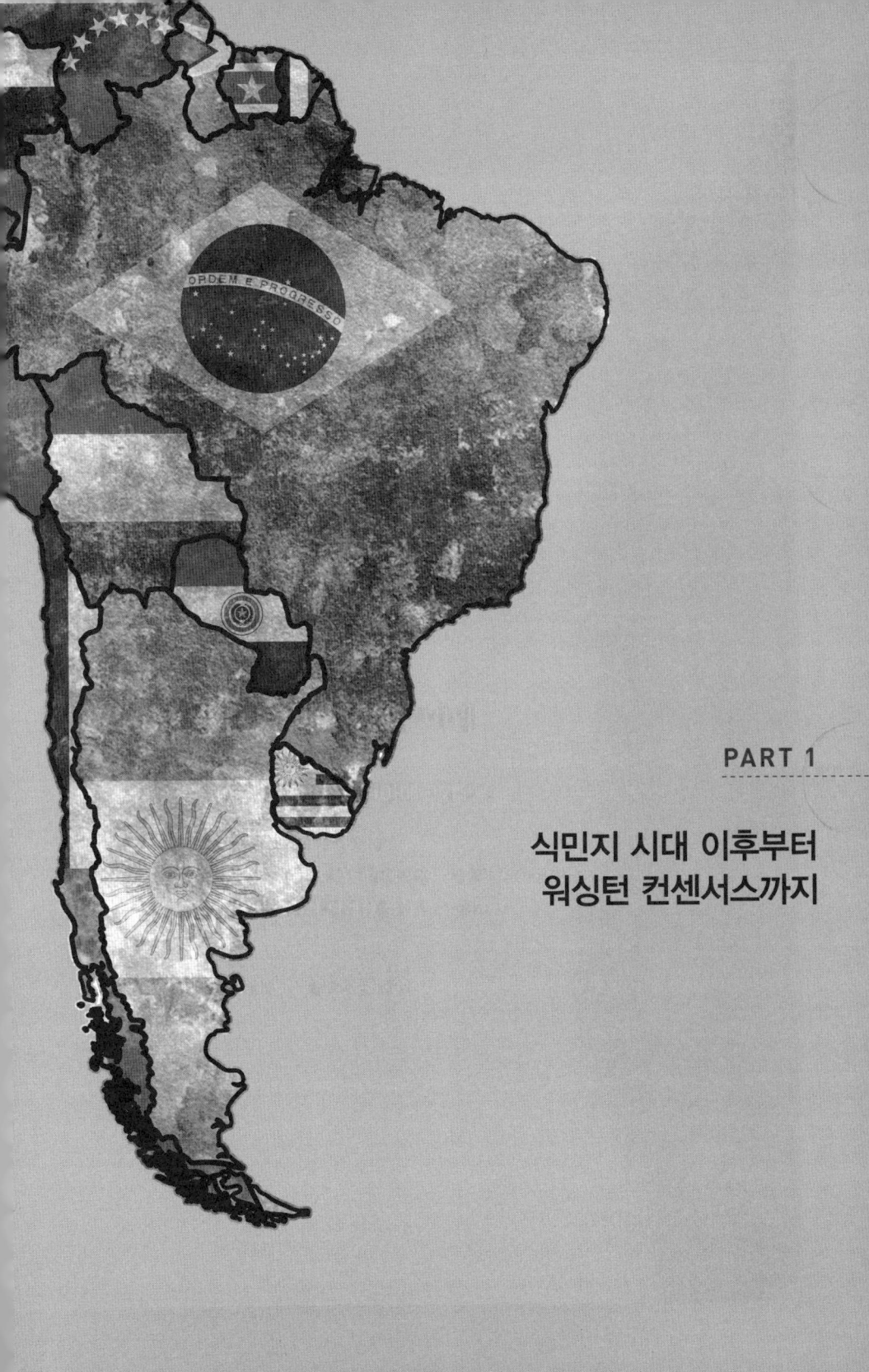

PART 1

식민지 시대 이후부터
워싱턴 컨센서스까지

2장
■ ■ ■
라틴아메리카의 침체

헨리 키신저Henry Kissinger는 한때 칠레를 언급하면서 세계정세에서 라틴아메리카는 고려할 가치가 없다고 묵살했다. 당시 칠레는 소련 공산진영을 향해 열심히 추파를 던지고 있었다. 미국의 입장에서 볼 때 칠레는 짜증을 유발하는 하찮은 존재였다. 헨리 키신저는 칠레가 '남극 대륙의 심장을 겨눈 단검'이라는 유명한 말을 남기기도 했다.[1] 세계 지정학에서 라틴아메리카가 차지하는 역사적 위치를 정확히 반영한 말이다. 정치적으로나 외교적으로 영향력을 행사할 만큼 강하지도 않고 경제적으로 강대국에 도전할 만큼 부유하지도 않았다. 라틴아메리카에서 가장 큰 두 나라 브라질과 멕시코마저 수년 동안 국제무대에서 별로 주목을 받지 못했다.

많은 다국적 회사와 은행이 라틴아메리카에서 사업을 벌인 것은 틀림없다. 그러나 현대 라틴아메리카 국가들은 투자자와 국제 분석가, 다른 나라 정치인의 관심을 끌지 못했다. 이들의 관심을 한 몸에 받는 아시아 호랑이 국가들과 중국, 인도와는 사뭇 달랐다. 실제로 수십 년간 라틴아메리카는 경제적으로나 정치적으로나 고난을 겪은 지역으로 알려져 있다. 권위적인 정치인들과 독재자들, 연이은 쿠데타, 급격한 인플레이션, 금융위기, 뿌리 깊은 가난, 불평등한 소득분배의 역사가 오랫동안 라틴아메리카를 에워싸고 있다. 라틴아메리카의 현대 경제사는 성장 부진, 위기, 불평등, 빈곤의 역사라고 해도 과언이 아니다.[2]

점진적이고 지속적인 침체의 역사

라틴아메리카의 역사를 돌아볼 때 떠오르는 중대한 의문 중 하나는 바로 이것이다. '그토록 천연자원이 풍부한 라틴아메리카인데 왜 수년간 이렇다 할 성과를 내지 못하고 제자리걸음만 하는 것일까?' 또 하나를 꼽자면 '광대한 땅과 광물, 드넓은 해안을 선물로 받은 국가들이 왜 하나같이 선진 세계와 같은 실적을 내지 못하는 것일까?'

앵거스 메디슨Angus Maddison의 자료에 따르면 1492년 유럽인들이 처음 아메리카 대륙에 발을 디뎠을 때 지금의 볼리비아와 페루에 사는 토착민들은 북아메리카에 사는 그 어떤 부족보다 생활수준이 높았다. 메디슨은 1700년 당시 라틴아메리카의 일인당 평균 소득은 북아메리카의 일인당 평균 소득과 거의 같았다고 추정했다. 그러나 그 후 라틴아메리카 국가들은 미국과 캐나다를 비롯한 선진국과 비교할 때 시종일관 한참 뒤처졌다. 2000년에는 라틴아메리카의 일인당 평균 소득이 미국의 일인당 평균 소득의 20퍼센트 정도에 불과했다.³

오랫동안 역사가들은 라틴아메리카 경제 침체의 원인을 1820년부터 1870년까지, 즉 많은 식민지가 스페인으로부터 독립을 쟁취한 시기에서 찾았다. 50년간의 경제 침체는 대부분 정치 불안, 연이은 내전, 권력투쟁에서 비롯되었다. 이 시기의 초반에 남아메리카를 관찰한 헨리 월터 베이츠H. W. Bates는 1878년에 이렇게 썼다. "본국으로부터 떨어져 나간 시기부터 이 땅의 역사는 거의 예외 없이 내전이 끊이지 않았고 무법이 판을 쳤다. 상상할 수 있는 모든 참상과 잔혹행위가 벌어졌다."⁴ 메디슨이 수집한 자료에 따르면 1820년 라틴아메리카의 일인당 소득은 미국의 일인당 소득의 60퍼센트 정도였다. 그러다 1870년에는 31퍼센트로 뚝 떨어졌다.⁵

아담 쉐보르스키Adam Przeworski는 2000년에 라틴아메리카 국가들의 일인당 소득이 미국의 일인당 소득의 3분의 1에서 4분의 3 수준에 머문 이유를 라틴아메리카 국가들이 독립 후 겪은 정치 혼란과 독립 지연으로 생긴 비용으로 설명할 수 있다고 보았다. 예를 들어 브라질이 미국과 똑같이 1782년에 독립하고 미국과 똑같이 정치 안정을 이뤄냈다면 2000년에 두 나라의 소득 격차는 일인당 1만 달러에 불과했을 거라는 얘기다. 그러나 그러지 못했기 때문에 실제로는 22만 달러의 차이가 났다. 쉐보르스키는 스페인으로부터 독립을 늦게 한 국가들의 성장이 더딜 수밖에 없는 이유를 두 가지로 설명한다. 첫째, 스페인이 영국, 프랑스, 네덜란드 같은 다른 열강들과의 무역을 제한한 탓에 라틴아메리카 국가들이 혁신을 이룰 기회를 박탈당했다. 둘째, 일찍이 독립을 이룬 덕분에 미국은 영국의 산업혁명에서 비롯된 선진 기술을 최대한 활용할 수 있었다. 물론 이 밖에도 문화·종교적 특성, 모든 결정을 중앙에서 통제하려 했던 스페인의 열망 등 다른 요인이 여럿 개입되어 있다. 여기에 대해서는 아래에서 더 살펴볼 것이다.

1870년 즈음 거의 반세기를 내전에 시달린 끝에 라틴아메리카 국가들은 비로소 국가 제도를 공고히 할 수 있었다. 정치 불안도 크게 줄었다. 평화가 찾아오자 투자가 뒤따르고 생산성이 향상되고 국제무역이 증가하고 경제성장에 속도가 붙었다. 메디슨의 자료에 따르면 1870년부터 1890년까지 라틴아메리카 6대 국가는 일인당 소득이 매년 2퍼센트 가까이 증가했다. 그 이듬해부터 1950년까지도 라틴아메리카는 계속 빠르게 성장했다. 일인당 소득은 연평균 2.6퍼센트에서 3.1퍼센트씩 증가했다. 같은 기간 미국의 소득 성장률보다 훨씬 높았다.[6] 1차 세계대전부터 1929년 대공황이 시작될 때까지 대부분의 라틴아메리카 국가는 비교적 좋은 실적을 보였고(쿠바와 중앙아메리카 국가들은 예외), 평균 잡아 선진국보다 빠르게 성장했다.[7]

최근까지 대부분의 경제사가들은 보호무역정책과 정부 주도형 개발 정책으로 빠르게 산업화를 이루려 했던 1940년부터 1980년까지만 해도 라틴아메리카가 꽤 빠른 속도로 꾸준히 성장했노라고 주장한다. 이런 의견을 내세우는 이들은 이 기간 라틴아메리카와 미국의 소득 격차가 비교적 안정적이거나 아주 조금 벌어진 정도라고 말한다. 경제사가 파블로 아스토르가Pablo Astorga, 아메 베르게스Ame R. Berges, 벨피 피츠베럴드Valpy Fitzgerald는 이렇게 말했다. "이 세기의 중반 40년(1940~1980)은 이 지역의 거의 모든 국가가 걸출한 성과를 낸 것이 눈에 띈다. …… 정부 주도의 '수입 대체' 산업화 기간에 국내 시장에 더욱 의존하는 정책이 성장을 이끌어낸 일등 공신이라는 결론을 내릴 수밖에 없다." 영국의 경제학자 로즈메리 소프Rosemary Thorp도 "2차 세계대전 후 30년간 라틴아메리카의 경제 실적은 아주 뛰어났다."고 말했다.[8]

그런데 2007년에 나온 중요한 연구서에서 경제사가 레안드로 프라도스 데 라 에스코수라Leandro Prados de la Escosura가 앵거스 메디슨이 수집한 자료를 비판하고 나섰다. 그는 라틴아메리카의 경제침체기를 분석한 주류의 해석에 도전했다. 라틴아메리카가 '낙후'하게 된 근본 원인은 먼 옛날이 아니라 조금 더 최근의 정책 탓이라고 주장한 것이다.[9]

레안드로 프라도스 데 라 에스코수라는 라틴아메리카의 일인당 소득이 오랜 기간 어떤 변천을 겪어왔는지 분석하고자 역사 자료를 모으고 선진국이라 불리는 국가들의 자료와 비교했다. 이 분석에 따르면 1820년 라틴아메리카 5대국의 일인당 평균 소득은 선진국의 일인당 평균 소득의 약 40퍼센트였다. 그런데 1870년에는 라틴아메리카의 일인당 소득이 선진국의 일인당 소득의 27퍼센트로 떨어졌다. 그리고 1938년까지 같은 수준을 유지했다. 그러다 다시 1938년 이후 선진국과 라틴아메리카 국가의 평균 소득 격차가 크게 벌어졌다. 1960년, 라틴아메리카의 일인당 소득은 선진국의 일인당 소득의 22퍼센트로 하락했다. 1970년에는 21퍼센트로 더 떨어졌고, 1990년에는 다시 17퍼센트로 떨어졌다. 새로운 자료를 빠짐없이 분석한 다음 레안드로 프라도스 데 라 에스코수라는 이렇게 결론을 내렸다. "라틴아메리카 경제가 오랫동안 낙후되었던 이유를 탈식민시대 탓으로 돌리는 것은 설득력이 없어 보인다. 통념과는 다르게 라틴아메리카 경제가 발달하지 못한 것은 20세기 후반의 현상이다. 그러므로 라틴아메리카가 왜 여전히 지구촌에서 낙후된 지역으로 남아 있는지 알고 싶다면 이 시기를 살펴보아야 한다."[10]

이런 결과는 라틴아메리카의 장기 침체의 원인이 1820년부터 1870년까지 독립이 지연되고 정치 불안이 극에 달한 탓만은 아니라는 사실을 강력히 시사한다. 이는 대공황의 여파로 밀어붙인 보호무역 위주의 산업화 정책들이 라틴아메리카의 개발 부진에 중요한 역할을 했다는 것을 암시한다. 라틴아메리카가 300년 넘게 시종일관 침체기에 빠져 있었다는 사실은 이 지역에서 장기간 고수해 온 제도에 문제가 있다는 뜻이다. 재산권 보호가 제대로 이뤄지지 않고, 요식 체계가 지나치게 복잡하고, 의사 결정이 중앙에 집중되어 있고, 법치를 중시하지 않고, 사법부는 비효율적이고 비능률적인데다 무엇보다 심하게 부패했다. 전문가들은 라틴아메리카의 부진을 대개 형편없는 정책과 부실한 제도의 조합으로 설명한다. 꽤 설득력 있는 설명이다. 이는 1990년대 워싱턴 컨센서스 개혁을 실시하게 된 이유와 이 시기에 도입한 정책의 방향을 이해하는 데 중요한 단서가 된다.

부실한 제도와 장기 침체

학자들은 라틴아메리카가 오랫동안 지지부진한 상태에서 벗어나지 못하는 데에는 부실한 제도가 크게 한몫했다는 데 동의한다. 프랜시스 후쿠야마Francis Fukuyama도 "발전 격차의 가장 주요한 원인은 라틴아메리카의 제도에 있다."고 말했다.[11] 정치학자 제임스 로빈슨James A. Robinson에 따르면 "라틴아메리카 경제가 지나온 궤적을 가장 잘 설명해주는 것은 뭐니 뭐니 해도 이 지역의 제도다."[12] 그러므로 중요한 의문은 이것이다. 라틴아메리카의 제도는 왜 그렇게 부실했던 것일까? 왜 법과 질서를 보장하고 재산권을 보호하는 데 실패했을까? 라틴아메리카에서는 왜 그렇게 법치가 제대로 이뤄지지 않은 것일까? 아시아 호랑이 국가들과 남유럽 국가들보다 라틴아메리카에서 부정부패가 훨씬 심한 이유는 무엇일까? 왜 대부분의 라틴아메리카 국가는 지난 20~30년간 개혁을 단행하고 제도를 강화하지 못한 것일까?

이런 의문에는 여러 가지 대답이 있을 수 있다. 어떤 이들은 제도의 질이란 본디 종교와 문화의 영향을 받는 법이라고 주장했고, 또 어떤 이들은 이데올로기에 집중했다. 어떤 이들은 역사의 중요성을 강조했고, 또 다른 이들은 결국 정치, 권력투쟁, 소득과 부의 분배에 원인이 있다고 답했다. 1840년에 발표한 논문에서 토머스 배빙턴 매콜리는 두 아메리카 대륙 간의 경제 격차를 결정지은 중요한 요인이 문화와 종교라는 이론을 지지했다.

영국이 아메리카 대륙에 파종한 식민지가 스페인이 파종한 식민지보다 무럭무럭 잘 자라고 힘도 세졌다. 그렇다고 16세기 초 스페인 사람들이 영국 사람들보다 열등했다고 믿을 만한 근거는 전혀 없다. 우리는 북아메리카가 위대한 문명과 번영을 이룬 것은 종교개혁이 도덕에 끼친 선한 영향력 덕분이라고 굳게 믿는다. 반대로 남유럽 국가들이 쇠퇴한 것은 이 지역에서 가톨릭이 다시 부활한 탓이다.[13]

청교도 윤리와 자본주의의 발달에 관한 막스 베버Max Weber의 분석이 인기를 끌면서 20세기에는 점점 더 많은 사람들이 종교 중심의 설명을 받아들였다.[14] 한편 문화가 중요하다고 믿는 사람들은 데이비드 흄David Hume의 말을 종종 인용했다. 데이비드 흄은 「국민성에 관하여Of National Characters」라는 글에서 "한 국민은 동일한 관습을 따르는 법이다. 이들은 세계 어디를 가나 자기들의 관습을 고수한다. …… 열대 지방에서도 스페인 식민지, 영국 식민지, 프랑스 식민지, 독일 식민지를 모두 구분할 수 있다."라고 주장했다.[15] 1878년, 당시 왕립지리학회 부총무였던 헨리 월터 베이츠도 멕시코의 불안정과 후진성은 미국의 체질에 맞춰 재단한 헌법을 도입하여 생경한 정치문화를 강요하려 한 탓이라고 주장했다. 베이츠에 따르면 멕시코 국민은 문화적으로 이런 정치 실험을 감당할 준비가 안 되어 있었다.

이들이 도입한 헌법은 이미 완전히 파탄이 났던 원형을 본떠서 만든 것이다. 얼마 전까지만 해도 딱딱한 제복을 입고 훈련을 받고 본국이 휘두르는 무책임한 폭정에 시달리던 사람들, 스페인의 정치 문하생으로 앞치마를 두르고 있던 사람들이 갑자기 자유 시민의 역할을 떠맡았다. 자치 정부의 원리를 따르고 거기에 수반되는 필수적인 일들을 기꺼이 감수해야 했다. …… 이런 실험은 언제나 가장 처참한 결말로 끝나고 만다. 이것은 인간 본성에 대해 잘 몰라도 쉽게 알 수 있는 사실이다.[16]

남아메리카와 북아메리카의 제도 차이를 논하려면 스페인과 영국의 식민지 건설 노력 사이에 거의 100년의 간극이 있다는 사실을 감안해야 한다. 에르난 코르테스Hernan Cortes가 이끄는 원정군이 쿠바에서 멕시코까지 항해한 것은 1519년 초의 일이다. 반면에 크리스토퍼 뉴포트Christopher Newport가 배 세 척을 이끌고 런던을 출발해 오늘날의 뉴잉글랜드에 해당하는 곳으로 항해한 때는 1609년 말이다. 두 식민제국이 식민지 건설에 박차를 가한 시기에 이렇게 큰 차이가 있다는 사실은 최소한 두 가지 점에서 중요하다. 첫째, 스페인과 영국의 식민지 건설 활동을 가르는 90년 동안 유럽에서는 정치적으로나 종교적으로 엄청난 변화가 있었다. 종교개혁이 유럽 대륙에 널리 퍼진 것도 이때였다. 둘째, 역사가 존 엘리엇John H. Elliott이 지적한 대로 영국은 스페인보다 늦게 북아메리카에 식민지를 건설한 덕분에 스페인이 저지른 실수와 이들이 겪은 시련에서 교훈을 얻을 수 있었다.[17]

이베리아 반도의 식민지 개척자들이 저지른 가장 큰 실수는 엄격한 무역 장벽을 도입한 것이다. 이들은 식민지가 다른 유럽 열강과 무역을 하지 못하게 금지했다. 비효율적인 요식 체계에 의존하고 고도로 중앙집권화된 정치제도를 도입한 것도 크나큰 실수였다. 18세기에 들어서 부르봉왕가가 식민지 체제를 개혁하고 분권화하려고 했지만 그때는 이미 너무 늦었다. 요식 체계와 번문욕례가 벌써 깊이 뿌리 내리고 식민지의 기본 생활과 문화로 굳어졌다. 가톨릭교회도 중앙집권 문화와 통제 정책을 만들어내는 데 한몫했다. 그들의 논리에 따라 '비신자들'은 개종을 해야만 했고 아메리카 원주민들은 성직자가 될 수 없었다.[18] 영국은 스페인이 식민지에서 직면했던 문제와 시련에 주목했다. 그래서 부담스러운 요식 체계와 종교적 편협성을 피하려고 노력하는 동시에 지역사회를 바탕으로 분권화된 정치제도를 개발했다. 엘리엇이 지적한 대로 이것은 "경제성장의 문을 여는 탁월한 공식임이 입증되었다."[19]

역사학자 로널드 사임과 제임스 랭을 비롯한 일부 저자들은 북아메리카 제도와 남아메리카 제도의 차이는 스페인과 영국이 추진한 식민 계획의 목표가 달랐기 때문이라고 주장한다. 스페인은 '정복의 제국' 건설이 목표였지만, 영국은 '상업의 제국' 건설이 목표였다. 따라서 각각의 식민지에서 각기 다른 목표에 맞는 제도를 발전시켰다. 중앙집권화, 보호무역주의, 요식 체계는 스페인이 식민지를 정복하는 데 도움이 되었다. 법치에 기반을 둔 관대한 제도는 영국이 영리 사업을 장려하는 데 도움이 되었다.[20] 그런데 제임스 로빈슨이 이러한 해석에 이의를 제기했다. 그는 남아메리카 식민지와 달리 북아메리카 식민지가 발전할 수 있었던 것은 영국 식민지 개척자들이 스페인 식민지 개척자들과 다른 동기를 가지고 있었기 때문이 아니라고 주장한다. 지리적 요인과 인구 밀도 때문에 영국이 스페인의 식민지 모델을 그대로 따라할 수 없었을 뿐이라는 것이다. 로빈슨에 따르면 "이 지역(북아메리카 식민지)에는 토착 원주민이 많지 않아서 노동력을 착취하고 공물을 상납받는 식민지 모델을 적용할 수 없었다."[21]

라틴아메리카의 제도 발전에 있어 문화가 중요한 변수였다는 사실에는 의심의 여지가 없다. 문제는 얼마나 중요했는가이다. 사회학자 클라우디오 벨리즈는 철학자 아이자이아 벌린의 비유를 인용해 17세기 이래 북아메리카와 남아메리카가 서로 다른 길을 걸어간 이유를 설명한다.[22] 아이자이아 벌린Isaiah Berlin은 "여우는 많은 것을 알고 있지만 고슴도치는 큰 것 하나를 알고 있다."라는 유명한 글귀를 남겼다.[23] 클라우디오 벨리즈에 따르면 스페인 식민지 개척자들은 벌린이 말한 고슴도치였다. 그들은 오로지 '큰 것 하나'에만 집착했다. 반면 영국 식민지 개척자들은 여우에 가까웠다. 그들은 개방적이었고 다재다능했으며 융통성이 있었고 무엇보다 잘하는 게 많았다. 벨리즈는 이 비유를 인용하며 자신의 초기 저작에 이렇게 썼다. "라틴아메리카는 19세기 중반 이래 여우가 되려고 필사적으로 몸부림치는 고슴도치다."[24]

벨리즈는 고슴도치 스페인이 집착한 한 가지가 가톨릭 신앙을 수호하고 발전시키려는 반종교개혁에 의해 형성되었다고 보았다. 이 목표를 이루고자 국왕은 거의 모든 상황에 아주 상세히 지시를 내리는 고도로 중앙집권화되고 관료주의적인 공의회 제도를 개발했다. 벨리즈가 '최고로 관료주의적이고 신중한 왕'이라 칭했던 필립 2세와 그의 뒤를 이은 필립 3세와 4세가 열성적으로 식민지 건설을 밀어붙이는 데는 고도로 중앙집권화되고 계급제도가 확실한 종교재판과 예수회가 큰 도움이 되었다. 벨리즈에 따르면 산업혁명은 여우 같은 영국 문화를 가장 잘 보여주는 사건이다. 벨리즈는 "인류 역사에 큰 궤적을 남긴 산업혁명이 영국에서 시작된 것은 순전히 영국인들이 관대하고 융통성이 있고 변화를 좋아하고 무엇보다 잘하는 일이 많아서였다."고 말한다. 이런 영국인의 자질은 북아메리카에 있는 영국 식민지에도 그대로 전해졌다. 데이비드 란데스도 같은 맥락에서 "문화가 차이를 만든다."고 주장한 바 있다.[25] 분명히 설득력이 있는 견해다.

하지만 문화 중심의 설명에는 여러 가지 한계가 있다. 특히 간결하면서도 깊이 있는 클라우디오 벨리즈의 이론은 두 가지 면에서 도전을 받는다. 첫째, 벨리즈는 여우를 닮은 영국과 고슴도치를 닮은 스페인의 특성을 가장 잘 보여주는 예로 반종교개혁과 산업혁명을 지목하는데, 이 두 사건 사이에는 상당한 시간차가 있다. 굵직한 역사적 동향에 정확히 연대를 매기기는 쉽지 않지만 30년 전쟁이 끝나고 산업혁명이 시작하기까지는 최소한 수십 년의 간극이 있다. 둘째, 문화를 주요 변수로 다루는 모든 해석은 일명 '캐리비안의 수수께끼'를 풀어야 한다. 카리브 해 국가들도 북아메리카에 식민지를 건설한 똑같은 '여우들'에 의해 식민지가 되었고 북아메리카 식민지와 똑같은 제도를 이어받았다. 그러나 이들이 보여준 경제실적은 미국이나 캐나다보다는 남아메리카 국가들과 훨씬 더 비슷하다. 물론 그렇다고 해서 문화를 중심으로 한 설명이 중요하지 않다는 뜻은 아니다. 아메리카 대륙의 제도 형성에는 문화 말고도 다른 요인들도 중요한 역할을 했다는 말이다. 실제로 몇몇 예에서는 문화가 아닌 다른 요인들이 국가의 경제 진로를 결정하는 데 가장 큰 변수로 작용하기도 했다.

그중 하나가 정치제도다. 1878년, 지리학자 헨리 월터 베이츠는 스페인 식민지였다가 새로 독립한 국가의 시민이 자치를 할 준비가 되어 있지 않았다고 주장했다. 200년이 넘는 시간 동안 고도로 중앙집권화된 정부의 통치를 받으며 살았던 식민지 국민은 스스로 어떤 결정을 내릴 필요가 없었다. 엄격하고 경직된 관료주의가 지배하는 본국에서 거의 모든 사안을 직접 결정하고 하달했기 때문이다. 스페인 식민지에 있는 카빌도cabildo라는 지방정부의 행정기관은 결코 민주적이지 않았다. 주민들이 카빌도를 통해 자치정부를 경험하기는 어려웠다. 본국에서 임명을 받거나 돈을 주고 관직을 산 사람들이 카빌도를 채웠다. 1556년, 산토도밍고에서는 관직에서 물러나는 위원이 자기의 후임을 지명한다는 결정이 내려졌다. 1595년에는 멕시코시티에서 카빌도 관직 몇 개를 입찰에 부치고 가장 높은 금액을 부른 사람에게 팔기도 했다. 이런 관행이 시간이 흐르면서 보편화되었다. 리오데라플라타 총독이 통치하는 부에노스아이레스, 코르도바는 물론이고 푸에블라주, 베라크루스, 메리다에서도 관직 매매가 성행한 증거가 있다. 18세기 후반과 19세기 초반에 들어서는 남아메리카 전역에서 카빌도가 신임을 잃었다.[26] 한마디로 스페인 식민지에서는 시작부터 정치제도가 대표성이 전혀 없었다. 관료들은 빠르게 부패했고 얼마 안 되어 정통성을 잃었다.

그러나 북아메리카 식민지에서는 상황이 전혀 달랐다. 알렉시스 드 토크빌Alexis de Tocqueville의 말을 들어보자.

미국에서는…… 연방보다 주가, 주보다 군이, 군보다 읍이 먼저 형성되었다. 뉴잉글랜드에서는 일찍이 1650년에 읍이 완전히 그리고 명확히 설치되었다. 읍의 자립이 핵심이었다. 읍을 중심으로 그 지역의 이해관계와 염원, 권리와 의무가 수렴되고 결집되었다. 민주당원이든 공화당원이든 실제 정치생활에서 읍을 중심으로 기량을 발휘했다. …… 읍에서 치안판사를 직접 지명했고 스스로 평가하고 세금 징수도 자기들이 알아서 했다.[27]

또 하나의 요소는 소득불평등과 소득분배에 대한 투쟁이다. 대런 애서모글루Daron Acemoglu와 사이먼 존슨Simon Johnson, 제임스 로빈슨은 최근의 사회갈등이 국가들 간의 뿌리 깊은 제도 차이의 원인이라고 주장했다. 일반적으로 권력자는 국민소득에서 자기의 몫을 보호하고 패권을 영구화하는 제도를 개발하는 데 관심이 많다. 대런 애서모글루와 사이먼 존슨, 제임스 로빈슨에 따르면 사회갈등이 종종 최선책이 아닌 제도를 도입하게 한다. 정치권력과 경제력을 지닌 사람들이 기존 제도에 아쉬움을 많이 느낄 때 이런 일이 벌어질 수 있다. 그러므로 대다수 사회가 권력구조와 소득분배가 반영된 불완전한 제도를 갖게 된다.[28]

제도에 대한 사회갈등 이론을 가장 잘 보여주는 사례가 멕시코와 미국에서 은행 제도를 개발한 방식이다. 20세기 초반, 1901년부터 1910년 사이에 미국에는 약 2만 개의 은행이 있었다. 이들 은행은 신생 기업에 앞다퉈 융자를 주려고 치열하게 경쟁했다. 반대로 1910년에 멕시코에는 은행이 42개밖에 없었다. 각각의 은행은 독점권을 가지고 막대한 이윤을 남겼으며 융자도 많지 않았다. 역사가 스티븐 하버에 따르면 이런 차이는 정치권력을 배분하는 방식이 다른 탓이었다. 1850년대에 참정권이 크게 확대된 미국에서는 목소리가 커진 국민이 은행 창업에 대한 규제를 풀라고 요구했다. 반면 멕시코에서는 정치 불안이 심했고 민주적 통치를 기대하기 어려웠으며 1884년에는 결국 포르피리오 디아스가 독재 정권을 수립했다. 산업계와 금융계의 후원을 받는 권력층은 수지 맞는 은행업에 신생 업체가 들어오지 못하게 제한했다. 19세기 후반에서 20세기 초반, 미국에서는 금융 분야가 확대되면서 잇달아 증권거래소가 생기고, 유한책임 주식회사를 장려하는 법이 제정되고, 경쟁을 장려하고 소액투자자들의 권리를 보호하는 법률과 규정이 생겼다. 반대로 대부분의 라틴아메리카 국가에서는 주식거래소가 아주 느리게 발달했고 소액주주들의 권리를 거의 보호하지 못했다.[29]

경제이론의 핵심 원리 중 하나는 땅, 기술, 자본을 포함한 사회적 부가 개인에게 맨 처음 분배되는 방법이 경제실적에 영향을 끼치는 중요한 요소라는 점이다. 여기에는 어떤 제도가 개발되고 사회에 뿌리를 내리느냐도 포함된다. 경제사가 스탠리 엥거만Stanley L. Engerman과 케네스 소콜로프Kenneth L. Sokoloff는 이 원칙을 바탕으로 북아메리카와 남아메리카의 차이를 설명하는 제법 설득력 있는 제도 이론을 전개했다. 두 사람은 식민지 시대에 부의 분배가 공평하게 이뤄지지 않은 사회일수록 엘리트에게 유리하고 그들의 기득권을 보호하는 데 도움이 되는 제도를 개발했다고 말한다.[30] 엥거만과 소콜로프는 아메리카 대륙의 식민지를 세 가지 유형으로 구분한다. 첫 번째는 노예 노동을 이용해 대량 생산을 해야 하는 사탕수수 및 기타 작물을 재배하기에 알맞은 기후와 토양을 지닌 유형, 두 번째는 많은 자본과 원주민의 노동력을 투입해야 하는 광물자원이 풍부한 유형이다. 세 번째는 대규모 노동력이 필요 없는 작물을 재배하기에 좋은 기후와 토양을 지닌 유형으로 "농사를 짓는 데 돈도 많이 안 들고 땅도 넓은 이곳에서는 대다수 성인 남자가 개인 농장을 운영할 수 있었다."[31] 주로 미국과 캐나다 북부에 세워진 이런 식민지에서는 모든 국민에게 교육 혜택을 제공하는 교육제도를 비롯하여 좀 더 평등한 제도가 발전했다. 엥거만과 소콜로프에 따르면 "처음부터 극도로 불평등하게 시작된 사회에서는 엘리트들이 정치권력을 자기들 쪽으로 편중시키는 법률을 입안하는 경향이 있다. 그리고 법과 정부 정책을 이용해 다른 사회 구성원들보다 훨씬 많은 경제 활동 기회를 보장받는다."[32]

19세기 후반에서 20세기 초에 이뤄진 토지 분배를 살펴보면 엥거만과 소콜로프의 이론이 꽤 근거가 있음을 알 수 있다. 1910년에 멕시코 시골에서 땅을 소유한 가장은 전체의 2.4퍼센트에 불과했다. 1895년에 아르헨티나 시골에서 땅을 소유한 가장은 19퍼센트였다. 반대로 1900년 미국에서는 시골에 사는 전체 가장의 거의 75퍼센트가 땅을 소유하고 있었다. 물론 북부 식민지에 사는 모든 사람이 땅을 소유할 수 있었던 것은 아니다. 모든 사람이 공평하게 많은 땅을 손에 넣을 만한 경제력이 있었던 것도 아니다. 그러나 1850년대 이래 가족 소유 농장의 비율을 조사한 정치학자 타투 벤하넌Tatu Vanhanen의 자료를 비롯하여 남부 식민지보다 북부 식민지에서 땅을 소유하는 것이 훨씬 더 일반적이었다는 사실을 보여주는 많은 증거가 있다.[33]

엥거만과 소콜로프의 접근방식의 장점은 이른바 '캐리비안 수수께끼'를 상당히 잘 풀어낸 데 있다. 카리브 해 섬에 정착한 유럽인들은 북아메리카 식민지 개척자들과 비슷한 문화를 공유하고 있었지만 이들에게 주어진 천연자원은 상당히 달랐다. 카리브 해의 기후와 토양은 사탕수수를 재배하기에 적합했다. 사탕수수 농업에는 넓은 땅과 아주 많은 노동력이 필요하다. 이런 점에서 보면 카리브 해는 체서피크 만 북부에 있는 식민지보다는 남아메리카 국가들과 비슷한 점이 더 많았다.

대런 애서모글루와 사이먼 존슨, 제임스 로빈슨은 시간이 지나도 제도는 잘 변하지 않는 법이라고 말한다. 즉, 오래전에(이를 테면 식민지 시대에) 개발된 제도의 강력한 특징들이 오래오래 영향을 끼친다는 말이다. 얼핏 국가의 독립, 투표권 확대, 노동운동 확대, 사법부의 독립성 확보 등 획기적인 사건을 겪는 것처럼 보여도 오래된 제도의 영향에서 자유로울 수 없다. 예전 제도가 끈질기게 살아남아 영향을 끼치는 이유는 세월과 더불어 진화해온 정치 세력이 기존의 세력균형과 부의 분배를 그대로 고수하려 하기 때문이다. 1865년 남북전쟁에서 패한 미국 남부 주들이 전쟁 전과 크게 다르지 않은 경제제도를 유지하려고 했던 것이 대표적인 예다. 대규모

주석 광산의 국유화와 심도 깊은 토지개혁이 이뤄진 볼리비아혁명 이후에도 비슷한 일이 벌어졌다. 1952년 혁명 이후 볼리비아는 부실한 제도와 독선적인 정책으로 소득분배가 공평하게 이뤄지지 않아 빈곤층을 나락에 빠뜨리던 예전 체제로 돌아갔다. 1910년 멕시코혁명 이후에도 비슷한 결과가 나왔다. 1938년 라소로 카르데나스 대통령이 석유회사를 국유화한 뒤에도 마찬가지였다.

모두 예전 상태로 돌아가려는 제도의 관성을 보여주는 사례들이다. 여기에서 우리는 이런 의문을 품지 않을 수 없다. 과연 사회는 이렇게 완강한 역사의 지배력을 타파할 수 있는가? 기본 제도를 깡그리 뒤집어엎고 새 출발하는 것이 가능한가? 국가의 제도를 근본부터 뜯어고치는 역사적 사건이 있을 수 있는가?

권력 및 소득분배를 반영하는 제도가 굵직하고 지속가능한 변화를 이루려면 먼저 세력균형을 크게 바꿀 수 있는 정치 발전이 이뤄져야 한다. 그러나 미국 남북전쟁과 멕시코와 볼리비아 혁명의 예에서 확인한 대로 굵직한 정치적 사건이 벌어진다고 해서 반드시 철저한 제도 변화가 뒤따르는 것은 아니다. 그럴 때도 있고 그렇지 않을 때도 있다. 아주 의미심장한 제도 변화를 이끌어낸 굵직한 사례로는 페리 제독의 원정이 계기가 되어 크게 바뀐 일본이 있다. 그 후 일본은 2차 세계대전 뒤에 다시 한 번 변화를 경험했다. 한국전쟁 이후의 한국, 문화혁명 폐지 이후의 중국도 빼놓을 수 없다. 5장에서 다룰 테지만 피노체트가 쿠데타를 일으키고 1970년대부터 1980년대에 걸쳐 좌파가 뿔뿔이 흩어지면서 칠레는 굵직한 제도 변화를 통해 논란의 여지가 없는 라틴아메리카의 슈퍼스타가 될 수 있었다. 따라서 라틴아메리카에 주어진 숙제는 옛 제도의 타성에서 벗어나 효율성 향상과 기계 및 설비에 대한 투자를 장려하는 새로운 제도를 도입하는 것이다. 더불어 사회 여건을 개선하고 라틴아메리카 지역에 번영을 안겨줄 양질의 교육제도를 도입하는 것도 간과해서는 안 된다.

통화위기, 경기불안, 인플레이션

오랜 시간 라틴아메리카를 지겹게 따라다닌 것은 지지부진한 경제실적과 부실한 제도만이 아니다. 스페인에서 독립한 초창기부터 많은 국가가 급격한 인플레이션에 시달렸다. 영국 파운드화와 미국 달러화처럼 안정적인 통화나 금金 대비 지역 통화 가치가 급락하는 통화위기도 쉼 없이 되풀이되었다. 수년간 대규모 평가절하, 채무지불유예, 걷잡을 수 없는 인플레이션을 겪어야 했다. 이런 일이 이례적 사건이 아니라 일상과도 같았다. 급기야 시간이 흐르면서 라틴아메리카 국가들은 오스카 와일드의 희곡 『이상적인 남편An Ideal Husband』에서처럼 신뢰할 수 없는 빚쟁이 취급을 받았다. 세벨리 부인이 아르헨티나 운하 회사에 투자해보라고 얘기를 꺼내자 로버트 칠턴 경은 이렇게 대꾸한다. "이 아르헨티나 사업안은 흔한 주식거래 사기입니다. …… 이해하기 쉽게 분명히 합시다. 이건 사기에요."[34]

1820년대에는 멕시코와 페루에 빌려준 차관을 비롯해 라틴아메리카 국가에 빌려준 외국차관 십여 건 이상을 상환하지 못했다.

1826년에는 콜롬비아가 외국차관 중 50퍼센트를 상환하지 못했고, 에콰도르는 22퍼센트, 베네수엘라는 전체 차관의 3분의 1을 상환하지 못했다. 1828년 2월에는 중앙아메리카의 더 작은 국가들, 코스타리카, 과테말라, 온두라스, 니카라과, 엘살바도르가 외국차관을 상환하지 못했다. 1800년대에는 이런 채무불이행이 산발적으로 계속되었다. 일례로 1873년에는 볼리비아와 파라과이, 우루과이에 빌려준 차관을 비롯해 15개 이상의 차관이 지불유예에 들어갔다.[35]

각각의 채무불이행 사건에는 길고 긴 협상이 뒤따랐다. 대부분의 경우 수년에 걸친 흥정과 타협 끝에 합의에 이르렀고 투자자들은 상당한 손실을 감수할 수밖에 없었다. 예를 들어 1875년, 볼리비아 정부는 1872년에 들여온 170만 파운드를 상환하지 못했다. 8년 뒤인 1880년에 채권소유자들은 원금 79만 3,000파운드의 절반도 되지 않는 대금을 받았다.

채무불이행에 들어가자 협상자들은 구조조정 과정에서 새롭고 창의적인 방법을 생각해냈다. 일례로 1837년에 멕시코 의회는 텍사스와 캘리포니아를 비롯한 멕시코 영토를 대신 받고 빚을 탕감해달라고 제안했다. 거래 가격은 에이커당 4파운드였다. 그러나 선뜻 응하는 사람이 별로 없었다. 영국인 투자자들은 멀기도 하고 잘 알지도 못하는 땅 덩어리보다 미상환 채권을 가지고 있는 편이 덜 위험하다고 판단했다. 1885년에는 액면가 150만 파운드의 파라과이 채권을 소유한 사람들이 80만 파운드어치의 새 채권과 함께 200만 헥타르의 땅을 받았다. 1890년에는 3,300만 파운드의 페루 채권을 소유한 영국인들이 철도와 토지, 채굴권을 가지고 있는 페

루 회사 페루비안 코퍼레이션Peruvian Corporation의 주식을 대신 받았다.36

아르헨티나는 라틴아메리카의 경기불안이 얼마나 심각한지 적나라하게 보여줬다. 독립을 선언하고 겨우 10년이 지난 1820년대에 아르헨티나에는 첫 번째 통화위기가 찾아왔다. 금 대비 페소화의 가치가 급락하기 시작했다. 1827년에는 페소화가 33퍼센트 절하되었고 1829년에는 다시 68퍼센트 절하되었다. 1838년에는 새로운 통화위기가 찾아왔고 페소화가 34퍼센트 절하되었다. 1839년에도 페소화가 66퍼센트나 절하되면서 또다시 위기가 찾아왔다. 그리고 1845년에 페소화가 또다시 95퍼센트나 절하되었다. 1851년에는 40퍼센트 절하되었다. 1868년부터 1876년 사이에 아르헨티나는 거시경제 불안을 종식하고자 통화위원회제도를 시행했다. 아르헨티나는 이 제도를 토대로 금 보유량만큼 통화 당국이 지폐를 발행했지만37 국고 낭비가 심해서 1876년에는 통화위원회제도를 폐지할 수밖에 없었다. 1875년부터 1878년 사이에 미국 달러화 대비 페소화가 30퍼센트 가까이 절하되었고, 1885년에는 미국 달러화 대비 페소화가 43퍼센트 절하되면서 새로운 위기가 찾아왔다. 4년 뒤에 다시 64퍼센트 절하되었고, 영국 최고의 투자은행 베어링스가 파산 위기에 직면한 1890년에도 32.6퍼센트 절하되었다.38

1891년, 아르헨티나는 의회가 금태환(금 본위제)을 담당할 정부 부처에 관한 법안을 통과시키자 다시 한 번 통화위원회제도를 시행했었다. 그러나 또다시 재정 결핍으로 실패하고 만다. 통화위원회제도는 1차 세계대전이 발발한 1914년에 중단되었다가 1927년에 다시 시행되었고 1929년에 결국 폐지되었다. 페소화는 1920년에 26퍼센트, 1931년에 29퍼센트 절하되었다. 1938년과 1948년, 1949년에도 새로운 통화위기가 찾아왔다. 1950년대와 1960년대 내내 거시경제 불안은 계속되었다. 1951년, 1954년, 1958년, 1962년, 1964년, 1967년에도 통화위기가 닥쳤다. 1971년에는 페소화가 무려 117퍼센트나 절하되었다. 1974년부터 1979년 사이에 아르헨티나는 그 어느 때보다 심각한 불경기를 겪었다. 1976년에는 인플레이션율이 444퍼센트까지 치솟았다. 반복되는 위기와 평가절하는 경제성장에 부정적인 영향을 끼쳤다. 1975년부터 1985년 사이에 일인당 소득은 매년 1.7퍼센트씩 하락했다. 1985년에는 인플레이션이 672퍼센트였고, 1981년부터 1991년 사이에 페소화 절하율은 매년 평균 1,346퍼센트로 어마어마했다.[39]

아르헨티나 역사를 통틀어 중앙정부와 지방자치단체가 해외 투자자들에게 막대한 손실을 입히고 대외 부채를 구조조정한 것만도 여러 번이다. 초기의 굵직한 사건은 베어링스 위기가 닥쳤던 1890년대에 벌어졌다. 1891년과 1893에는 정부가 발행한 국채를 놓고 재협상을 해야 했다. 1896년에는 철도를 담보로 빌린 외채를 구조조정했다. 1896년부터 1899년까지 외국인 채권소유자들이 잃은 돈만 600만 파운드에 달했다. 이때 일련의 지방채권이 구조조정되었다. 1897년에는 부에노스아이레스 시정부가 시에서 발행한 채권을 구조조정했고, 1899년에는 코르도바 시정부가 그 뒤를 따랐다. 1900년에는 로사리오 시정부가 같은 길을 걸었고, 1905년에는 산타페 시정부가 채권 구조조정에 나섰다. 1906년에는 부에노스아이레스 시에서 주택을 담보로 발행한 담보부채권을 구조조정했고, 이 때문에 외국인 투자자들은 투자원금의 약 3분의 1을 잃었다.[40]

아르헨티나만 통화불안과 인플레이션을 겪은 것은 아니다. 서쪽에 있는 이웃나라 칠레도 1878년부터 1978년까지 100년 동안 세계에서 인플레이션율이 가장 높은 나라 중 하나였다. 인플레이션 압력은 1878~1879년에 처음 터져 나왔다. 이때 페소화가 25퍼센트 절하되고 금 본위제가 폐지되었다.[41] 페소화는 1879년부터 1888년 사이에 20퍼센트 더 절하되었고, 1898년에는 또다시 33퍼센트 절하되었다. 1898년부터 1907년 사이에도 페소화가 40퍼센트 추가 절하되었다. 프린스턴대학교 경제학자 프랭크 페터가 1930년 초반에 쓴 글에 따르면 20세기 들어 처음 10년간 칠레에 찾아온 인플레이션은 아주 특이했다. 그럴 필요가 전혀 없는 상황에서 칠레 정부가 화폐 발행 액수를 늘려서 인플레이션을 자초했기 때문이다.

페터에 따르면 이런 고의적인 인플레이션 정책은 칠레 지배층이 저리로 신용대출을 넉넉히 받으려고 압력을 넣은 탓이었다. 칠레의 사례가 이례적인 것은 화폐 대량 발행 정책을 지지한 이들이 다른 나라처럼 보수 정치인이 아니라 진보적이거나 급진적인 정치인이었다는 점이다.[42] 1차 세계대전 기간에 칠레에서 수출하는 제품의 국제가격은 상당히 올랐고 페소화도 서서히 강세를 보였다. 그러나 이런 상황은 오래 가지 못했다. 1921년, 페소화는 50퍼센트 이상 절하되었다. 1925년에는 페소화 가치가 1918년에 비해 60퍼센트나 떨어졌다. 그 후 60년간 칠레는 만성적으로 높은 인플레이션율에 시달렸고 경제를 안정시키려는 시도는 번번이 실패했다.[43]

불평등과 빈곤

1961년, 인류학자 오스카 루이스Oscar Lewis는 『산체스의 아이들The Children of Sánchez』이라는 책을 출간한다. 라틴아메리카의 빈곤 실태를 생생하게 그려 전 세계에 충격을 안겨준 작품이다. 책 서문에 오스카 루이스는 이렇게 썼다. "이 책은 멕시코시티에 사는 가난한 가족의 이야기다. 아버지 헤수스 산체스와 서른두 살의 마누엘, 스물아홉 살의 로베르토, 스물일곱 살의 콘수엘로, 스물다섯 살의 마르타 이렇게 네 아들의 이야기를 담고 있다. 나는 이 책을 읽고 독자들이 멕시코 가정생활의 내면을 들여다보았으면 한다. 그리고 사회 및 경제 전반에서 급격한 변화를 겪고 있는 라틴아메리카의 대도시, 그 심장부에 자리 잡은 빈민가에서 온 가족이 한 방에 모여 사는 것이 어떤 의미인지 생각해보길 바란다."[44] 500페이지가 넘는 책에서 오스카 루이스는 산체스가 사람들의 슬픔과 좌절, 결핍과 절망을 가족 구성원의 입을 통해 털어놓는다. 이 책은 빈민 사이에 폭력이 대물림되고 최소한의 공공 서비스 제공을 위해 정부에서 도입한 제도가 쓰디쓴 실패를 맛보는 현실을 생생히 기록했다. 이 이야기는 독자에게 깊은 감동을 주었고 대대로 멕시코 정부를 이끌어온 제도혁명당 지도부를 난처하게 만들었다.

라틴아메리카 사회의 불평등 수준은 과히 전설적이라 할 만하다. 식민지 시대부터 이 지역의 정치 문제와 사회 문제의 중심에는 늘 불평등이 자리하고 있었다. 토지 분배에 대한 역사 자료를 살펴보면 19세기 중반 북아메리카 농부의 60퍼센트는 땅을 소유했음을 알 수 있다. 반면에 라틴아메리카에서는 땅을 소유한 농부가 전체의 5퍼센트에 불과했다. 1850년, 토지를 소유한 농부의 비율은 칠레가 1퍼센트로 가장 낮았고 코스타리카가 25퍼센트로 가장 높았다. 20세기 초반에는 라틴아메리카에서도 농부의 토지 소유 비율이 서서히 증가했다. 그러나 미국이나 캐나다와 비교하면 여전히 한참 뒤처졌다. 1900년, 라틴아메리카에서 농장을 소유한 가정의 비율은 아르헨티나 7퍼센트, 볼리비아 2퍼센트, 브라질 4퍼센트, 칠레 2퍼센트, 콜롬비아 5퍼센트, 멕시코 1퍼센트, 페루 2퍼센트였다. 50년 전에 25퍼센트였던 코스타리카도 15퍼센트까지 떨어졌다.[45]

경제학자들은 소득 격차를 평가하기 위해 많은 수단을 활용한다. 그중 가장 인기 있는 수단이 지니계수다. 지니계수는 빈부격차가 전혀 없는 0에서 빈부격차가 가장 심한 1 사이의 숫자로 소득 불평등 지수를 평가한다. 극단적으로 사회 전체의 소득을 한 사람이 다 차지한다고 가정하면 지니계수는 1이 된다. 반대로 소득이 한 치의 오차 없이 평등하게 분배되면 지니계수는 0이 된다.[46] 서구 선진 민주국가들의 지니계수는 0.30부터 0.40 사이에 포진해 있다. 스칸디나비아 국가들처럼 비교적 평등한 사회가 0.30, 미국이 0.40이다.[47] 라틴아메리카 국가의 지니계수는 이보다 훨씬 높다.

1938년에 콜롬비아는 라틴아메리카 국가 최초로 소득분배를 체계적으로 연구했다. 당시 콜롬비아의 지니계수는 0.45로 세계에서 불평등이 아주 심한 축에 속했다. 그리고 그 후 몇 년 안 되어 콜롬비아 같은 라틴아메리카에서는 소득불균형이 이례적이지 않고 일반적이라는 사실이 밝혀졌다. 1950년대부터 1960년대에 걸쳐 이뤄진 일련의 조사연구에서 대부분 라틴아메리카 국가의 지니계수가 심각할 정도로 높게 나타났다. 브라질이 0.57, 칠레가 0.46, 멕시코가 0.59였다. 유일하게 아르헨티나만 소득분배가 크게 왜곡되지 않은 것으로 나타났다. 아르헨티나의 지니계수는 1950년대에 0.37, 1960년대에 0.41로 서구 선진 민주국가들과 별반 다르지 않았다.[48]

1961년 라틴아메리카 국가들은 사회 여건을 개선하고자 미국의 후원을 받아 '진보를 위한 동맹 Alliance for Progress'이라는 사회발전 계획에 착수했다. 그러나 진보를 위한 동맹이 발족하고 10년이 지난 1970년대 초반에도 소득 불평등은 조금도 나아지지 않았다. 오히려 많은 국가에서 불평등이 심화되었다. 브라질의 지니계수는 10년 전에 0.57이었다가 0.63으로 증가했다. 칠레는 0.47, 콜롬비아는 0.52, 코스타리카는 0.44, 베네수엘라는 0.49였다. 유일하게 아르헨티나와 우루과이만 각각 0.42, 0.33으로 계속해서 평등한 소득 분배가 이뤄졌다.

10년이 더 지나도 상황은 나아지지 않았다. 이른바 '잃어버린 10년'이라 칭하는 1980년대가 끝나고 군사독재가 막을 내린 1990년대 초 대다수 라틴아메리카 국가의 불평등 지수는 과히 충격적인 수준이었다. 1950년부터 1990년까지 40년의 세월을 거치면서 아르헨티나의 지니계수는 0.37에서 0.52로 증가했다. 브라질은 0.57에서 0.65로, 칠레는 0.44에서 0.54로, 우루과이는 0.33에서 0.41로 늘었다. 1950년대부터 1990년대 사이에 불평등 지수가 떨어진 국가는 멕시코뿐이었다. 그렇다 해도 1990년대 초반 멕시코의 지니계수는 0.52로 라틴아메리카에서도 아주 높은 축에 속했다.

많은 경제학자는 지니계수가 불평등에만 관심을 기울이도록 사람들을 호도한다고 지적한다. 중요한 것은 불평등이 아니라 빈곤이라는 것이다. 소득이 공평하게 분배되어도 국민 대부분이 극빈 생활을 할 수 있다. 북한이 대표적인 예다. 마찬가지로 소득이 불평등하게 분배되어도 모든 사람이 아주 안락한 생활을 영위하는 것도 가능하다. 소득분배와 빈곤율의 중요성에 대한 논쟁을 들여다보면 두 개념이 서로 관련이 있고 한 국가의 경제실적 및 사회실적을 평가하려면 둘 다 고려해야 한다는 사실을 희석시키는 이념적 저의가 드러나기도 한다. 그러나 강조하고 싶은 것은 불평등 지수를 기준으로 삼든 빈곤율을 기준으로 삼든 라틴아메리카의 사회 여건은 똑같이 실망스럽다는 점이다. 1970년, 브라질에서는 두 명 중 한 명이 빈곤선에 못 미치는 생활을 하는 것으로 나타났다. 콜롬비아와 페루도 마찬가지였다. 온두라스의 빈곤율은 전체의 65퍼센트에 이를 정도로 심각했다. 파나마는 39퍼센트, 멕시코는 34퍼센트, 베네수엘라는 25퍼센트, 코스타리카는 24퍼센트, 칠레는 17퍼센트였다. 그나마 아르헨티나가 8퍼센트로 라틴아메리카 국가 중 유일하게 한자릿수를 기록했다.[49]

10년이 지난 1980년대 초에도 상황은 별로 나아지지 않았다. 브라질, 콜롬비아, 온두라스, 페루의 전체 인구 중 40퍼센트 이상이 빈곤층에 속했다. 한 국가 안에서도 지역에 따라 빈곤율이 다르게 나타났는데 페루, 콜롬비아, 에콰도르에서는 원주민이 밀집된 지역이 특히 더 가난했다. 멕시코에서는 오악사카 주, 게레로 주, 치아파스 주가 빈곤율이 특히 높았고, 브라질에서는 북동부 지역이 다

른 지역보다 빈곤율이 높게 나타났다.⁵⁰

1950년대부터 1970년대까지는 식자율, 평균수명, 보건지표, 교육지표 등 다른 사회지표들이 조금 향상되었다. 그러나 개선 속도는 아주 더뎠고 라틴아메리카와 다른 국가들의 사회격차는 갈수록 크게 벌어졌다.⁵¹ 현저하고도 상당한 차이였다.

미국, 미래의 침입자?

19세기 초반 이래 남아메리카 사상가들은 북아메리카의 예전 식민지와 남아메리카의 차이를 논하느라 열을 올렸다. 가끔은 지나치다 싶을 정도로 둘의 차이에 집착했다. 아르헨티나의 지성이자 정치인이며 교육가인 도밍고 파우스티노 사르미엔토Domingo Faustino Sarmiento는 초창기에 이 논쟁에 가장 크게 영향을 끼친 인물로 1845년에 『파쿤도: 문명과 야만Facundo: Civilization and Barbarism』이라는 책을 출간했다. 이 책에서 사르미엔토는 라틴아메리카 신생국들이 식민지 시대와 독립 초창기 때처럼 낙후되고 국제사회로부터 동떨어지고 비민주적인 국가로 남을지, 아니면 미국의 본을 받아 계몽주의와 프랑스혁명의 이념 및 제도를 받아들일지 결정해야 한다고 촉구했다. 사르미엔토는 독립 직후 라틴아메리카 전역에 '야만'이 퍼졌다고 주장했다. 지방의 실력자들과 군벌들, 군사 독재자들이 전제 권력을 휘둘렀다는 것이다.⁵² 『파쿤도』는 1868년에 영어판으로 번역 출간되었다. 영어판에는 '전제군주 시대 아르헨티나공화국에서의 삶'이라는 부제를 붙여서 논점을 선명하게 드러냈다. 사르미엔토에 따르면 라틴아메리카와 달리 미국은 독립 초창기부터 '문명'을 택하고 문명화에 도움이 되는 정치제도를 수립하고자 사력을 다했다.

1849년에는 『유럽, 아프리카, 미국 여행Travels in Europe, Africa and the United States』이라는 두 번째 책이 출간되었다. 사르미엔토는 두 번째 책에서 이런 사상을 좀 더 발전시켜서 자유, 평등, 박애라는 문명화된 사상을 진심으로 받아들인 곳은 유럽이 아니라 미국이라고 주장했다.[53] 그는 시민이 교육제도와 금융 및 기타 공공 서비스를 조정할 수 있는 정치 분권을 미국의 최대 강점으로 꼽았다.

사르미엔토는 단순히 독립 직후 미국이 어떠했는지 개괄적으로 설명하고 라틴아메리카 제도와 미국 제도를 비교하는 것에 만족하지 않았다. 자신의 조국 아르헨티나가 미국을 모방하기를 바랐다. 스스로 폭정에서 벗어나 문명을 제대로 받아들이길 바랐다. 미국에 대한 이런 동경은 『유럽, 아프리카, 미국 여행』에서 확연히 드러난다. 그는 이 책에 "상상도 할 수 없는 이 오락물은 웅장하고 고상한데다 절묘하기까지 하다. 미국의 천재성이 고스란히 드러난다."라고 썼다.[54]

수년간 라틴아메리카 지식인들은 사르미엔토의 견해와 미국에 대한 그의 동경, 미국의 생활방식을 탐탁지 않아 했다. 그러다 1900년에 우루과이의 지성이자 문필가 호세 엔리케 로도José Enrique Rodó가 미국식 가치와 문화를 비판하는 책을 출간했다. 이 책은 라틴아메리카 저자가 쓴 미국 비판서 중 가장 설득력이 있다.[55] 「아리엘Ariel」이라는 짧은 글에서 로도는 미국이 공리주의를 받아들이면서 정신과 아름다움, 자연에는 등을 돌렸다고 지적했다.[56] 그리고 예술과 과학을 비롯한 모든 부분에서 실용성을 강조하는 미국의 상스러움과 고대 그리스의 고상함을 대비시켰다. 또한 민주주의 원리를 기계적으로 적용하면 어리석은 물질만능주의에 빠지고 저속하고 평범하기 짝이 없는 문화를 양산하게 된다고 강조했다. 이 부분에서는 벤저민 프랭클린Benjamin Franklin을 언급하기도 했다.

그렇다고 로도가 미국을 덮어놓고 비판한 것은 아니다. 그러기에는 로도가 꽤나 똑똑하고 교양 있는 인물이었다. 로도는 '끝없는 호기심, 진리에 대한 열망' 등 미국에도 여러 가지 긍정적인 특성이 있음을 인정했다. 민중을 교육하려는 목표도 높이 평가했다. 그러나 그것만으로는 충분하지 않다고 보았다. 풍부한 창의력과 그로 말미암은 번영은 천박할 뿐더러 국민을 계몽하지도 못하고 조화로운 사회를 이루지도 못한다고 지적했다. 그는 "고매한 정신과 세련미가 빠지긴 했지만, 실용적이고 바로 응용할 수 있다는 점에서 미국 문화는 놀라운 효율성을 자랑한다. 과학을 습득하여 하나의 일반 법칙이나 새로운 원리를 찾아내지는 못해도 응용 면에서는 놀라운 기량을 발휘한다."고 말했다.[57]

로도는 북아메리카 사람들이 자기들의 견해를 다른 인류에게 퍼트리려 한다고 개탄했다. 대다수 미국 시민이 자기들의 생활방식을 '모든 인류가 따라야 할 숙명'으로 여긴다고 보았다. 그래서 남아메리카 사람들에게 여기에 저항해야 한다고 주장했다. 남아메리카 사람들은 칼리반(미국)에 맞서고 물질적 번영을 찬양하는 세태에 저항해야 했다. 남아메리카 젊은이들은 최상의 정신, 자연, 문화, 서구 문명을 추구해야 했다. 남아메리카 국민은 유럽의 선조처럼 아테네의 전통과 가르침을 따르기 때문에 이런 일을 능히 할 수 있었다.

호세 로도는 라틴아메리카 엘리트들을 만족시키기 위해 변증법식 미사여구를 총동원하여 사르미엔토의 견해를 반박했다. '문명'을 대표하는 것은 북아메리카가 아니며 남아메리카를 '야만'이라 본 사르미엔토는 완전히 틀렸다고, 사실은 정반대라고 날을 세웠다. 그리고 이를 악물고 물질적 진보만을 좇는 미국이야말로 상스럽고 천박하고 야만스러운 국가라고 주장했다. 남아메리카 국가들이 발전이 더디고 북아메리카 같은 호기심과 역동성, 에너지가 부족할 수는 있다. 그러나 남아메리카 국민은 변함없이 정신을 중히 여기고 갈고 닦는다. 사라져가는 대화의 기술을 연마하고 자연을 경이롭게 여기며 일말의 사심도 없이 오로지 미$_美$를 위해 미를 추구한다. 이것은 분명히 남아메리카 국민의 장점이고 잃어버리면 안 될 것들이다. 호세 로도에 따르면 아메리카라 불리는 드넓은 땅덩어리에서 이런 장점이 남아메리카 국민을 '문명'의 대표자로 만들었다. 그는 젊은 독자에게 북아메리카의 화려함에 마음을 빼앗기지 말라고 당부한다. 북아메리카 사람들이 전하는 유혹의 말에 넘어가지 말라고 단단히 이른다. "외국의 예를 따라 본성을 억지로 바꾸고 정체성을 버리는 건 아무 짝에도 쓸모없는 짓이다. …… 예술이나 문학과 마찬가지로 맹목적 모방은 우리 사회를 질 낮은 복제품으로 만들 뿐이다."

이 책은 호세 로도가 죽고 나서 1922년에 영어로 번역되어 처음 세상에 나왔다. 미국에서는 완전히 묵살했지만 라틴아메리카 지식인들 사이에는 호세 로도의 견해가 급속히 퍼져나갔다. 로도와 그의 추종자들이 이런 견해를 갖게 된 데는 시대의 영향이 컸다고 지적하는 이들도 있다. 당시는 미국이 스페인-미국 전쟁에서 스페인을 무찌른 지 얼마 안 된 때였다. 미국의 승전으로 쿠바와 필리핀, 푸에르토리코가 미국의 영향권에 들어갔다. 갑자기 미국이 위협적인 제국주의 세력처럼 보였다. 이웃 나라에 힘을 과시하고 자신의 뜻을 강요하고 경제적 이득을 취하고 새로운 영토를 게걸스럽게 먹어 치우는 제국주의 세력 말이다.

스페인-미국 전쟁이 호세 로도의 어조에 영향을 끼쳤는지와 상관없이, 어찌 되었든 그의 책은 라틴아메리카 사회에 엄청난 영향을 끼쳤고, 그의 견해는 라틴아메리카의 교리가 되었다. 라틴아메리카 사람들은 대대로 북아메리카 사람들이 어리석고 세련되지 못하고 교양과 예의가 없고 이해력이 떨어지고 지나치게 물질을 탐하고 원시적이라는 교육을 받으며 자랐다. 이와 대조적으로 유럽인은 고전 문화의 진정한 상속자로서 교양이 있고 세련된 사람들이라고 보았다.[58] 그러다 보니 남아메리카 엘리트들은 오랫동안 유럽을 흠모했다. 꽤 최근까지 남아메리카 부유층은 유럽에서 교육을 받고 자주 유럽을 여행했다. 놀거나 휴가를 즐길 때도 파리, 로마, 마드리드, 칸, 몬테카를로 같은 유럽 도시를 찾았다. 정세가 뒤집혀서 추방을 당할 때도 유럽으로 갔다. 중요한 것은 호세 로도가 남아메리카 엘리트들에게 '맞습니다. 하지만'이라는 아주 편리한 논법을 전수했다는 점이다. 이제 남아메리카의 엘리트들은 이렇게 말할 수 있다. "맞습니다. 우리나라는 미국보다 생산성도 낮고 물질적인 진보도 뒤처집니다. 하지만 우리는 미국처럼 조잡하거나 천박하지 않습니다. 생산성과 물질적 성공에 관심을 기울이는 대신 우리는 정신 발달에 마음을 씁니다." 물론 이런 주장은 매우 잘못된 것이고 시간이 흐르면서 계속 옹호하기도 어려웠다. 20세기 중반, 대부분의 남아메리카 국가가 문화를 발전시키고 정신을 함양하는 데 필요한 가장 기본적인 제도조차 갖추고 있지 않다는 사실이 점점 더 분명해졌다. 교육제도는 기껏해야 평범한 수준을 벗어나지 못했다. 대학 교육은 뒤처졌고 큐레이터도 소장품도 방문객도 없는 박물관은 반쯤 비어 있었다. 연이은 쿠데타와 독재 정부에 정신 함양 따위는 전혀 필요하지 않았다. 북아메리카와 남아메리카의 소득 격차가 워낙 크니 더는 북아메리카를 무시할 수도 없었다. 아테네 사상의 아름다움을 운운하는 천상의 논거로도 정당화할 수 없는 수준이었다.

미국을 바라보는 라틴아메리카의 시선에는 애증이 담겨 있다. 때로는 공공연히 적의를 내비치기도 한다. 부분적으로는 미국 정부가 범한 외교적 실수도 한몫 톡톡히 했다. 일례로 1913년 멕시코 대통령 프란시스코 마데로Francisco Madero가 암살당한 배경에는 음모를 지지한 우드로 윌슨Woodrow Wilson이 개입되어 있었다. 그리고 세월이 흘러 정권이 바뀌면 또 다른 미국 행정부가 폭군들의 권력 승계를 지지했다. 니카라과의 아나스타시오 소모사Anastasio Somoza, 베네수엘라의 페레스 히메네스Pérez Jiménez, 도미니카공화국의 레오니다스 트루히요Leónidas Trujillo, 그리고 아르헨티나와 브라질에서 수많은 장성들이 미국의 지지를 받아 권력을 잡았다. 1939년, 프랭클린 델러노 루스벨트Franklin Delano Roosevelt 대통령은 아나스타시오 소모사를 두고 이렇게 말하기도 했다. "아마도 그는 개자식이겠지만, 적어도 '우리'의 개자식이다." 정도의 차이는 있지만 오랫동안 라틴아메리카 사람들은 미국이 아메리카, 아메리카인이라는 용어를 마치 미국, 미국인을 가리키는 말처럼 멋대로 가져다 쓰는 것을 보고 분개했다. 이것은 지금도 마찬가지다. 리오그란데 강 남쪽에 사는 사람들은 "우리 모두가 아메리카인이다."라고 거듭 강조한다. 북아메리카에 사는 사람들만이 아니라 남아메리카에 사는 사람들도, 중앙아메리카에 사는 사람들도, 섬에 사는 사람들도 모두 아메리카인이라는 말이다. 이는 분명히 1900년에 호세 로도가 '미국의 젊은 이들'에게 「아리엘」을 바칠 때 마음에 두었던 말이다. 라틴아메리카 사람들은 먼로주의에도 반대했다. 아마도 먼로주의를 전혀 납득할 수 없었기 때문일 것이다. '아메리카인을 위한 아메리카'라는 말은 북아메리카와 남아메리카를 포함한 아메리카 전체가 미국의 지배를 받는다는 뜻인가? 제국주의라는 괴물 칼리반이 최악의 상태에 처하면 걷잡을 수 없게 될 터였다. 먼로주의는 『파쿤도』와 「아리엘」이 출간되기 몇십 년 전인 1823년에 제임스 먼로James Monroe 대통령이 세운 외교방침이었다. 그런데도 먼로주의와 여기에서 나온 구체적인 정책들은 사르미엔토가 완전히 틀렸다는 것을 다시 한 번 명확하게 확인해주는 것만 같았다. 야만은 남아메리카가 아니라 북아메리카가 분명했다.

1905년에 출간된 니카라과의 루벤 다리오Rubén Darío가 쓴 '루스벨트에게'라는 시는 많은 남아메리카 지식인이 20세기 초에 이웃에 있는 북아메리카를 어떻게 생각했는지 생생하게 보여준다.[59] 호세 로도의 「아리엘」이 나온 지 5년, 시어도어 루스벨트Theodore Roosevelt 가 파나마 운하를 점령하고 관할권을 넘겨받은 지 2년 만이었다. 이 시에서 루벤 다리오는 미국이 상징하는 것(그때까지만 해도 미국이 상징한다고 믿었던 것)에 대한 동경과 라틴아메리카 땅을 합병하는 것에 대한 분노를 강렬하게 대비시킨다. 또한 다리오는 이 사건을 계기로 미국이 잇따라 남아메리카 국가들을 직간접적으로 지배하려 들 거라는 두려움을 표출한다. 시는 이렇게 시작된다.

성경의 음성으로, 월트 휘트먼의 시로
워싱턴의 것으로, 니므롯의 네 성읍으로
원초적이면서 현대적이고 단순하면서 복잡하게
나는 네게 말하노니, 들어라 사냥꾼아.
아직도 예수 그리스도에게 기도하고 여전히 에스파냐어를 쓰고
인디안 혈통을 지닌 원시 아메리카를 짓밟을
너는 미국,
미래의 침입자다.[60]

루벤 다리오는 이 지역을 지배하는 것이 그리 호락호락하지 않을 거라는 경고로 시를 끝낸다. 엄청난 반대에 부딪힐 것이고, 침략자가 신이 되지 않는 한 그런 일을 일어나지 않을 거라고 말이다. "조심하라, 라틴아메리카는 살아 있다!/ 스페인 사자 새끼 천 마리

가 자유로이 활보하고 있다." 멕시코 역사가 엔리케 크라우세Enrique Krauze는 다리오가 말한 사자 새끼가 아우구스토 산디노Augusto Sandino, 체 게바라Che Guevara, 피델 카스트로라고 주장했다.[61] 거기서 멈출 리가 있겠는가? 우고 차베스, 에보 모랄레스, 다니엘 오르테가라 불리는 새로운 사자 새끼들이 지금 아메리카 대륙을 돌아다니고 있다. 그들을 어찌 해야 할까? 그들은 무슨 일을 할까? 이전의 사자 새끼들이 그랬듯이 스스로 자멸하고 말 것인가? 아니면 자신의 분노와 격분을 좋은 정책으로 바꾸어 국민이 가난과 절망에서 벗어날 수 있도록 길을 찾을 것인가? 내기 판은 아니지만 돈을 걸어야 한다면 나는 자멸하는 쪽에 걸 것이다.

그러나 남아메리카와 미국의 복잡한 관계를 누구보다 잘 그려낸 작품은 칠레의 파블로 네루다Pablo Neruda가 쓴 걸작 『모두의 노래Canto General』다.[62] 『모두의 노래』에는 아메리카와 그곳에 사는 사람들, 영웅과 악당, 행복과 슬픔을 노래한 340편의 시가 실려 있다. '나무꾼을 깨워라Let the Woodcutter Awaken'라는 아홉 번째 노래는 미국과 미국인, 그들의 기량을 기념하는 말로 시작된다. 파블로 네루다는 '돌아가는 기계들과 세상을 먹어치우는 쇠숟가락' 그리고 대초원에 자리 잡은 '농부들의 작은 집'을 노래한다. 그는 말한다. "북아메리카여, 너는 아름답고 광활하다./ 너는 너의 강가에서/ 빨래하는 백인 여인들처럼 초라한 요람에서 나왔다." 그리고 이어서 이렇게 노래한다. "우리는 너의 도시, 너의 본질을 사랑한다./ 너의 빛, 너의 기계 장치……."

그러나 네루다의 시가 찬사로만 이어지는 것은 아니다. 추악한면, 인종차별, 가난, 궁핍에 대해서도 이야기한다. 정치적 박해와 링컨 암살을 말하고 라틴아메리카의 폭군들과 독재자들, 무수히 많은 트루히요, 소모사, 곤살레스 비델라 González Videla 같은 인물을 후원하는 미국에 분노를 쏟아놓는다. 앞서 루벤 다리오가 그랬던 것처럼 파블로 네루다도 북아메리카라는 거인에게 이렇게 경고한다.

> 북아메리카여, 네가 순결한 국경을 파괴하려고
> 우리가 사랑하는 음악과 질서를 통제하려고
> 네 사람들을 무장시키면
> 우리는 공기와 돌에서 나와
> 너를 물 것이다.
> 마지막 창문으로 빠져나가
> 너에게 불을 뿜을 것이다.
> 가장 깊은 바다에서 솟아나와……

그런 다음 네루다는 다시 부드러운 목소리로 에이브러햄 링컨 Abraham Lincoln의 정신을 환기시키고 '불가능한 일이 일어나기를' 희망한다. 나무꾼(링컨)을 깨워야 한다고 말한다. "에이브러햄이 도끼와/ 나무 접시를 들고 와서/ 농부들과 함께 먹어야 한다."

> 황금빛으로 빛나는 일리노이의 목초지에서
> 새로운 노예 상인들에게 맞서

도끼를 들고
링컨은 돌아와야 한다.

시는 이렇게 끝난다.

나는 무언가를 해결하려고 온 게 아니다.
나는 노래하러 왔다.
너도 나와 함께 노래하게 하려고 왔다.

파블로 네루다도 미국과 남아메리카의 경제관계에 대해 이야기한다. 그리고 다국적 기업들이 천연자원을 앗아가고, 남아메리카를 가난에 빠뜨리고, 땅을 황폐하게 만드는 현실을 개탄한다. 아홉 개의 노래 중 가장 강한 분노가 드러난 다섯 번째 노래 '모래를 팔아먹다 The Sand Betrayed'에는 스탠더드 오일 컴퍼니 Standard Oil Company, 애너콘다 코퍼 마이닝 컴퍼니 Anaconda Copper Mining Company, 유나이티드 프루트 컴퍼니 United Fruit Company에 대한 긴 시 세 편이 들어 있다. 네루다는 스탠더드 오일 컴퍼니가 저지른 일을 이렇게 고발한다.

국가와 마을, 바다를 사들이고
정치인과 의원들을 매수하고
폭군들이 손에 쥔 금을 지키듯
가난한 사람들이 자기들이 먹을 옥수수를 지키는
저 먼 곳까지 사들였다.

수십 년에 걸쳐 경제를 약탈하는 미국을 향한 라틴아메리카인의 감정을 가장 잘 압축한 작품은 유나이티드 프루트 컴퍼니에 관한 시다.

> 유나이티드 프루트 주식회사는
> 아메리카의 달콤한 허리
> 우리 땅의 중부 해안
> 가장 과즙이 많은 부분을
> 자기들을 위해 따로 남겨두었다.
> 그리고 이 땅에 '바나나 공화국'이라는
> 새로운 이름을 붙였던가?

멕시코의 호세 드 바스콘셀로스 José de Vasconcelos는 「아리엘」과 호세 로도의 시각에 가장 많은 영향을 받았다. 1920년대 하반기에 교육부 장관을 지낸 바스콘셀로스는 멕시코혁명을 공식적으로 정의하는 데 이바지했다. 무엇보다 바스콘셀로스가 남긴 가장 위대한 유산은 디에고 리베라 Diego Rivera, 데이비드 알파로 시케이로스 David Alfaro Siqueiros, 호세 클레멘테 오로스코 José Clemente Orozco에게 벽화를 의뢰하여 수많은 공공건물을 꾸미게 한 것이다. 바스콘셀로스는 라틴아메리카가 힘을 합치면 '세련되면서도 조화롭고 정신적으로 발달한 문화 지역'을 꿈꾸던 호세 로도의 꿈을 이룰 수 있다고 생각했다. 이 꿈은 대부분의 남아메리카 사람들이 숭배하는 시몬 볼리바르 Simon Bolivar의 꿈과 크게 다르지 않았고, 시간이 지남에 따라 볼리바르가 품었던 꿈이 한낱 꿈에 불과하다는 사실이 점점 더 확실해졌다. 그러나 그것은 그냥 꿈이 아니었다. 사그라지기를 거부하는 꿈이요, 이따금 다시 힘 있게 모습을 드러내는 꿈이다. 가장 최근에 이 꿈을 지지하는 인물이 바로 베네수엘라의 대통령 우고 차베스다.

멕시코가 북쪽의 이웃나라 미국과 복잡한 관계로 얽히게 된 것이 멕시코혁명 때부터는 아니다. 식민지 시대와 독립 초기에 이르기까지 멕시코와 미국의 관계는 늘 애매했다. 1846년에 있었던 멕시코-미국 전쟁, 과달루페 이달고조약, 그리고 텍사스와 뉴멕시코, 알타칼리포르니아를 미국에 넘겨준 이래 두 나라는 늘 애매한 관계를 유지해왔다. '신과는 너무 멀고 미국과는 너무 가까운 가여운 멕시코', 이 자조 섞인 말은 미국의 질서와 조직력을 동경하고 스스로 멕시코 현대화의 주역이라고 자임한 포르피리오 디아스의 입에서 나왔다. 의적 출신의 혁명가가 한 말이 아니다. 엔리케 크라우세가 지적한 대로 20세기 하반기에는 대다수 멕시코 지식인이 반미 정서에 갇혀 있었다. 많은 사람이 역사적으로 미국이 더 많은 권력을 차지하려고 남쪽으로 팽창주의 정책을 밀어붙였다고 믿었다. 그러나 엔리케 크라우세가 주장한 대로 더 많은 국민, 특히 가난한 사람들은 여전히 북아메리카를 동경했다. 그들의 눈에 비친 미국은 적지가 아니라 기회의 땅이었다. 많은 사람이 더 나은 삶을 찾아 생명의 위험을 무릅쓰고 리오그란데 강을 건넜다. 자신과 가족을 위해 목숨을 건 모험을 감행하는 것이다.[63]

물론 미국에 대한 불만이 있었던 건 사실이다. 1898년 스페인-

미국 전쟁 이후 쿠바와 푸에르토리코, 필리핀을 장악하고, 1903년에는 파나마 운하 지대를 손에 넣는 등 얼마간 미국이 땅따먹기 전략에 착수한 것도 사실이다. 또한 폭군들이 자기 배나 불리고 인권을 유린하면서 권력을 유지하도록 수년간 지원한 것도 엄연한 사실이다. 게다가 수십 년간 정치적으로나 외교적으로 남쪽에 있는 가난한 이웃나라들을 홀대했다. 그나마 관심을 기울인 건 1960년대 초반 진보를 위한 동맹을 발족했던 아주 잠깐뿐이다.

엔리케 크라우세는 이러한 홀대가 뿌리 깊은 무관심 때문이기도 하거니와 라틴아메리카 문화를 업신여기는 탓이라고 주장했다.[64] 확실히 정치적으로나 외교적으로 별로 관심을 기울이지 않은 건 사실이다. 그러나 문화를 업신여겨서 그랬다는 건 전혀 다른 이야기다. 록펠러센터 로비에 디에고 리베라가 그린 벽화를 철거한 사건이 보여주듯이 미국인 후원자들이 항상 그의 작품 세계를 이해했던 것은 아니지만, 어쨌거나 미국에는 리베라를 후원하는 사람들이 많이 있다. 그의 아내 프리다 칼로Frida Kahlo를 좋아하는 열성팬도 여전하다. 문필가 가브리엘 가르시아 마르케스Gabriel García Márquez, 마리오 바르가스요사Mario Vargas Llosa, 이사벨 아옌데Isabel Allende가 쓴 작품들도 북아메리카 독자와 평론가에게 아주 좋은 반응을 얻었다. 최근에는 「뉴욕타임스New York Times」가 평론가가 극찬한 2008년 최고의 책 10선에 로베르토 볼라뇨Roberto Bolaño의 걸작 『2006』을 선정하기도 했다. 또한 미국 대학에서는 오랫동안 문학 수업 시간에 시인 옥타비오 파스Octavio Paz를 비중 있게 다루었다. 1973년에 출간한 『닉슨 암살 선동Incitación al Nixonicidio』이라는 책에서 미국의 대(對) 라틴아메리카 정책을 신랄하게 비판한 파블로 네루다도 미국 독자에게 꾸준히 사랑받는 저자다.[65] 이뿐 아니다. 미국의 주요 대학은 거의 모두 라틴아메리카 연구소나 라틴아메리카 연구회를 운영하고 있다. 그곳에서 라틴아메리카의 역사와 예술, 문화를 다각도로 연구한다. 물론 북아메리카 저자들이 라틴아메리카에 관해 쓴 작품도 많다. 그중 몇 명의 이름을 대자면 오스카 루이스, 앨버트 허시먼Albert O. Hirschman, 허버트 매튜스Herbert L. Matthews, 프랜시스 후쿠야마, 앨런 라이딩Alan Riding 등이다. 라틴아메리카 모든 나라가 똑같이 조명을 받은 것은 아니지만 이런 작가들의 저작은 국경 너머에 있는 많은 지성인이 이 지역에 관심을 가지고 있다는 증거다.

그러나 결국 정말 중요한 것은 라틴아메리카 사람들이 몇십 년간 북쪽의 이웃에게 불만을 품어왔다는 점이며, 전부는 아니라도 부분적으로나마 그들이 불만을 품는 게 당연하다는 점이다. 그러나 무시와 무관심에 불만을 품는 것이 당연하다고 해서 그것이 곧 라틴아메리카의 저개발이 북아메리카 때문이라는 뜻은 아니다. '미국과 너무 가까운' 것이 저주라는 의미도 아니다. 라틴아메리카의 장기 침체가 북아메리카에 사는 앵글로색슨 자본주의의 거대한 음모 때문이라는 생각은 이치에 맞지 않는다. 이 지역의 경제실적이 지지부진한 이유는 라틴아메리카 안에서 찾아야 한다.

3장
진보를 위한 동맹부터 워싱턴 컨센서스까지

1930년대 후반부터 대부분의 라틴아메리카 국가는 보호무역주의, 정부 규제, 경제활동 전반에 대한 국가의 개입을 바탕으로 경제 전략을 수립하고 추진했다. 그리고 이런 수입 대체 산업화로 알려진 전략으로 한동안 성과를 거두는 듯했다. 많은 나라의 경제성장이 회복되고, 산업화에 탄력이 붙고, 제조업 임금도 빠르게 상승했다. 1950년대 초만 해도 낙관적 전망이 주를 이뤘다. 경제발전, 빈곤율 감소, 번영 도래는 시간문제라고 생각했다. 그러나 의기양양한 겉모습과 달리 밑에서는 심각한 문제들과 사회적 긴장이 들끓고 있었다. 거대한 제강소, 석유화학단지, 정유공장, 크고 작은 자동차공장 등 새로 등장한 산업들은 아주 비효율적으로 움직이고 있었다. 이런 산업들이 그나마 목숨이라도 부지하려면 외국 기업들이 발을 들이지 못하도록 수입 장벽을 점점 더 높게 쌓아야 했다.

소비재 가격도 선진국과 중산층 국가보다 훨씬 비쌌다. 제3세계 국가의 육체노동자들이 교통수단으로 즐겨 사용하는 자전거 같은 간단한 제품마저 가난한 서민은 구입할 엄두를 내지 못했다. 칠레에서는 자전거 한 대 가격이 미국보다 네 배나 비쌌고, 기능이 단순한 라디오 가격도 유럽 국가보다 세 배 이상 비쌌으며, 소형 난방기는 국제시장 가격보다 90퍼센트나 비쌌다.[1] 라틴아메리카 근로자가 받는 임금이 유럽과 미국 근로자의 임금보다 훨씬 낮다는 점을 감안하면 라틴아메리카의 소비재 가격이 얼마나 터무니없는지 실감할 수 있다.

또한 보호무역주의가 심해지면서 공산품 제조업자는 사실상 전속시장을 갖게 되었고, 시장을 독점한 이들은 일반 소비자를 희생시켜 이윤을 챙겼다. 보호무역정책으로 인해 통화가 강세를 보이는 현상도 나타났다. 보호무역주의가 낳은 인위적이고도 부차적인 결과였다. 통화 가치 상승은 비용 상승을 의미한다. 즉 국제시장에서 경쟁하기가 더 어려워진다는 뜻이다. 자연스럽게 수출이 감소하고 효율성이 높은 국가와 겨뤄야 하는 농업 부문 역시 국제시장에서 경쟁력을 잃었다. 도시 거주자와 시골 거주자의 정치적 격차도 벌어졌다. 1950년대에 들어서면서 대부분의 라틴아메리카 국가가 빈곤에 허덕였고 소득 불평등도 더 심해졌다.

쿠바혁명과 진보를 위한 동맹

1940년대 후반 라틴아메리카에서는 점점 더 많은 사람이 조금도 나아지지 않는 사회 여건에 절망했다. 권위적인 정부와 독재 정권의 야만성을 보고 있으면 그저 한숨만 나왔다. 그러다 1952년, 결국 리오그란데 강 이남에서 뭔가 잘못되고 있다는 조짐이 밖으로 드러나기 시작했다. 중앙아메리카에서는 두 번째로 민주적으로 선출된 대통령인 과테말라의 하코보 아르벤스구스만Jacobo Arbenz-Guzmán이 토지를 재분배하고 과테말라 원주민의 빈곤율을 낮추기 위해 농지개혁을 단행했을 때였다. 지주들과 다국적 기업들이 농지개혁에 반대하여 들고 일어났고, 농지개혁 때문에 미국과의 외교관계도 심각하게 틀어져버렸다. 결국 1954년에 CIA의 지원을 받은 과테말라 군부가 쿠데타를 일으키고 이제 막 싹이 튼 민주주의와 농지개혁에 종지부를 찍었다.

그러나 과테말라는 시작에 불과했다. 그 후 몇 년간 소규모 무장 세력들이 혁명을 일으켜 정통성도 없고 부패한 정권을 전복시키기 위해 라틴아메리카의 정글과 산 속에 모여들었다. 미국 국무부 고위 관리들은 이런 전개를 대수롭지 않은 골칫거리쯤으로 치부했다. 때가 되면 모두 패배하고 쇠약해질 거라고 확신했다. 잘못된 생각이었다. 1959년 1월 1일, 피델 카스트로 일파가 쿠바의 수도 아바나에 의기양양하게 입성했다. 서구 민주주의 국가들은 처음에는 이제 막 들어선 카스트로 정권을 지지했다. 전임 독재자 풀헨시오 바티스타살드비바르Fulgencio Batista-Zaldvivar가 일찍이 루스벨트에게 '우리의 개자식'이라 불렸던 니카라과의 아나스타시오 소모사와 같은 존재였던 것이다. 카스트로 정권이 출범했을 때 워싱턴에서 이를 한탄한 사람은 아무도 없었다. 실제로 카스트로 군대는 산속에서 게릴라전을 벌이는 동안 미국의 유력한 언론 매체들과 기자들 사이에서 강력한 지지를 받았다. 이 중에는 「뉴욕타임스」의 논설위원이면서 미국인 기자로는 최초로 카스트로를 인터뷰한 허버트 매튜스도 있다. 허버트 매튜스는 카스트로가 정권을 잡기도 전인 1957년에 시에라마에스트라 산맥에서 카스트로를 인터뷰했다.[2]

그러나 뉴욕과 워싱턴, 마이애미에서 피델 카스트로를 지지하는 사람들이 기대하는 것처럼 일이 술술 풀리지는 않았다. 카스트로는 현대 자유민주주의의 초석을 다지는 대신 급격히 좌파로 기울었고 소련을 비롯한 바르샤바조약 회원국과 긴밀한 관계를 구축했다. 그리고 얼마 안 가 카스트로가 플로리다 해안에서 불과 90마일 떨어진 곳에 사회주의 공화국을 건설하려 한다는 사실이 분명해졌다. 이를 위해 모스크바로부터 지원을 받을 것도 확실했다. 무엇보다 카스트로가 라틴아메리카에서 아주 인기가 많다는 사실이 워싱턴의 심기를 불편하게 했다. 쿠바에서 일어난 7월 26일 운동을 모델로 한 게릴라 운동이 여기저기에서 꼬리에 꼬리를 물고 터져 나왔다. 물론 카스트로 정권은 소련 모델을 그대로 답습하지 않았다. 다만 허버트 매튜스가 1961년에 출간한 책에 기록한 대로 "소련의 사상과 동유럽의 방식을 빌려다 썼다."[3] 이로써 1960년을 기점으로 라틴아메리카에도 냉전이 본격화되었다.

케네디 행정부는 양면 작전으로 공산주의 세력에 맞서기로 했다. 우선 라틴아메리카 정부들에 군사 지원을 했다. 지역에 있는 군대를 제대로 훈련시켜 마르크스주의 반란군과 싸우게 하기 위해서였다. 그래서 라틴아메리카의 많은 군 장교가 펜타곤이 후원하는 파나마아메리카학교 School of the Americas in Panama 출신이다. 이 학교 졸업생 중 가장 유명한 인물이 파마나 독재자 마누엘 노리에가 Manuel Noriega로 1992년에 마약 밀수죄로 미국 법정에서 징역 40년을 선고받았다.

케네디 행정부가 준비한 두 번째 작전은 진보를 위한 동맹이라는 대규모 경제 지원이었다. 진보를 위한 동맹은 1961년 8월 우루과이 푼타델에스테에서 열린 미주경제사회이사회에서 정식으로 발족했다. 역설적으로 들리겠지만 체 게바라가 카리브 해 섬에 있는 미국 자산을 아무런 보상 없이 국유화한다는 공격적인 정책을 발표한 것도 이 회의에서였다. 여러 해가 지나고 당시 케네디 대통령의 특별 고문이었던 리처드 굿원 Richard Goodwin 은 몬테비데오에서 체 게바라를 비공식적으로 만났던 때를 떠올렸다. 체 게바라는 리처드 굿원에게 진보를 위한 동맹이 실패할 거라고 말했다고 한다. 너무 늦었다는 게 이유였다. 게릴라 지휘관 출신으로 장관이 된 체 게바라는 그날 회담에서 사회주의 혁명이 라틴아메리카 전역에 퍼질 것이고, 1980년에는 쿠바의 일인당 국민소득이 미국보다 높을 거라고 말했다.⁴ 그때 이미 체 게바라는 반란의 상징이었다. 체 게바라 덕분에 반란 자체가 근사해 보일 정도였다. 그가 4년도 채 안 되어 공직을 사임하고 피비린내 나는 콩고 내전에서 게릴라군을 이끌고, 나아가 1967년 10월에 바예그란데 시내에서 볼리비아 정부군에 의해 죽임을 당할 줄은 누구도 예상하지 못했다.

진보를 위한 동맹을 발표하면서 존 F. 케네디는 라틴아메리카에 사회갈등이 심각하다는 사실에 주목했다. "정신적으로도 문화적으로도 놀라운 위업을 이루었고 자원도 풍부한 라틴아메리카 곳곳에서 수백만 명이 매일 가난과 배고픔으로 고통을 받고 있습니다. 제대로 된 주거지도 없고 질병으로부터 보호도 받지 못합니다. 아이들은 더 나은 삶으로 안내할 교육을 받을 기회도 일을 할 기회도 얻지 못하고 있습니다."[5] 푼타델에스테헌장은 진보를 위한 동맹이라는 야심찬 목표를 안고 출발했다. 일인당 소득을 연평균 2.5퍼센트 이상 끌어올리고, 소득을 좀 더 공평하게 분배하고, 역내 수출을 다각화하고, 종합적인 농지개혁을 단행한다는 목표를 세웠다. 이 밖에도 성인 문맹 퇴치 및 교육 확대, 대규모 주거 시설 건축, 저인플레이션 및 물가 안정, 심각한 통화위기 예방을 위한 정책 수립 등을 골자로 했다. 이 목표들을 이루기 위해 라틴아메리카 국가들은 일관성 있는 중장기 경제정책을 추진하기로 했다. 그리고 미국은 최소 10년간 매년 20억 달러를 지원하기로 약정했다. 수입관세가 낮아지고 수입할당, 수입허가, 수입금지 등 기타 무역보호 조치들이 없어졌다. 흥미로운 사실은 이런 진보를 위한 동맹 덕분에 라틴아메리카 경제를 과감하게 개방할 필요가 없어졌다는 점이다.[6]

진보를 위한 동맹에서 채택한 정책은 추진하기가 쉽지 않았다. 가난한 국가에는 경제 전문가가 몇 명 있지도 않았기 때문에 목표를 이룰 일관성 있는 경제정책을 고안하는 게 거의 불가능했다. 게다가 대다수 국가의 지배층이 진보를 위한 동맹이 지지하는 경제조치를 반대했다. 지주들이 일체의 토지개혁에 반대하고 나섰고, 인플레이션을 줄이는 데 필요한 소소한 정책들을 추진하는 것도 몹시 못마땅해했다. 하지만 이런 어려움 속에서도 진보를 위한 동맹이 발족하자 이내 희망의 빛이 드리워지기 시작했다. 덕분에 케네디는 라틴아메리카에서 존경받는 인물이 되었다. 1963년, 케네디가 암살당했을 때 라틴아메리카 빈민층은 마치 자기네 대통령이 죽은 것처럼 애통해했다.

보호무역주의와 사회 여건

진보를 위한 동맹이 발족하고 거의 10년이 지난 1960년대 후반, 라틴아메리카 지역은 발전에 가속도가 붙은 국가와 그렇지 못한 국가가 선명한 대비를 이뤘다.[7] 브라질, 멕시코, 베네수엘라 같은 국가는 매년 6퍼센트 이상 성장했지만 아르헨티나, 칠레, 과테말라, 온두라스, 우루과이 같은 국가는 기껏해야 평범한 수준을 유지하는 게 고작이었다. 또한 아르헨티나와 칠레를 비롯한 몇몇 국가는 경기 불안과 고인플레이션이 늘 따라다닌 반면 엘살바도르, 과테말라, 온두라스, 니카라과를 비롯한 다른 국가는 미국보다도 인플레이션율이 낮았다.

다만 대부분의 국가에서 서로 밀접한 관계가 있는 다음의 두 가지 특징은 공통으로 나타났다. 첫째, 재화와 금융자본을 막론하고 무역 개방 수준이 아주 낮았다. 실제로 진보를 위한 동맹은 경제를 더 개방하고 국제 경쟁을 활성화한다는 조건을 명확히 하지 않았다. 둘째, 대부분의 국가가 사회 여건을 개선하는 데 실패했다. 가난에 허덕이는 사람은 계속해서 늘어났고 소득 불평등도 여전히 심각했다. 수입 대체 발전 전략을 도입하고 꼬박 30년이 지난

1970년에는 라틴아메리카 전체 가정의 40퍼센트가 빈곤선에 못 미치는 생활을 했다. 시골의 빈곤율은 무려 62퍼센트에 달했다.[8]

진보를 위한 동맹이 결성되기 이전부터 라틴아메리카는 폐쇄성이 강했다. 산업화 장려의 일환으로 1930년대 후반부터 계속해서 보호무역정책을 강화한 탓이었다. 그중에서도 보호무역정책을 가장 열렬히 옹호한 인물이 아르헨티나의 라울 프레비시Raúl Prebisch다. 라울 프레비시가 대표를 맡은 유엔 라틴아메리카경제위원회CEPAL에서는 라틴아메리카 국가들이 빠르게 산업화하지 않으면 국제사회에서 뒤처질 것이라고 이야기했다. 라틴아메리카에서 수출하는 석유, 구리, 밀, 철광석, 대두 등의 국제 가격은 수십 년 안에 폭락하는 반면, 수입품 가격은 서서히 상승할 것이라는 게 그 이유였다.

대부분의 라틴아메리카 국가는 2차 세계대전 기간에 힘을 길러서 산업화를 추진했다. 전쟁으로 말미암아 미국과 유럽에서 수입하던 제품이 씨가 마르자 국내 생산으로 눈을 돌릴 수밖에 없었다. 이 기간에 라틴아메리카의 초기 산업은 수입품을 대체하며 독점적으로 세를 확장했다. 1940년대 하반기에 국제 경제가 정상화되자 라틴아메리카 정부들은 딜레마에 빠졌다. 국내 산업을 육성해 소비재 수입을 대체하는 산업화 방식을 계속 밀고 나가야 하는가? 아니면 수출 확대에 매달려야 하는가? 수입 대체 전략을 밀고 나가려면 높은 수입관세와 기타 무역제한 조치로 국내 산업을 보호해야 했다. 외국에 비하면 국내 산업은 효율성이 떨어졌기 때문이다. 효율성이 낮으니 경쟁력이 없는 건 당연했다. 반대로 수출 확대 전략을 추진하려면 수출품의 가치를 높이고 통화 경쟁력을 유지해야 했다. 이 두 접근법은 외국 자본의 역할을 다르게 보았다. 수입 대체 모델은 외국 자본의 유입을 제한하는 반면, 수출 지향 모델은 외국 자본의 유입을 장려했다. 둘은 소득 분배에도 아주 다른 영향을 끼쳤다. 대부분의 국가에서 수입 대체 모델은 수출 활동이 주로 이루어지는 시골과 지방에서 나오던 소득을 대도시와 초기 산업 분야로 이동시키는 결과를 초래했다. 반대로 수출 지향 모델을 추진하면 지방에서 이득을 볼 터였다. 1940년대 후반부터 1950년대 초까지 라틴아메리카 국가들은 차례로 수입 대체 모델을 택했다. 1929년 대공황 이후에 벌어진 권력 이동이 라틴아메리카에도 그대로 반영되었다. 수출업자들이 힘을 잃었다. 또한 도시 신흥 기업가와 노동조합이 휘두르던 권력이 국가와 공무원, 관료에게 넘어갔다. 보호무역정책은 라울 프레비시와 라틴아메리카경제위원회 전문가들이 전개한 새로운 사상을 바탕으로 추진력을 얻었다.[9]

독일 출생의 경제학자 앨버트 허시먼을 비롯하여 수입 대체 전략을 지지하는 사람들은 이 전략이 성공하려면 두 가지 조건이 충족되어야 한다고 말했다. 첫째, 보호무역 조치는 반드시 일시적으로만 실시하고 서서히 줄여나가야 한다. 나아가 수입 장벽과 기타 무역제한은 주력 산업을 보호할 수 있을 만큼 높되 생산성과 효율성을 높이도록 제조업자를 압박할 수 있을 만큼 낮아야 한다.[10] 둘째, 정부가 선정한 특정 산업만 보호해야 한다. 허시먼이 이렇게 권면한 이유는 건강한 성장 과정은 항상 균형이 잡혀 있어야 하고, 일부 산업이 다른 산업에 비해 빠르게 성장한다고 보았기 때문이다. 허시먼은 대형 국영기업을 무분별하게 양산하고 전면적인 보호 정책을 통해 산업화를 이루려는 개발 계획과 '불균형 성장'을 대비시켜 설명했다. 학계와 정책결정자들 사이에서 크게 인기를 끈 허시먼의 견해에 따르면 무역제한은 강력한 '전후방 연쇄효과'로 특정 산업을 보호하고 촉진하는 데 적용돼야 한다. 즉, 특정 산업이 확장됐을 때 전도유망한 다른 경제 분야에도 연쇄효과가 일어나고 다른 산업의 대량 생산을 촉진하는 경우에만 해당 산업을 보호해야 한다는 말이다. 보호의 목적은 산업화를 빠르고 효과적으로 촉진하기 위해서다. 그 당시 전후방 연쇄효과가 큰 산업으로는 항상 철강업이 거론되었다. 제철소에는 철광석과 점결탄이 필요하고, 제철소에서 만든 완제품은 자동차와 백색 가전제품을 만들거나 건물을 세우는 데 사용할 수 있기 때문이다.

허시먼은 1952년부터 1957년까지 콜롬비아와 유럽에서 활동하며 마셜플랜에 동참하는 등 수년간 정부와 개발 기관의 경제 고문으로 활동한 덕분에 이런 시각을 갖게 되었다. 그의 생각은 충분히 설득력이 있었다. 하지만 보호무역주의 모델을 제대로 실행하려면 상당 수준의 미세조정이 필요했다. 미세조정이란 경제활동의 급격한 변동을 막기 위해 환율, 금융, 재정 부문의 정책 수단을 상황에 따라 수시로 조정하는 정부의 시장 개입정책을 말한다. 또한 아주 정확하고 세밀한 경제 지식도 있어야 했다. 사실 제아무리 훈련이 잘 되고 해외 인맥이 많고 박식한 정부 관리라 해도 얻기 힘든 종류의 지식이 필요했다. 어떤 산업이 연쇄효과가 가장 클까? 해당 산업을 얼마나 오래 얼마나 많이 보호해야 할까? 수입관세와 수입할당, 수입허가를 어떻게 결합해야 기업을 적절히 압박하여 효율성을 높일 수 있을까? 그런데 이런 질문들보다 더 중요한 질문이 있다. 자기네 산업이야말로 연쇄효과가 아주 높고 보호할 가치가 있다고 주장하는 산업 로비스트들에게 정책결정자들이 영향을 받지 않게 하려면 어떻게 해야 하는가? 컬럼비아대학교 카를로스 디아스알레한드로Carlos F. Diaz-Alejandro 교수가 지적한 대로 허시먼의 연쇄효과 접근법이 지닌 문제점은 이런 정책을 실행하는 것이 대단히 복잡하다는 것이다. 더욱이 그를 따르는 라틴아메리카 지도자들은 "능력이 뛰어나지도 않고 일도 대충하는 탓에 문제를 심각하게 만들 위험이 다분했다."[11]

실제로 그들은 일을 대충대충 처리했다. 특정 산업을 선정해서 보호하는 대신 거의 모든 산업에 보호 정책을 실시했다. 연쇄효과가 높은 산업뿐 아니라 연쇄효과가 낮거나 아예 없는 산업에도 보조금을 지급했다. 민간 기업의 로비스트들은 자기네 산업이야말로 정말 특별하고 전도유망할뿐더러 선진국으로부터 기술을 이전받을 수 있고 수입관세, 수입할당, 수입금지를 통해 보호할 가치가 있는 산업이라고 정책결정자들을 설득하느라 여념이 없었다. 그러나 그게 다가 아니었다. 무역제한의 미로가 너무 복잡해진 나머지 이것을 이용해 세금을 면제받는 이들이 생겼다. 보호 산업으로 지정된 품목을 아주 적은 관세를 물거나 아예 관세를 물지 않고 수입하는 이들도 있었다. 이런 방법으로 국내 시장을 독점한 수입업자들은 단기간에 부자가 되었다. 라틴아메리카 국가들은 관세율표에 수만 가지 제품에 대한 수입관세를 세세히 열거하고, 규제와 제한의 범위를 명시하고, 바뀐 관세율을 표기하고, 이전에 받은 수입허가의 범위와 추가요금을 자세히 알리고, 수많은 면제 사례를 일일이 예시했다. 그리하여 관세율표가 거대한 괴물로 변했다.

칠레는 이 기간에 수입 대체 산업화 모델에 따른 보호무역정책을 과도하게 추진한 대표적인 국가이다. 보호무역정책을 20년 넘게 추진한 1960년대 중반에도 여전히 제조업 분야에 대한 수입관세는 극도로 높았다. 그 결과 칠레 소비자들은 국제시장 가격보다 훨씬 비싼 값에 국내 상품을 구매해야 했다. 당연히 칠레 제조업자들은 외국 업체들과 경쟁할 때보다 효율성이 떨어졌다. 일례로 1960년대 중반, 칠레 소비자들은 바지 한 벌에 국제시장 가격보다 52퍼센트나 비싼 값을 지불했다. 모직 코트는 23퍼센트 더 비싸고 신발은 20퍼센트 더 비쌌다. 앞에서 말한 대로 1965년에 자전거 값은 선진국보다 무려 300퍼센트나 비쌌다. 평범한 육체노동자들은 엄두도 낼 수 없는 값이었다. 게다가 라틴아메리카에서 생산한 제품은 다른 지역에서 생산한 제품보다 질이 훨씬 떨어졌다. 신발은 훨씬 빨리 닳았고 백색 가전제품과 전자 제품은 고장이 잦았다. 자전거도 자주 말썽을 일으켰다. 내가 어렸을 때 탔던 칠레에서 만든 자전거도 그랬다.[12]

예를 들자면 끝이 없다. 수입 직물에는 80퍼센트에서 120퍼센트의 관세를 부과했다. 염색을 거친 직물에는 92퍼센트에 달하는 관세를 부과했다. 소모사로 만든 직물에는 80퍼센트의 관세를 부과했다. 자동차 타이어에는 125퍼센트의 수입관세가 붙었다. 그리고 여기에 맞춰 국내 제품 가격도 인상했다. 드릴에는 75퍼센트의 관세가 붙었다. 난방기에는 244퍼센트, 전기 모터에는 162퍼센트, 라디오에는 340퍼센트, 진공청소기에는 85퍼센트, 냉장고에는 136퍼센트의 관세가 붙었다. 더 많은 예를 들 수 있지만 앞에서 든 예만으로도 보호무역정책 아래서 얼마나 이상한 일이 벌어졌는지 충분히 이해할 수 있으리라.[13]

이런 제품과 여타 보호 품목을 제조하던 사업자들은 칠레의 수입 대체 산업화 정책 덕분에 큰 이윤을 남겼다. 이들이 승자라면 패자는 수출업자들이었다. 포도주 양조장과 광업회사, 신선 과일 생산자들을 비롯한 수출업자들은 높은 관세를 지불하고 자재와 자본재, 기계류를 수입해야 했다. 그러나 정작 제품을 수출할 때는 정부 보조금을 받지 못했다. 가구 제조업자들은 원자재를 수입하려면 평균 20퍼센트의 수입관세를 지불해야 했고, 와인 생산자들은 90퍼센트, 밀 생산자는 32퍼센트, 옥수수 농가들은 평균 28퍼센트의 수입관세를 지불해야 했다. 수출업자들은 다른 면에서도 불리한 대우를 받았다. 경제 전반에 대한 보호장벽이 상당히 높고 개방성이 떨어지다 보니 국내 통화 가치가 인위적으로 크게 상승했다. 이것은 곧 수출업자들이 자유 무역하에서 받을 수 있는 돈보다 훨씬 적은 돈을 받는다는 말이다. 1960년대 후반, 칠레 통화는 수출품 가격에 24퍼센트에서 32퍼센트의 수출 관세를 붙이는 것과 맞먹을 정도로 평가절상이 심했다.[14]

오늘날의 관점에서 칠레의 수입관세는 제멋대로인데다가 한없이 부조리해 보인다. 한마디로 이해하기 어렵다. 허시먼의 권면과 달리 실제로 칠레가 자국 산업을 보호한 수준은 효율성을 높이도록 제조업자들을 압박할 정도의 조치라고 보기 어려웠다.

라울 프레비시, 앨버트 허시먼, 그 밖의 경제학자들의 예측대로 보호장벽이 낮아지기는커녕 시간이 흐를수록 보호무역주의는 더 심해졌다. 칠레를 비롯한 대부분의 라틴아메리카 국가가 그랬다. 예를 들어 소모사 직물에 대한 수입관세는 1965년에 80퍼센트였다가 4년 뒤인 1969년 후반에는 120퍼센트로 증가했다. 전에는 관세를 붙이지 않았던 남성 셔츠에도 23퍼센트의 관세를 부과했다. 모직 코트 수입관세도 23퍼센트에서 120퍼센트로 증가했다. 높은 원자재 값과 기계 값 때문에 수출업자들은 계속해서 불이익을 당했다. 인위적으로 평가절상된 지역 통화도 이들을 계속 괴롭혔다.

칠레는 이렇듯 수입 대체 산업화 시대에 보호무역주의를 고수했다. 비단 칠레만이 아니었다. 1971년에 존스홉킨스대학교 벨라 발라사Bela Balassa 교수는 브라질과 멕시코가 제조업 및 소비재에 부과한 평균 수입관세가 칠레 못지않게 높다는 연구 결과를 발표했다. 벨라 발라사의 추정에 따르면 당시 라틴아메리카의 수입관세는 말레이시아와 다른 동아시아 국가들에 비해 상당히 높았다. 1994년에는 영국 경제학자 빅터 벌머토머스Victor Bulmer-Thomas 가 1960년대 아르헨티나의 수입관세는 평균 131퍼센트, 브라질은 168퍼센트, 칠레는 138퍼센트, 콜롬비아는 112퍼센트, 멕시코는 61퍼센트였다고 설명했다.[15] 이와 대조적으로 유럽경제공동체의 평균 수입관세는 13퍼센트로 나타났다. 프레이저연구소가 정리한 자료에 따르면 1980년대 라틴아메리카는 전 세계에서 보호무역주의가 가장 강한 지역에 속했다. 수입관세가 없는 수출 부분을 포함하여 모든 국가와 모든 산업의 평균 수입관세는 42퍼센트였다.

그에 비해 '아시아의 호랑이'라 불리는 국가들의 평균 수입관세는 15퍼센트에 불과했다.[16]

1940년대 중반부터 대부분의 라틴아메리카 국가에서 정부의 역할이 상당히 커졌다. 일반적 견해에 따르면 굵직한 보호무역정책만으로는 산업화를 촉진하기에 역부족이었다. 실질적인 제조업 기반을 다지기 위해 전후방 연쇄효과가 뛰어난 산업을 비롯하여 이른바 전략 산업을 국가가 직접 소유하는 국영기업으로 만들어야 했다. 국가가 생산 분야에 적극적으로 뛰어든 배경에는 두 가지 사상이 깔려 있었다. 첫째, 민간 기업은 철강, 에너지, 광업, 석유 등 거대 산업에 투자하는 데 필요한 재원을 마련하기가 어려울 거라고 보았다. 전혀 근거가 없는 주장은 아니었다. 그러나 정부가 주도하는 발전 계획 지지자들이 간과하고 있는 것이 있다. 민간 기업이 필요한 재원을 마련하지 못하는 것은 정부가 신용대출시장을 발달시키지 못하고 소액주주들의 권리를 보호하지 못한 탓이라는 점이다. 둘째, 이런 산업들은 지정학적으로나 전략적으로나 매우 중요해서 외국인 투자자들에게 일임할 수 없다고 판단했다. 실제로 1938년에 멕시코가 유전을 몰수하고 페멕스(Pemex)라는 거대한 국영 석유회사를 설립하자 라틴아메리카 곳곳에서 민족주의 정치인들이 멕시코의 선례를 따라야 한다고 목소리를 높였다.

라틴아메리카 여기저기에서 많은 국영기업이 설립되었다. 1939년에는 칠레에서 경제개발공사(CORFO)가 문을 열었고, 1956년에는 브라질에서 경제사회개발은행(BNDES)이 설립되었다. 1944년에는 아르헨티나 산업은행(Banco Industrial)이 문을 열었다. 그런가 하면 1934년에는 멕시코에서 사회기반시설과 기간산업에 대한 대규모 투자 계획에 재원을 대기 위해 국가개발은행NAFIN을 설립했다. 시간이 흐를수록 국영기업의 숫자는 크게 늘어났다. 개중에는 브라질의 페트로브라스Petrobras처럼 처음부터 새로 만든 경우도 있고, 베네수엘라의 국영 석유회사 페데베사PDVSA와 칠레의 구리 생산업체 코델코Codelco처럼 국영화 과정에서 등장한 경우도 있다. 또한 재정 문제에 봉착한 민간 기업을 정부가 긴급 구제하면서 국가 소유가 된 경우도 있다. 1970년대 후반에는 대부분의 라틴아메리카 국가가 중공업과 전기통신, 상수도, 광업을 직접 소유하고 운영했다. 몇몇 국가는 금융 분야에까지 손을 뻗기도 했다. 은행, 금융업체, 보험회사를 국가가 소유하거나 통제했다. 이런 회사들은 대개 정치적 기준에 따라 관리되었다. 효율성은 크게 떨어졌고 급여를 지불해야 할 직원 수만 늘어났다. 1980년대 초반에는 이들 기업 중 대다수가 손해를 보았고 공공 부문 적자에 톡톡히 한몫했다. 인플레이션을 가중시키는 데도 이바지했다. 1990년에 아르헨티나에는 300개가 넘는 국영기업이 있었다. 브라질은 국영기업이 700개가 넘고 멕시코는 1,100개가 넘었다.[17]

실업과 비공식 노동시장

1940년대 후반, 라틴아메리카 곳곳에서 실업이 심각한 문제로 떠올랐다. 당시 제대로 된 근로계약도 소득신고도 없이 '회색 경제'에서 일하는 사람들이 점점 더 늘어났다. 이들은 복지혜택도 받지 못했고 연금이나 퇴직금 지불 대상에 포함되지도 못했으며 대개는 임금도 아주 낮았다. 상당수 근로자가 이렇듯 회색 경제 안에 있는 '비공식 노동시장'에서 일했다. 보호무역주의, 지나친 정부 규제, 국내 통화 평가절상을 근간으로 하는 발전 모델에서 비롯된 현상이었다. 이런 정책들 덕분에 노동시장이 이중으로 형성되었다. 일부 도시 근로자는 정부가 강력히 보호하는 최신 제조업 분야에서 일자리를 구할 수 있었다. 국제 경쟁을 피해 높은 장벽 안에서 보호를 받은 회사들은 퇴직금과 의료보험은 기본이고 비교적 높은 임금을 지불할 수 있었다. 그러나 이렇게 현대적인 노동시장과 나란히 회색 경제와 보호 장치가 없는 비공식 노동시장이 공존했다. 비공식 근로자들이 현대적인 회사에서 일하는 근로자들과 똑같은 기술을 가지고 있는 경우도 흔했다. 그저 운이 없어서 너무나 갈망하는 고소득 직장을 얻지 못한 것뿐이었다. 비공식 근로자들은 주로 수리점이나 음식 노점 같은 서비스 부문, 아주 작은 회사들, 보잘것없는 일터에서 일했다.

보호무역주의가 심화될수록 비공식 노동시장의 범위도 넓어졌다. 1950년, 비공식 근로자들은 이 지역 노동력의 9퍼센트를 차지했다. 특히 칠레가 14퍼센트로 높았다. 베네수엘라와 과테말라도 11퍼센트로 높은 편이었다. 20년이 지난 1970년에는 라틴아메리카 전체 노동력의 12퍼센트를 차지할 정도로 비공식 근로자들의 비율이 상승했다. 현재 페루는 비공식 노동시장에서 일하는 근로자가 무려 17퍼센트에 이르며 멕시코와 볼리비아가 15퍼센트로 그 뒤를 바싹 좇고 있다. 1989년에는 비농업 분야 일자리의 절반 이상이 비공식 부문 일자리였다. 무려 52퍼센트에 달했다. 비공식 부문에 고용된 이들 중 3분의 1이 정부를 위해 일한다. 생산성이 의심스러운 이들이다. 이런 음울한 상황은 1930년대 후반부터 대부분의 라틴 아메리카 국가가 시종일관 추종했던 수입 대체 보호무역주의 모델의 심각한 한계를 극명하게 보여주는 예다.[18]

엄청난 규모의 이촌향도는 수입 대체 정책이 낳은 또 다른 결과였다. 현대 산업 부문에 고소득을 보장하는 일자리가 있다는 사실이 사람들을 도시로 강력하게 끌어냈다. 사실 이런 일자리는 몇 안 될 뿐더러 구하기도 어렵다는 걸 모르는 바는 아니었다. 그러나 그럼에도 농사일로 근근이 먹고 살던 가난한 시골 가족의 발길을 막지는 못했다. 당시 농촌에는 척박해서 농사를 지을 수 없는 땅이 많은데다 인위적인 평가절상으로 말미암아 농작물 가격과 수출 경쟁력이 떨어지는 등 여러 가지 문제에 시달리고 있었다.

시골에서 상경해 법의 보호를 받는 제대로 된 일자리를 구하지 못한 이주자들 때문에 실업자와 비공식 근로자 수는 더 늘어났다. 많은 사람이 복지혜택도 받지 못하고 쥐꼬리만 한 임금으로 연명하면서 빈곤과 절망의 악순환에 꼼짝없이 갇히고 말았다. 오스카 루이스가 『산체스의 아이들』에서 묘사한 가난한 멕시코인 가정, 헤수스 산체스 일가처럼 빈민가에 있는 판자촌에서 비참한 생활을 했다. 폭력과 범죄에 무방비로 노출되었고 아이들을 학교에 보내지도 못했다. 그나마 운이 좋으면 이삼 년간 정규 교육을 간신히 마칠 수 있었다. 중병에 걸리면 죽는 수밖에 도리가 없었다.

시간이 지나면서 이런 빈민가들이 그 자체로 도시가 되었다. 움

막에서 시작된 주택은 갈수록 튼튼해졌다. 친척과 이웃의 도움을 받아 바닥에 시멘트도 깔았다. 단단한 벽도 생겼다. 이삼년 뒤에는 식당이나 이층도 생겼다. 정부에서도 사회 여건을 개선하려고 애썼다. 전기 배선 공사를 하고 상하수도 이용할 수 있게 했다. 수년 뒤 또는 몇십 년 뒤에 돈을 조금 모아 자기 집을 마련하는 가정도 생겼다. 그러나 에르난도 데 소토 Hernando de Soto가 『자본의 미스터리 The Mystery of Capital』에서 지적한 대로 이 이야기에는 비극과 아이러니가 있다. 갖은 고생을 하고 온 힘을 다 쏟아 집을 마련해도 이들은 명의 등록을 할 수 없었다. 명의가 없으니 대출을 받을 수 없고, 자금을 융통할 수 없으니 작게나마 사업을 시작할 수도 없었다. 정말 불가능했다. 사업을 할 마음도 있고 할 능력도 있고 기업가 정신도 다분하지만 할 수가 없었다.

재정 낭비, 통화 팽창, 불안정, 통화위기

1940년부터 1989년까지 라틴아메리카가 직면한 경제 문제는 보호무역주의와 도무지 발전이 없는 사회 여건 말고도 많았다. 이 기간에 대부분의 라틴아메리카 국가가 급격한 인플레이션, 국제수지 악화, 통화위기를 겪었다. 1960년부터 1970년까지 인플레이션이 연평균 20퍼센트에 달했다. 같은 기간 세계 평균 인플레이션은 4퍼센트에 불과했다. 이 기간에 아르헨티나, 브라질, 칠레, 콜롬비아, 우루과이 5개국은 인플레이션이 두자릿수였고, 결과적으로 이 지역의 평균 인플레이션율을 올리는 데 톡톡히 한몫했다.[19]

1970년대 후반과 1980년대 초반에는 거시경제 상황이 더 나빠졌다. 대부분의 라틴아메리카 국가에서 인플레이션율이 급상승했다. 통화위기와 평가절하도 더 빈번하게 찾아왔다. 1970~1971년에는 연평균 인플레이션이 7퍼센트였지만, 1974~1975년에는 49퍼센트였다. 1970년대에는 두자릿수 인플레이션을 기록한 라틴아메리카 국가 수가 5개국에서 14개국으로 늘었다. 1983~1985년에는 평균 인플레이션율이 300퍼센트까지 상승했다. 그저 놀라울 뿐이었다. 당시 네 나라 중 한 나라는 연평균 인플레이션율이 75퍼센트가 넘었다. 급격한 물가 상승은 여러 가지 부정적인 결과를 낳았다. 신용거래는 사실상 자취를 감췄고, 불확실성이 증가했고, 투자는 위축되었고, 정부 규제는 더 엄격해졌다. 급료와 연금, 저축을 바탕으로 구매력을 행사하던 사람들이 순식간에 무너져 내렸다. 특히 빈민이 영향을 많이 받았다.

여기에는 기본적으로 두 가지 요인이 작용했다. 첫째, 1973년과 1980년에 있었던 석유 가격 급등의 여파로 정부의 재정적자가 크게 증가한 것이다. 1970~1971년에만 해도 라틴아메리카의 공공부문 평균 적자는 국내총생산의 2퍼센트로 양호한 편이었다. 아시아 호랑이 국가들과 크게 다르지 않았다. 그러나 1983~1985년에는 재정적자가 국내총생산의 6퍼센트로 상승했다. 이와 대조적으로 아시아 호랑이 국가들의 평균 재정적자는 국내총생산의 2퍼센트 미만이었다. 둘째, 정치적으로 세금 인상이나 지출 통제가 어려워지면서 적자를 메우기 위해 라틴아메리카 국가들이 중앙은행에서 돈을 찍어내는 쪽으로 방향을 튼 것이다. 1980년 석유파동 이후 중앙아메리카 중앙은행 총재들은 대부분 보수적 성향이 강했다. 그런데 그들마저 정치인들의 압력에 못 이겨 상당한 액수를 정부나 병들어 시들시들한 국영기업에 대출을 해주었다. 유동성이 과도하게 증가하자 결국 물가 압력이 가중되었고 이미 상당했던 무역적자가 더 심해지고 말았다. '인플레이션은 상품에 비해 돈이 너무 많은 결과'라는 오래된 원칙이 1970년대부터 1980년대까지 거듭 증명되었다.

고인플레이션으로 말미암아 임금이 자주 조정되었다. 임대료, 보험료, 중간자재 가격 등의 다른 비용도 마찬가지였다. 이런 비용 압력은 수출업자들에게 아주 해로웠다. 국내 통화 가치를 미국 달러화에 고정시키는 국가에서는 특히 심했다. 고정환율 때문에 국내 생산 비용이 꾸준히 상승해도 수출업자들이 달러당 받는 국내 통화량은 변함이 없었다. 그 결과 수출은 경쟁력을 잃었고 수입하려면 비싼 값을 내야 했으며 무역 불균형은 심해졌다. 처음에는 차관을 받아 대외적자를 메꿨다. 그러다 차관을 들여올 자금줄이 마르자 지방 정부는 중앙은행이 무역 불균형에 대비하여 보유하고 있는 외환보유고에 눈을 돌렸다. 그러다 결국 라틴아메리카 국가들의 외환보유고가 차례로 바닥이 났다. 일이 터지자 국제통화기금에 긴급구제를 요청하고 대규모 평가절하를 단행하는 것 말고는 다른 방도가 없었다.

거의 예외 없이 대규모 평가절하와 통화위기 뒤에는 재정긴축과 경제조정 기간이 뒤따랐다. 정부지출이 삭감되고 고용이 감소하고 임금이 폭락하고 소득이 하락했다. 평가절하를 하면 외화(미국 달러화, 엔화, 또는 다른 선진국 통화)로 액수를 표시한 대외 부채를 상환할 때 지불해야 할 국내 통화의 양이 훨씬 늘어난다. 그리고 금융 혼란과 대규모 파산이 이어진다. 실제로 1983년부터 2003년 사이에 라틴아메리카에서 이런 일들이 일어났다. 이 기간에 라틴아메리카는 스물여섯 번의 대외 위기와 평가절하를 경험했다. 열여덟 번에 걸친 통화위기의 여파로 소득 분배는 한층 불공평해졌고 빈곤선 이하의 생활을 하는 인구 비율도 매우 증가했다.

그러나 이게 다가 아니다. 하버드대학교 리처드 쿠퍼Richard Cooper 교수가 30년도 더 전에 기록한 대로 신흥시장에서 일어난 대부분의 통화위기는 대개 정변과 정치 불안을 일으킨다.[20] 역사상 주요 통화위기에 들어간 경제비용은 믿기 어려울 정도다. 최근에 내가 연구한 바에 따르면 25년 안에, 다시 말하면 대략 한 세대 안에 통화위기를 경험하는 국가는 통화위기를 겪지 않은 국가보다 일인당 소득이 18퍼센트 낮은 것으로 나타났다. 이는 곧 75년 뒤에는 두 국가의 일인당 소득이 거의 50퍼센트나 차이날 거라는 말이다. 즉, 전형적인 위기 국가의 일인당 소득은 건강한 국가의 일인당 소득의 절반에 그칠 것이다.[21] 그러므로 라틴아메리카 국가들이 통화위기를 겪지 않은 선진국이나 다른 개발도상국에 비해 계속 뒤처지는 것은 이상할 게 하나 없다.

석유파동과 외채위기

1973년, 국제 석유 가격이 200퍼센트 이상 상승했다. 배럴당 약

4달러였다가 12달러가 조금 넘는 가격으로 껑충 뛰었다. 그러다 1979년에는 배럴당 약 32달러로 다시 125퍼센트 상승했다. 이런 심각한 가격 변동이 20세기의 마지막 분기에 라틴아메리카 국가들이 나아갈 길에 크나큰 영향을 끼쳤다.

석유 가격 폭등은 석유 수출업자와 수입업자 모두에게 아주 다양한 방식으로 영향을 끼쳤다. 멕시코와 베네수엘라 같은 수출국은 급속한 산업화를 목표로 야심찬 경제개발 계획에 착수했다. 멕시코 대통령 호세 로페스 포르티요는 "번영은 우리 손에 달렸다."라고 말하기까지 했다. 공공 부문에서 주도한 이런 개발 노력은 거대하고 비효율적인 투자 사업이 주를 이뤘다. 나중에 밝혀진 대로 사업 곳곳에 부패 곰팡이가 덕지덕지 붙어 있었다.[22] 석유 수출 대금의 차입금을 이용해 투자할 심산으로 수출국 정부들은 외국에서 거금을 빌려왔다. 그 결과 눈 깜짝할 사이에 외채가 엄청나게 불어났다.

석유 수입국들도 외국에서 넉넉히 돈을 빌려와 갑작스런 교역 조건 악화로 말미암은 충격을 완화하려고 애썼다. 석유 수출국과 마찬가지로 수입국도 지속이 불가능할 정도로 빠르게 외채가 불어났다. 수십 년간 물가 안정을 유지했던 국가들까지 급속히 늘어난 정부 지출을 메꾸기 위해 화폐를 남발하기 시작했다(주로 중앙아메리카 국가들이었다). 그 결과 인플레이션은 증가하고, 수출은 경쟁력을 잃고, 중앙은행에 있는 외환보유고는 금세 바닥을 드러냈다.[23] 대부분의 국가가 환율 및 자본을 통제하고 국내 회사와 개인의 경화硬貨 구입을 제한하는 방식으로 이런 상황에 대응했다. 해외여행을 하는 사업가들과 가족들의 경우에는 얼마 안 되는 금액이나마 외화 구입이 허용되었다. 하지만 숙박료나 최저 생활비를 충당하기에도 부족한 액수였다. 무역적자가 커지자 많은 국가가 복수환율제도를 채택했다. 다양한 외환거래에 각각 상이한 환율을 적용하는 제도였다. 이에 따라 같은 제품의 다른 품종을 수출할 때도 각각 다른 환율이 적용되었다. 복수환율제도는 아주 비효율적이었다. 부패를 조장하고 암시장을 부추겼다. 그리고 결국에는 중앙아메리카 국가를 비롯하여 이 제도를 채택한 국가들이 국내 통화를 평가절하할 수밖에 없게 했다. 수십 년간 고수해온 고정환율제도도 포기해야 했다.

1982년 8월 12일 밤, 멕시코 재무장관 헤수스 실바 에르소그Jesús Silva Herzog가 워싱턴 D. C.로 날아갔다. 중후하고 매력적인 바리톤 목소리로 유명한 그는 존경받는 경제학자이기도 했다. 이번 방문 목적은 세계 최대 석유 수출국으로 꼽히는 멕시코가 비싼 석유 가격에도 불구하고 돌아오는 월요일, 예정된 날짜에 부채 이자를 상환하기 어렵다는 사실을 알리기 위해서였다.[24] 8월 13일 금요일 아침에 열린 첫 번째 회담에는 당시 국제통화기금 대표였던 프랑스인 자크 드 라로지에르Jacques de Larosière가 참석했다. 국제통화기금 관리들은 최근 멕시코시티에서 돌아와 멕시코 금융을 안정시킬 수 있도록 꽤 큰돈을 대출할 준비를 이미 하고 있었다. 자크 드 라로지에르와의 회담은 간단명료했다. 두 사람은 국제통화기금의 자금 지원이 빠르면 빠를수록 좋다는 데 동의했다. 또한 멕시코에 추가 자금 지원이 필요하고, 그중 일부는 바로 투입할 수 있어야 한다고 판단했다. 회담을 끝낸 헤수스 실바 에르소그는 바로 연방준비은행으로 향했다. 연방준비은행 폴 볼커Paul Volcker 총재는 멕시코의 채무불이행이 세계 금융시장에 미칠 충격을 재빨리 파악했다. 그리고 연방준비은행이 멕시코 문제를 해결하기 위해 국내외 기관과 협력할 거라고 말했다. 폴 볼커는 향후 몇 주간 국제결제은행(국제 금융 안정을 위해 전 세계 중앙은행의 협력을 증진시키는 국제기구로 스위스 바젤에 본부가 있다)에서 브리지론을 마련하고, 예기치 않은 일련의 사건에 G-7이 체계적으로 대응할 수 있도록 중요한 역할을 담당했다. 하지만 폴 볼커와 재무장관 도널드 리건Donald Regan, 다른 선진국의 관리들이 갖은 애를 썼음에도 멕시코의 채무불이행 사태는 막지는 못했다.

1982년 멕시코 위기의 원인을 들여다보면 수입 대체 시대에 라틴아메리카 국가들이 저지른 정책 실수와 실책이 카탈로그처럼 펼쳐진다. 보편화된 보호무역주의와 짝을 이룬 비잔틴식 정부 규제와 통제는 가격체계를 심하게 왜곡시켰다. 그 결과 생산 자본이 잘못 배분되었다. 경쟁 우위에 있는 분야에 자본을 지원하는 대신에 수익이 거의 없거나 아예 없는, 몸집만 크고 비효율적인 계획에 막대한 자금을 쏟아부었다. 부패한 관리들과 거대한 기간산업 계획도 많은 돈을 잡아먹었다. 문제는 이런 사업이 효율성 향상에 전혀 도움이 안 되었다는 점이다. 수출 경쟁력을 향상시키지도 못했고 경제발전 속도를 높이지도 못했다. 엄청난 정부 지출은 물가와 인플레이션 압력을 높이고 외채가 눈덩이처럼 불어나는 결과를 초래했다. 1982년에 멕시코 페소화는 화폐 가치가 75퍼센트나 떨어졌다. 페소화 붕괴는 라틴아메리카의 '잃어버린 10년'이 시작되었음을 알리는 충격적인 사건이었다.

그 후 7년간 대다수 라틴아메리카 국가의 일인당 소득은 거의 증가하지 않았다. 사회 여건은 급속히 악화되었다. 몇몇 국가는 심각한 초인플레이션에 시달렸다. 1989년, 아르헨티나의 인플레이션율은 3,000퍼센트를 초과했다. 1985년 볼리비아의 인플레이션율은 거의 12,000퍼센트에 달했다. 1990년에는 브라질의 인플레이션율이 3,000퍼센트까지 치솟았다. 게다가 '잃어버린 10년' 동안 이 지역 대부분의 국가에 군사 독재정권이 들어섰다. 이들은 인권을 유린하고 반론을 금하고 정적들을 박해했다.

잃어버린 10년, 시장개혁, 워싱턴 컨센서스

1980년대에는 보호무역주의와 정부 주도 경제개발 전략을 향한 라틴아메리카의 애정행각이 최고조에 달했다. 10년간 라틴아메리카 국민은 비탄에 빠졌다. 빈민층과 사회적 혜택을 받지 못한 사람들은 특히 더 심했다. 라틴아메리카 전체의 일인당 소득은 연평균 1퍼센트씩 감소했다. 아르헨티나의 일인당 소득은 연평균 2.3퍼센트씩 줄어들었다. 볼리비아에서는 해마다 2.2퍼센트씩 감소했다. 엘살바도르는 1.6퍼센트, 과테말라는 1.8퍼센트씩 감소했다. 멕시코에서도 연평균 0.5퍼센트씩 일인당 소득이 줄어들었다. 페루는 매년 2.6퍼센트, 베네수엘라는 2.4퍼센트씩 감소했다. 1980년대에 라틴아메리카에서 일인당 소득이 증가한 국가는 브라질, 칠레,

콜롬비아, 파라과이, 우루과이 5개국뿐이었다. 그러나 이런 국가들도 경제실적은 썩 좋지 못했다. 고작해야 일인당 소득이 0.8퍼센트씩 증가하는 데 그쳤다. 이 시기에는 인플레이션을 감안한 실질 임금도 급격히 하락했다. 예를 들어 1988년 멕시코의 평균 임금은 1980년 평균보다 27퍼센트 낮았다. 코스타리카에서는 1980년에 비해 평균 임금이 11퍼센트 하락했고 페루는 20퍼센트 하락했다. 베네수엘라는 1980년과 1988년 사이에 평균 임금이 8퍼센트 하락했다.[25] 1980년대에 붙은 '잃어버린 10년'이라는 꼬리표는 전혀 과장된 것이 아니다.

　1980년 후반, 위기를 해결하려면 라틴아메리카 정부와 선진국, 채권자, 다자간 국제기구가 다함께 힘을 합쳐야 한다는 게 점점 더 확실해졌다. 1989년에 드디어 돌파구가 마련되었다. 그해 미국 재무부장관 니콜라스 브래디Nicholas Brady의 이름을 딴 브래디플랜이 발표되었다. 브래디플랜은 간단한 두 가지 원리에 기초했다. 첫째, 라틴아메리카 채무국들은 사실상 상당한 액수의 채무를 면제받는다. 둘째, 채권은행과 채권국은 참여국이 경제를 다시 활성화시키고, 성장을 재개하고, 정상적인 국가 업무로 복귀하도록 충분한 자금을 새로 제공한다. 그러나 브래디플랜의 가장 중요한 특징은 채무 탕감과 더불어 자금을 새로 지원받으려면 채무국 정부가 인플레이션을 억제하고 무역 규제를 철폐하고 경쟁을 장려하는 경제개혁에 전념해야 한다는 점이었다. 개혁 조건이 조금 모호하긴 했지만 어쨌거나 라틴아메리카에 있는 거의 모든 국가가 여기에 자극을 받아 경제 변혁에 돌입했다. 그리고 이 개혁은 워싱턴 컨센서스

라는 이름으로 알려졌다.²⁶

진보를 위한 동맹과 대조적으로 워싱턴 컨센서스는 정식 후원을 받은 경제개발 계획이 아니다. 그보다는 라틴아메리카 경제의 현대화, 규제 철폐, 개방, 개혁을 목표로 느슨하게 연결된 사상의 결합체라 할 수 있다. 따라서 '워싱턴 컨센서스'라는 명칭이 이런 사상의 기원을 정확히 반영하고 있는가에 대해서는 많은 논쟁이 있다. 나도 다른 책에서 워싱턴에 본부가 있는 미 재무부, 세계은행, 국제통화기금 등 이른바 워싱턴 기구들이 이 개혁의 세부사항과는 거의 관련이 없다고 주장한 바 있다.²⁷

채무 탕감을 골자로 하는 브래디플랜에 참여한 라틴아메리카 국가들이 경제 현대화 작업에 헌신하고 있음을 입증해야 했던 건 사실이다. 그러나 반드시 실행에 옮겨야 하는 세부조항이 있었던 건 아니다. 라틴아메리카 국가들이 실제 정책을 도입하도록 강요하지는 않았다. 이건 분명한 사실이다. 개혁 정책은 대부분 라틴아메리카 안에서 스스로 싹을 틔웠다. 10년 넘게 위기에 시달린 라틴아메리카 스스로 내놓은 대응책이었다. '테크노폴스technopols'라 불리는 외국에서 공부한 경제 전문가들이 개혁 정책을 수립했다.²⁸ 사실 워싱턴 기구들은 가장 대담한 개혁안 중 몇 가지 안에 대해 회의적이었다. 대놓고 반대하는 사람도 있었다. 그러나 시간이 흐르면서 점점 더 많은 국가가 이 정책을 채택하자 워싱턴에서도 이들을 후원한 것은 틀림없다.

영국 경제학자 존 윌리엄슨John Williamson은 1989년에 출간한 책에 당시 많은 라틴아메리카 국가들이 막 실행에 옮기거나 머릿속에 구상 중이던 현대화 개혁의 핵심 목표를 정리해놓았다. 그리고 이 새로운 경제정책에 워싱턴 컨센서스라는 이름을 붙였다. 존 윌리엄슨은 다음과 같이 10가지 정책을 정리해서 발표했다.

- 인플레이션 압력을 줄이고 물가를 안정시키기 위해 재정수지균형을 이룬다.
- 빈민층의 복지를 위해 재정을 지출한다. 정부지출의 우선순위를 사회 여건 개선과 빈곤 완화에 둔다. 주로 중산층에게 혜택이 돌아가던 보조금을 폐지한다.
- 탈세를 줄이고 정부 수입을 늘리고 잘못된 생산 및 투자 장려책을 없애기 위해 철저한 조세개혁을 단행한다.
- 이자율 제한을 없애고 금융 산업을 현대화한다. 이자율은 정부 관리들이 독단적으로 정하는 대신 시장 원리에 맡긴다. 금융시장이 잘 굴러가면 빠듯한 자본을 가장 생산적으로 사용할 곳에 할당하기 마련이다. 또한 시장에서 이자율이 자연스럽게 형성되면 자본도피도 막을 수 있다.
- 수출 의욕을 꺾는 인위적인 평가절상을 피한다. 평가절상을 멀리하면 출혈이 큰 대형 위기도 줄어들 것이다.
- 보호무역의 범위를 좁히고 무역정책을 합리화한다. 반세기 넘게 진화한 보호무역정책의 비합리적 구조는 수입관세를 낮춤으로써 해체하고 대체해야 한다.
- 외국인 직접 투자를 장려한다. 이 지역의 부족한 자원은 외국 회사들에게 투자를 받아 충당한다. 외국 회사들에게서 생산성 향상

에 도움이 되는 신기술과 경영 기법을 배울 수도 있다.
- 비효율적인 국영기업을 민영화한다. 특히 지난 20년간 국영화한 많은 회사를 국내외 민간 투자자들에게 매각해야 한다.
- 투자 결정을 비롯한 사업상 거래에 대한 규제를 철폐한다. 불필요한 요식을 대폭 줄이고, 핵심 산업의 진입 장벽을 없애고, 경쟁을 장려해야 한다.
- 내외국인 투자 장려를 위해 재산권 보호를 강화한다.[29]

다시 한 번 강조하건대 위에 나온 10가지 정책은 워싱턴에 있는 국제통화기금, 세계은행, 미 국무부 관리들이 제시했던 조건이 아니다. 존 윌리엄슨은 10가지가 아니라 12가지 또는 15가지나 20가지라도 관련 정책을 열거할 수 있었을 것이다. 어쩌면 12가지 실행 목록을 짜고 거기에 '워싱턴 더즌Washington Dozen'이라고 이름을 붙일 수도 있었을 것이다. 그러나 윌리엄슨은 가능한 한 설명을 쉽게 하려고 현대화 개혁 운동의 핵심이라 믿었던 10가지 과제로 정책을 통합했다. 흥미롭게도 '워싱턴 컨센서스'라는 이름이 붙은 이 10가지 정책은 스스로 생명력을 얻었다. 그리고 곧바로 개혁을 추진하는 국가라면 반드시 해야 할, 또는 하지 말아야 할 공식 선언으로 간주되었다. 여러모로 불행한 일이었다. 많은 분석가가 이 목록을 들고 각국의 개혁 노력을 평가하면서 각기 다른 국가의 미묘한 차이와 복잡한 성격을 간과했기 때문이다. 그래서 나는 이 책을 집필하는 데 있어 '워싱턴 컨센서스 십계명'과는 거리를 두면서 국가별 특성을 세세히 분석하는 방식을 택했다.[30]

1990년대 상반기에 라틴아메리카 국가들은 차례로 다양한 현대화 정책을 실행에 옮겼다. 각기 다른 국가가 다른 속도로 개혁을 진행하면서 자기네가 추진하는 개혁의 차이점을 강조했지만 대부분 네 가지 부문에서 진전이 있었다. 재정적자가 줄고 세제개혁이 단행되고 수입관세가 낮아지고 국영기업이 민영화되었다. 초기에만 해도 대다수 국가가 꽤 좋은 성과를 거뒀다. 인플레이션이 대폭 감소했고 성장 속도로 꽤 빨랐다. 1989~1990년에 평균 인플레이션이 940퍼센트였던 데 비해 1993~1994년에는 129퍼센트로 줄었다. 1989~1990년에 0.5퍼센트씩 하락했던 일인당 국내총생산이 1993~1999년에는 2.2퍼센트씩 증가했다.[31] 그리고 대부분의 국가에서 10년간 폭락을 거듭했던 임금이 빠르게 회복되었다.[32] 1994년에는 라틴아메리카 경제에 대한 기대감이 최고조에 달했다고 해도 과장이 아니다. 불만과 좌절로 얼룩진 10년이 지나자 어느새 라틴아메리카 경제는 높이 날아오를 준비를 하는 것처럼 보였다.

그러나 꽤 근사한 초반의 결과 뒤편에는 무시 못 할 약점이 숨어 있었다. 아르헨티나, 브라질, 멕시코 3대국을 위시한 많은 국가가 미국 달러화 대비 국내 통화 가치를 인위적으로 높게 정하는 정책을 고수한 것이다. 1990년대 상반기에 이들은 통화 강세가 계속 심해지도록 허용했다. 이 때문에 결국 세계시장에서 수출 경쟁력이 떨어질 수밖에 없었다. 국내 통화 가치를 미국 달러화에 고정시키는 정책이 투기를 부추기기도 했다. 단기 자본 유입이 엄청나게 늘어났다. 평가절상으로 말미암은 국제 경쟁력 감소만이 문제가 아니었다. 대부분의 국가에서 제대로 된 규제와 경쟁 방식을 도입하기도 전에 에너지, 물, 위생시설, 전기통신을 비롯한 기간산업을 민영화하기 시작했다. 그 결과 국가 소유의 독점기업이 민간 소유의 독점기업으로 대체되었다. 매각 과정에 참여한 정부 관리와 공기업 직원 등 내부자들이 싼값에 주식을 대량 매입하는 등 민영화 과정에는 늘 부정부패가 발생했다. 국영기업을 민간에 거저 넘기는 꼴이었다.[33] 이와 함께 대다수 국가가 법치를 증진하고 재산권을 보호하고 부패를 억제할 강력하고 현대적인 제도를 만드는 데 실패했다. 애초에 그럴 의지조차 없는 경우가 많았다. 워싱턴 컨센서스 십계명에 경쟁 환율, 경쟁 촉진 정책, 제도개혁을 통한 재산권 보호가 분명히 명시되어 있건만 대부분의 국가가 입으로만 떠들 뿐 실행에 옮기지 않았다. 그 결과 대다수 국가가 1장에서 말했던 성장이행 2, 3단계에 들어서지 못하고 갈수록 세계 경기 변화에 취약해졌다. 1990년대 후반과 2000년대 초반에 많은 국가가 심각한 위기를 맞고 그대로 주저앉아 버렸다. 치러야 할 대가가 아주 컸다. 실업률이 증가하고 저축이 바닥나고 임금이 하락했다. 국민 사이에는 실망과 분노가 퍼졌다.

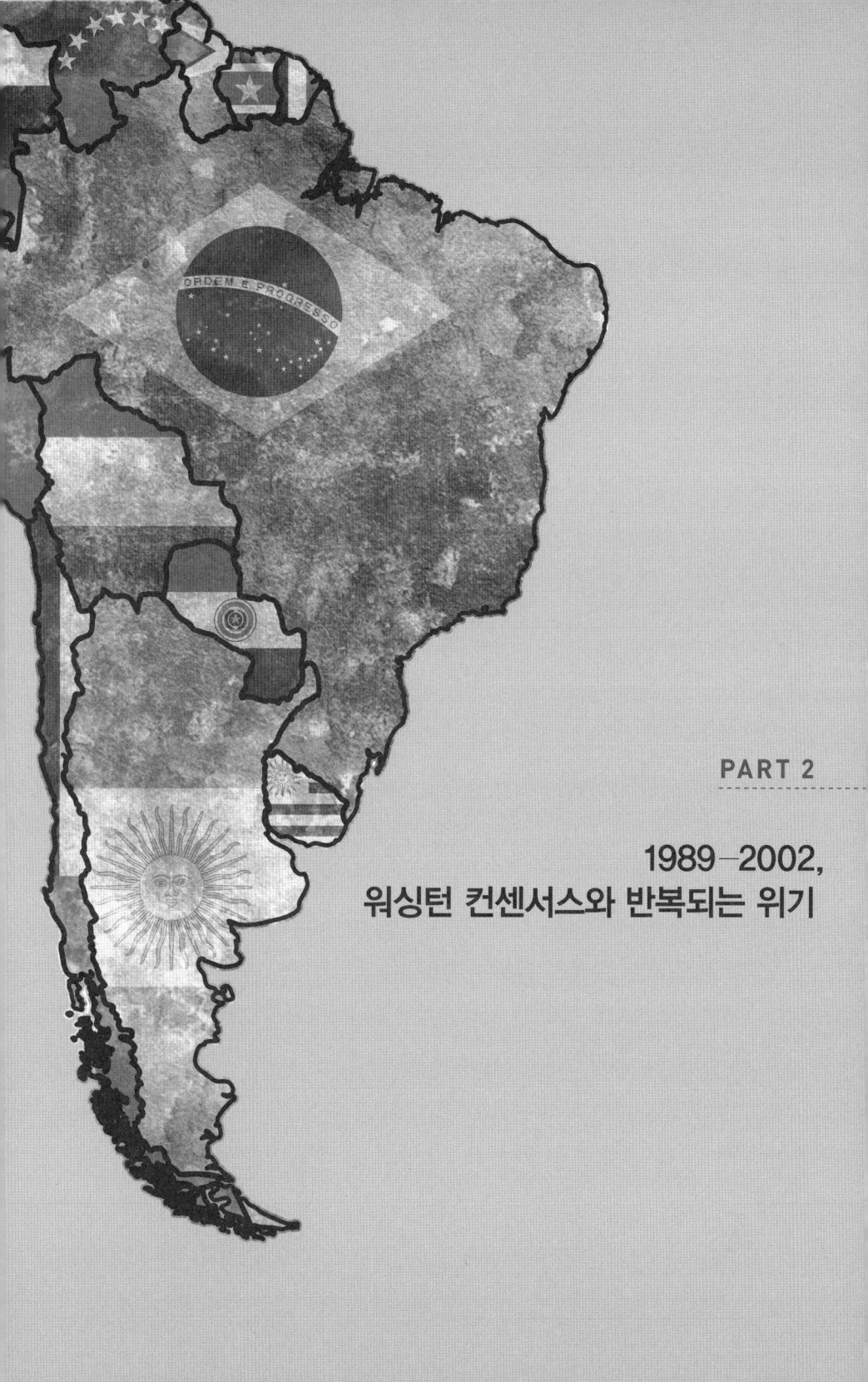

PART 2

1989-2002,
워싱턴 컨센서스와 반복되는 위기

4장
■ ■ ■
등뼈가 부러진 자유주의

1992년 후반까지 쿠바와 아이티를 제외한 라틴아메리카 모든 국가가 시장 중심 개혁에 착수했다. 볼리비아, 칠레, 멕시코 등 몇몇 국가는 조금 더 일찍 시작했고, 아르헨티나를 위시한 몇몇 국가는 아주 빠르게 개혁을 추진했다.[1] 그러나 이보다 더 중요하고 인상적인 사실은 현대화 개혁이 라틴아메리카 전역에서 대규모로 이뤄졌다는 점이다. 흥분과 기대감이 대단했다. 외국 비평가들은 반세기 동안 세계화, 개방, 국제시장, 경쟁과 거리를 두고 지내던 국가들이 불현듯 이 모든 것을 끌어안는 모습을 보고 깜짝 놀랐다. 늘 그렇듯이 모든 것을 음모론으로 축소하려는 사람들도 있었다. 미국과 미국의 허드레꾼에 불과한 국제통화기금과 세계은행이 가난한 라틴아메리카 국가에 현대화 개혁 모델을 강요한다고들 했다. 그러나 좀 더 명민한 비평가들은 라틴아메리카 전역에서 진행 중인 일들을 이해해보려고 다른 요인들을 고려했다. 개중에는 깊이 있고 역사적 근거가 있는 분석도 더러 있었다. 어떤 이들은 식민지 시대까지 거슬러 올라갔고, 또 어떤 이들은 19세기 후반에 있었던 베어링스 위기로 거슬러 올라갔다. 또 다른 이들은 1970년대에도 수입 대체 산업화와 보호무역정책으로 잠시 재미를 보다가 고꾸라졌던 이야기를 끄집어냈다. 그러나 개혁의 원인이 무엇이든 라틴아메리카 비평가들 사이에, 또 이 지역 곳곳에 불신이 깊게 뿌리내리고 있었다. 심지어 어떤 분석가들은 카를 마르크스Karl Marx와 프리드리히 엥겔스Friedrich Engels를 살짝 비틀어 라틴아메리카에 유령이 출몰하고 있다고 이야기했다. 마르크스와 엥겔스를 대신한 유령은 바로 자유주의, 자유시장, 경쟁이라는 유령이었다.[2]

개혁에 착수한 지 거의 20년이 지나자 초기의 희열은 연기처럼 사라졌다. 그리고 다시 몇 차례 위기가 발생했다. 현대화 노력으로 실제로 얼마나 많이 진보했는지 평가할 시간이 무르익었다. 라틴아메리카 안팎의 언론과 학계 인물들은 모두 이 지역이 현대 자본주의 대열에 합류했다고 보았다. 물론 라틴아메리카는 여전히 가난하지만 시장 중심의 경제정책을 도입하고 제도를 현대화하려고 애쓰면서 장족의 발전을 이뤘다는 평이다.

그러나 현실은 이런 인식과 차이가 있다. 1990년대와 2000년대에 추진한 경제개혁은 불완전했고, 라틴아메리카를 경쟁력 있는 지역으로 탈바꿈시키기도 전에 교착 상태에 빠졌다. 언론의 주목을 한 몸에 받고 대단한 일이라도 벌일 것처럼 야단법석을 떨었지만 라틴아메리카의 정책 환경을 깊숙이 파고들지 못했다. 사실 라틴아메리카 경제는 여전히 세계에서 가장 규제가 많고 왜곡이 심하고 보호무역주의가 강하다. 창업도 어렵고 세금도 아주 높고 각종 규제에 숨이 막힐 지경이다. 몇몇 예외가 있긴 하지만 제도도 부실하기 짝이 없다. 재산권은 충분히 보호받지 못하고, 사법부는 비효율적이고, 채권회수는 잘 되지 않고, 부패가 만연하고, 법치는 부족하다. 게다가 이 지역 정부들은 여전히 너무 비대하고 아주 비효율적이다. 질 높은 교육, 사회기반시설, 연구개발 지원을 비롯한 기본 서비스조차 제공하지 못하고 있다. 라틴아메리카 경제개혁은 등뼈가 부러진 채 도중에 끝나고 말았다.

그렇다고 개혁을 전혀 시행하지 않았다는 말은 아니다. 당연히 개혁을 시행했다. 역사적 관점에서 볼 때 몇몇 부분에서는 의미 있는 결과를 냈다. 실제로 1990년대에 대부분의 국가가 통제와 규제, 불필요한 요식을 줄였다. 부정부패도 줄이려고 노력했다. 거의 모든 국가에서 수입관세가 낮아졌고 사업 및 금융 규제가 완화되었고 수많은 국영기업이 민영화되었다. 더불어 부가가치세가 도입되었고 재정적자가 감소했다. 재정적자를 아예 없앤 국가도 더러 있었다. 인플레이션도 서서히 억제되었다. 많은 국가의 중앙은행이 매일매일 쏟아지던 정치적 압력에서 벗어나 독립성을 확보했다. 예산 과정도 현대화되었다. 무엇보다 수십 년에 걸친 군부 통치와 독재 정권이 막을 내리고 모든 나라에 민주주의가 회복되었다. 이런 의미에서 보면 프랜시스 후쿠야마의 말대로 라틴아메리카가 지난 20년간 진보했다고 할 수 있다. 라틴아메리카 안에서 조용한 혁명이 일어났다고 주장할 수도 있을지 모른다.[3]

그러나 현대화와 개혁의 외양에서 나타난 진보를 다른 관점에서 볼 수도 있다. 나는 이 관점이 더 적절하다고 생각한다. 국제 기준에 따라 라틴아메리카 국가들을 훨씬 더 성공적인 경쟁자들과 비교한다면 나오는 그림이 그리 만족스럽지는 않을 것이다. 아시아의 호랑이 국가들과 그리스, 포르투갈, 스페인 같은 남유럽 국가들, 또는 오스트레일리아, 캐나다, 뉴질랜드 같은 선진 수출국들과 한번 비교해보라. 그러면 라틴아메리카가 여전히 세계경제에서 한참 뒤처져 있다는 걸 확인할 수 있을 것이다.

국제비교에 초점을 맞추는 것은 까다롭고 부담스러운 일이지만 반드시 필요한 일이다. 결국 진짜 중요한 것은 보호무역주의에 입각한 수입관세와 답답한 규제가 부분적으로 줄어들었는가의 여부가 아니라 기업과 개인이 부딪히는 문제를 근본적으로 해결할 만큼 개혁이 충분히 깊게 이뤄졌는가이기 때문이다. 노벨상 수상자 더글러스 노스Douglas C. North가 말한 '거래비용'을 개혁을 통해 실질적으로 낮췄는가, 혁신과 생산성 향상을 장려하고 동시에 사회 여건 개선에 필요한 자원을 공급하는 시장 중심 체제의 기반을 다졌는가. 바로 이런 것들이 정말 중요하다. 라틴아메리카가 얼마나 진보했는가를 평가하는 적절한 방법은 현 정책을 '잃어버린 10년'이라 불리는 1980년대 정책과 비교하는 것이 아니다. 그보다는 아시아의 호랑이 국가들과 선진 수출국들을 비롯한 성공한 국가들의 경제정책과 비교해야 한다. 비교 결과는 명명백백하다. 라틴아메리카 혁명(그런 게 있었다고 한다면)은 프랜시스 후쿠야마의 말처럼 조용하기만 했던 것이 아니라 불완전했다. 빈민층을 위해 사회 여건을 눈에 띄게 개선했는가, 현대적이고 활기차고 회복력이 빠르고 혁신적인 사회를 건설했는가를 놓고 볼 때 대부분의 라틴아메리카 국가는 명백히 비교열위에 있다.

어떤 이들은 국제비교를 통한 라틴아메리카의 현대화 여부 평가가 진상을 왜곡시킨다고 주장할 것이다. 비교하는 지역의 국가들이 라틴아메리카 국가들과 정치 및 문화가 다르다고 말이다. 예를 들면 선진 수출국 3개국인 오스트레일리아, 캐나다, 뉴질랜드는 의원내각제를 채택한 앵글로색슨 국가들이다. 반대로 이 책에서 다루는 라틴아메리카 국가들은 대통령제를 채택하고 있다. 아시아 호랑이 국가들 역시 라틴아메리카 국가들과 문화도 다르고 식민지 경험도 다르다. 그런가 하면 남유럽 국가들은 모두 의원내각제를 채택하고 있으며 유럽연합에 속해 있고 강대국이었던 역사가 있다. 물론 이 모든 것이 사실이다. 그러나 이것이 곧 국제비교가 아무 의미 없다는 뜻은 아니다. 또한 라틴아메리카 국가들의 경제실적이 형편없고 거의 모든 정책과 제도가 다른 국가들에 비해 한참 뒤처진다는 사실을 무마하지도 못한다.

다만 비교 연구가 다음과 같은 기계적 교훈으로 귀결되지 않도록 주의할 필요는 있다. "우리는 이런저런 지표를 수정하기만 하면 된다. 그러면 모두 잘 될 것이다." "한 국가나 지역의 발전 경로를 무의식적으로 따라하는 게 비법이다." 어쨌거나 라틴아메리카 국가에 깊이 뿌리 내린 문제들이 이들의 성장과 발전을 막았다. 게다가 성의 없고 불완전한 개혁은 아무 해결책을 제시하지 못했다. 그 결과 국민이 변화와 개혁을 더는 지지하지 않게 되었다. 역설적이고도 유감스러운 결과였다. 라틴아메리카 유권자들은 1990년대와 2000년대의 형편없는 경제실적이 자본주의와 개혁 탓이라고 비난했다. 이 시기에 발생한 통화위기가 워싱턴 컨센서스 개혁과 신자유주의 탓이라고 생각했다. 왜 유권자들이 개혁을 축소하고 정부의 역할을 크게 늘리겠다고 공언하는 새로운 포퓰리스트 지도자들을 뽑았는지 이해가 된다. 이리하여 라틴아메리카에서는 포퓰리스트 정치인들이 차례로 정권을 잡았다. 라틴아메리카 정부들이 제도적으로 얼마나 부실한지 생각하면 고양이에게 생선을 맡기는 꼴이다.

제도와 경제실적

오랫동안 경제학자들은 제도에 주목했다. 아담 스미스Adam Smith는 『국부론The Wealth of Nations』에 "제도가 시장에서 개인들 간의 자유로운 상호작용을 보호하는 역할을 한다."고 썼다. 그의 관점에서 보면 국가가 해야 할 가장 중요한 역할은 사유재산을 보호하고, 상비군과 경찰 병력으로 치안을 유지하고, 독립된 사법부로 법을 집행하고, 도로, 다리, 수로 등 기반시설을 제공하고, 독점이 경쟁을 억압하지 않게 보장하는 것이다.[4] 그러나 시간이 흐르면서 경제학자들 사이에서 제도에 대한 관심이 줄어들었다. 실제로 20세기에 들어 60년간 전개된 많은 이론이 으레 제도가 효율적이고 최적으로 설계되었다고 상정했다. 국가나 기업이 저조한 실적을 보이는 원인을 제도가 아니라 시장의 실패, 다양한 시장 참여자들 사이의 협조

부족 등에서 찾았다.

그러다 1960년대 후반과 1970년대 초 더글러스 노스가 제도의 역할을 중심으로 경제사에 접근하는 이론을 전개했다. 더글러스 노스는 1993년에 노벨경제학상을 수상한 워싱턴대학교 교수다. 무엇보다 그는 제도가 비효율적일 때가 많을 뿐더러 비효율적인 제도를 그대로 고수하려는 정치세력이 있다는 점을 인정했다. 그리고 제도를 '사회 내에 존재하는 게임의 법칙, 좀 더 딱딱하게 말하면 인간의 상호작용을 규율하는 인위적 제약'이라고 정의했다.[5] 그렇다면 제도는 분명히 특정한 공동체 안에서 인간의 행동과 경제 관계를 지배하는 유인 구조를 제공한다. 이런 규칙과 규제가 혁신과 자본축적, 기술 개선을 장려하면 생산성과 경제성장이 높아질 것이다. 반대로 현상유지를 선호하고 규제를 이용하여 이득을 얻을 수 있는 지대추구행위를 부추기면 기업 활동과 생산성은 떨어지고 성장은 둔화될 것이다.

노스가 제시한 이 이론의 중심에는 '거래비용'이라는 개념이 있다. 거래비용이란 개인과 기업이 경제적 거래에 참여하기 위해 지불해야 하는 비용이다. 거래비용에는 정직한 파트너를 찾고, 공급자가 정직한지 여부를 확인하고, 근로자들을 감시하고, 탐욕스런 이들로부터 사유재산을 보호하고, 채권을 회수하고, (부패한) 정부 관리들과 관계를 맺는 비용이 모두 포함된다. 거래비용을 줄이는 제도를 갖춘 국가는 그렇지 못한 국가보다 더 높은 실적을 올린다. 이유는 간단하다. 거래비용이 낮을수록 더 많은 시간과 노력을 혁신과 생산성 향상에 쏟을 수 있기 때문이다.[6] 20세기의 마지막

20년 동안에는 더글러스 노스의 연구에 영향을 받아 점점 더 많은 학자가 국가 간의 장기적인 경제성장 차이를 설명하기 위해 제도의 역할을 분석했다. 제임스 로빈슨은 장기 경제실적에서 제도가 차지하는 역할을 다음과 같이 요약했다. "어떤 사회는 법치를 유지하도록 조직되어 있다. 기계, 인적 자본, 더 좋은 기술에 대한 투자를 장려한다. 시민이 광범위한 경제생활과 정치생활에 참여할 수 있게 하고, 시장거래를 후원한다. 다른 사회는 그렇지 못하다. 전자는 번성하고 후자는 침체되기 마련이다."[7]

북아메리카와 남아메리카의 소득 격차가 점점 커지는 현상을 역사적으로 분석한 자료들은 길고도 고통스런 이 이야기의 핵심에 제도 차이가 있다고 말한다. 스페인 식민지에 들어선 비효율적이고 중앙집권적이고 독재적인 지방 행정기관 카빌도는 활기차고 참여적이고 포괄적인 북아메리카 군구와 뚜렷한 대조를 이룬다고 알렉시스 드 토크빌은 말했다. 토지 승계, 음모, 쿠데타와 마찬가지로 부패하기 쉬운 경향성과 지역 정책결정 과정에서의 대표성 결여도 중요한 요인으로 작용한다. 그 밖에 중요한 제도적 쟁점에는 교육 혜택 부족, 토지 소유 구조, 재산권 보호 장치 미비 등이 포함된다. 라틴아메리카 학생들도 이 모든 특징과 이 지역 국가들의 제도적 결함을 잘 알고 있다. 도밍고 파우스티노 사르미엔토의 저작에서 확인한 대로 적어도 19세기 중반부터는 이 점을 제대로 인식해왔다.[8] 실제로 1990년대와 2000년대에 라틴아메리카 개혁을 설계한 이들은 단순한 경제개혁을 넘어서 국가 제도를 근본적으로 바꿔야 한다는 걸 잘 알고 있었다.[9]

최근에 몇몇 저자들은 강한 제도와 법치 같은 개념들이 상당히 모호한데다 평가하기도 어렵다고 지적했다. 이런 관점은 2008년에 나온 「이코노미스트Economist」에 잘 정리되어 있다. 당시 편집자들은 법치를 이야기하는 사람마다 제각기 다른 것을 염두에 두고 있다고 지적했다. 법치라는 개념을 같은 의미로 사용하지 않는다는 이야기다. 어떤 이들은 법치를 넓은 의미의 통치와 관련시키고 윤리적 또는 도덕적 관점을 포함시킨다. 다른 이들, 특히 경제학자들은 법치를 재산권 보호와 부정부패 척결에 초점을 맞춰 더 좁은 개념으로 파악한다. 그러나 개념이 복잡하고 다면적인데다 측정하기 어렵다고 해서 제도와 법치가 중요하지 않다는 의미는 아니다.[10]

일부 경제학자들은 동의하지 않겠지만 나는 강한 제도의 핵심 요소인 법치를 사회가 작동하고 반응하는 다양한 방식을 포괄하는 아주 넓은 개념으로 파악한다. 법치란 기존의 법령이 편파적이지 않고 공정하게, 효율적이고 신속하게 집행되는 것을 의미한다. 이를 위해서 법원은 독립성을 갖추되 부패하지 않고 효율적이어야 한다. 법치는 또한 경찰이 법원의 결정을 집행할 준비가 되어 있고, 집행할 의지와 능력이 있음을 의미한다. 나아가 법치란 법령에 따른 계약의 체결과 감시, 시행이 용이하고, 분쟁 해결 제도를 대기업과 일부 부유한 개인만이 아니라 일반 국민이 이용할 수 있으며, 분쟁 해결 제도가 효율적이고 공정하고 신속하게 작동한다는 뜻이다. 공정성은 법치에서 아주 중요한 요소다. 이는 곧 어떤 국가가 법치를 위해 애쓰는지 평가하려면 민주 통치, 선거의 투명성, 인권 및 시민권 존중 수준을 고려해야 한다는 뜻이다.

이뿐만 아니다. 법치는 개인, 사업체, 그리고 기존 법령을 따르게 하는 제도 사이에서 일반화된 태도를 의미한다. 어떤 이들은 이것을 '문화'라고 생각할지도 모른다. 즉, 법치가 효율적으로 작동하는 나라에서는 법의 테두리 안에서 행동하는 것이 예외적인 일이 아니라 지극히 일반적인 일이다. 그런 의미에서 라틴아메리카 국가에서 벌어지는 노동분쟁은 법치가 얼마나 허술한지를 적나라하게 보여준다. 이 지역에서는 고충을 느끼는 근로자들이 한꺼번에 몰려나와 며칠씩이나 고속도로를 점거하고 교통 흐름을 방해하는 일이 잦다. 아르헨티나 시위자들은 자신들의 요구를 관철시키려고 폭력을 행사하고 무력과 협박을 일삼는 것으로 유명하다. 칠레 구리산업 도급업자들도 다른 근로자들을 공격하고 광산에 구리 공급을 중단하는 등 강압 전술을 사용한다. 멕시코의 시위자들도 당국이 자신들의 요구를 수용하도록 압박하려고 간선도로를 차단하곤 한다. 말할 필요도 없이 모두 불법 행위다. 그러나 경찰을 위시한 당국자들은 정치적 파급효과를 우려하여 교통을 방해하는 시위자들을 쫓아내거나 법을 집행하려 하지 않는다. 대개 이런 행동은 처벌받지 않는다.

앞서 나는 제도, 특히 법치의 견고성을 평가할 때 한 가지 지표에만 매달리도록 오도할 위험이 있다고 지적했다. 다면적이고 복잡한 개념일수록 여러 가지 지표를 이용해 평가해야 한다. 법치에 대한 다양한 관점도 명쾌하게 정리해야 한다. 국가의 약점이나 강점도 이런 분석을 통해 나와야 한다. 따라서 법치를 분석할 때 "이러이러한 법치 지수가 얼마큼 향상되면 그 나라의 일인당 소득도 그만큼 증가할 것이다."라는 식의 기계적 해석을 피해야 한다. 법치뿐 아니라 다른 제도 지표도 마찬가지다. 대개 이런 기계적 분석은 현실 사회의 복잡한 사항들을 놓치고 그릇된 결론을 도출하기 쉽다. 이후 분석에서 나는 라틴아메리카의 법치와 제도의 견고성을 재는 다양한 지표를 언급하고, 그것을 다른 지역 다른 나라의 지표와 비교할 것이다. 이런 폭넓은 분석에서 나온 결론에 분명 실망할 것이다. 대부분의 분야에서 라틴아메리카 국가들은 저조한 성적을 보였다. 그리고 이 지역과 일부 분석가들 사이에 널리 퍼진 통념과 달리 라틴아메리카 국가들은 지난 20년 동안 이룬 것이 별로 없다.

라틴아메리카의 경제성적표

여기에서 나는 대다수 라틴아메리카 국가가 1990년대 이래 개혁을 통해 제도를 현대화하는 데 실패했다는 사실을 증명할 것이다. 실제로 재산권 보호, 채권회수 용이성, 법치, 사법부의 독립성을 비롯한 대부분의 영역에서 라틴아메리카가 다른 지역 국가들보다 뒤처지는 것이 사실이다. 엎친 데 덮친 격으로 지난 몇 년간 아르헨티나, 볼리비아, 에콰도르, 베네수엘라를 비롯한 많은 국가가 여러 가지 제도에서 퇴보했다.

법치, 재산권 보호, 사법부의 독립

학자들이 연구한 바에 따르면 법치와 경제실적은 밀접한 관련이 있다. 법을 집행하는 사법부가 독립되어 있는 나라들은 법관들이 독립성을 갖지 못하고 특별 권익에 휘둘리는 나라에서보다 재산권과 소수자들의 권리를 더 잘 보호하고 분쟁도 더 효율적으로 해결한다.[11]

세계은행이 발표한 법치 지수에 따르면 라틴아메리카 국가들의 성적은 아주 저조하다. 실제로 이들은 비교 대상에 오른 신흥 아시아 국가, 아시아 호랑이 국가, 선진 수출국, 남유럽 국가보다 훨씬 뒤처졌다. 1996년에 나온 이 지수는 '행위자가 얼마만큼 사회 규칙을 신뢰하고 준수하는지, 특히 채권회수, 재산권 보호, 경찰 및 법관의 자질은 물론이고 범죄 및 폭력 행위가 일어날 가능성이 얼마만큼인지'를 분명히 밝힌다.[12] 점수 범위는 −2.5에서 2.5까지이며 법치 수준이 낮을수록 점수가 낮다.

세계은행이 발표한 가장 최근 자료인 2007년 자료에 따르면 라틴아메리카의 평균 점수는 −0.523이었다. 신흥 아시아 국가(−0.169), 아시아 호랑이(0.636), 남유럽 국가(0.907), 선진 수출국(1.853)과 비교할 때 한참 낮은 점수다. 게다가 이 자료에 따르면 1996년과 2007년 사이에 라틴아메리카의 법치 수준은 더 나빠졌다. 1996년에는 이 지역 평균 점수가 −0.277이었는데 2007년에는 −0.523으로 하락했다. 프레이저연구소가 발표한 법질서 지수 같은 다른 자료를 비교해 보아도 결과는 비슷하다. 라틴아메리카는 그 어떤 대조군보다 점수가 낮았고 시간이 흐르면서 상황은 더 악화되었다. 물론 어디에서나 그렇듯이 라틴아메리카 국가들 사이에도 큰 차이가 있다. 2007년에 세계은행이 발표한 법치 지수에서 플러스 점수를 기록한 국가는 세 나라다. 칠레가 1.173, 우루과이가 0.486, 코스타리카가 0.438이었다. 아시아 호랑이 국가들의 점수와 크게 다르지 않다. 스펙트럼의 다른 쪽 끝에는 에콰도르, 과테말라, 파라과이, 베네수엘라가 있었다. 이들은 법치 지수가 극히 낮았다.

프레이저연구소는 사법부의 독립성을 평가하는 지수도 발표했다. 정치적 압력과 이익집단의 입김으로부터 얼마나 자유로운지를 평가하는 지수이다. 라틴아메리카 국가들의 평균 점수는 이 장에서 비교한 국가들 중에서 가장 낮았다. 사법부의 독립성 지수는 1부터 10까지 점수를 매기며 최고점은 10점이다. 프레이저연구소가 발표한 가장 최근 자료인 2006년 자료에 따르면 라틴아메리카의 평균 점수는 3.2였다. 아시아 국가(4.2), 아시아 호랑이(6.4), 선진 수출국(8.8), 남유럽 국가(6.0)보다 훨씬 낮았다.

라틴아메리카에서 법관 임명에 정치권이 간섭하는 예는 비일비재하다. 아르헨티나에서도 아주 지독한 사례 몇 가지가 있었다. 1990년대에 카를로스 메넴Carlos Menem 대통령은 대법원 판사를 다섯 명에서 아홉 명으로 늘리고 그 자리에 측근들을 앉힌 바 있다. 10년 뒤 메넴이 꾸린 대법원이 마음에 안 든 네스토르 키르치네르 대통령은 판사 상당수를 내쫓았다. 키르치네르 행정부에서는 법관들이 경제 문제, 특히 달러화에서 페소화로 은행예금의 표시 통화를 변경하는 문제를 정부의 지침대로 판결하지 않으면 탄핵에 처하겠다는 위협을 받았다.[13] 2004년, 베네수엘라 우고 차베스 대통령은 사법부를 장악하기 위해 대법원 판사를 스무 명에서 서른두 명으로 늘렸다. 자기 측근들이 다양한 직위에 선출되도록 선거위원회를 포섭한 혐의로 야당에서 차베스를 고발하기도 했다. 2000년대 중반, 국제인권단체 휴먼라이츠워치는 이러한 정치권의 개입이 베네수엘라에서 민주주의와 개인의 권리를 약화시킨다고 비판했다.

정치인들이 법관에게 영향력을 행사하고 통제하려는 시도는 새로울 것도 없고 라틴아메리카만의 독특한 특징이라 할 수도 없다. 잘 알고 있듯이 미국의 프랭클린 루스벨트 대통령도 1937년에 미 대법원에 판사를 여섯 명이나 늘리려고 했었다.[14] 그러나 미국에서는 아르헨티나, 베네수엘라, 다른 라틴아메리카 국가들과 사뭇 다른 결과가 나왔다. 놀랍게도 루스벨트의 제안은 사회 전반에 걸쳐 비판받았다. 시민단체, 학계, 여론 주도자, 언론은 말할 것도 없고 집권당인 민주당조차도 국회에서 이 법안에 반대했다. 미국 헌법에 명시된 견제와 균형 시스템이 제대로 작동한 것이다. 결국 루스벨트 행정부는 1937년 6월 이 법안을 철회했다.

사법제도의 질을 기준으로 볼 때 라틴아메리카 국가들 사이에도 무시 못 할 차이가 있다. 세계은행에 따르면 2007년에 과테말라와 베네수엘라가 유독 법치 지수가 낮았고 칠레가 가장 높은 점수를 받았다. 2007년에 칠레보다 높은 점수를 받은 아시아 국가는 홍콩과 싱가포르 2개국뿐이었다. 프레이저연구소에서 발표한 자료를 보면 사법부의 독립성 면에서 니카라과, 파라과이, 베네수엘라가 가장 뒤처지는 것을 알 수 있다. 라틴아메리카 국가 중 사법부의 독립성이 가장 높은 나라는 코스타리카와 우루과이였다.

라틴아메리카에서 사법부는 독립성만 없는 것이 아니라 아주 비효율적이기까지 하다. 상업 분쟁이 해결되기까지 오랜 시간이 걸리고 채권 회수도 잘 안 된다. 파산절차는 복잡하고 느리다. 소액주주들이 고소를 해도 법원 판결이 나오기까지 오랜 시간이 걸린다. 세계은행이 발표한 기업환경평가 보고서에 따르면 2008년에 라틴아메리카 국가에서 채권을 회수하는 데는 평균 701일이 걸렸다.[15] 이와 대조적으로 아시아 호랑이 국가는 평균 393일밖에 걸리지 않았다. 남유럽 국가는 637일, 선진 수출국은 394일이 걸렸다. 이 외에 법적으로 파산절차를 밟는 데 걸리는 시간 등 사법부의 효율성을 평가하는 다른 지표들을 기준으로 삼아도 결과는 비슷하다.

하버드대학교 안드레이 슐라이퍼Andrei Shleifer 교수와 그의 동료들도 일련의 영향력 있는 저작에서 사법제도와 경제적 효율성 및 경제실적 간의 관계를 분석했다. 슐라이퍼를 비롯한 저자들은 전 세계 변호사들의 도움을 받아 법률 관련 관행과 절차를 다양한 측면에서 분석한 자료를 정리했다. 역시 라틴아메리카 국가들은 대조군에 비해 저조한 성적을 보였다. 아시아 및 앵글로색슨 국가들보다 재판에 소요되는 시간과 비용이 훨씬 많았다. 슐라이퍼를 비롯한 저자들은 라틴아메리카가 다른 지역보다 채권을 회수하기 어렵다는 사실도 알아냈다. 채권회수 지수는 1부터 10까지로 점수를 매겼다. 최고점은 10점이었다. 라틴아메리카의 채권회수 용이성은 4.8점이었다. 이와 대조적으로 아시아 호랑이 국가는 5.8점을 기록했고, 남유럽 국가는 5.5점, 선진 수출국은 8.0점을 받았다.[16]

세계은행이 발표한 자료와 일치하는 결과다. 기업환경평가에 따르면 2008년 라틴아메리카 국가는 채권회수 절차에서 181개국 중 평균 100위를 차지했다. 같은 해에 아시아 호랑이 국가는 평균 48위, 남유럽 국가는 평균 58위, 선진 수출국은 평균 30위였다. 이 지수는 총 181개국에서 표본 조사로 실제 상황을 분석하여 계산한 것이다. 특별히 세계은행 전문가들은 합법적인 두 사업체가 그 국가의 일인당 소득 가치의 두 배에 해당하는 상업 분쟁에 연루된 사례를 고려했다. 채권회수 지수를 평가할 때는 두 가지 사항을 고려했다. 법원이 판결을 내리고 채권을 회수하기까지 얼마나 걸리는가, 재판 절차를 밟는 동안 얼마나 많은 비용이 드는가.

슐라이퍼를 비롯한 공동 저자들은 사법제도의 '법적 토대'가 효율성과 재산권 보호 정도를 결정하는 중요한 요소라는 점을 알아냈다. 이들의 연구에 따르면 민법, 특히 나폴레옹 민법전을 토대로 한 사법제도와 관습법을 토대로 한 사법제도 사이에 아주 큰 차이가 있었다. 관습법 국가들은 시장과 계약을 강조하고 시민의 재산권을 강력히 보호했다. 반면에 프랑스 민법에 영향을 받은 국가들은 정부 및 규제에 훨씬 더 의존했고 재산권 보호도 미비했다. 나폴레옹이 스페인을 침략한 19세기 초반부터 라틴아메리카 국가들은 프랑스 민법전에 토대를 둔 법률제도를 가지고 있었다.[17] 그러나 역사적으로 라틴아메리카의 제도적 취약성은 나폴레옹이 스페인을 침략하기 훨씬 전부터 나타났다. 2장에서 자세히 논의한 것처럼 일찍이 스페인 국왕이 엄청난 재량권을 가지고 거의 모든 결정을 관장하고, 자국 식민지에 고도로 중앙집권적인 행정제도와 정치제도를 강요할 때부터 그랬다. 재산권 보호도 잘 안 되고 세금징수는 몇 가지 세원에 집중되어 있었다. 정당한 법적 절차는 거의

존재하지 않았다.[18]

　라틴아메리카 국가들은 재산권 보호도 제대로 하지 못했다. 사실 이 지역의 역사를 들여다보면 적절한 보상도 없이 외국인의 투자액을 몰수하는 일이 비일비재했다. 국내 투자자들의 상황도 나을 게 없었다. 게임의 법칙은 자주 바뀌었고 계약을 위반하는 일도 여러 번 반복되었다. 2001년 아르헨티나의 채무불이행, 그리고 공익기업과 전기통신 회사들이 청구하는 비용에 대해 잇달아 국제계약을 위반한 사건은 대표적인 재산권 침해 사례로 꼽힌다. 1938년에는 멕시코가 석유사업에 투자한 외국인의 자산을 몰수했고, 1970년대 초반 칠레에서는 살바도르 아옌데 행정부가 외국인이 소유한 광업 자산을 몰수했다. 더 최근에는 베네수엘라가 석유와 가스에 투자한 외국인의 자산을 몰수했다. 볼리비아도 라틴아메리카에 재산권 보호가 잘 안 되는 국가가 많다는 사실을 투자자들에게 어김없이 상기시켰다. 아르헨티나에서는 국제항공회사 아에로리네아스 아르헨티나스 Aerolíneas Argentinas를 2009년에 국유화하면서 투자자들에게 미국 달러로 약 30센트에 해당하는 1페소를 보상금으로 지불했다. 재산권 침해와 몰수 위험으로부터 안전하지 않다는 사실을 유럽 투자자들에게 다시 한 번 상기시킨 사건이었다.

　프레이저연구소는 여러 해 동안 재산권 보호 지수를 평가해서 발표했다. 1부터 10까지 점수를 매겼다. 역시 최고점은 10점이었다. 이 자료에 따르면 1990년대 초중반 워싱턴 컨센서스 개혁에 착수했을 당시 라틴아메리카 국가들의 재산권 보호 점수는 평균 5.1점이었다. 그러나 프레이저연구소가 2006년에 발표한 자료를 보면 라틴아메리카 국가들의 재산권 보호 수준이 조금 하락한 것을 알 수 있다. 2006년에 라틴아메리카 국가들의 평균 점수는 4.9점이었다. 확인할 수 있는 가장 최신 자료인 2006년 자료에 따르면 라틴아메리카는 4개의 비교군 중에서 재산권 보호 지수가 가장 낮은 것으로 드러났다. 2006년에 아시아 호랑이 국가의 재산권 보호 지수는 6.8점이었고, 선진 수출국은 8.7점, 남유럽 국가는 6.8점이었다. 물론 라틴아메리카 국가들이 모두 똑같이 재산권 보호 지수가 낮은 것은 아니다. 2006년 프레이저연구소 자료에서는 코스타리카와 칠레가 각각 6.8점, 7.0점으로 꽤 높은 점수를 받았다. 반대쪽 끝에는 파라과이와 베네수엘라가 있었다. 파라과이는 3.4점, 베네수엘라는 3.2점을 기록했다.

프레이저연구소에 따르면 라틴아메리카 18개국 중 8개국이 1990년부터 2006년 사이에 재산권 보호 지수가 다소 하락했다. 가장 크게 하락한 국가는 아르헨티나, 에콰도르, 멕시코, 베네수엘라였다. 아르헨티나와 베네수엘라에서는 지난 몇 년간 집중적으로 재산권 보호 지수가 하락했다. 네스토르 키르치네르, 크리스티나 페르난데스, 우고 차베스 행정부가 외국인 투자자들과 맺은 계약을 파기하고, 재산을 몰수하고, 기업하는 사람들을 비난하면서 못살게 굴고, 사법부의 판결에 간섭했기 때문이다.

세계은행에서 소액투자자 보호 정도를 평가한 지수를 비롯하여 재산권 보호에 관한 다른 지수들도 결과는 비슷하다. 이 지표를 작성하면서 세계은행 연구원들은 국내 회사 간에 발생하는 잠재적 거래를 고려했다. 그리고 이 거래를 통해 소액투자자들을 희생시키고 많은 주식을 보유한 회사 소유주들이 이득을 본다고 추정했다. 그런 다음 국가별로 회사 소유주들이 얼마나 쉽게 거래 허가를 받는지를 분석했다. 결과는 실망스러웠다. 전체 181개국 중 라틴아메리카 국가는 대부분 하위권을 기록했다. 베네수엘라, 코스타리카, 온두라스는 각각 170위, 165위, 150위로 특히 더 낮았다. 라틴아메리카 국가 중에서 상위 25퍼센트 안에 든 국가는 페루(18위), 콜롬비아(24위), 칠레(28위), 멕시코(38위) 4개국뿐이었다.

부패와 경제실적

선진국이 빈곤국보다 부패지수가 낮은 것은 당연하다. 실제로 비영리 시민단체인 국제투명성기구가 발표한 순위를 비롯하여 대부분의 국제 순위를 보면 스칸디나비아 국가들 같은 선진국이 세계에서 부패지수가 가장 낮은 집단에 속한다. 반대로 아프리카처럼 아주 가난한 국가들은 가장 부패한 집단으로 분류된다. 그러면 낮은 부패지수가 성장을 촉진하는 데 도움이 되는 걸까? 이건 조금 어려운 질문이다. 그리고 절대로 사소한 문제가 아니다. 중국과 인도 같이 아주 빠르게 성장한 국가들은 본래 일인당 소득이 비교적 낮고 부패지수에서도 안 좋은 평가를 받았다. 이 질문에 답하려면 가벼운 경험론이나 단순한 상관관계를 뛰어넘는 분석이 필요하다. 또한 근로자의 기술과 저축률 같은 다른 중요한 요소를 감안할 때 다음과 같은 질문을 할 수 있다. 부패가 경제실적에 어떤 영향을 끼치는가? 이론상으로는 부패가 두 가지 상반된 방식으로 경제성장에 영향을 끼칠 수 있다. 규제와 불필요한 절차가 많고 왜곡이 심한 경제에서는 부정부패가 일처리의 효율성을 높일 수도 있다. 이게 사실이라면 적어도 일정 수준의 부패는 상업의 '바퀴에 기름을 칠하여' 성장률을 높이는 데 도움이 될 것이다. 그러나 다른 각도에서 보면 부패는 신뢰, 투명성, 신용에 부정적인 영향을 끼치고 생산성 증가와 투자에도 나쁜 영향을 끼친다. 사실 특정한 시기에 특정한 국가에서는 두 가지 다 사실일 수 있다. 그렇다면 둘 중 어느 쪽이 더 우세한가가 중요할 것이다.

지난 몇 년간 많은 학자가 복잡하고 고도로 발달된 통계 기술을 이용해 이 문제를 탐구했고 아주 결정적인 사실을 알아냈다. 부패가 심하다는 것은 제도가 부실하다는 반증이고 부패가 심할수록 경제성장에 부정적인 영향을 끼친다는 사실이다.[19]

투자자들이 부딪히는 위험 수준을 평가하는 국제국가위험지수에 따르면 라틴아메리카 국가는 부패 방지 부문에서 좋은 점수를 받지 못했다. 점수는 0에서 6까지이고 덜 부패할수록 높은 점수를 받는다. 이 지수에 따르면 1990년에 라틴아메리카 국가들은 평균 2.9점으로 아시아 호랑이 국가(3.1), 선진 수출국(5.7), 남유럽 국가(4.7)보다 부패 정도가 심했다. 그런데 거의 15년이 지난 2004년에는 1990년보다 더 낮은 점수를 받았다. 앞에서 언급한 세 그룹보다 점수가 낮은 것도 여전했다.

세계은행과 국제투명성기구가 계산한 지수를 비롯하여 부패 수준을 측정하는 다른 척도들을 기준으로 삼아도 결과는 거의 같다. 그러나 물론 여기에도 국가들 사이에 무시 못 할 차이가 있다. 예를 들어 2008년 국제투명성기구는 베네수엘라를 전 세계에서 부패가 가장 심한 국가 중 하나로 꼽았다. 반면에 라틴아메리카에서 부패가 가장 덜한 국가인 칠레와 우루과이는 일부 선진국 못지않게 좋은 점수를 받았다. 실제로 칠레는 미국, 벨기에와 점수가 비슷했다.

민주 통치와 민권

정치제도도 장기적인 경제실적에 영향을 끼친다. 장기 경제성장의 요인을 분석해온 학자들은 정치가 불안하고 민권 지수가 낮은 나라가 정치안정 및 민권 지수가 높은 나라보다 경제실적이 나쁘다고 밝혔다. 민주주의 국가에서는 재산권을 포함한 시민의 권리가 폭넓게 보호되기 때문이다. 민주주의 국가는 사법부의 독립성이 더 강하고 부패한 판사와 정치인의 수가 더 적다. 이런 요인들은 모두 혁신을 장려하는 장려책과 생산성 증가에 긍정적인 영향을 끼친다. 정치적 스펙트럼이 넓고 인종갈등이 적은 사회일수록 성과가 나오려면 긴 시간이 걸리는 장기사업 투자 장려책을 더 많이 쓴다.[20]

  1980년부터 2000년 사이에 라틴아메리카 국가는 정치 일선에서 눈에 띄게 진보했다. 1970년대 후반에는 대다수 국가에서 사실상 독재정권이 권력을 장악했지만, 2000년에는 쿠바를 제외하고 이 지역에 있는 모든 국가에 민주 정부가 들어섰다. 많은 국가가 민주주의를 향해 울퉁불퉁한 길을 달려온 것은 틀림없지만, 특히 아르헨티나, 볼리비아, 에콰도르처럼 정부 수반이 사임하는 걸 지켜본 나라에서도 입헌정치가 승리를 거뒀다.

메릴랜드대학교 국제개발 및 분쟁관리 센터에서는 세계에서 민주주의 제도가 얼마나 기능을 잘 하고 있는지를 평가하는 지수를 개발했다. 정체 지수라는 이 지수는 0부터 10까지 점수를 매긴다. 민주주의 제도가 아주 잘 굴러갈 때 받을 수 있는 최고점이 10점이다. 1980년대에 라틴아메리카의 평균 점수는 3.5점밖에 안 되었다. 아우구스토 피노체트가 군사독재를 행했던 칠레는 0점을 받았다. 그런가 하면 코스타리카가 라틴아메리카에서는 유일하게 최고점인 10점을 받았다. 그 뒤를 이어 에콰도르와 베네수엘라가 9점을 받았다. 그러나 2000년에는 상황이 급변했다. 라틴아메리카의 민주주의 지수가 평균 8.0으로 껑충 뛰었다. 코스타리카와 우루과이가 최고점인 10점을 받았고 볼리비아, 칠레, 파나마가 9점을 받았다. 2007년에도 라틴아메리카의 평균 점수는 8.0이었다. 코스타리카, 우루과이에 이어 칠레가 최고점인 10점 대열에 합류했다. 니카라과, 파나마, 페루는 9점을 받았다.[21]

그러나 2000년 이후 라틴아메리카의 많은 국가가 민주주의 점수에서 하락세를 보였다. 볼리비아, 에콰도르, 베네수엘라도 예외가 아니었다. 특히 베네수엘라의 변화는 주목할 만하다. 1990년에 민주주의 지수 9점을 기록했던 베네수엘라는 2006년에 5점으로 뚝 떨어졌다. 언론을 끊임없이 괴롭히고, 사법부를 통제하려 들고, 대법원을 측근들로 채우고, 대통령이 반복해서 재선을 시도하는 등 여러 가지 요인이 반영된 결과였다.

지난 10년 동안 대부분의 라틴아메리카 국가에서 민주 통치와 민주주의 제도에 대한 지지가 하락한 점이 등급하락에 가장 크게 작용했을 것이다. 1996년에 경제학자 에두아르도 로라Eduardo Lora가 발표한 라틴아메리카 개혁 평가에 나와 있듯이 조사 대상에 포함된 17개국 중 16개국에서 다수의 유권자가 "어떤 정부 형태보다 민주주의를 선호한다."고 답했다. 예외적인 상황에서는 권위주의 정권과 비민주주의 정권도 정당화될 수 있다고 말한 응답자는 소수였다. 26퍼센트를 넘기는 국가가 하나도 없었다. 그런데 2006년에 많은 국가에서 민주 통치에 대한 지지율이 하락했다. 민주주의 체제에 대한 대중의 지지가 상승한 국가는 칠레, 엘살바도르, 멕시코, 베네수엘라뿐이었다.[22] 아이러니하게도 베네수엘라에서 실제 민주화 수준은 국민의 바람과 정반대 방향으로 움직였다.

세계 인권 감시 단체 프리덤하우스가 개발한 민권보호 지수가 전하는 라틴아메리카의 사정도 비슷하다. 라틴아메리카에서는 1985년부터 2000년 사이에 민권이 크게 향상되다가 2000년 이후 하락세를 보였다. 부분적으로라도 경쟁정책을 포기하고 포퓰리즘 정책을 도입한 일부 국가에서 민주 통치와 민권이 악화되었다. 이 사실은 결국 이들 국가의 경제실적도 나빠질 공산이 크다는 점을 강하게 암시한다. 이런 분석이 전달하는 메시지는 아주 분명하다. 대부분의 라틴아메리카 국가는 제도가 부실하다. 대조군과 비교해도 훨씬 부실한 게 사실이다. 그리고 20세기에 라틴아메리카가 지지부진한 경제실적을 보인 데는 부실한 제도가 한몫했다.

더 중요한 것은 워싱턴 컨센서스 개혁이 이 지역의 제도를 거의 개선하지 못했다는 점이다. 모두가 현대화, 높은 효율성, 변신을 이야기했지만 라틴아메리카는 여전히 제도가 부실하고 법치가 제한적이고 재산권 보호 의지가 미미하고 분쟁 해결 절차가 비효율적이다.

지키다 만 십계명, 경제정책 개혁

라틴아메리카 개혁의 목표는 성장에 다시 불을 붙이고 사회 여건을 개선하는 것이었다. 사실 라틴아메리카 경제는 거의 20년간 내리막길을 걸었고 1980년대에는 경제 참사를 겪었다. 칠레의 '시카고 보이스(시카고 학파)'와 그 밖에 외국에서 공부하고 돌아온 경제 전문가들을 비롯하여 개혁을 설계한 사람들은 경쟁과 혁신, 기업가 정신과 효율성을 증진하는 일련의 경제정책을 수립하기만 하면 목표를 충분히 이룰 수 있다고 확신했다. 이쯤에서 나는 라틴아메리카가 워싱턴 컨센서스 개혁에 돌입하고 처음 20년간 실제로 얼마나 많은 진보를 이뤘는지 개괄적으로 평가해보려 한다. 대부분 라틴아메리카를 하나로 묶어 분석할 테지만 다양한 국가의 개별 사례도 살펴보고 이 지역의 동향과 다른 사례에도 주목할 것이다. 그리고 세부 개별 사례들은 뒷장에서 더 자세히 다룰 생각이다. 특히 칠레, 엘살바도르, 멕시코, 콜롬비아, 아르헨티나의 경험을 아주 세세하게 분석하려 한다.

효율성, 기업가 정신, 생산성

최근 많은 두뇌집단과 학자들, 그리고 국제기구에서 경제정책을 평가한 자료를 상세히 정리해 발표했다. 그중에서도 가장 유용하고 정확한 자료가 세계은행에서 제출한 기업환경평가 보고서와 프레이저연구소에서 내놓은 세계경제자유 보고서다.[23] 특히 세계은행에서는 180개가 넘는 국가를 상대로 기업 활동에 대한 규제 수준과 비용을 측정했다.

프레이저연구소의 세계경제자유 지수는 1980년 이래 141개국의 무역제한과 경제규제에 대한 상세한 정보를 제공한다. 여기에는 신용거래 제한, 번문욕례, 요식 체계, 노동시장 규제가 포함되어 있다. 그런가 하면 세계은행 기업환경평가 보고서는 사업가가 세금을 납부하고 재산권을 등록하는 데 들어가는 시간, 중간재를 수입할 때 제출해야 하는 서류의 개수, 파산절차가 끝날 때까지 걸리는 시간에 대한 정보를 제공한다. 또한 근로자를 정식으로 채용하는 과정은 얼마나 복잡한지, 근로자를 해고하는 데는 얼마나 많은 비용이 드는지를 비롯해 여러 가지 정보를 함께 제공한다. 세계은행에서 경쟁정책 및 투자 분위기 평가 기준으로 정리한 여덟 가지 항목은 다음과 같다.[24]

- 합법적 창업 과정의 용이성
- 인허가 과정의 용이성
- 근로자 채용의 용이성
- 재산권 등록의 용이성
- 중소형 회사의 자금 조달 용이성
- 세금납부 과정의 용이성
- 국제교역의 용이성

- 파산절차의 용이성

이런 자료는 특정 국가가 얼마만큼 경쟁을 장려하고 기업 활동을 지원하는지, 또는 그 국가의 정책이 기업 활동에 얼마나 방해가 되는지를 자세히 알려준다. 그러나 이런 항목들이 반드시 실행에 옮겨야 할 정책 목록이나 실행만 하면 성공이 보장된 청사진은 아니라는 점을 기억해야 한다. 추가 지원 없이 항목들 중 하나를 약간 개선하는 것만으로는 장기 성장을 달성하기 어렵다. 하지만 그렇긴 해도 각 항목을 통해 정책적으로 경쟁을 장려한다고 평가받은 국가들이 그렇지 못한 국가들보다 경제실적이 좋은 것은 확실하다.

이런 자료를 분석하다 보면 꽤나 익숙한 그림이 떠오른다. 역시 라틴아메리카 국가는 경제정책 면에서도 좋은 점수를 받지 못했다. 기업환경을 평가하는 여덟 개 항목에서 라틴아메리카 국가는 아시아 호랑이 국가와 선진 수출국보다 낮은 점수를 받았다. 남유럽 국가와 비교해도 근로자 채용의 용이성을 제외한 일곱 개 항목에서 뒤처졌다. 하버드대학교 안드레이 슐라이퍼 연구팀을 비롯한 학자들과 KOF 스위스경제연구소가 수집한 자료 등 다른 조사 자료에서도 비슷한 결과가 나왔다. 경쟁정책을 평가하는 거의 모든 항목에서 대조군이 라틴아메리카 국가를 큰 차이로 앞질렀다.[25]

예를 들면 다음과 같다. 라틴아메리카에서 합법적으로 파업절차를 종료하는 데는 평균 3.3년이 걸린다. 아시아 호랑이 국가는 2.3년이 걸리고, 남유럽 국가는 1.7년, 선진 수출국은 1년밖에 안 걸린다. 라틴아메리카에서 사업가가 인허가를 받고 규제와 씨름하고 번잡한 절차를 밟느라 허비하는 시간은 219일이다. 반대로 아시아 호랑이 국가에서는 140일, 남유럽 국가에서는 143일, 선진 수출국에서는 120일이면 충분하다. 라틴아메리카에서는 정식으로 근로자를 채용하는 것이 남유럽 국가를 제외한 다른 두 대조군보다 훨씬 어렵다. 게다가 전체 인건비 중에서 임금과 관련이 없는 비용이 다른 지역 국가보다 훨씬 높다. 라틴아메리카에서는 전체 인건비의 16.9퍼센트, 아시아 호랑이 국가에서는 10.7퍼센트, 선진 수출국에서는 11.3퍼센트가 임금과 관련이 없는 원천 소득세와 기타 분담금 등으로 나간다.[26] 라틴아메리카에서는 재산권을 등록하는 데 47일이 걸린다. 아시아 호랑이 국가에서는 38일, 선진 수출국에서는 8일, 남유럽 국가에서는 27일이 걸린다.

또한 라틴아메리카에서는 신흥 아시아 국가와 남유럽을 제외한 다른 지역에서보다 자금 조달이 훨씬 어렵다. 페루 경제학자 에르난도 데 소토가 『자본의 미스터리』에서 강조한 대로 라틴아메리카는 특히 가난한 사람들이 담보를 맡기고 대출을 받기가 어렵다. 등기소가 제 기능을 다하지 못하는 나라가 많은데다 빈민 중 많은 사람이 자기가 사는 손바닥만 한 집에 대한 법적 권리조차 가지고 있지 않기 때문이다.[27]

라틴아메리카에서는 수출입 허가를 받는 데 걸리는 시간과 비용도 대조군보다 많다. 세금을 납부하는 과정도 세계 어디보다 번잡한데 거쳐야 할 절차도 많고 시간도 많이 걸린다. 평균 세율도 대조군보다 높다. 또한 라틴아메리카에서 사업체가 납부해야 하는 세금의 종류도 다른 지역보다 훨씬 많다. 라틴아메리카에서 내야 하는 전체 세율은 55퍼센트인데 아시아 호랑이 국가는 33퍼센트, 남유럽 국가는 52퍼센트, 선진 수출국은 44퍼센트다.

이런 과도한 규제 때문에 라틴아메리카 곳곳에 대규모 지하 경제가 형성되었다. 3장에서 지적한 대로 비공식 노동시장이 이 지역 곳곳에 만연하다. 유엔 라틴아메리카카리브경제위원회에 따르면 2000년대 중반 라틴아메리카 도시 근로자 중 공식 경제에 포함되지 않고 사회보장제도에 가입되지 않은 비율이 40퍼센트가 넘었다. 많은 사업체가 세금을 피하고 은행 업무에 들어가는 거래비용을 줄이기 위해 현금을 사용했다. 실제로 현금거래가 아주 흔해서 2007년 7월에는 아르헨티나 경제부장관 사무실에 딸린 화장실에서 6만 달러 상당의 현금이 발견되기도 했다. 펠리사 미셀리Felisa Miceli 장관은 부동산 매매를 위해 현금이 필요했다고 해명했다.[28]

라틴아메리카 국가는 자기들이 현대 자본주의 국가로 변신하려고 공격적인 정책을 많이 시행했다고 생각한다. 하지만 다른 기관에서 나온 자료와 마찬가지로 세계은행 기업환경평가 보고서는 전혀 다른 결과를 내놓았다. 실제로 다른 국가들과 비교하면 정반대의 결과가 튀어나온다. 라틴아메리카는 대부분의 경쟁에서 다른 국가들보다 한참 뒤처졌다.

물론 모든 이야기가 그렇듯 라틴아메리카에도 평균을 웃도는 예외는 있기 마련이다. 국가별 자료를 분석해보면 몇몇 국가가 개별 항목에서 비교적 좋은 점수를 받은 것을 알 수 있다. 더러는 전체적으로 훌륭한 점수를 받기도 했다. 그러나 기업환경평가 여덟 개 항목 중 하나라도 25위 안에 든 라틴아메리카 국가는 소수에 불과했다. 페루가 자금조달의 용이성 항목에서 12위에 올랐고, 멕시코가 파산절차의 용이성 항목에서 23위에 올랐다. 파나마는 국제교역 부문에서 8위를 기록했다. 그러나 이것이 전부다. 2008년을 기준으로 조사한 세계은행 기업환경평가에서 여덟 개 항목 중 하나라도 25위 안에 든 라틴아메리카 국가는 페루, 멕시코, 파나마 외에 없었다.[29] 칠레도 예외가 아니었다. 칠레 역시 한 항목도 25위 안에 들지 못했다. 프레이저연구소에서 발표한 가장 최근의 자료에 따르면 2006년에 라틴아메리카에서 25위 안에 든 나라는 세 곳이었다. 칠레가 6위, 코스타리카가 21위, 엘살바도르가 25위였다. 브라질은 96위, 에콰도르는 113위, 아르헨티나는 114위, 콜롬비아는 115위, 베네수엘라는 136위를 차지했다. 헤리티지파운데이션에서도 여러 해 동안 경제자유 지수를 평가해서 발표했는데, 역시 결과는 비슷했다. 라틴아메리카 국가 중에서 2009년도에 25위 안에 든 나라는 11위를 기록한 칠레가 유일했다. 50위 안에 든 나라도 엘살바도르(33위), 우루과이(38위), 코스타리카(46위), 멕시코(49위) 네 나라뿐이었다. KOF 스위스경제연구소가 발표한 2009년도 세계화 지수에 따르면 라틴아메리카 국가 중에서 가장 세계화된 나라는 칠레, 파나마, 우루과이였다. 전체 158개국 중 각각 37위, 42위, 50위를 기록했다. 반대로 세계화 지수가 가장 낮은 라틴아메리카 국가는 볼리비아, 콜롬비아, 니카라과, 파라과이, 베네수엘라이다. 5개국이 모두 90위에서 100위 사이에 자리 잡고 있다.[30]

칠레는 양질의 경쟁정책에 있어서나 제도에 있어서나 라틴아메리카 국가 가운데 단연 눈에 띄는 존재다. 프레이저연구소 보고서에서 평가한 여러 항목에서 아시아 호랑이 국가보다 나은 성적을 기록했다. 한 항목만 빼면 모든 성적이 신흥 아시아 국가를 능가했다. 그런데 흥미롭게도 세계은행 보고서에서는 다른 양상을 보였다. 칠레가 기업환경평가 지수에서 다른 라틴아메리카 국가를 모두 제치고 제일 높은 순위를 기록한 항목은 여덟 개 항목 중 세금 납부 항목 하나뿐이었다. 다른 일곱 개 항목의 점수도 나쁘지 않았지만 이 지역 1위는 아니었다. 이로써 우리는 한 국가가 좋은 경제 실적을 거두기 위해선 한두 가지 정책만 잘해서는 안 되고 산업 전반에서 혁신을 장려하고 생산 자본을 확대하고 근로자의 기술을 향상시키도록 통합적으로 접근해야 한다는 걸 다시 한 번 확인할 수 있다.

    칠레를 돋보이게 한 것은 실용적이고 일관성 있는 정책, 한결같이 경쟁을 장려하는 정책이었다. 이런 정책을 토대로 칠레는 제도와 경제정책에서 모두 균형 있게 발전할 수 있었다. 게다가 1980년대 중반 이래 칠레는 중대한 정책 실수를 저지르지 않았다. 경쟁을 방해하고 효율성을 떨어뜨리는 정책과는 거리를 두었다. 무엇보다 멕시코와 아르헨티나를 비롯하여 많은 국가를 괴롭힌 통화위기와 그와 유사한 격변을 모면했다. 그러나 오스트레일리아, 캐나다, 뉴질랜드 같은 선진 수출국과 비교하면 칠레의 정책과 제도도 그리 뛰어나지 않다. 실제로 칠레는 기업환경평가 여덟 개 항목에서 전부 선진 수출국보다 뒤처졌다. 창업의 용이성 항목에서 칠레는 55위를 기록한 반면 선진 수출국은 평균 2위에 올랐다. 인허가의 용이성 항목에서도 칠레는 62위를, 선진 수출국은 29위를 기록했다. 재산권 등록의 용이성 항목에서도 칠레는 39위, 선진 수출국은 23위를 기록했다. 자금 조달의 용이성 항목에서도 칠레는 68위, 선진 수출국은 13위를 기록했다.

따라서 각 항목에서 발전을 이루면 경제가 성장하는 것이 아니라 성공한 선진국이 되고 나면 이런 지표에서 더 좋은 성적을 받을 수 있다고 보아야 한다. 가능성이 전혀 없지는 않지만 절대로 쉬운 일이 아니다. 어쨌거나 지금 칠레와 선진 수출국을 비교하는 이유는 정책의 효율성 면에서 둘의 격차를 설명하기 위함이지 엄격한 인과관계를 밝히고 선진국을 모방하기 위함이 아니다. 칠레와 선진 수출국의 격차에 초점을 맞추면 지난 30년간 칠레가 상당한 진보를 이루긴 했지만 여전히 풀어야 할 숙제가 많음을 알 수 있다.

무역 개방과 경제실적

앞에서도 얘기했지만 1940년대 초부터 라틴아메리카 국가들은 산업화를 장려하는 일환으로 보호무역정책을 강화해나갔다. 그러나 보호무역정책 지지자들의 예상과는 달리 보호 산업에서도 생산성이 향상되지 않았다. 그리고 수입관세, 수입허가, 수입금지라는 일련의 정책이 라틴아메리카 경제의 영구적인 특징이 되었다. 1980년대 중반까지 라틴아메리카는 세계에서 보호무역주의가 가장 강한 지역이었다. 1985년에 남아메리카의 평균 수입관세는 51퍼센트, 중앙아메리카의 평균 수입관세는 66퍼센트였다. 북아프리카의 평균 수입관세가 40퍼센트, 동아시아 평균 수입관세가

25퍼센트였던 시절이다. 보호무역주의를 채택하는 국가에서 즐겨 사용하는 수입허가와 수입할당 비율을 보면 남아메리카에서는 평균 60퍼센트, 중앙아메리카에서는 전체 수입품의 100퍼센트가 수입허가 또는 수입할당을 통해 들어왔다. 북아프리카는 85퍼센트, 동아시아는 21퍼센트에 불과했다.[31]

수입관세가 높은 것도 높은 것이지만 수입 품목에 따라 아주 다양한 세율이 적용되었다. 그 탓에 부정부패와 밀수가 극성을 부렸다. 제품마다 각기 다른 수입관세를 적용하다 보니 고관세 제품을 저관세 제품으로 둔갑시키는 일이 왕왕 있었다. 세관원들의 공모 아래 1990년대 초까지 라틴아메리카 전역으로 이런 관행이 퍼져나갔다.

앞에서 지적한 대로 보호무역정책으로 말미암아 지역 통화가 강세를 보이자 수출업자들은 세계시장에서 경쟁력을 잃었다. 1950년부터 1980년대 후반까지 라틴아메리카 국가 대다수가 반反수출 성향을 강하게 드러냈다.

따라서 1990년대 개혁의 최대 목표는 이런 반수출 성향을 없애는 것이었다. 대부분의 나라가 수입관세를 상당히 낮추고 수입제한을 완화하고 수입금지를 대부분 해제했다. 때마침 자유무역을 강화할수록 효율성도 높아지고 생산성도 증가한다고 강조하는 방대한 경제학 문헌이 나왔다. 노벨상 수상자 에드워드 프레스콧Edward C. Prescott과 스티븐 페렌트Stephen L. Parente가 쓴 책이다. 두 사람에 따르면 "정부는 자유무역을 육성해야 한다. …… 한 나라가 발전하려면 무엇보다 국제무역이 중요하다. 국제무역이야말로 경쟁

의 원천이기 때문이다."³²

지난 20년간 많은 경제학자가 철저한 연구를 통해 무역 개방과 경제실적이 아주 밀접한 관계가 있다는 사실을 밝혀냈다. 어떤 이들은 개별 국가를 연구하는 데 매달렸고, 어떤 이들은 오랫동안 많은 나라의 경험을 비교 연구하는 데 초점을 맞췄다. 또 어떤 이들은 시간을 들여 국가별 경제 행위를 평가하는 한편 국가 간 교차분석을 병행했다. 그리고 이렇게 공을 들인 연구로 전문적이고 통계적인 문제를 풀어내고 회의론자들이 제기하는 비판에 대응했다. 힘들지만 보람 있는 작업이었다. 덕분에 적극적으로 무역 개방을 하는 나라가 보호무역정책에 집착하는 나라보다 경제실적이 훨씬 좋다고 말할 수 있는 경험 증거를 얻었으니 말이다.³³

1990년대에 단행된 라틴아메리카 무역 개혁의 규모는 꽤 놀라웠다. 특히 이 지역이 그동안 고수해왔던 보호무역의 역사를 감안하면 아주 놀라운 수준이었다. 1885년에 42퍼센트를 웃돌았던 라틴아메리카의 평균 수입관세는 2000년에는 평균 11퍼센트, 2006년에는 평균 9퍼센트로 대폭 낮아졌다. 무엇보다 수입허가와 수입할당도 이 기간에 상당히 줄었으며 무역 자유화 조치로 상품별로 수입관세에 차등을 두던 관행도 줄었다. 덕분에 부정부패와 권력남용이 끼어들 여지도 줄어들었다. 이런 무역 개방과 무역 자유화 조치의 선두에 칠레가 있었다. 1979년에 칠레는 모든 상품에 10퍼센트의 수입관세를 적용하는 정책을 도입했다. 그리고 2003년까지 평균 수입관세를 6퍼센트로 낮췄다.³⁴

워싱턴 컨센서스와 라틴아메리카 개혁을 비판하는 사람들은 수입관세 인하를 포함한 무역 자유화 조치가 경쟁력 강화 정책에 꼭 필요한 요건도 아니고 중요하지도 않다고 주장했다. 비판론자들은 세계에서 가장 성공한 나라들, 특히 아시아 호랑이 국가들은 수입관세 인하나 자유무역 조치 없이도 눈부신 성장을 이루어냈다고 지적한다. 사실이다. 이들이 주장하는 대로 아시아 호랑이 국가들은 수많은 우대책을 동원하여 수출을 장려했다. 여기에는 넉넉한 융자를 받을 수 있게 지원하고 지역 통화를 일정 수준으로 유지하는 등의 경쟁력 강화 정책이 포함되었다. 그러나 수입관세를 대폭 인하하는 조치는 취하지 않았다. 비판론자들은 또한 워싱턴 컨센서스가 무역 개방을 강조하면서 라틴아메리카에 잘못된 정책 행로를 제시하고 외부 위기에 취약한, 부실하기 짝이 없는 경제구조를 만들어냈다고 주장했다.[35]

그러나 이런 주장들은 현실을 제대로 반영하지도 못할뿐더러 여러 가지 면에서 결함이 있다. 첫째, 역사적으로 아시아 호랑이 국가는 수입관세가 비교적 낮은 편이었다. 라틴아메리카 국가와 비교하면 훨씬 낮았다. 예를 들어 1980년에 라틴아메리카의 평균 수입관세는 42퍼센트였던 데 비해 아시아 호랑이 국가의 평균 수입관세는 15퍼센트에 불과했다. 1990년에 라틴아메리카의 평균 수입관세는 25퍼센트였고 아시아 호랑이 국가의 평균 수입관세는 16퍼센트였다. 10년이 지난 2000년에 라틴아메리카의 평균 수입관세는 11퍼센트, 아시아 호랑이 국가의 평균 수입관세는 9퍼센트였다. 게다가 아시아 호랑이 국가는 라틴아메리카 국가처럼 상품별로 천차만별이 아니라 비교적 고르게 수입관세를 적용했다.[36]

둘째, 비판론자들은 역사적으로 낮은 수입관세가 경쟁력을 강화하는 다른 정책들과 병행되었다는 사실을 간과했다. 경제학자 스티븐 페렌트와 노벨상 수상자 에드워드 프레스콧을 비롯한 여러 경제학자가 지적한 대로 국제무역에 개방적일수록 경제정책을 통해 경쟁 및 혁신을 장려하는 경향이 있다. 실제로 세계은행 기업환경평가 보고서를 자세히 분석하면 수입관세가 높은 나라들이 국제무역에 대한 규제가 낮은 국가들보다 경쟁정책이 허술한 것을 알 수 있다. 보고서에 담긴 42개의 지수와 부지수, 정책 평가 척도를 교차 분석한 결과를 보면 분명하게 드러나는 사실이다. 이것은 경쟁과 효율성, 생산성 장려와 관련하여 한 나라의 전체적인 정책 입장을 집약적으로 드러내는 지표가 무역 개방임을 가리킨다.

어떤 이들은 평균 잡아 하는 이야기에는 개별 국가의 각기 다른 현실이 드러나지 않기 마련이라고, 한국과 같이 아시아 호랑이 국가 중에서도 주목할 만한 몇몇 국가는 1980년대부터 1990년대까지 줄곧 비교적 높은 수입관세를 유지해왔다고 이야기할지도 모른다. 그러나 이 자료도 이들의 주장을 지지하지는 못한다. 1980년에 한국의 평균 수입관세는 20퍼센트였다. 이에 반해 같은 해 라틴아메리카의 평균 수입관세는 42퍼센트였다. 1990년에 한국은 평균 수입관세를 13퍼센트로 낮췄다. 그리고 1995년에는 11퍼센트, 2000년에는 9퍼센트로 낮췄다. 사실 엄밀한 의미에서 보면 이 정도의 관세율은 자유무역이라 하기 어렵다. 그렇다고 한국이 보호무역 색깔이 강한 정책을 내세운 것은 절대로 아니다. 실제로 이 기간에 한국은 라틴아메리카의 거의 모든 국가보다 무역 개방 수준이 높았다.

무역정책에서 발전이 있긴 했지만 라틴아메리카 국가와 아시아 호랑이 국가 모두 여전히 가야 할 길이 멀다는 말이기도 하다. 특히 라틴아메리카 국가는 다른 지역과 비교할 때 비교적 높은 수입 관세를 규정한 지역무역협정에 가입해 있다. 아르헨티나, 브라질, 파라과이, 우루과이가 모여 만든 남미공동시장 메르코수프Mercosur가 대표적인 예다.

최근 몇 년 사이에 금융자본이 자유롭게 움직일 수 있도록 신흥 국가들이 경제를 개방해야 하는가를 놓고 논란이 많았다. 어떤 저자들은 국제 금융통합의 범위를 제한하면 투기를 줄일 수 있고, 국가들이 엄청난 위기에 휘말리지 않으면서 외부의 충격을 견딜 수 있다고 주장했다. 이런 견해에 따르면 자본 이동을 통제하고 제한하는 국가일수록 외국에서 전파되는 전염병에 걸릴 확률이 적다. 조지프 스티글리츠Joseph Stiglitz는 국제통화기금을 비판하면서 인도와 중국이 거대 통화위기를 모면할 수 있었던 이유가 자유로운 자본 이동을 허용하지 않았기 때문이라고 주장했다. 인도와 중국이 동아시아에 번진 전염병에 걸리지 않은 것도, 1990년대와 2000년대 초에 있었던 다른 위기에 휘말리지 않은 것도 그 덕분이라고 보았다. 조지프 스티글리츠는 여기서 한 걸음 더 나아가 현대 신흥시장에서 일어난 통화위기의 가장 큰 원인이 자본 이동성에 대한 규제 완화라고 주장했다. 그 예로 1994년 멕시코, 1997년 동아시아, 1998년 러시아, 1999년 브라질, 2001년 터키, 2002년 아르헨티나에서 일어난 통화위기를 지목했다. 그러나 다른 저자들에 따르면 자본 이동에 대한 규제는 비효율적이다. 민간부문에서 항상 규제를 피할 방법을 찾아내기 때문이다. 또한 자본 이동 규제는 미시경제 왜곡이라는 값비싼 대가를 부르고 부패를 조장한다.[37] 이 문제에 대해서는 개별 국가의 사례를 살펴보는 다음 장에서 자세히 살펴볼 것이다.

비효율적인 정책과 효율적인 기업

정책이 빈약하고 제도가 부실하긴 하지만 라틴아메리카에도 높은 수익을 올리는 세계적인 대기업이 많다. 군용기는 물론 민간 여객기 제조업체로 성공한 브라질의 엠브라에르Embraer는 라틴아메리카에 기반을 둔 다국적 기업의 대표적인 예다. 브라질 정부가 1940년대에 설립한 엠브라에르는 거의 50년 동안 중형 군용기와 소형 민간 여객기를 생산했다. 초창기부터 비행기 성능만큼은 높은 평가를 받았다. 국제적으로도 경쟁사 제품과 어깨를 견줄 만했다. 그러나 기업의 생산성과 효율성 면에서는 수준 이하였고 회사는 늘 자금난에 허덕였다. 처음 몇십 년은 정부 보조금으로 근근이 살림을 꾸려나갔다. 그러다 페르난도 콜로르 데 멜로Fernando Collor de Mello 대통령 재임 기간인 1990년에 엠브라에르를 비롯한 여러 국영기업이 민영화되었다. 그 후 몇 년 사이에 국제적인 동업 관계를 구축하고 신기술에 투자하면서 생산성 향상에 박차를 가했다. 1995년에는 지금은 아주 유명한 ERJ 145라는 중단거리 여객기를 새로 출시했다. 세 자리를 나란히 배치한 객실에 50명의 승객이 탑승할 수 있는 이 여객기는 "순식간에 팔려나갔다."[38] 2000년부터 새로운 모델을 생산하기 시작했고 세계시장에서 엠브라에르의 점유율은 갈수록 올라갔다. 주가도 보잉Boeing과 봄바디어Bombardier를 비롯한 다른 항공기 제조회사를 능가했다. 어떤 이들은 수년간 정부 보조금을 받고 외국 기업과의 경쟁에서 보호를 받은 덕분에 엠브라에르가 성공할 수 있었다고 주장할지도 모른다. 처음 40년간 이 회사가 파산하지 않고 버틸 수 있었던 것은 분명히 정부 지원이 있었기 때문이다. 그러나 엠브라에르가 높이 날아오르기 시작한 건 시장의 요구에 응하고 국제 경쟁에 뛰어들고 나서부터다. 엠브라에르가 10년이나 15년 일찍 민영화되어서 그때 자기 힘으로 헤엄치거나 가라앉을 수밖에 없는 상황에 처했다면 아마도 더 일찍 성공을 거뒀을지 모른다.

엠브라에르 말고도 이런 사례는 더 있다. 다른 브라질 회사들도 지난 15년간 급속히 성장해서 세계적인 기업으로 발돋움했다. 이전까지 콤파니아 발레 도 리오 도세CVRD: Companhia Vale do Rio Doce라는 이름으로 알려졌던, 세계에서 50번째로 높은 수익을 올리는 철광석 회사 발레Vale와 브라질 정부에서 주식 일부를 소유하고 있는 거대한 석유회사 페트로브라스가 대표적인 예다. 2001년부터 2008년까지 페트로브라스의 주가는 한 자릿수를 기록한 해외 경쟁사들의 주가보다 높았다. 2007년에 페트로브라스는 리우데자네이루 앞바다에서 원유 매장량이 상당한 투피 유전을 발견했다고 발표했다. 그리고 발표가 있고 나서 몇 달 뒤 또 다른 해안 유전을 발견했다. 원유 매장 지역이 해저암염하층이긴 하지만, 전문가들은 이 유전이 충분히 상업성이 있다고 보고 있다. 그리고 그 덕분에 브라질이 앞으로 10년 이상 국제 석유시장에서 중요한 역할을 하게 될 거라고 생각한다.[39] 브라질의 세계적인 기업들은 효율적일 뿐 아니라 사업을 빠르게 확장시키고 있다. 몸집도 아주 크다. 예를 들어 2008년 중반 주택담보대출 부실 문제로 위기가 닥치고 세계 주식시장이 무너지기 전, 페트로브라스의 시가총액은 로열 셸Royal Shell, 토털Total, 브리티시 페트롤륨British Petroleum의 시가총액보다 많았다. 브라질 최대 은행인 브라데스코Bradesco의 시가총액도 골드만 삭스Goldman Sachs의 시가총액을 초과했다.

지난 몇 년 동안 다른 라틴아메리카 국가의 많은 회사도 세계화를 발판 삼아 각자 해당 산업에서 전도유망한 기업체로 부상했다. 칠레의 란LAN 항공사가 대표적인 예다. 2007년에 세계 전체 승객 중 이 항공사를 이용한 승객은 1퍼센트도 채 안 되었다. 그런데도 이 회사는 국제 항공 산업이 올린 전체 수익의 10퍼센트를 차지했다. 칠레의 와인회사 산타리타Santa Rita와 콘차 이 토로Concha y Toro는 정신이 쏙 빠질 정도로 빠르게 사업을 확장하는 한편 전체 수익까지 끌어올렸다. 아르헨티나의 식품가공회사 아르코르Arcor와 몰리노스 리오 데 라 플라타Molinos Río de la Plata는 1990년대 후반부터 2000년대 초반까지 아르헨티나가 경제 혼란에 빠진 와중에도 세계적으로 사업을 키우고 수익을 높게 유지하려고 노력했다. 칠레의 구리 생산업체 안토파가스타 PLCAntofagasta PLC의 펠람브레스 광산도 세계에서 가장 잘 나가는 광산 중 하나다.[40]

물론 위의 회사들은 최근 국제시장에서 성공한 라틴아메리카 회사들 중 일부에 불과하다. 이 외에도 더 있다. 그러나 그럼에도 이런 경쟁력 있는 회사들은 예외에 속한다. 라틴아메리카에 있는 많은 회사들, 특히 중소형 회사들은 비효율이라는 수렁에 빠져 있다. 근로자들은 기술이 부족하고 회사는 수많은 규제에 매여 앞으로 나아가지 못하고 있다. 지난 몇 년간 이 지역 국가들 대다수가 전체적으로 생산성 증가율이 낮았던 것도 이처럼 효율성이 떨어지는 회사가 너무 많기 때문이다. 사실 사업을 시작하고 키우는 데는 아주 많은 비용이 들어가기 때문에 대부분 국가의 사업가들이 의욕을 잃기 십상이다. 자금을 조달하기도 어렵고 소액투자자들을 제대로 보호해주지도 못할 뿐더러 규제와 불필요한 요식이 너무 많아서 새로운 투자자를 유치하기도 어렵다.

경영을 잘하고 성공한 라틴아메리카 회사들의 공통점은 모두 국제무역에 열중했다는 점이다. 실제로 위에서 언급한 모든 회사가 혹독한 국제경쟁에 뛰어들었다. 생산품 대부분을 수출하고 해외의 기업들과 기량을 겨뤘다. 여기에 모든 회사가 투명한 관리 방식을 도입했다. 또한 이 회사들은 국제 금융시장에 접근할 수 있을 정도로 비교적 규모도 크다. 덕분에 대부분의 신생 기업을 비롯하여 규모가 작은 회사들보다 적은 비용으로 자본을 조달할 수 있었고, 국내 자본시장을 둘러싼 형식적인 절차와 요식을 거치지 않아도 되었다.

주식 일부를 국가가 소유하고 있는 브라질의 페트로브라스의 사례가 특히 흥미롭다. 멕시코 국영 석유회사 페멕스$_{Pemex}$와 대조적으로 페트로브라스는 브라질 안에서 독점권을 가지고 있지 않다. 1997년부터 여러 민간 회사가 브라질에서 페트로브라스와 나란히 사업을 했다. 브라질 정부가 페트로브라스의 의결권 주식 56퍼센트를 소유하고 있긴 하지만 이 주식은 상파울루와 뉴욕 증권거래소에서 거래된다. 즉, 페트로브라스는 전 세계 다른 대기업과 똑같이 시장에 긴급사태가 터지면 그 영향을 고스란히 받는다. 이 점에서 페트로브라스는 라틴아메리카에 있는 다른 대형 국영기업과 확연히 구별된다. 베네수엘라의 PDVSA, 멕시코의 페멕스와 거대 전력회사 CFE, 칠레의 구리 생산업체 코델코가 대표적이다. 이들은 모두 주식을 공개하지 않은 비상장 기업이다. 따라서 주주들의 감시를 받지도 않고 주식 공개 기업들처럼 엄격한 요건을 갖출 필요도 없다. 페트로브라스가 보여준 수익성이나 사업 확장률, 혁신을 보여준 기업은 하나도 없다. 사실 이들 네 기업은 대부분 비효율적이고 해외 기업들과 순위를 비교할 때 한참 뒤처진다.[41]

노동입법의 중요성

세계화는 앨리스가 거울을 통해 들어간 거울나라와 같다. 제자리에 있고 싶으면 죽어라고 뛰어야 한다. 다른 곳에 가고 싶으면 그보다 두 배는 빨리 뛰어야 한다. 한 국가가 세계경제가 허락한 기회를 십분 활용하고 국제 경쟁에서 굴복하지 않으려면 값싸고 역동적인 노동 시장이 필요하다. 기업은 임금 대장을 재빨리 그리고 저렴한 비용으로 조절할 수 있어야 한다. 이 말은 곧 고용법이 유연해야 하고 고용 및 해고 비용을 가능한 한 낮게 유지해야 한다는 말이다. 그렇다고 사회적 보호가 없어야 한다거나 근로자의 권리를 무시해야 한다는 말은 절대 아니다. 다만 노동입법이 현대적이어야 한다는 말이다. 더불어 유연하고 효율적인 실업보험 계획이 뒷받침되어야 한다는 말이다. 사회 안전망, 실업보험, 노사 협력, 일자리를 잃은 근로자의 재교육을 돕는 효율적이고 역동적인 교육 제도 등 사회보장이 이뤄져야 한다.

노동시장 유연성과 관련된 문제들은 라틴아메리카나 여타 신흥시장만 겪는 문제가 아니다. 실제로 2007년 프랑스 대선에서는 노동시장 유연성에 관한 논쟁이 핵심 쟁점으로 떠오른 바 있다. 사회당 후보 세골렌 루아얄Ségolène Royal과 친親시장 보수파 후보 니콜라 사르코지Nicolas Sarkozy가 이 문제를 놓고 대립했다.

15년이 넘는 세월 동안 라틴아메리카 국가는 노동시장의 규제를 완화하는 면에서 별다른 진전이 없었다. 라틴아메리카 지역의 노동법은 옛날 유럽 사회복지시대의 노동법과 비슷하다. 프레이저연구소에 따르면 라틴아메리카는 노동시장 유연성 면에서 다른 국가들과 비교할 때 대다수 비교군보다 한참 뒤처진다. 노동시장에 대한 규제가 라틴아메리카보다 더 심한 유일한 그룹은 그리스, 포르투갈, 스페인 등 남유럽 국가였다.

세계은행 기업환경평가 보고서를 보면 근로자 고용의 용이성 항목에서 라틴아메리카 국가는 총 181개국 중 평균 125위에 올랐다. 아르헨티나가 130위, 브라질이 121위, 칠레가 74위, 멕시코가 141위였다. 이와 대조적으로 동아시아 호랑이 국가는 평균 85위, 선진 수출국은 평균 13위였다.

라틴아메리카에서는 근로자를 새로 채용하려면 아주 번거로운 과정을 거쳐야 한다. 일단 한번 고용을 하면 해고하기도 어렵고 비용도 많이 든다. 라틴아메리카에서 가장 개혁지향적이라 할 수 있는 칠레도 예외가 아니다. 아르헨티나를 예로 들어보자. 2007년에 아르헨티나에서 한 회사가 직원 한 명을 합법적으로 해고하려면 평균 95주가 걸렸다. 아시아 호랑이 국가에서는 평균 69주가 걸리고 선진 수출국에서는 11주면 충분하다. 노동시장에 대한 규제가 가장 센 남유럽에서는 58주가 걸린다. 그러면 이렇게 근로자를 고용하고 해고하는 절차가 까다로우면 어떤 일이 벌어질까? 예상한 대로다. 중소형 회사들이 근로자를 비공식적으로 고용하는 사례가 늘어난다. 세금도 내지 않고 사회보장비도 적립하지 않는다. 당연히 이런 비공식 근로자들 때문에 이 지역의 사회지표는 더욱 낮아진다.

노벨상 수상자 제임스 헤크먼James J. Heckman과 스페인 경제학자 카르멘 페이지Carmen Pages가 라틴아메리카의 노동시장 기능을 자세히 연구했다. 그리고 노동시장에 대한 규제가 생산 기술의 비효율성을 부추기고 불평등을 조장한다는 결론을 내렸다.[42] 두 사람이 조사한 바에 따르면 라틴아메리카에서는 고용보장 관련 비용이 OECD 국가에서보다 훨씬 많이 드는 것으로 나타났다. 1990년대 후반 라틴아메리카에서 퇴직급여 비용이 가장 높은 나라는 페루, 콜롬비아, 에콰도르였고 가장 낮은 나라는 카리브 해 국가들이었다. 라틴아메리카에서는 2.46개월치 급여에 해당하는 퇴직금을 지불해야 했다. 이와 대조적으로 OECD 국가에서는 평균 0.8개월치 급여가 퇴직금으로 지불되었다.[43]

노동시장 개혁을 꺼린 탓에 라틴아메리카에는 여러 가지 부정적인 결과가 나타났다. 엄격한 규제 때문에 잠재적인 외국인 직접 투자자들이 라틴아메리카를 멀리했다. 영업실적이 어떻든 생산성이 낮은 근로자를 해고하지 못하고 계속 데리고 있어야 할지도 모른다고 생각하면 선뜻 투자할 마음이 나지 않는 건 당연하다. 또한 라틴아메리카에서는 비공식 노동시장의 규모가 다른 비교군보다 훨씬 크다.[44] 최근 세계은행 연구에 따르면 라틴아메리카 노동력의 50퍼센트 이상이 비공식 노동시장에서 근무하는 것으로 나타났다. 32퍼센트인 칠레부터 70퍼센트인 볼리비아와 페루까지 다양하다.[45] 2008년 세계 금융위기를 통해서도 경제구조가 유연한 국가, 특히 노동시장이 유연한 국가일수록 충격과 폐해를 잘 견딘다는 것을 알 수 있었다. 경제구조가 유연한 국가들은 금융시장 붕괴로 인한 충격이 상대적으로 덜했다. 라틴아메리카에서는 칠레가 좋은 예다.

통화와 환율정책

그러나 라틴아메리카에서 상당한 진전을 이룬 정책 분야가 하나 있다. 대부분의 라틴아메리카 국가가 통화 평가절상과 인플레이션에 의한 불균형을 피하기 위해 일련의 정책을 실행했다. 덕분에 이 지역에서 끊임없이 일어났던 통화위기가 앞으로는 상당히 줄어들 조짐이 보인다. 특히 대다수 라틴아메리카 국가가 재정적자와 공공부채를 줄였다. 또한 대외부채도 줄이고 지난 몇 년간은 많은 국가가 경상수지 흑자를 기록했다.

 그러나 무엇보다 대부분의 국가가 변동환율제를 도입하고 시장원리에 따라 통화 가치가 결정되도록 허용한 것이야말로 라틴아메리카가 이룬 가장 큰 발전이라는 데는 의심의 여지가 없다. 통화 가치를 높게 유지하려고 정부가 필사적으로 애쓰던 시절은 지나갔다. 역사적으로 고정환율을 유지하려는 시도는 매번 대규모 평가 절하와 임금 하락, 산출량 감소, 실업 증가를 불러오는 등 안 좋게 끝이 났다.[46]

최근 많은 나라에서 독립적인 중앙은행을 설립한 것 역시 물가 안정과 저인플레이션을 목표로 종합적으로 설계한 거시경제 정책을 유지하는 데 도움이 되었다. 거시경제 관리에 기울인 이런 노력은 2008년 세계 금융위기 때 보상을 받았다. 이전에 있었던 세계 금융위기 때와 달리 지난 2년간 라틴아메리카는 심각한 통화위기를 겪지 않았다. 베네수엘라와 아르헨티나 등 몇몇 나라에서 인플레이션 압력이 크게 상승하긴 했지만, 이전과 달리 통화 폭락은 일어나지 않았다. 적어도 아직까지는 말이다.

평범한 정책과 부실한 제도

이번 장에서 논의한 지표들은 워싱턴 컨센서스 개혁을 실행했음에도 대부분의 라틴아메리카 국가가 거의 모든 부문에서 여전히 비효율적이라는 사실을 분명하게 보여준다. 아마 어떤 이들은 다양한 두뇌집단이 계산하고 분석한 이런 지표들이 현실적 요건이 아니라 법적 요건을 반영할 뿐이라고 주장할지도 모른다. 이를 테면 창업하고 공장을 확장하고 근로자를 채용하거나 소송을 하는 데 필요한 법적 요건 말이다. 일리가 있는 말이다. 합법적으로 창업을 하고 인허가를 받는 데 보통 1년 넘게 걸린다 하더라도 시간을 단축하는 방법이 있기 마련이다. 뇌물을 주면 일을 훨씬 빨리 처리할 수 있다. 담당자들은 누구나 다 그렇게 한다고 말할 것이다. 필요할 때 뇌물을 주는 건 실제로 많이들 하는 일처리 방식이다. 또한 필요한 인허가를 받지 않고 사업을 하는 경우도 드물지 않다. 특히 가난한 지역에 사는 영세 사업자들이 종종 그렇게 한다. 그러나 이런 논점은 핵심에서 벗어난 것이다. 앞서 논의한 대로 법치가 이뤄지는 사회, 법과 규율이 정한 테두리 안에서 생활하는 사회에서는 대부분 법을 무시하는 나라에서보다 기업 활동 비용이 덜 든다. 더글러스 노스가 말한 거래비용이 낮다. 따라서 법치가 잘 이뤄지는 나라에서는 혁신을 꾀하고 경제성장과 번영을 이루는 데 더 많은 시간을 쏠 수 있다. 비공식 경제가 아주 큰 나라들은 법치가 잘 이뤄지는 나라들보다 임금도 낮고 세입도 적다. 반대로 빈곤율과 불평등 지수는 더 높다. 법망을 피하고 지름길을 택하고 뇌물을 부추기고 부패를 조장하는 일은 절대 번영을 이루고 사회 여건을 개선하는 최상의 방법이 아니다.

5장

칠레, 라틴아메리카에서 가장 빛나는 별

1976년 12월 6일, 밀턴 프리드먼이 노벨경제학상을 받기 위해 스톡홀름에 도착했다. 공항에서 프리드먼은 대규모 시위대와 맞닥뜨렸다. 시위대는 프리드먼이 칠레 군사정권을 비호하고 인권유린을 묵인했다고 비난했다. 그 다음 주 내내 프리드먼 부부는 경찰의 보호를 받았다. 어디를 가든 경호원 두 명이 따라다녔다. 시상식에서는 흰색 나비넥타이에 연미복을 입은 시위자가 군사정권과 자본주의, 프리드먼에 반대하는 구호를 외치다 시상식장에서 쫓겨났다. 칼 구스타프 16세가 프리드먼에게 시상할 때는 만 명이 시상식장 밖에서 시위를 하며 프리드먼과 그가 제시한 정책에 반대하는 구호를 외쳤다. 몇 달 전, 프리드먼이 노벨상 수상자로 발표되었을 때 과학자 라이너스 폴링Linus Pauling, 데이비드 볼티모어David Baltimore 등 이전 수상자들이 「뉴욕타임스」에 항의 편지를 쓰기도 했다.[1]

1975년 3월, 프리드먼이 인플레이션을 잡고 성장에 다시 불을 붙일 방법 등 경제정책에 관한 강연을 하려고 칠레를 방문했을 때다. 당시 칠레는 경기침체와 세자릿수 인플레이션, 고실업에 시달리고 있었다. 짧은 일정 동안 프리드먼은 경제 부처 고위 관료들을 만났다. 칠레의 실력자 아우구스토 피노체트 장군과도 만나서 45분에 걸쳐 이야기를 나눴다. 프리드먼은 칠레 경제에 대한 자신의 견해를 아우구스토 피노체트 장군에게 보내는 장문의 편지에 정리했다. 이 편지에서 프리드먼은 인플레이션을 없애려면 공공 부문 적자를 대폭 줄이는 수밖에 없다고 했다.

프리드먼이 다녀가고 얼마 안 되어 군사정권은 언론에서 '충격 요법'이라 부른 조치를 단행했다. 재정적자의 악순환, 고인플레이션, 통화가치 하락, 임금 상승 문제를 해결하고 나아가 인플레이션을 잡기 위해서였다.² 공공 부문 지출을 대폭 삭감하는 것이 기본 골자였다. 그러나 역사에는 프리드먼이 피노체트를 만난 것과 '충격' 정책을 단행한 것과는 거의 관련이 없다고 기록돼 있다. 시카고 보이스 중 최고 연장자로 '칠레 개혁의 설계자'로 불리는 세르히오 데 카스트로 Sergio de Castro는 프리드먼이 피노체트에게 어떤 영향도 끼치지 않았다고 말했다. 아르투로 폰타이네 알두나테 Arturo Fontaine Aldunate 기자도 '1975년 계획' 착수 과정을 설명하면서 프리드먼이나 그가 보낸 편지가 영향을 끼쳤다는 이야기는 전혀 언급하지 않았다. 아르투로 폰타이네 알두나테에 따르면 1975년에 단행한 가혹한 재정정책은 새로 임명한 재무부장관 호르헤 카우아스 Jorge Cauas가 마련한 것이라고 한다. 모든 정부 부처의 지출을

15퍼센트에서 25퍼센트까지 삭감하는 정책이었다.[3] 게다가 1970년대 중반 군사정권이 추진한 경제개발계획은 프리드먼의 제안과는 상당히 차이가 있었다. 프리드먼은 수입관세를 최대한 빨리 낮추라고 제안했지만 서서히 낮추는 방식을 택했고, 프리드먼이 제안한 변동환율제를 도입하는 대신 고정환율제를 고수했다.[4] 아래에서 살펴보겠지만 칠레 페소화 가치를 미국 달러화에 고정시키는 정책은 중대한 실수로 판명되었다.

밀턴 프리드먼은 죽었지만 그가 칠레 경제개혁에 관여했다는 비판은 여전히 사그라들지 않고 있다.[5] 그러나 이런 비판은 정확하지도 않거니와 지난 40년간 칠레가 지나온 역사를 제대로 이해하지 못한 탓에 나온 것이다.

1970-1973, 살바도르 아옌데 시대

1973년 9월 11일, 칠레 대통령 살바도르 아옌데가 육군 참모총장 아우구스토 피노체트가 주도한 유혈 쿠데타에 의해 권좌에서 쫓겨났다. 3년 동안 아옌데가 이끄는 인민연합 연립정부는 칠레를 사회주의에 가까워지게 하려고 애썼다. 그러나 대통령과 참모들이 기대하는 대로 일이 술술 풀리지 않았다. 아옌데는 1970년에 39퍼센트의 득표율로 권력을 잡았다. 낮은 득표율이 보여주듯이 정부는 정치적 기반을 크게 넓힐 수가 없었다. 중도파 기독교민주당과 보수파 국민당 등 야당과의 관계는 순식간에 껄끄러워졌다. 법안은 부결되었고 여러 국무위원이 탄핵되었다. 나라는 심하게 양극화되

었고 양쪽 진영에서 폭력 시위가 갈수록 빈번해졌다.[6]

아옌데의 경제정책에는 여러 가지 목표가 있었다. 대형 구리광산과 금융 부문 그리고 대형 독점기업을 국유화하고, 광대한 사유 농지를 소규모 농지 조합과 국영 농장으로 바꾸는 철저한 농지개혁을 단행하려 했다. 또한 경제정책을 결정하는 주요 메커니즘을 시장경제에서 사회주의 스타일의 계획경제로 바꾸려 했다. 단기적으로는 수요를 자극하여 생산과 소득, 특히 빈민의 소득을 늘리려고 했다. 정부 지출을 대폭 늘리고 임금을 인상하고(첫해에만 최저임금이 50퍼센트 넘게 인상되었다) 중앙은행에서 아낌없이 통화를 발행하여 목표를 이룰 수 있었다. 처음에는 새로운 경제정책이 효과를 보는 것 같았다. 아옌데가 집권하고 1년이 지나자 (인플레이션을 감안한) 실질임금이 25퍼센트나 올랐다. 전체적인 경제성장률은 8센트로 급상승했고 인플레이션은 22퍼센트로 억제되었다. 그러나 이런 장밋빛 수치 뒤편에서는 불균형이 심화되고 있었다. 설비와 기계에 대한 투자는 거의 자취를 감추고, 상당한 무역적자가 생기고, 물가는 무섭게 치솟기 시작했다. 1972년에는 전체적인 경기침체에 접어들었고 공식 집계된 인플레이션은 260퍼센트였다. 공식적으로 가격을 관리할 수 없는 제품이 많아서 실제 인플레이션보다 상당히 낮게 측정된 수치였다. 인플레이션을 감안한 임금도 1970년 수준 이하로 떨어졌다. 게다가 종류를 막론하고 모든 제품이 부족했기 때문에 물품과 외국환을 취급하는 암시장이 생겨났다. 전체 생산 감소로 노동 불안이 커지자 야당의 주도하에 전국적인 파업이 잇달았다. 1972년 10월에는 트럭 운송업계 종사자들이 전국적으로 영업을 중단하는 심각한 사태가 벌어졌다.

정부 관리들은 1972년에 전개된 경제 국면에 충격을 받았다. 고지식하고 완고한 정부 관리들은 자기들이 제시한 경제정책이 소득 확대, 재분배, 성장, 성공의 비법이라고 주장했다. 인플레이션이 폭발적으로 상승하고 물자부족이 심각해지자 우파 정치인과 미국 측에서 비난을 퍼부었다. 정부는 암울한 경제 상황에 직면하고도 경제정책을 전혀 수정하려 하지 않았고 확고한 결의를 가지고 상황을 더 어렵게 만들었다. 1973년에는 경제상황이 한층 더 악화되었다. 정치 불안이 더 심해진 탓도 있었다. 그해 3/4분기까지, 즉 쿠데타가 벌어질 때까지 인플레이션을 감안한 실질임금이 33퍼센트에서 50퍼센트까지 크게 하락했다. 그해 인플레이션은 600퍼센트를 넘었고 전체 소득은 4퍼센트 이상 줄어들었다.

1973년 9월, 군부가 아옌데 대통령을 몰아냈을 때 칠레 경제는 혼란에 빠져 있었다. 그때부터 전문가들과 학자들, 언론은 미국이 피노체트의 쿠데타와 그 뒤에 단행된 시장 중심 개혁에 개입했는지 궁금해했다. 아옌데의 당선을 닉슨 행정부가 반기지 않았다는 점에는 의심의 여지가 없다. 헨리 키신저도 회고록에 이렇게 기록하고 있다. "아옌데의 당선은 우리 국익에 도전이 되는 사건이었다. 우리는 서반구에 들어선 두 번째 공산주의 국가와 화해할 마음이 없었다. 우리는 칠레가 곧 반미 정책을 선동하고, 서반구의 결속을 맹비난하고, 쿠바와 손을 잡고, 조만간 소련과 긴밀한 관계를 수립할 거라고 믿었다."[7]

미국 정부가 기밀 해제한 정보에 따르면 워싱턴에서는 그 후

30년이 넘도록 칠레 야당과 민간 기관에 자금을 지원했다. 또한 칠레에서의 비밀 첩보활동을 조사한 미 상원위원회 보고서에서도 살바도르 아옌데가 대통령이 되지 못하게 막는 초기 공작에 CIA가 관여한 것으로 드러났다.

하지만 수천 가지 기밀문서와 전보를 검토한 뒤 상원위원회에서는 9월 11일 쿠데타 뒤에 CIA가 있었다는 사실을 입증하는 증거는 없다고 결론을 내렸다. CIA가 피노체트와 쿠데타 공모자들을 어디까지 지원했는지에 대해서는 여전히 의문이 남지만 아옌데의 경제정책이 실패한 것만은 분명한 사실이다. 아옌데 정권은 칠레가 직면한 경제 문제를 잘못 진단하고 이미 수없이 실패했던 포퓰리즘 정책에 매달렸다. 포퓰리즘 정책을 실행하면 1971년 칠레에서처럼 순간적으로 경제가 성장하고 임금이 오르는 성과가 나타나기도 한다. 그러나 이런 단기성과는 미래를 저당잡고 인플레이션을 싹트게 한 대가로 얻은 것이다. 오스트레일리아 태생의 경제학자로서 경제개발학의 선구자이자 복지국가 지지자인 폴 로센스테인 로댄 Paul Rosenstein-Rodan은 1970년대 초 칠레 인민연합 정권을 향해 신랄한 말을 쏟아내기도 했다. "살바도르 아옌데가 죽은 것은 그가 사회주의자였기 때문이 아니라 무능했기 때문이다."[8]

시카고 보이스와 칠레의 시장 견학

시카고 보이스는 또 하나의 전설이다. 가히 전설이자 신화라 할 만하다. 시카고 보이스가 CIA를 위해 일했다는 이야기도 있다. 대학

살을 저지르는 데 협조했다는 말도 있고 이념과 신조에 입각하여 정책을 입안했다는 말도 있다. 그런가 하면 1990년대에 세계를 휩쓴 시장 중심 풍조를 예견했다는 찬사를 받기도 한다. 억압적인 독재정부와 손을 잡고 개혁의 개념을 더럽혔다는 비난을 받기도 한다. 흔히들 무심히 희화화하고 대충 이렇다저렇다 이야기들 하지만, 시카고 보이스의 이야기를 들여다보면 실제 상황은 훨씬 더 복잡하다는 걸 알 수 있다. 사실 시카고 보이스는 아옌데 대통령을 축출하려는 피노체트의 쿠데타 음모에 가담하지 않았다. 초창기 군사정권에서 고위직에 오른 시카고 보이는 한 명도 없었다. 시카고 보이스는 자문 위원들이 주로 일하는 창문도 없는 지하 사무실로 밀려났다. 그러나 시간이 흐르면서 세력을 얻더니 결국에는 내각에 참여하고 칠레의 경제 기적을 이룬 초창기 정책 기반을 다지는 역할을 했다. 실로 지난 30년간 칠레에서 일어난 일은 기적이나 다름없었다. 흥미롭게도 이 기적은 모두 민주적으로 선출된 중도좌파 정부의 공으로 돌아갔는데 한때 이들 정부 지도자들은 시카고 보이스가 하는 조언을 경멸했었다.

 일부 비평가들의 주장과는 달리 시카고 보이스의 정책은 교조적이지 않았다. 융통성 없이 밀어붙이지도 않았다. 대다수 국민이 이들의 정책에 반대한 것도 아니었다.[9] 시카고 보이스가 1973년에 권력을 장악한 군사정부의 자연스러운 협력자였다는 주장도 사실이 아니다. 사실 시카고 보이스는 시장경제를 도입해야 한다고 피노체트와 그의 동지들을 설득하느라 애를 먹었다. 피노체트 정권에서 몇 가지 직책을 맡았던 세르히오 데 카스트로에 따르면 문제는 군부가 시장경제보다는 "통제경제를 더 좋아한다."는 점이었다.[10] 더욱이 시카고 보이스가 실행한 실제 개혁 프로그램은 실용주의의 중요한 요소들과 유연성을 담고 있었다. 무엇보다 칠레는 모든 국영기업을 민영화하지 않았고 정부 통제 및 규제를 모두 없애지도 않았다. 20년 넘는 시간 동안 정부는 외환시장에 적극 개입했다. 그리고 여전히 피노체트가 정권을 잡고 있던 1980년대 중반, 칠레 정부는 칠레가 비상하는 데 중요한 역할을 한 케인스식 경제정책을 실시했다. 게다가 개혁을 단행한 초기 몇 년간 죽 해외 자본 이동을 엄격히 통제했다.

무엇보다 1990년 이후에 민주적으로 선출된 정부가 시카고 보이스 개혁을 원점으로 돌려놓았다는 것은 사실이 아니다. 실제로 연이어 정권을 잡은 사회당 리카르도 라고스와 미첼 바첼레트 정부에서도 시장 중심의 현대화 정책과 자유무역 정책을 기꺼이 받아들였다. 파트리시오 아일윈Patricio Aylwin과 에두아르도 프레이Eduardo Frei가 이끄는 사회민주당 정부도 마찬가지였다. 리카르도 라고스 대통령과 미첼 바첼레트 대통령을 비롯하여 두 번의 사회당 정부에서 고위 관리를 지낸 많은 이들이 피노체트 정권에 의해 박해를 받거나 국외로 추방당했다는 사실은 절대로 사소한 문제가 아니다. 세계화 논쟁에서 쉽게 점수를 따려는 비판론자들이 하찮게 넘겨서는 안 되는 문제다.

리카르도 라고스와 미첼 바첼레트 행정부가 현대화 정책과 시장 중심 정책을 계속 밀고나간 것은 심히 보수적인 이념적 편견 때문도 아니고 밀턴 프리드먼과 그의 추종자들에게 넋이 나가서도 아니었다. 민주정치를 회복한 칠레가 시장 중심 정책을 꾸준히 추진한 이유는 어디까지나 그 정책이 효과가 있었기 때문이다. 경제성장은 인상적이었고 인플레이션은 거의 사라졌으며 빈곤율도 뚝 떨어졌다. 탄탄한 중산층이 생겨났다. 실제로 라틴아메리카에서 경제성장률이 가장 높았다. 물론 모든 것이 완벽하지는 않았다. 그러나 1970년대 중반부터 칠레의 정책은 걷잡을 수 없는 인플레이션과 경기침체, 빈곤에 시달리던 후진국을 번영을 향해 발걸음을 쉬지 않는 현대 국가로 변신시켰다.

일각에선 1990년대에 새로 들어선 민주정부가 시장 중심 정책을 계속 추진한 이유는 대안이 없었기 때문이라고 주장하기도 했다. 꽤 그럴 듯한 주장이다. 이 관점에 따르면 민주주의를 회복하기 전에 군사정부에서 차기 정권이 섣불리 정책을 바꿀 수 없도록 제도 개혁을 단행했다는 것이다. 여기에는 10년 임기의 위원들로 구성된 독립된 중앙은행 설립, 임명받은 의원들로 이뤄진 상원(대통령직에서 물러난 뒤 피노체트도 잠깐 상원의원을 지냈다) 구성, 재원이 충분하지 않은 프로그램을 의회의원들이 추가하기 어렵게 만든 예산 규칙 제정이 포함된다. 그러나 이런 관점은 정치적 제도적 제약이 시간이 흐르면 법적 구속력이 없어진다는 점을 설명하지 못한다. 지금은 수년간 중도좌파 연합 콘세르타시온 Concertación을 지지하는 경제학자들이 중앙은행 위원회를 장악했고 임명받은 상원의원들은 모두 의원직을 상실했다. 대통령직을 장악하기만 하면 정부는 매년 적절하다고 여기는 예산을 통과시킬 수 있다. 상황이 이러한데도 민주적으로 선출된 중도좌파 정부는 시카고 보이스나 워싱턴 컨센서스와 관련이 있는 시장 중심 정책을 확대하기로 했다. 이런 정책을 추진하는 이유는 중도좌파 정부가 대안이 없어서가 아니라 조금 전에 지적했듯이 이 정책이 효과가 있기 때문이다.

군사정부 초기에 시카고 보이스는 기껏해야 자문위원 활동밖에 할 수 없었다. 정권을 잡고 처음 몇 달간 군사정부는 보수적인 의견에 더 귀를 기울였고 전통적인 기업가들을 정부 고위직에 임명했다. 임명받은 사람들은 자신들이 경제정책을 서서히 수정하면서 계속 국가를 위해 중요한 일을 하고 산업에서도 비교적 많은 보호를 받으리라 믿었다.

정치학자 후안 가브리엘 발데스Juan Gabriel Valdés가 지적한 대로 시카고 보이스가 주류를 형성하기까지는 시간이 걸렸다.[11] 이들이 세력을 얻은 데는 두 가지 이유가 있다. 첫째, 인민연합 정권 때 심화된 불균형 문제, 특히 인플레이션을 잡는 문제를 서서히 해결하려 했던 점진주의자들의 방식이 기대했던 효과를 거두지 못했다. 둘째, 위기가 한창일 때 시카고 보이스가 제안한 정책이 내부적으로 일관성이 있어 보였다. 이들은 칠레 경제사에 대한 실증적 통계적 연구를 바탕으로 진지하게 정책 방향을 고민했다.

1975년 4월, 세계은행 연구 부장이자 시카고 보이스였던 명망 높은 경제학자 호르헤 카우아스가 재무부장관에 임명되면서 전기가 마련되었다. 호르헤 카우아스는 칠레 정부가 방향을 바꾸고 속도를 높여 새로운 경제정책을 실행하기로 결심하는 데 중추적인 역할을 했다. 초창기 힘든 시기가 지나자 전면적인 정부 지출 삭감을 통해 인플레이션을 다스리는 카우아스의 방식이 성과를 내기 시작했다. 2년 만에 인플레이션이 크게 줄었다. 무역 개방으로 국제 경쟁이 이뤄지고 주요 민영화 계획도 자리를 잡았다. 대부분의 은행과 500개가 넘는 국영기업이 민영화되었다. 대부분 아옌데 시대에 국가에서 몰수한 회사들이었다. 규제도 많이 없어지고 불필요한 요식도 상당히 줄었다. 1977년까지 칠레 경제는 매년 10퍼센트 가까이 성장했다. 시카고 보이스가 자기들의 주장이 옳다는 걸 증명한 셈이다. 호황은 1981년까지 이어졌다. 그러다 1981년에 인위적인 평가절상, 지나치게 높은 실효금리, 호의적이지 않은 국제사회의 영향으로 칠레 경제는 극심한 위기에 빠졌다.

1970년대 중반에야 시카고 보이스가 제안한 개혁정책이 혁명에 가까워 보였지만 요즘 시각에서는 조금 소심해 보이는 것이 사실이다. 시카고 보이스가 제안한 무역정책은 점진적이고 온건한 경제계획의 성질을 그대로 보여준다. 시카고 보이스는 무역의 경쟁력과 건전성을 높이려면 인위적인 통화 강세를 막고 수입관세를 서서히 낮추고 기타 무역장벽을 단계적으로 없애는 것이 중요하다고 보았다. 시카고 보이스가 마련한 원래 계획에 따르면 개혁 후 새 수입관세는 평균 30퍼센트여야 했다. 이 정도면 자유무역이라 하기도 어렵다. 실제로 연이어 정권을 잡은 사회당 정부가 끝날 무렵인 2009년에 칠레의 평균 수입관세가 3퍼센트까지 낮아졌다는 점이 흥미롭다. 시카고 보이스가 제안했던 수입관세의 10분의 1밖에 안 된다. 1970년대 중반에 칠레를 호령했던 이들이 보면 도저히 말도 안 되는 수치다. 1975년 초, 칠레는 수입허가를 없애고 수입관세 인하도 어느새 4단계에 접어들었다. 최고 수입관세가 140퍼센트 최저 수입관세가 67퍼센트였다. 1973년 9월에만 해도 최저 수입관세가 120퍼센트를 넘었었다. 1977년 8월, 평균 수입관세는 20퍼센트였다. 그리고 1979년 6월까지 칠레는 수입관세를 10퍼센트로 통일하고 다른 무역장벽도 모두 없앴다.[12]

시카고 보이스, 정치, 노동조합

시카고 보이스가 제안한 경제계획을 실행하는 것은 쉽지도 간단하지도 않았다. 특히 수십 년에 걸친 보호무역으로 이득을 보았던 기업가들, 당근과 채찍을 번갈아 쓰는 정부 처방을 더 좋아했던 기업가들이 경제개방과 규제완화에 강하게 반대했다. 그들은 이전의 상태로 돌아가고 싶어 했다. 자기들이 원하기만 하면 정부가 나서서 수입관세, 수입할당, 수입금지라는 높은 무역장벽으로 보호해주던 보호무역의 황금기로 돌아가고 싶어 했다. 경쟁할 필요도 양질의 제품을 생산할 필요도 연구개발을 할 필요도 없던 시대로 돌아가길 원했다. 그들에게 제품을 구매하는 수밖에 다른 대안이 없는 소비자들이 일편단심 자기들만 바라보던 때로 돌아가고 싶어 했다. 이런 기업가들의 우두머리들은 군부 고위직에 단단한 연줄을 가지고 있었다. 그래서 그 연줄을 이용해 지체 없이 개혁을 중단시키는 것도 모자라 개혁을 뒤집어엎으려 했다. 상아탑에 갇혀서 아무것도 모르고 애국심도 없는 인물들이 바로 시카고 보이스라고 비웃었다. 국가의 생존을 위해 중공업은 반드시 필요하다고 주장하기도 했다. 중공업이 없으면 칠레는 팽창 야욕을 지닌 이웃나라들의 손쉬운 먹잇감이 되고 말 거라고 했다. 당시 중공업은 온갖 무역장벽으로 보호를 받던 산업으로 아주 비효율적이었다. 아르헨티나가 태평양에 기웃거릴 기회를 엿보고 있다는 말도 나왔다. 페루와 볼리비아가 태평양전쟁 당시 칠레에 빼앗긴 태평양 해역에 대한 관할권과 영토를 다시 되찾으려 한다는 말로 위기감을 조성하기도 했다. 많은 군 장성이 이런 견해에 동조하고 경제정책 행로를 바꾸려고 애썼다. 칠레의 미래가 여기에 달렸다고, 시카고 보이스를 쫓아내고 이들이 제시한 경제계획을 중단해야 한다고 했다.[13]

군대와 정부의 의견충돌은 1978년 중반에 정점으로 치달았다. 군사정부의 일원이자 공군제독인 구스타보 레이그Gustavo Leigh가 개혁정책에 의구심을 품더니 공개적으로 반대 의사를 밝혔다. 정부가 추진하는 경제정책이 칠레를 파멸로 이끌고 있으며 이는 전적으로 피노체트 장군의 책임이라는 식의 말을 흘렸다. 7월 24일, 권력 다툼은 결판이 났다. 나머지 군사정부 일원들과 고위 장교들의 지지를 얻은 피노체트가 구스타보 레이그를 축출했다. 그리고 그 자리에 현대화 계획에 훨씬 더 호의적인 페르난도 마테이Fernando Matthei 장군을 앉혔다. 그는 향후 몇 년간 여러 면에서 개혁에 관여했다.

쿠데타 후에 대부분의 노동조합 간부들은 투옥되거나 추방당했다. 노동조합 활동은 모두 금지되었다. 1974년 7월, 제네바에 있는 국제노동기구에서 칠레를 비판하는 보고서를 발표하자 군사정부는 노사관계에 관한 새로운 규칙을 제정하기로 했다. 기업, 정부, 노동자 대표로 구성된 노사정위원회가 임금 협상에 돌입했다. 그러나 노동조합 결성은 계속 제한되었고 노동자들이 회사를 압박하기 위해 사용하는 전통적인 협상과 파업도 마찬가지였다. 상황이 이러하자 근로자들은 비공식 집단과 협회를 구성하고 사용 가능한 방법을 총동원해 불만을 표출했다. 1979년, 노동조합 운영을 허용하지 않으면 경제제재를 가하겠다는 카터 행정부의 협박을 못 이긴 피노체트가 완전히 새로운 노동법을 시행하기로 했다. 하버드대학교에서 공부한 호세 피녜라José Piñera가 노동부장관에 임명되었다. 그리고 새로운 법안이 나왔다. 회사에서 자발적으로 노동조합을 결성할 수 있도록 규정하는 법안이었다. 그러나 같은 산업에 종사하는 근로자들이 단체로 노사교섭을 하는 것은 금지했다. 또한 파업 중인 근로자에게 업무에 복귀할 짧은 기한을 준 다음에는 해고할 수 있게 허용하고 해고된 근로자에게 퇴직급여를 주게 했다.

다시 군 장성들이 정부 방침에 반대하고 나섰다. 강경파들은 새 법안이 지나치게 유연하고 노동조합에 너무 많은 권한을 준다고 불평했다. 그러나 또 상당히 많은 고위급 장군이 정반대 의견을 보였다. 그들은 상정된 법안이 지나치게 제한적이라고 보았다. 그래서 장기적으로 근로자와 멀어지고 근로자가 군에 반감을 품을 위험이 있다고 보았다. 쿠데타 직후에는 어쩔 수 없다하더라도 노조 활동을 제한하는 조치가 경제제도에 뿌리내리는 건 옳지 않다고 보았다.

회의론자들과 달리 호세 피녜라 장관은 이 법안이 현대적이고 역동적이고 유연한 친노동 정권을 만들어줄 거라고 주장했다. 특히 인플레이션을 감안한 실질임금이 절대로 하락할 수 없도록 보장하는 조항을 지목했다. 경제에 무슨 일이 생기든, 국가의 경제 상황이 어떻게 변하든, 수출품의 국제 가격이 어떻게 변하든, 민간 기업이 인플레이션을 감안하여 임금을 조정하도록 법으로 정했다. 자신의 의견을 피력하는 호세 피녜라는 학자다운데다 매력적이고 명쾌하며 열정적이고 카리스마가 있었다. 오래지 않아 피녜라는 군부 고위층의 지지를 받았다. 그런데 피녜라는 경제팀 동료들의 생각이 어떤지는 미처 확인하지 못했다. 나중에 안 일이지만 그들은 피녜라의 제안에 심각하게 의구심을 품었다.

시카고 보이스의 수장이자 피노체트 정권에서 재정경제부장관을 지낸 세르히오 데 카스트로는 회고록에 이 법안이 칠레 경제에 매우 해로웠다고 썼다. 특히 인플레이션을 감안한 실질임금의 하락을 저지하는 새 노동법 때문에 칠레 수출품 가격이 하락하는 등 국제 경제상황이 악화될 때 칠레가 완전고용을 이룰 수 없었다고 지적했다. 또한 1982년에 찾아온 위기와 깊은 불황이 실질적으로 노동법에 명시된 실질임금 하락 저지 조항 때문이었다고 주장했다. 세르히오 데 카스트로는 자신이 피노체트 앞에서 호세 피녜라의 주장을 정면으로 반박하고 조항을 수정해야 한다고 설득했다고 한다. 그러나 하버드대학교 출신의 젊은 경제학자 호세 피녜라는 이를 거부하고 피노체트 장군이 결정할 것을 종용했다. 여러 번 숙고를 거듭한 뒤 군사정부는 노동부장관과 그의 팀원들이 초안을 마련한 새 노동법을 승인했다. 재정경제부장관 세르히오 데 카스트로와 노동부장관 호세 피녜라 간에 있었던 이런 충돌은 비록 독재정권 아래서 제정되긴 했지만 개혁 법안의 조항 하나도 그냥 쉽게 이뤄지지 않았다는 사실을 명확히 보여준다.

칠레, 성장 이행의 성공사례

지난 30년간 칠레는 단연코 경제적으로 가장 성공한 라틴아메리카 국가이며, 1장에서 말했던 성장 이행 3단계를 모두 통과한 성공사례이기도 하다. 1975년에 칠레의 일인당 소득은 미국의 25퍼센트였고 1990년에는 28퍼센트였다. 그러다 2006년에는 미국 일인당 소득의 40퍼센트로 뛰어올랐다. 라틴아메리카 전체와 선명한 대조를 이루는 성과였다. 라틴아메리카의 일인당 소득은 1975년에는 미국의 24퍼센트로 칠레와 비슷했지만 2006년에는 미국의 19퍼센트로 하락했다.

앞에서 지적했듯이 인플레이션을 신속히 낮추기 위해 칠레 당국은 1979년에 페소화 가치를 미국 달러화에 고정시켰다. 그러나 이 정책은 심각한 실수로 판명났고 이제는 아주 익숙한 이야기가 되었다. 인플레이션은 떨어지지 않고 국내 물가와 생산원가가 계속 상승하자 수출업자들의 이윤은 줄어들 수밖에 없었다. 페소화가 강세를 보이자 엄청난 무역적자가 발생했다. 처음에는 외국에서 자금을 들여와 충당했지만, 1982년에 접어들면서 국제 투자가들은 과연 칠레가 빚을 갚을 능력이 있는지 걱정하기 시작했다. 그러다 1982년 6월에 엄청난 위기가 닥쳤다. 페소화 가치가 절반으로 폭락하고 경제 규모는 14퍼센트나 위축되었다. 실업률은 20퍼센트를 넘어섰다.

그 후 몇 해에 걸쳐 위기가 이어졌지만 칠레 당국은 시장 중심 정책을 계속 밀고 나가기로 했다. 나아가 재산권 보호와 법치를 강화하고 이익집단이 상원을 점령하지 못하게 하는 제도개혁에 착수했다. 사회보장제도를 개혁하고 개인 퇴직금 적립 계정에 기반을 둔 제도를 도입했고, 이 제도는 나중에 전 세계로 퍼져나갔다. 정부의 광산 몰수를 막고 투자자를 보호하는 광업법을 통과시키고, 근로자를 채용하고 해고하는 데 드는 비용을 줄임으로써 노동시장을 현대화했다. 사법부를 개혁하고 편파적인 압력단체의 입김을 받지 않도록 중앙은행을 독립시켰다. 그리고 나서 1984년, 칠레는 2년 전에 일어난 통화 폭락에서 회복되었다. 개혁을 통해 경쟁력을 회복한 환율과 생산성 증가 덕분에 1984년부터 1989년 사이에 칠레의 국내총생산은 매년 거의 7퍼센트씩 증가했다. 성장 이행 1단계에 나와 있는 그대로 아주 빠른 경제성장과 함께 설비, 기계, 기반시설에 대한 투자가 조금씩 이뤄졌다. 국내총생산의 18퍼센트를 투자한 것으로 기록되었다. 지극히 평범한 수준이었다. 대부분의 아시아 호랑이 국가가 전설적인 7퍼센트 성장을 이뤘을 때와 비교하면 더 잘 이해가 될 것이다. 당시 이들 국가는 국내총생산의 30퍼센트 이상을 투자했다. 초창기 몇 년간 칠레의 경제성장을 이끈 동력은 급속히 증가한 효율성과 생산성이었다. 세계은행에서 조사한 수치에 따르면 이 기간에 칠레의 총요소생산성은 라틴아메리카 역사에서 가장 빠른 성장세를 보였다.[14]

6년이 넘는 기간 동안 탄탄하게 성장한 뒤인 1990년대 초에는 자본, 기계, 설비, 기반시설에 대한 투자가 빠르게 증가하기 시작했다. 투자 예상수익이 올라가고 제도를 강화한 덕분이었다. 1980년대 중반부터 칠레 정부는 재산권 보호와 분쟁 해결 제도를 강화하고, 단기적인 정치권의 압력과 간섭으로부터 자유로운 독립적인 중앙은행을 설립하는 등 제도 강화에 힘썼다.

이 기간에는 외국인 투자도 아주 빠르게 증가했다. 1984~1989년에 국내총생산의 2퍼센트였던 외국인 투자가 1990~1997년에는 4퍼센트로 두 배가 되었다. 새로운 투자계획은 대부분 광업, 기업농, 양조업, 신선 과일·채소 및 가공 과일·채소 생산, 연어, 기타 식품 등 수출 부문에 집중되었다. 은행 및 금융 분야에도 많은 돈을 투자했다. 항만, 전기통신, 유료 도로를 비롯한 사회기반시설도 예외가 아니었다.

1990년에 접어들어서는 '새 경제정책 덕분에 칠레에 수출 붐이 일어났고 생산성이 급증했으며 경제 전체가 급속히 성장하고 빈곤율이 감소'했다는 사실을 의심하는 이는 거의 없어졌다. 1990년에 칠레는 17년에 걸친 독재정권이 막을 내리고 다시 민주주의 시대로 접어들었다. 새 민주정부의 상원의원 대다수는 군사정권과 그들이 추진한 친자유시장경제 정책에 아주 비판적이었다. 그런데도 파트리시오 아일윈 대통령이 이끄는 신정부는 군사정권에서 추진한 경제개혁과 제도개혁을 더 심화시키기로 했다.[15] 1990년부터 2007년 사이에 수입관세는 더 낮아져서 평균 3퍼센트를 기록했고 민영화 계획도 새롭게 실행되었다. 미국, 유럽연합을 비롯한 여러 선진국과 자유무역협정도 체결했다. 경쟁을 장려하는 현대적 규제 기관도 설립했다. 장기적으로 공공 부문의 지불 능력을 보장하는 '재정준칙'도 시행했다. 모든 분야에 지대한 영향을 미칠 사법개혁도 착수했다. 또한 민간 부문에서 도로와 항만을 짓고 사용자에게 이용료를 걷을 수 있게 권한을 주는 야심찬 사회기반시설 구축 계획도 실행에 옮겼다. 민간이 주도하는 사회기반시설 구축 계획은 수출 경쟁력 제고로 이어졌고 빠른 성장률을 유지하는 데도 도움이 되었다. 1990년에 「뉴스위크Newsweek」 인터뷰에서 새로 임명된 재무부장관 알레한드로 폭슬레이Alejandro Foxley는 새 행정부가 군사정부의 경제정책을 바꿀 것인지 질문을 받았다. 그는 솔직하게 대답했다. "우리는 세계시장에 완전히 융화된 개방 경제와 수출 주도의 성장 기조를 그대로 유지할 겁니다. 투철한 사명감을 가지고 경제발전 과업에 전념하는 민간 부문도 그대로 둘 거고요."16

물론 물러나는 군사정부와 구별되는 부분도 있었다. 특히 중도좌파 연합 콘세르타시온은 사회복지 프로그램에 정부 지출을 늘리기로 했다. 「뉴스위크」 인터뷰에서 알레한드로 폭슬레이는 빈곤층의 생활수준을 개선하는 사회정책과 경제정책 사이에 균형을 회복해야 한다고 언급했다. 그리고 민주주의 확립의 중요성을 강조하면서 사회정책이 거시경제 안정을 공고히 해줄 것임을 표명했다. 또한 '어떤 희생을 치르더라도 라틴아메리카에서 주기적으로 되풀이되는 포퓰리즘 경제정책은 피할 것'이라고 했다.

무엇보다 새 정부는 집권 첫해에 두 가지 중대한 경제개혁을 단행하는 정치적 결단을 내렸다. 먼저 새로운 사회복지 프로그램의 재원을 마련하기 위해 세법을 시행했다. 그리고 노동조합 간부들과 정치평론가들이 비판했던 노동법 개혁에 착수했다. 정부 관리들은 이 두 법안이 피노체트가 틀을 잡은 경제 모델을 조금 수정한 것뿐이라고 조심스럽게 설명했다. 그리고 초기에 이런 문제들을 솔직하게 털어놓음으로써 정책 불안이 개인 투자에 미치는 부정적인 영향을 최소화하려 했다.[17] 1990년부터 중도좌파 연합 콘세르타시온은 무역 개방, 재정 안정, 시장지향, 경쟁 촉진, 빈곤층을 위한 사회복지 프로그램을 결합한 정책을 계속 추진했다. 칠레가 보여 준 탄탄한 경제실적의 중심에는 이런 실용주의 정책이 있었다. 칠레가 정책 및 제도 평가 순위에서 두각을 나타낸 것도 이런 실용주의 노선 덕분이다.

경제개혁이 새로운 단계에 접어드는 동안 민주적으로 선출된 칠레 정부는 실용주의 정책 기조를 계속 유지했다. 이를 테면 모든 국영기업을 민영화하지는 않았다. 특히 일부 구리 광산은 정부가 그대로 소유권을 보유했다. 그리고 궁지에 몰린 국제 투기 자본이 유입되지 않도록 시장 기능을 활용하여 수년간 자본 유입을 통제했다. 물론 국가가 대형 광업회사들을 전부 소유하는 것이 과연 지혜로운 처사냐고 의문을 품을 수도 있다. 하지만 이 부분은 여기에서 그리 중요하지 않다. 분명한 건 칠레가 유연하게 개혁에 접근했고, 소위 워싱턴 컨센서스가 처방한 정책들을 서둘러 실행에 옮기려고 기계적으로 움직이지 않았다는 것이다. 칠레의 정책결정자들은 워싱턴 컨센서스 목록이 발전 전략에 관한 일반적인 지침을 제공하는 것이지 반드시 실행에 옮겨야 하는 엄격한 계명이 아니라는 것을 이해했다.

1990년대 중반에는 1989년에만 해도 18퍼센트에 불과했던 기계, 설비, 사회기반시설에 대한 투자율이 국내총생산의 26퍼센트까지 껑충 뛰었다. 개혁을 심화함으로써 칠레는 성장 이행 2단계에 들어설 수 있었다. 2단계에서 가장 중요한 성장 원천은 생산성 향상과 자본 축적을 통한 생산력 증가이다. 근로자의 기술 향상을 위한 교육개혁도 시행했다. 성장 이행 2단계(1990~1997)에는 매년 7.7퍼센트라는 눈부신 경제성장률을 기록했다.

1990년대 후반부터 2000년대 초까지도 자본 투자가 급증하면서 성장을 계속 이어나갈 수 있었다. 정신없이 내달리던 초창기에 비해 생산성 증가율이 떨어지면서 칠레는 2000년대 전반기에 드디어 성장 이행 3단계에 접어들었다. 제도를 강화한 덕분에 외국인 직접투자율을 계속 높게 유지하며 많은 자본을 축적할 수 있었다. 전체 성장률도 평균 4.5퍼센트로 훌륭했다.

실용주의, 시장, 성공

개혁의 성과는 눈부셨다. 20년 넘게 수출 증가율이 두자릿수를 기록했고[18] 사회 여건도 눈에 띄게 좋아졌다. 세계은행에서 제시한 빈곤선 이하의 생활을 하는 사람의 수도 확연히 줄었다. 1989년에는 전체 인구의 24퍼센트가 빈곤선에 못 미치는 생활을 했는데 2003년에는 5퍼센트로 낮아졌다. 소득 불평등을 줄이는 문제도 속도가 느리긴 했지만 진전이 있었다. 1989년에 0.59였던 지니계수가 2003년에는 0.55로 줄었다. 사회안전망도 넓어져서 빈곤층과 노인층이 실질적인 혜택을 볼 수 있게 되었다. 2000년대 후반에는 빈곤층 가정에 유아교육 혜택을 제공하고 저소득층 학생을 대상으로 대학 학자금 지원을 늘렸다.

간혹 칠레 개혁이 실용적이었다는 사실을 잘못 해석하는 저자들은 칠레의 성공 요인을 보조금과 면세기간 같은 다양한 특혜조치를 통해 특정 분야와 산업을 장려한 공공정책의 결과로 돌린다. 그러면서 시장의 역할을 최소화해버린다.[19] 그러나 이는 사실이 아니다. 현대 시장의 기능을 중시하는 다른 국가들과 마찬가지로 칠레는 칠레 제품을 광고하고 수출업자들이 새로운 시장에 뚫고 들어가도록 돕는 상업사무소 네트워크를 세계 곳곳에 설립했다. 칠레 제품이 청결, 안전, 건강 면에서 국제 기준에 부합한다는 점을 외국 구매자들이 확신할 수 있도록 정부가 나서서 현대적인 식품안전관리제도를 개발하기도 했다.[20] 시장 기능을 중시하는 다른 국가처럼 칠레 정부도 새로운 수출품 출시와 기존 제품의 국제 경쟁력 제고를 돕도록 대학과 여타 기관에서 진행하는 응용연구를 지원했다. 그러나 정부 관리들이 우승자를 뽑는 식의 산업정책으로 생산품과 수출품 항목을 정하거나 특정 산업을 다른 산업보다 장려하지는 않았다.

정부에서 일부 기금을 출자한 비영리기구 푼다시온 칠레Fundación Chile가 이런 정책을 잘 설명해준다.[21] 수년간 푼다시온 칠레는 연구를 지원하고 연어, 장과류 등 종래와 다른 수출품을 성공리에 개발할 수 있도록 종자돈을 지원했다. 그러나 이런 식의 기술 지원은 정책적으로 특정 산업에 보조금을 주거나 정부 관리가 사업자를 선정하는 옛날 방식과는 현저히 다르다.[22] 실제로 푼다시온 칠레가 성공한 이유는 이 기관이 공공기관이 아닌데다 예산을 깨끗하고 투명하게 운영했기 때문이다. 2007년 푼다시온 칠레의 전체 예산은 3,000만 달러에 불과했다. 총생산이 1억 4,000만 달러를 넘고 수출이 4,000만 달러 이상인 칠레 경제 규모를 감안하면 아주 적은 액수다.

지난 30여 년간 칠레 정부가 수출 증진을 위해 한 일은 단순하면서도 아주 강력했다. 먼저 인플레이션을 낮게 유지하고 재정지출을 억제했다. 또한 경제를 개방하고 현대적이고 효율적인 규제기관을 설립함으로써 경쟁을 장려했다. 나아가 재산권 보호를 강화하고 법치를 증진하고 요식 체계를 간소화하여 계약을 체결하고 채권을 회수하는 데 드는 비용을 낮췄다. 또한 인위적인 평가절상을 피했다. 그리고 내국인은 물론 외국인 투자자를 위해 치안을 강화했다.[23]

칠레는 또한 소비자의 권리를 보호하는 자치 기구들을 설립하여 경쟁 촉진에 힘썼다. 일례로 2003년에는 독립적인 정부기관으로 자유경쟁보호위원회를 설립했다. 위원회는 변호사와 경제학자 등 전문가로 구성하되 그중 두 명은 대법원에서, 두 명은 중앙은행 이사회에서, 한 명은 대통령이 임명했다. 2008년, 자유경쟁보호위원회는 칠레 최대의 슈퍼마켓 체인 두 곳이 합병을 논의하자 이에 반대하여 많은 이들을 놀라게 했다. 자유경쟁보호위원회는 두 기업 간에 합병이 이뤄지면 소매업 부문에서 경쟁이 약화되어 혁신이 억제되고 결국 소비자가 피해를 입게 될 것이라고 판단했다.

칠레식 자본 통제

1982년 통화위기 이후 칠레 당국은 어떠한 희생을 치르서라도 인위적인 평가절상이나 통화 강세를 피하려고 애썼다. 1990년을 기점으로 어마어마한 자본이 칠레에 유입되기 시작했고, 경제적 성공, 평화로운 정권교체를 통한 민주정치 회복, 고금리 등이 매력 요인으로 작용했다. 이러한 자본 유입이 페소화 강세를 야기하고 수출 경쟁력을 떨어뜨릴 것은 자명했다. 10년 전에 했던 실수를 되풀이할 수 없었던 칠레는 1991년에 자본 유입을 통제하기 시작했다. 정책은 단순했다. 칠레에 들어오는 금융자본의 20퍼센트를 1년 동안 중앙은행에 예치하도록 했다. 예치기간 동안 예치금에는 어떠한 이자도 붙지 않는다. 재정적인 관점에서 보면 무이자 예치금은 일종의 세금이었다. 세율은 1년 동안 쌓이는 이자 소득에 비례했다. 암묵적 세율은 장기 투자보다 단기 투자에 더 높게 부과되었다. 이렇게 자본 흐름을 통제하자 변덕스러운 투기자본의 유입이 가파르게 하락했다. 칠레 당국의 예상대로였다. 한편 외국인 직접 투자를 비롯한 장기 자본유입이 증가했다. 많은 연구에서 밝혀진 대로 정부의 자본 유입 통제 덕분에 페소화 강세 속도가 더뎌졌다.[24] 여러 해가 지나면서 이 제도는 몇 번의 수정을 거쳤다. 1990년대 중반에는 투기자본 유입을 더 억제하기 위해 예치율을 30퍼센트로 올렸다. 그러다 1998년 6월에는 동아시아 위기의 여파로 예치율을 10퍼센트로 낮췄고, 러시아 위기 직후인 9월에는 예치율을 0퍼센트까지 낮췄다. 금융 분야를 완전히 개방해도 될 만큼 경제가 충분히 성숙했다고 본 것이다.

  1990년대에 통화 가치 조정을 위해 자본 유입을 통제한 국가는 칠레만이 아니다. 브라질, 콜롬비아를 비롯한 다른 나라들도 비슷한 제도를 활용했다. 주로 개혁 회의론자들이 이런 정책을 지지했다. 1998년 「뉴욕타임스」 기사에서 노벨상 수상자 조지프 스티글리츠는 이렇게 말했다. "각국 정부는 금리 차익이나 환차익을 노리는 투기성 단기 자본 유입을 억제하고 장기 자금 유입을 활성화할 정책을 찾고 싶어 한다. 칠레가 그 대표적인 예다."[25]

1990년대와 2000년대에 라틴아메리카와 다른 지역에 들이닥친 통화위기는 주요 통화 폭락으로 말미암은 손실이 엄청나다는 사실을 명확히 보여주었다. 이는 신흥 국가들이 다른 나라들과 점진적 금융 통합을 이루어야 한다는 사실을 시사한다. 또한 쓸데없이 국내 통화 가치가 상승하고 지속 불가능할 정도로 무역적자가 커지지 않도록 대책을 마련해야 함을 의미한다. 본래 전반적인 정부 개입을 지지하지 않는 로버트 먼델Robert A. Mundell도 1995년에 발표한 글에서 신흥 국가가 자본 통제를 너무 빨리 해제하면 위험해질 수 있다고 인정했다.[26]

자본자유화를 어떻게 진척시켜야 하는가의 문제는 아주 복잡하다. 여기에 답하기 위해선 추가적인 연구가 필요하다. 1990년대에 칠레에서 그랬던 것처럼 단기 자금에 탄력 세율을 부과하는 등 가격신호에 기초한 투명한 방식은 과도기적 방식으로 꽤 효과가 있다. 이런 방식은 자본 이동을 일정 부분 허용하면서 단기 투기자본의 유입을 억제하는 동시에 정부 관리가 임의로 자본을 통제하지 못하게 하는 효과가 있다.

그러나 칠레식의 자본 통제에도 비용은 든다. 특정 국가의 정책을 마련할 때는 이런 비용을 감안해야 한다. 두 편의 분석 글에서

MIT 크리스틴 포브스Kristin Forbes 교수는 외부 자본의 접근을 제한하는 통제 정책은 중소기업의 자본비용을 높이고 투자를 위축시켜 성장에 악영향을 끼친다고 지적했다.²⁷

제도의 주요 역할과 실패 사례

1987년부터 2007년 사이에 칠레는 중요한 제도개혁을 단행했다. 사실 제도 면에서 칠레는 라틴아메리카 국가보다 남유럽 국가와 더 비슷하다. 일례로 세계은행이 집계한 지수에 따르면 2007년 칠레의 법치 지수는 1.17로 남유럽 국가의 법치 지수 0.91보다 높았다. 부패 억제 지수에서도 칠레가 1.35로 0.86을 받은 남유럽 국가보다 높았다. 규제의 질에서도 1.45 대 1.01로 칠레가 더 높은 점수를 받았다. 재산권 보호 면에서는 남유럽 국가와 비슷한 수준을 기록했다.²⁸

다른 라틴아메리카 국가가 성장 이행의 세 단계를 통과하지 못한 이유는 제도 개혁에 실패한 데 있다. 칠레 경제개혁을 거의 그대로 모방하려고 시도했던 국가들도 예외가 아니었다. 엘살바도르가 여기에 딱 맞는 예다.

1992년, 내전을 치르던 엘살바도르 여야는 평화협정을 체결한다. 무력 충돌이 끝나자 삶의 질도 꽤 높아졌다. 뿔뿔이 흩어졌던 가족이 다시 만나고 고향을 떠나야 했던 이들이 집으로 돌아왔다. 폭력과 전쟁밖에 모르던 젊은이들도 마침내 정상 생활을 할 수 있게 되었다.²⁹ 그리고 평화가 찾아오자 경제에도 중요한 변화가 생겼다. 전쟁 걱정에서 해방되자 엘살바도르 국민은 투자와 생산에 집중하는 한편 사회 여건을 개선하고 번영을 이루는 데 전념할 수 있었다. 여러 면에서 엘살바도르는 독특한 위치에 있었다. 세계 최대의 소비 시장 미국과 가깝다는 점은 무엇보다 큰 축복이었다. 실제로 이런 지리적 이점 덕분에 엘살바도르는 남미 원뿔꼴 지역(아르헨티나, 칠레, 우루과이)과 브라질을 비롯한 많은 라틴아메리카 국가와 차별화되었다. 엘살바도르 사례가 특히 흥미로운 건 평화협정을 체결하기도 전에 알프레드 크리스티아니Alfredo Cristiani 정부가 10년 전에 칠레가 실시한 정책과 아주 비슷한 개혁 정책을 단행했다는 점이다. 사실 엘살바도르 경제고문 중에는 칠레 경제개혁에 적극적으로 참여했던 칠레 경제학자가 많았다. 대부분 전설적인 시카고 보이스에 속한 인물들이었다. 무엇보다 칠레가 개혁에 착수한 지 10년 만에 엘살바도르에서 개혁에 착수했다는 사실이 중요하다. 덕분에 엘살바도르 정책결정자들은 남미 원뿔꼴 지역에서 했던 실수를 피해갈 수 있었다.

1991년, 엘살바도르는 성장 이행 1단계에 돌입했다. 1992년부터 1995년까지 엘살바도르 경제성장률은 평균 6.8퍼센트씩 빠르게 증가했다. 평화협정을 체결하는 한편 크리스티아니 행정부가 규제완화와 무역 개방 조치를 비롯한 개혁정책을 실시한 덕분이었다. 이전 5년간(1987~1991) 경제성장률이 2.5퍼센트 수준으로 다른 중앙아메리카 국가와 크게 다르지 않았던 점을 감안하면 특히 인상적인 성장세였다. 1992년부터 1995년까지 성장 이행 1단계에 돌입한 엘살바도르는 생산성 증가 속도가 아주 빨랐다. 이 기간에 엘살바도르의 평균 성장률이 크게 증가한 것도 생산성이 향상된 덕분이었다. 칠레 사례에서 확인한 대로 성장 이행 1단계에서는 기계와 설비에 대한 투자가 그리 크지 않았다. 기껏해야 국내총생산의 17퍼센트를 투자하는 수준이었다.[30]

1996년까지 엘살바도르의 미래는 밝아 보였다. 이전 4년 동안 성장률이 매우 높았을 뿐 아니라 경제개혁 속도도 아주 빨랐다. 헤리티지파운데이션에 따르면 엘살바도르의 정책 노선은 칠레 못지않게 시장지향성이 강했다. 실제로 1996년에 두 나라는 헤리티지파운데이션이 발표한 경제자유화 순위에서 30위를 기록했다. 그 후 여러 해에 걸쳐 엘살바도르는 계속해서 경제개혁을 추진했다. 무역 자유화를 강화하고 미국, 멕시코와 자유무역협정을 체결하고 사업 규제를 완화하고 통화위기 발생 확률을 낮추려고 국내 통화를 미국 달러화로 대체했다. 때맞춰 헤리티지파운데이션은 이렇게 발 빠른 경제개혁을 인정해주었다. 2001년에 엘살바도르는 경제자유화 지수에서 12위를 차지했다. 칠레를 비롯한 다른 라틴아메리카 국가보다 한참 앞선 순위였다. 그러나 경제 현대화를 착착 진행하면서도 엘살바도르는 칠레와는 대조적으로 제도 개혁을 단행하고 성장 이행 2단계로 넘어가지 못했다. 부실한 제도가 자본, 설비, 기계에 대한 투자 열의를 꺾어놓았다. 성장 이행 2단계의 특징이라 할 수 있는 선순환을 이루려면 투자가 활성화되어야 하고, 그러려면 제도가 강화되어야 한다. 그런데 엘살바도르는 여전히 사법부가 독립적이지 못했고 법치도 기대하기 어려웠다. 재산권 보호도 제대로 이뤄지지 않았다. 사실 1997년부터 2001년까지는 국내총생산에서 자본, 설비, 기계에 투자하는 비율이 16퍼센트로 떨어지기까지 했다(1992~1995년에는 17퍼센트였다). 외국인 투자도 국민 소득의 2퍼센트에 불과했다.

성장 이행 2단계로 넘어가지 못하자 결국 성장률도 하락해서 2000년대 전반기에는 겨우 2퍼센트 수준을 유지하는 데 그쳤다. 칠레와는 대조적으로 불평등 지수도 증가했다. 1990년에 0.49였던 지니계수가 2003년에는 0.52를 기록했다. 1989년에는 전체 인구의 43퍼센트였다가 2003년에는 41퍼센트로 빈곤선 이하의 생활을 하는 인구의 비율은 조금 감소했지만, 칠레와 비교하면 썩 좋은 성적이라고 볼 수 없다. 칠레에서는 1989년에 빈곤선 이하 생활자가 전체 인구의 24퍼센트였으나 2003년에는 5퍼센트로 뚝 떨어졌다.

칠레와는 다르게 엘살바도르의 제도는 부실하기 짝이 없었다. 1995년 이후 눈에 띄는 발전이 거의 없었다. 2000년을 기준으로 봐도 부패를 방지하는 정책이 빈약하고 법치를 기대하기 어려웠다. 프레이저연구소에서 발표한 재산권 보호 지수도 칠레보다 훨씬 낮았다. 엘살바도르가 4.5점, 칠레가 6.5점이었다. 2000년대 중반, 엘살바도르에서는 거의 모든 제도가 10년 전보다도 악화되었다.

2000년대 중반에는 보안과 안전 문제도 심각했다. 미 국무부 인권보고서에 따르면 2006년 엘살바도르에서는 학대와 납치 행각이 심심치 않게 벌어졌다. 사업가들을 납치하고 몸값을 요구하는 일도 비일비재했다. 2006년에는 전년보다 납치 건수가 50퍼센트 이상 증가하기까지 했다.[31] 사회불안, 낮은 신뢰도, 법치 부재가 겹쳐서 외국인 투자자의 투자 의욕을 꺾어놓았다. 2001년부터 2005년까지 외국인 직접 투자 비율은 국내총생산의 2퍼센트에 불과했다. 같은 기간 칠레에서는 외국인 투자가 국내총생산의 6퍼센트에 육박했다.

제도적 차이는 아주 중요한 문제다. 하지만 그렇다고 제도만으로 지난 15년간 뚜렷한 대조를 보인 칠레와 엘살바도르의 경제실적을 다 설명할 수는 없다. 다른 요인이 두 가지 더 있다. 하나는 지리적 요인이고 다른 하나는 세계 경제 강국으로 부상한 중국이다. 칠레는 광물, 비옥한 땅, 드넓은 해안을 비롯해 풍부한 천연자원을 부여받은 반면에 엘살바도르는 자원이 부족하다. 다만 엘살바도르에는 전통적으로 중요한 자산이 두 가지 있는데 미국과 가깝다는 것과 비교적 저렴한 노동력이 풍부하다는 점이다. 1990년대 초중반에 이런 지리적 차이가 두 나라의 생산 양식을 결정했다. 칠레는 와인, 신선식품, 가공식품, 연어, 광물 등 원자재와 천연자원으로 만든 제품을 더 많이 생산해서 수출한 반면에 엘살바도르는 이른바 '마킬라maquilas'라는 특별경제구역에서 생산하는 의류와 신발 등 간단한 제조품 위주로 생산을 늘려나갔다.

1990년대 후반과 21세기 초 중국이 경제 강국으로 부상한 것도 칠레와 엘살바도르에 각기 다른 영향을 끼쳤다(중국만큼은 아니지만 인도의 부상도 한몫했다). 중국에서 원자재 수요가 늘어나자 물가에 엄청난 타격이 왔다. 일례로 2004년부터 2008년 사이에 구리 값이 네 배로 뛰었다. 칠레 경제에는 더 할 수 없이 좋은 호재였다. 동시에 중국은 값싼 제조품을 엄청 쏟아내며 시계 시장에서 엘살바도르의 숨통을 조였다.

칠레의 성공 열쇠

지난 30년간 칠레는 라틴아메리카에서 가장 빛나는 별이었다. 유일하게 빛나는 별이라 해도 과언이 아닙니다. 1970년대 중반에 찾아온 정치·경제적 위기가 오히려 전화위복이 되어 기술 관료들이 현상을 타파하고 기득권의 이익에 해가 되는 정책과 개혁을 밀어붙일 수 있었다. 효율성을 중시하고 생산성이 높은 신참들이 별안간 나타나 몇십 년간 특혜를 누리며 떵떵거리며 살던 호족豪族들을 위협했다. 이들은 보호무역에 길든 산업계 거물들에게 경쟁과 혁신을 주문했다. 별다른 노력 없이 급료나 챙기던 공무원들, 공공 부문을 조직적으로 잘못 운영해온 공무원들에게는 자기 행동에 책임을 지라고 압박했다. 그 결과 생산성과 효율성이 증가하고, 기업가 정신이 솟구치고, 혁신적인 민간 부문이 태동하고, 칠레 경제가 번영을 향해 발걸음을 옮겼다.

좌파가 오래 반추하고 분석한 과정이 칠레가 이룬 기적의 핵심이었다. 길고 고통스러운 망명 기간 동안 좌파 정치인들은 다른 나라에 경제를 개방해야 한다고 확신했다. 효율성과 혁신을 장려하고 성장의 원동력인 생산성 향상에 주력하는 경제로 환골탈태해야 한다고 확신했다. 또한 민주주의, 포용성, 사회 개선, 생산성 향상, 법치에 대한 존중이 서로 모순되지 않는다고 확신했다. 반면에 혁신과 경쟁을 장려하고 불우한 사람들에게 효율적인 안전망을 제공하는 정책을 결합하여 이 모든 목표를 촉진한 것이야말로 성공의 열쇠였다.

6장
■ ■ ■ ■

멕시코,
신과는 너무 멀고 미국과는 가까운

1993년 10월 말, 멕시코 통상부장관 하이메 세라 푸체Jaime Serra Puche는 뉴욕시 월도프아스토리아호텔에서 열린 월스트리트저널 회의에 참석해서 '아메리카'에 대해 이야기했다. 청중은 이 매력적인 인물의 박식함에 넋을 잃었다. 그날 회의에는 유수한 대기업 회장, 투자은행가, 기자, 다양한 분야의 전문가가 대거 참석했다. 사업가 로스 페로Ross Perot를 필두로 북미자유무역협정NAFTA에 반대하는 인사들도 있었지만 참석자들 사이에서 멕시코는 라틴아메리카 창공에서 가장 밝게 빛나는 별이었다. 북미자유무역협정의 폐해에 대해 경고하는 연사들도 더러 있었지만 지나치게 우울한 분석으로 치부하고 귀 담아 듣지 않았다. 미래는 밝아 보였다. 거의 모든 사람이 북미자유무역협정이 체결되면 멕시코가 탄탄한 성장과 안정, 번영을 발판 삼아 선진국 대열에 합류할 거라고 기대했다. 그날 저녁에는 빌 클린턴Bill Clinton 대통령도 갑작스레 회의에 참석하여 이런 낙관적인 견해를 지지하는 연설을 했다.

월도프아스토리아호텔에서 한창 행사가 진행되고 있을 때 원주민과 좌파 운동가 수백 명이 멕시코 남부 치아파스 주에서 멕시코 지배층과 기관투자가들, 미국 행정부를 경악하게 할 대규모 폭동을 준비하며 마지막 군사 훈련에 박차를 가하고 있는 줄은 꿈에도 몰랐다. 서로 다른 두 개의 멕시코 이야기가 만들어지고 있었다. 한편에서는 제1세계에 편입될 멕시코를 꿈꾸면서 현대적인 멕시코를 이야기했고, 또 한편에서는 가난과 궁핍, 슬픔과 좌절로 얼룩진 봉건시대적인 멕시코를 이야기했다. 1994년 내내 이렇게 두 개의 멕시코가 공존했다. 대다수 국제 투자자들은 치아파스 사건을 '조로' 스타일의 모험가 몇 명이 벌이는 일이라고 묵살했다. 그러나 통찰력 있는 분석가들의 눈에는 멕시코를 막아서는 장애물이 점점 더 선명하게 모습을 드러냈다. 자유시장으로 나아가려면 넘어야 할 장애물이 한둘이 아니었다.

1994년 12월, 국제 금융 사회는 대부분의 전문가들이 불가능하다고 했던 일에 부딪혔다. 한때 아주 강력하고 위풍당당했던 멕시코 페소화가 18년 만에 폭락했다. 불과 몇 달 사이에 3분의 2이상 가치가 떨어졌다. 금리는 천정부지로 치솟고 실업률은 크게 증가했다. 자연스럽게 미국으로 향하는 이민자 수가 늘어났다. 많은 회사가 파산했고 대부분의 은행이 파산 직전이었다. 1995년에는 일인당 소득이 거의 8퍼센트 하락했다. 미국 정부가 빌려준 수백억 달러 덕분에 간신히 국가 부도 사태를 막을 수 있었다.

멕시코 위기를 계기로 세계 곳곳에서 수많은 의문이 제기되었다. 지속가능성에 관해 의구심을 품고, 라틴아메리카와 다른 지역에서 시장 중심 개혁을 추진하는 것이 과연 이로운지를 놓고 논란이 오갔다. 일부 평론가들은 이렇게 물었다. 개혁에 성공했다고 생각한 멕시코가 이 모양인데 다른 나라에 무얼 기대할 수 있을까? 라틴아메리카 곳곳에서 비판론자들이 세계화에 등을 돌리고 다시 예전처럼 수입 대체 정책을 시행해야 한다고 정치지도자들을 설득하기 시작했다.

1994년 멕시코 위기가 특히 중요한 이유는 개혁 운동에 찾아온 첫 번째 시련이자 좌절이기 때문이다. 낙관적인 정치인들이 국민에게 약속했던 장밋빛 전망과는 정반대로 현대화를 이루고 효율성을 높이는 길이 순탄하지 않다는 걸 분명하게 보여주는 사건이었다. 진지하게 노력해서 정치적 반대를 극복해도 심각한 차질이 생길 수 있다는 걸 보여주었다. 멕시코 위기는 파괴력이 강한 위기가 폭발하는 것을 막으려면 계속해서 환율을 주의 깊게 살펴야 한다는 사실을 입증했다. 일부 분석가들은 거의 10년 전에 칠레의 경험으로 이미 알고 있던 내용이었다.

당시 국제통화기금 총재였던 미셸 캉드쉬Michel Camdessus가 '21세기 최초의 위기'라 불렀던 멕시코 위기는 거시경제 정책의 실수가 부른 비극이었다. 게다가 엎친 데 덮친 격으로 집권당인 제도혁명당의 대통령 후보 루이스 도날도 콜로시오Luis Donaldo Colosio가 암살당하는 등 연이은 정치적 충격으로 정책상의 실수도 증폭되었다.[1] 멕시코 정부는 국내 통화 가치를 미국 달러에 고정시켰고 엄청난 대외 불균형을 막지 못했다. 이런 정책 실수는 개혁과 직접적인 관련은 없었다. 그렇지만 멕시코 위기는 라틴아메리카는 물론이고 세계 다른 지역 대중들이 시장 지향 정책, 자본주의, 세계화를 바라보는 인식에 영향을 끼치는 계기가 되었다.[2]

날조된 멕시코의 기적

1988년, 카를로스 살리나스 데 고르타리Carlos Salinas de Gortari가 멕시코 경제의 현대화를 위해 대규모 경제개혁에 착수했다. 2년 뒤 워싱턴 컨센서스 정책 개발 때 기준 틀 중 하나였던 이 계획은 크게 네 가지 요소로 구성되었다.

- 수입관세 대폭 삭감. 국제 경쟁에 대한 경제 개방 및 미국과의 자유무역협정 체결.
- 석유, 가스, 에너지를 제외한 대부분의 경제 부문에 대한 규제완화 및 민영화.
- 인플레이션 조정을 위한 물가안정 정책. 이 정책은 페소화와 미국 달러화의 환율을 엄밀하게 유지하는 것을 기반으로 한다. 특히 페소화와 달러화의 환율이 매일 정해진 속도로 천천히 변동되도록 허용했다. 1994년 내내 달러화 대비 페소화 환율은 아주 좁은 폭 안에서 등락을 거듭했다. 이 폭은 아주 좁았다. 실제로 멕시코는 달러화 대비 페소화 환율을 아주 엄격하게 유지했다.
- 경제연대협약. 임금과 물가 상승율을 조정하려고 정부, 기업, 노

동조합이 사회·경제 문제를 놓고 폭넓게 합의했다. 그리고 전체적인 인플레이션 압력을 억제하는 신중한 금융정책과 통화정책으로 이 협약을 뒷받침했다.

경제연대협약에 의존하는 것이 멕시코 경제정책의 핵심 요소이자 뒤에 나온 아르헨티나와 칠레의 경제정책과 구별되는 점이었다. 경제연대협약을 매년 갱신하는 것이 정치적으로 중요한 행사가 되었다.[3] 기대감이 컸지만 때로는 불안감이 뒤따르기도 했다. 경제연대협약의 주요 목표는 멕시코 국민으로부터 개혁에 대한 지지를 이끌어내는 것이었다. 특히 멕시코노동자연맹을 이끌었던 전설적인 노조위원장 피델 벨라스케스Fidel Velázquez가 연례 회의에 나와 함께 숙고하고 결정하는 과정에 참여하여 멕시코 개혁에 정치적 정당성을 부여해주었다. 이런 합법성은 개혁을 추진한 다른 라틴아메리카 국가에는 없는 것이었다.

특히 반反인플레이션 장치로 환율을 이용한 점을 주목할 만하다. 1976년 이래 멕시코 국민은 환율 변동과 인플레이션을 연관지어 생각했다. 페소화 가치가 떨어지면 수입품 가격은 올라간다. 그러면 노동조합에서는 임금 인상을 요구하며 물가 압력을 가중시킨다. 결국 페소화 가치가 더 떨어지고 인플레이션이 더 높아질 거라는 예상이 나오고 임금과 물가가 더 올라간다. 실제로 이런 일이 순차적으로 일어났다. 1988년, 멕시코 당국은 이런 악순환을 끊기 위해 페소화 가치를 미국 달러화에 고정시키기로 했다. 여기에는 페소화 가치의 하락 폭을 제한하면 인플레이션 기대 심리가 줄어들고, 결국 인플레이션이 미국 인플레이션과 비슷한 수준이 될 거라는 계산이 깔려 있었다.

살리나스 행정부가 개혁에 돌입했지만 1988년과 1994년 사이에 멕시코의 경제실적은 평범한 수준을 벗어나지 못했다. 실제 성장률은 평균 2.8퍼센트였다. 칠레(7.1퍼센트)와 콜롬비아(4.1퍼센트)보다 훨씬 낮았다. 생산성도 별로 증가하지 않았고 수출이 늘어나긴 했지만 눈에 띌 정도는 아니었다. 실질임금도 1990년대 수준에 머물렀다. 저축률도 큰 폭으로 하락했고 빈곤율은 꾸준히 높았으며 소득 분배는 과거와 마찬가지로 심하게 왜곡되었다. 물론 긍정적인 측면도 있긴 했다. 1992년에는 재정수지균형을 이루었고 인플레이션이 한자릿수로 줄었으며 보호무역 정책이 폐지되었다.

굵직한 성과가 없는데도 금융 전문가와 학자, 세계은행, 국제통화기금은 입을 모아 멕시코 개혁에 찬사를 보냈다. 어떤 면에서는 이런 기관들이 '멕시코의 기적'을 날조했다고 할 수 있다. 이런 열광과 낙관이 나온 이유는 여러 가지가 있다. 많은 분석가가 개혁에 과도한 믿음을 품고 있었던 것도 그중 하나였다. 이렇다 할 결과가 없는데도 이제 곧 결실을 볼 거라고들 말했다. 멕시코 위기가 닥치고 몇 달이 지나자 경제학자 폴 크루그먼Paul Krugman은 이런 열광이 대부분 '확실한 증거를 토대로 내린 결론이라기보다는 맹신'에 가깝다고 주장했다.[4]

북미자유무역협정이 가져올 혜택을 의회와 국민에게 납득시키려고 애쓴 클린턴 행정부의 노력도 멕시코에서 기적이 일어나고 있다는 통념을 만드는 데 한몫했다. 북미자유무역협정이 승인되자 수많은 평론가가 나서서 자유무역협정이 투자 및 수출 증가 속도를 크게 올려줄 거라고, 개혁이 성공했다는 증거를 모든 사람이 보게 될 거라고 말했다.

뿐만 아니라 개혁 지지자들은 민주정권 안에서 구조개혁이 성공할 수 있다는 걸 보여준 사례로 자주 멕시코를 거론했다. 멕시코는 군사정부 아래서 시작한 여러 가지 개혁을 성공시킨 칠레와 자주 비교되었다. 민주정부 아래서 시장 중심 개혁에 성공한 사례를 찾고 싶은 바람이 결국 멕시코의 기적이라는 통념을 만들어냈음을 짐작할 수 있다. 그러나 제도혁명당이 정권을 잡은 멕시코가 과연 진정한 민주정부였는지 의문이 남는다. 1990년에 소설가 마리오 바르가스 요사는 멕시코를 '완벽한 독재정부'라고 했다.[5]

멕시코의 실험이 아주 성공적이라고 목소리를 높인 곳은 세계은행, 국제통화기금, 미국 재무부만이 아니었다. 투자은행가들, 뮤추얼펀드 매니저들, 경제부 기자들이 더 열광적으로 멕시코를 홍보했다.[6] 민간 부문에서는 투자회사 베어스턴스Bear Stearns가 1994년 11월에 투자자들에게 보내는 뉴스레터를 통해 멕시코 홍보에 열을 냈다. "앞으로 몇 달간 페소화 강세가 이어질 것으로 보인다. 시테스(페소화로 액수가 매겨진 정부 발행 증권)가 높은 수익을 안겨줄 것이다."[7] 페소화가 폭락하기 불과 몇 주 전에 보낸 뉴스레터였다.

1994년 11월부터 12월 상반기까지 멕시코에 대한 주요 투자은행들의 전망을 보면 페소화가 폭락한 당일까지 대부분의 분석가들이 계속 낙관하고 있었음을 알 수 있다. 이 기간에 주요 기관에서 내놓은 분석 문서 20건 중에서 12건이 페소화 평가절하 가능성을 일축했다. 그중 2건은 페소화 강세를 예측했고, 2건은 멕시코 투자 등급을 올려야 한다고 촉구했다. 8건은 무역적자가 아주 높은데도 평가절하는 없을 거라고 주장했다.[8]

국제 위험 순위에서 멕시코에 대한 평가가 급속히 좋아진 것도 이런 낙관론에 불을 지폈다. 영국 금융전문지「유러머니Euromoney」가 집계하는 국가위험 순위에서 1985년에 77위였던 멕시코는 1994년에 44위로 눈에 띄게 하락했다. 놀랍게도 1994년 3월부터 9월 사이에도 유로머니 국가위험 순위가 하락했다. 페소화 가치가 폭락하기 불과 10주 전에는 역사상 가장 낮은 순위를 기록하기도 했다. 이렇게 멕시코에 대한 인식이 좋아지는 동시에 1989년부터 1992년 초까지 미국에서 금리가 가파르게 하락하자 어마어마한 외국 자본이 멕시코에 몰려들었다. 대부분 투기성 단기 자본이었다.

환율, 자본 유입, 대외 불균형

1992년 중반, 페소화가 폭락하기 몇 달 전에 재무부장관 페드로 아스페Pedro Aspe가 런던경제대학교에서 라이어넬 로빈스 강연의 강사로 초청을 받았다. 강연집에서 그는 멕시코가 반인플레이션 정책을 도입한 이유를 포괄적으로 설명했다. 당시 멕시코 정부 안에 널리 퍼진 이 견해에 따르면 페소화의 고정 가치가 '관성에 의한 인플레이션'을 빠르게 없애고 '물가 상한선을 정해줄' 터였다.[9]

멕시코 안정화 정책이 인플레이션 관성을 없애지는 못했지만 낮추는 데는 성공했다. 그 결과 인플레이션이 서서히 낮아졌다. 그러나 1990년대 초반에는 계속해서 국내 물가와 비용이 국제 가격보다 빠르게 상승했다. 페소화 가치를 미국 달러화에 고정시킨 탓에 멕시코의 국제 경쟁력은 서서히 하락했다. 수출업자들이 제품을 수출하고 달러당 받는 페소화 양은 거의 변함이 없는데 임금, 임대료, 세금, 보험을 비롯한 국내 생산비용은 계속 상승하니 수출업자들은 이윤이 줄어들 수밖에 없었다.

1989년, '잃어버린 10년' 동안 라틴아메리카 국가들이 진 빚을 구조조정하는 브래디협정이 체결되었다. 덕분에 멕시코도 외채가 크게 줄었다. 당시 멕시코는 외국인 투자자에게 금융 시장을 개방하고 국영은행을 민영화하기 시작했다. 또한 이런 정책이 단행되는 한편 경제 기적이 이뤄지고 있다는 인식이 퍼지자 국제 자본 시장에서 멕시코를 다시 보고 멕시코 정부와 국영기업이 발행한 채권에 엄청나게 투자했다. 그렇게 해서 자본 유입이 급증하자 멕시코는 이 돈으로 점점 커지는 경상수지적자를 메웠다. 1992년부터 1994년까지 평균 경상수지적자는 국내총생산의 7퍼센트에 육박했다. 많은 경제학자가 매우 위험하다고 여길 만한 수준이다. 정부 재정은 통제되고 있었고, 유입되는 자본은 주로 개인 투자가 주를 이뤘다. 이에 많은 분석가, 특히 멕시코 고위 관리들은 자본 유입이 상당한 수준이지만 염려할 것 없다고 믿었다.

오랫동안 경제학자들은 경제개혁에도 적절한 순서가 있다고 보았다. 우선 시장을 자유화하고 규제완화는 그 후에 천천히 해야 한다는 것이다. 1990년대 중반, 대부분의 전문가가 국제 자본 이동에 대한 통제를 서서히 푼 다음에 거대한 자본 유입을 피하는 것이 가장 효과적인 자유화 순서라고 입을 모았다. 대규모 자본이 유입되면 갑자기 유동성이 높아지고 결국 인위적인 통화 강세를 야기하기 때문이다. 그런데 이런 사회적 통념과는 정반대로 멕시코는 1989년에 개혁을 시작하고 얼마 안 돼서 바로 국제 자본 이동에 대한 제한을 없앴다.[10] 멕시코가 이런 길을 택한 이유는 예부터 자유로운 자본 이동을 허용하는 전통 때문이기도 했고 부유한 나라들의 모임인 OECD에 가입하고 싶은 바람 때문이기도 했다. 즉, OECD 회원국들은 아무 장애 없이 자본 이동이 이뤄질 수 있게 허용해야 하기 때문이었다. 이런 전략은 칠레를 비롯해 개혁을 추진한 다른 라틴아메리카 국가와 뚜렷한 대조를 이뤘다. 다른 국가들은 국제사회에서 경쟁력을 잃지 않으려고 자본 이동을 제한하는 몇 가지 규제를 없애지 않고 그대로 두었다.

규제가 없어지자 국제 투자 운영 담당자들은 엄청난 자금을 자유롭게 멕시코에 투자하기도 하고 회수하기도 했다. 1993년, 멕시코로 유입된 순자금만 국내총생산의 8퍼센트가 넘었다. 다른 나라로 유입된 자금 양과 비교하면 엄청난 수치였다. 멕시코 역사상 이렇게 많은 자금이 유입된 적은 없었다. 대부분의 자본이 주식시장과 민간 기업, 정부 채권에 투자하는 투기성 단기 자본이었다.

1992년, 많은 평론가가 인플레이션을 감안한 통화가치(경제학자들은 '실질환율'이라 부른다)의 강세가 개혁을 계속 밀고 나가는 데 심각한 위협이 된다고 경고하기 시작했다. MIT 교수 루디거 돈부시도 '지금 멕시코 경제는 과대평가된 환율이 문제'라고 지적했다.[11] 1992년 11월에 작성된 공식 문서에서 세계은행도 비극적인 일이 벌어질 것을 예감하고 "자본계정 개방으로 멕시코가 변덕스러운 단기 자본 이동을 경험하게 되었다. 투기성 단기 자본이 유입되면 좋은 정책을 시행하고 있더라도 외부 충격에 의해 경제가 불안해 질 수 있다."고 언급했다. 또한 멕시코는 "고금리와 페소화 절하를 통해 이런 위험을 조정할 수 있다."고 말했다.[12]

여기저기서 우려가 쏟아지자 멕시코 당국은 다시 한 번 같은 말을 반복했다. 유입 자본은 개인 투자가 주를 이루고 정부 재정은 균형을 이루고 있으니 걱정할 것이 전혀 없다고 말이다. 그 이유로 세 가지 근거를 제시했다. 첫째, 멕시코 관리들은 외부의 충격과 기습에 대응할 수 있을 만큼 시스템이 충분히 유연하다고 지적했다. 그 예로 변동 금리와 좁은 환율 변동 폭을 들었다. 둘째, 곧 급속한 생산성 증가가 이뤄질 것이고 수출이 크게 확대되어 경상수지 및 무역수지 적자를 메워줄 거라고 했다. 셋째, 북미자유무역협정 비준이 이뤄진 만큼 장기적으로 탄탄한 경제성장이 이뤄질 거라고 했다.[13]

1994년 1월에는 멕시코 중앙은행 미겔 만세라 Miguel Mancera 총재가 「이코노미스트」에 무역 불균형은 외국 자본이 유입되어 생긴 것이지 재정 팽창 정책이나 통화 팽창 정책 때문이 아니니 문제될 게 없다고 말했다.[14] 더욱이 멕시코 당국은 인플레이션을 감안해 통화가치를 제대로 계산하면 여러 평론가가 주장하는 것만큼 페소화 가치가 많이 올라간 것도 아니라고 발표했다.

그러나 이들이 간과한 것이 있었다. 멕시코에 유입된 자본이 장기적으로 계속 유지되기 어렵고, 언젠가는 서서히 줄어들거나 갑

자기 멈출 거라는 점이다. 당시 유입된 자본은 멕시코 총생산량의 8퍼센트를 넘는 수준이었다. 장기적으로 유지할 수 있는 자본 유입의 양이 어느 정도인지를 재는 잣대는 없지만 지속가능한 수준을 벗어났다는 걸 감지하는 데 유용한 지침은 몇 가지 있다. 무엇보다 경상수지적자를 국내총생산의 4퍼센트 이하로 유지해야 한다. 그런데 1992년부터 1994년까지 멕시코의 경상수지적자는 4퍼센트를 훨씬 초과했다.[15]

1994, 반복되는 악몽

1994년 1월, 사파티스타 민족해방군이 멕시코 남부 치아파스 주에서 반란을 일으켰다. 아무리 개혁을 추진해도 멕시코는 여전히 엄청난 불평등과 긴급한 사회문제를 안고 있는 나라라는 것을 재계에 상기시키는 폭동이었다.

치아파스 사건이 일어나고 정치 불안이 깊어지자 2월 말에 페소화 가치가 환율 변동 폭 제일 밑바닥까지 떨어졌다. 놀랍게도 페소화로 액수가 매겨진 재정증권의 금리(28일물 시테스)는 많이 오르지 않았다. 중앙은행이 보유한 외환보유액도 떨어지지 않았다. 사실 멕시코 당국이 발표한 정보에 따르면 1월부터 2월 중순까지 멕시코에 유입된 외국 자본은 이전 기록을 넘어섰다.

3월 중순에는 부분적으로나마 상황이 진정되는 듯했다. 치아파스 반란이 일어나고 나서도 금융계는 다시 한 번 멕시코에 돈을 걸었다. 그러다 3월 23일에 다시 운명을 가르는 사건이 터졌다. 집권당인 제도혁명당 대통령 후보인 루이스 도날도 콜로시오가 암살당한 것이다. 당시 그는 티후아나 시 외곽에 있는 가난한 마을 로마스 타우리나스에서 집회를 열고 군중에게 인사를 하고 있었다. 이번에는 금융계도 공황 상태에 빠졌다. 국내외 투자자들은 멕시코 국채와 기타 멕시코 증권 구입량을 줄였다.

그 결과 금리가 급등했다. 멕시코의 정부 기준금리인 28일물 시테스가 2월에 약 10퍼센트였다가 4월에 16퍼센트를 웃도는 수준으로 상승했다. 페소화 가치는 이미 환율 변동 폭 가장 밑바닥까지 떨어져서 환율밴드 안에서는 더 떨어질 데도 없었다. 멕시코 당국은 이 사태가 일시적인 충격이라고 믿고 외환보유액에서 100억 달러 이상을 끌어다 페소화를 강화하는 데 쓰기로 했다.

사건이 터지자 미국 당국도 불안해졌다. 3월 24일, 재무부장관 로이드 벤트센Lloyd Bentsen과 연방준비제도이사회 앨런 그린스펀Alan Greenspan 의장이 필요 시 사용할 수 있도록 멕시코에 60억 달러를 긴급 지원하겠다고 발표했다. 금융계는 충격적인 사건이 되풀이되었는데도 여전히 조만간 페소화가 폭락하는 일은 없을 거라고 자신했다. 1994년 3월 25일자 「파이낸셜타임스Financial Times」 1면을 보면 이런 시각이 잘 반영되어 있다. "멕시코가 200억 달러가 넘는 경상수지적자를 메우기 위해 외국 자본에 의존하고는 있지만 위기가 발생하지는 않을 것이다."[16]

그러나 멕시코는 속속 만기가 다가오는 공공부채의 상환을 연장하느라 애를 먹고 있었다. 멕시코 당국은 딜레마에 빠졌다. 우선 국채 매수자를 끌어들이기 위해 금리가 더 오르도록 놔두는 방법이 있었다. 그러나 고금리를 방치하면 선거가 있는 해에 불황으로 이어지는 문제가 생긴다. 또 하나는 투자자들이 매력을 느낄 만한 채권을 발행하는 방법이었다. 이 방법은 매수자를 끌어들이기 위해 금리를 더 높일 필요가 없다. 정부 관리들은 투자자들이 금리가 낮더라도 미국 달러화로 액수가 매겨진 채권을 기꺼이 매입할 거라고 판단했다. 그래서 테소보노스tesobonos라는 달러 연동 채권을 대량 발행해서 투자자들에게 팔았다. 실제로 테소보노스의 금리가 페소화로 액수가 매겨진 재정증권 시테스보다 훨씬 낮았다. 그러나 페소화가 폭락하면 테소보노스 값이 천정부지로 치솟을 게 뻔했다. 그러면 멕시코 정부는 달러당 페소화를 추가로 토해내야 할 터였다.

동시에 정부가 시테스 금리에 대해 상한선을 정하자 중앙은행에서는 적극적인 자금계획을 통해 멕시코 경제에 페소화를 계속 쏟아냈다. 문제는 평가절하를 우려하여 누구도 페소화를 보유하려 하지 않을 때 시중에 더 많은 페소화가 풀렸다는 점이다. 게다가 재정정책은 완화되고 선거 운동으로 정부 지출은 늘어났다. 이 와중에 장기 집권해왔던 제도혁명당이 뜻밖의 난관에 부딪혔다.

1994년 상반기에 일부 분석가들 사이에서 멕시코가 외채를 상환할 능력이 있는지를 염려하는 목소리가 터져 나왔다. 특히 대통령 후보 루이스 도날도 콜로시오가 암살당한 뒤 불안감이 더 커졌다. 그해 봄, 워싱턴 D. C.에서 열린 브루킹스연구소 경제학 패널 모임에서 루디거 돈부시가 다시 한 번 경종을 울렸다. 그는 멕시코 페소화가 최소한 30퍼센트 이상 고평가되었다며 금융 당국은 신속히 해결 방안을 모색해야 한다고 강조했다. 같은 모임에서 아르헨티나 경제학자 기예르모 칼보Guillermo Calvo도 멕시코 정부가 신뢰를 잃은 까닭에 환율을 어떻게 조정하든 금융공황과 자본도피가 벌어질 가능성이 크다고 지적했다. 멕시코 국채를 사거나 멕시코에 투자했던 이들이 페소화 폭락을 우려하여 앞 다퉈 달러화로 바꾸는 사태가 벌어질 거라는 전망이었다. 기예르모 칼보는 또한 이런 상황에서 평가절하를 막으려고 묘약을 쓰면 병을 더 악화시키기 십상이라고 말했다.[17]

1995년에 미국 정부가 내부적으로 멕시코 위기의 원인을 조사하여 상원은행위원회에 제출한 보고서를 보면 미국 관리들 사이에서도 불안감이 커지고 있었다는 걸 알 수 있다. 뉴욕 연방준비은행 직원 여러 명이 페소화 평가절하 가능성을 배제할 수 없다고 이야기했다. 학계에서도 멕시코 사태를 우려하는 목소리가 커지기 시작했다. 그러나 1994년 5월 2일, 이런 우려와 달리 재부무차관 래리 서머스Larry Summers는 로이드 벤트센 장관에게 이렇게 말한다. "멕시코는 지금의 환율정책으로 충분히 버틸 수 있을 것이라 생각합니다."[18]

멕시코 당국은 종합 정보를 공개하라는 요구에 응하지 않았다. 대신에 그해 특정 기간의 재정 수치만 공개했다. 이는 신뢰를 무너뜨리는 아주 중대한 실수였다. 투명하지 않은 이런 처신 때문에 통찰력 있는 몇몇 분석가들은 멕시코 사태를 더더욱 염려했고 경제 전문지에 이를 표출하기도 했다.[19] 일례로 1994년 1월, 유력 경제지에 투명성 개선을 요구하는 기사가 실렸다. 이 기사에서 많은 투

자자가 멕시코의 상황을 제대로 알 수 있는 자료가 거의 없다고 토로했다.[20]

1994년 8월, 예일대학교에서 경제학 박사학위를 받은 젊은 기술관료 에르네스토 세디요Ernesto Zedillo가 멕시코 현대사에서 가장 낮은 득표율로 멕시코 대통령에 당선되었다. 9월, 노동조합, 기업, 정부가 머리를 맞대고 다시금 경제연대협약을 갱신했다. 정부 안에서 활발한 논의를 거친 뒤 대규모 정책 변화는 없다고 결론을 내렸다. 특히 환율, 통화, 재정 정책을 그대로 유지하고, 페소화로 액수를 매긴 시테스를 달러화로 액수를 매긴 테소보노스로 대체하는 정책도 그대로 추진하기로 했다. 원래 대통령 선거를 치르고 신임 대통령이 취임하기까지 시간이 오래 걸리는 멕시코 특성상 신임 대통령은 8월에 선거를 치르고 12월에야 취임한다. 이 기간 동안 여전히 카를로스 살리나스 데 고르타리 행정부가 경제정책을 주관하고 있었다. 이들은 페소화 가치를 계속 방어하기로 결정했다. 어떤 희생을 치러서라도 평가절하만은 막기로 했다.

정책 노선을 그대로 유지하기로 한 데는 몇 가지 이유가 있었다. 첫째, 멕시코 관리들 사이에 낙관론이 여전히 팽배했다. 자신들이 상황을 통제하고 있다고 진짜로 믿었다. 시간이 지나면 투자가들도 지금 이 격변이 일시적이라는 걸 이해할 거라고, 신임 대통령이 취임하면 다시 추가 자금이 유입될 거라고 생각했다. 둘째, 이미 언급했듯이 금리를 더 오르게 할 수 없었다. 대통령 선거에서 제도혁명당이 승리한 상황에서 가장 큰 염려는 고금리가 은행제도에 악영향을 끼쳐서 부실채권이 급증하는 것이었다.

집권 여당인 제도혁명당 사무총장 호세 프란시스코 루이스 마시에우José Francisco Ruiz Massieu가 암살당한 9월 말까지도 정책 기조는 변함이 없었다. 암살과 폭력이 이어지고 불확실성이 커지자 투자자들은 더욱더 불안해했고, 멕시코 당국은 시테스를 달러 연동 증권 테소보노스로 교체하는 일을 계속했다. 10월 21일에는 미겔 만세라 총재가 멕시코 중앙은행의 외환보유액이 170억 달러가 넘는다고 발표했다. 그러나 일부 미국 정부 관리를 비롯하여 많은 분석가들은 멕시코 중앙은행이 국제 자산을 늘리기 위해 아마도 국영 석유재벌 페멕스에서 발행한 단기 채권을 보유하고 있는 것이라고 보았다.

10월 중순, 미국 재무부는 멕시코 정부가 예상보다 몇 달 일찍 긴급 구제 금융 60억 달러를 사용하기로 결정하면 어떻게 대응할지 논의했다. 로이드 벤트센 장관에게 건넨 메모에서 래리 서머스 차관은 스스로 "자금 회수에 동의하면서 마음이 편치 않았다."고 말했다. "어떤 논의를 하든 말리고 싶었다."고 말이다. 1994년 10월 18일자 앨런 그린스펀 의장에게 보낸 메모를 보면 연방준비제도이사회 직원이 멕시코 당국자에게 연락을 취한 것을 알 수 있다. 그는 멕시코 당국자에게 이렇게 말했다. "미국 연방준비제도이사회와 재무부로부터 재정지원을 받아 부적절한 환율을 떠받칠 생각은 하지 마십시오. 스왑협정은 일시적인 시장 혼란을 해결하기 위한 것이지 지속 불가능한 환율제도를 떠받치기 위한 것이 아닙니다."[21]

11월에는 멕시코를 찾는 국제 투자자들의 발길이 뜸해졌다. 12월 새 행정부 출범을 앞두고 정책이 어떻게 바뀔지 불확실한 탓이었다. 그달 말 멕시코의 외환보유액은 125억 달러였다. 단기 공공채권은 270억 달러를 초과했다. 그중 70퍼센트 정도가 달러 연동 증권 테소보노스였다. 상황은 더 악화되었고 단순한 무역적자와 환율 문제를 넘어 금융위기로 번질 조짐이 보였다. 중앙은행 금고에 있는 자금으로는 정부에서 발행한 단기 공공부채도 다 상환할 수 없었다.

「월스트리트저널」에 따르면 11월 20일 밤 카를로스 살리나스 데 고르타리 대통령이 대통령 당선자 에르네스토 세디요와 자문위원들을 만났다. 오랜 논의 끝에 참석자들 중 대다수가 시장을 안정시키려면 우선 페소화를 평가절하해야 한다고 의견을 모았다. 듣자 하니 재무부장관 페드로 아스페가 페소화와 달러화를 단단히 묶어둔 환율 밴드를 폐지하지 않으면 사임하겠다고 으름장을 놓았으나 묵살되었다고 한다.[22]

새 행정부는 12월 1일에 인계를 받았고, 페드로 아스페 대신 하이메 세라 푸체가 재무부장관에 임명되었다. 새로운 팀은 국제 경험이 풍부했다. 특히 하이메 세라 푸체는 북미자유무역협정 협상을 성공시킨 경력이 있었다. 그런데도 새 행정부는 국제 금융계와 긴밀하게 협력하지 못했다. 미국 재무부의 기밀해제 문서에 따르면 페소화를 절하하기로 결정해놓고도 멕시코 금융 당국은 미국 재무부나 연방준비제도이사회와 연락할 정부 관리조차 정하지 않았다.[23]

12월 초, 외환보유액이 줄어드는 속도가 빨라졌다. 멕시코 외환보유액에 관한 정보가 없으니 투자자들은 최악의 상황을 상정했고 그 탓에 위기가 더 확대되고 말았다. 멕시코 중앙은행은 한 해에 딱 세 번 외환보유액을 공개했는데 월스트리트 분석가들은 이 점을 특히 불안해했다.[24] 미국 재무부에서는 멕시코 외환보유액이 얼마나 빨리 줄어들고 있는지 잘 알고 있었다. 11월 18일, 제프리 쉐이퍼 차관보가 재무부장관에게 "외환보유액이 1,400만 달러 아래로 떨어졌다."고 알렸다. 그리고 래리 서머스 차관에게 보내는 12월 5일자 메모에서는 "지금 외환보유액이 한계점인 100억 달러를 조금 웃돈다. …… 외환보유액을 올리려고 얄팍한 수단을 총동원하는 것 같다."고 말했다.[25]

외환보유액이 위험한 수준까지 떨어지자 12월 20일 멕시코 당국은 정책을 수정하기로 했다. 환율 변동 폭을 넓혀서 페소화 가치가 최대 15퍼센트까지 하락하는 것을 허용했다. 놀랍게도 새로운 환율 밴드를 발표하면서도 늘어나는 재정적자와 줄어드는 외환보유고, 고조된 정치·경제 불안으로 말미암은 대규모 예금 인출 사태를 해결할 지원 정책에 대해서는 아무 말이 없었다. 이에 멕시코 정부를 신뢰할 수 없게 된 국내외 투자자들이 꽁무니를 빼는 바람에 정책 수정이 무색해지고 말았다. 멕시코 중앙은행은 하루에 40억 달러를 잃었다. 그제서야 멕시코 당국은 페소화가 적정 가치를 찾을 수 있도록 시장 원리에 맡기는 것 말고는 다른 대안이 없다는 사실을 깨달았다. 6개월 뒤 페소화 가치는 절반으로 뚝 떨어졌다.

데킬라 위기의 여파

1995년과 1996년은 멕시코에 힘든 시기였다. 생산량은 급락했고 실업률은 거의 두 배가 되었으며 부도가 난 회사도 많았다. 인플레이션이 빠르게 상승했고, 금융 회사들은 지불 불능 사태에 빠지기 직전이었다. 대부분 중산층과 저소득층인 개인 채무자들은 대출금을 갚지 못했다. 세계은행에서는 빈곤선을 하루 2달러로 보고했는데 위기 후 몇 년간 빈곤선 이하의 생활을 하는 멕시코인 숫자가 크게 늘었다. 실업자들과 대출금을 갚지 못한 채무자들이 매일 같이 시위를 했다. 치아파스 폭동과 원주민의 요구는 한층 더 격해져 무시하기 어려웠다.

멕시코 국민 사이에 실망감이 깊어졌다. 국민은 북미무역협정과 개혁, 세계화가 확실하고 빠른 번영의 길을 마련해줄 거라고 철석같이 믿었었다. 북쪽에 있는 힘센 이웃나라 미국이나 OECD 국가들과 소득 격차가 줄어들 줄 알았는데 실제로는 한참 더 뒤처지고 있었다. 개혁에 대한 지지도가 뚝 떨어진 것도 당연했다. 멕시코에는 같은 약을 더 강하게 써야 한다고 말하기도 어려워졌다. 대중의 인기에 영합하는 그럴듯한 말들이 나돌았다. 일부 개혁을 뒤집고 다시 보호무역정책과 정부 주도형 발전 전략으로 돌아가야 한다는 목소리도 커졌다.

새 행정부가 출범한 첫 주에 폭락이 일어났다는 사실이 문제였다. 위기에서 회복되는 데는 6년이 걸렸다. 새로 출범한 에르네스토 세디요 대통령은 개혁을 뒤집고 예전으로 돌아가자는 요구를 받아들이지는 않았지만 정치적으로 힘이 없어서 굵직한 개혁을 밀어붙이지도, 새로운 계획에 착수하지도 못했다. 사람들의 마음속에 비난, 좌절, 분노의 감정이 들끓어 암울한 기류가 생겨났다. 많은 멕시코인이 좌파로 기울었고 개혁에 반대하는 정치지도자들을 지지했다.

개혁을 폄하하는 사람들은 대부분 70년 넘게 멕시코 정치를 지배했던 제도혁명당이 권력을 행사하는 방식을 특히 못마땅해했다. 부패하고 권위적인데다 투명성이 없고 선거 조작이나 일삼는 집단이라고 비난했다.

2000년 8월, 치열한 삼파전 끝에 70년 넘게 정권을 잡았던 제도혁명당의 시대가 막을 내리고 코카콜라 사장 출신의 보수적인 국민행동당 후보 빈센테 폭스Vicente Fox가 대통령에 당선되었다. 시장 중심 정책과 현대화 개혁을 지지하는 인물이었다. 그러나 빈센테 폭스 행정부 시대에도 이렇다 할 진전이 이뤄지지 않았다. 빈센테 폭스 대통령은 여러모로 입장이 난처했다. 진퇴양난에 빠져 이러지도 저러지도 못했다. 한편에서는 부패하고 권위적인데다 경제 관리에도 실패한 제도혁명당과 거리를 두어야 했다. 당연히 제도혁명당이 남긴 유산도 멀리 해야 했다. 그리고 또 한편에서는 자신의 정적들이 시작한 시장 중심 개혁을 지지해야 했다. 하다못해 말만이라도 그리 해야 했다.

2006년 대통령 선거도 삼파전이었다. 처음에는 세계화와 신자유주의, 개혁을 맹렬히 비판하는 포퓰리스트 정치인으로 멕시코시티 시장을 지낸 안드레스 마누엘 로페스 오브라도르Andrés Manuel López Obrador가 기선을 제압했다. 그의 입에서 나오는 연설과 선거 홍보 전단에는 포퓰리즘 문구가 가득했다. 부유층 세금 인상, 정부 지출 확대, 북미자유무역협정 재협상을 통해 빠른 시간 안에 불평등과 빈곤 문제를 해결하겠다고 약속했다. 제도 강화, 효율성 증대, 생산성 증가율 제고에 대해서는 입도 뻥끗하지 않았다. 그런데 베네수엘라 대통령 우고 차베스가 로페스 오브라도르를 공개적으로 지지하면서부터 인기가 떨어지기 시작했다. 결국 빈센테 폭스 행정부에서 에너지부장관을 역임했고 시장 중심 정책과 현대화 개혁을 지지하는 펠리페 칼데론Felipe Calderón이 근소한 표차로 대통령에 당선되었다.

2008년에 멕시코는 세계은행 기업환경평가 지수, 프레이저연구소 세계경제자유 지수, 헤리티지파운데이션 경제자유 지수 등 국제 경제력과 제도의 견고성을 평가하는 대부분의 순위에서 중위권에 머물렀다. 성장 이행 관점에서 보면 1단계도 통과하지 못했다. 그 결과 생산성도 크게 향상되지 않았고 전체적인 경제성장도 지지부진했다. 2000년부터 2008년 사이에 멕시코의 일인당 소득 성장률은 1.9퍼센트로 실망스러웠다. 세계은행 기업환경평가 보고서에서는 인허가의 용이성 지수에서 181개국 중 33위를 차지했다. 파산절차의 효율성 지수에서는 23위로 꽤 선전했다. 그러나 종합순위에서는 아시아 호랑이 국가나 선진 수출국과 차이가 크게 벌어졌다.

역설적으로 들리겠지만 멕시코는 국제교역 용이성 지수에서 상당히 낮은 점수를 받았다. 181개국 중 87위였다. 자유무역협정을 체결한 나라이니 이 부분에서 높은 점수를 받을 거라고 예상했겠지만 그렇지 못했다. 문제는 무역제한이나 수입할당, 수입관세가 아니었다. 멕시코의 세관, 항구, 국경 출입이 아주 비효율적인 게 문제였다. 미국과의 국경도 마찬가지였다. 2008년을 기준으로 멕시코에서 20피트짜리 컨테이너 하나를 수출하려면 1,472달러가 들었다. 브라질은 1,240달러, 칠레는 745달러밖에 들지 않았다.

대부분의 라틴아메리카 국가에서 그랬던 것처럼, 멕시코 개혁의 가장 큰 단점은 경쟁을 촉진하는 규제 정책을 마련하지 않고 주먹구구식으로 민영화를 밀어붙인 것이다. 전기통신 사업 민영화가 가장 대표적인 예다. 통신 재벌 텔멕스Telmex가 높은 진입장벽으로 잠재적인 경쟁자들이 시장에 접근하는 것을 원천 봉쇄했다.[26] 그 결과 멕시코인들은 장거리 전화와 인터넷 서비스에 아주 높은 요금을 지불해야 했다. 인터넷 프로토콜 같은 선진 기술이 개발되는 속도도 다른 나라보다 한참 느렸다.

멕시코 위기가 주는 교훈

1994~1995년 멕시코 경제가 붕괴하자 부검이라도 하듯 뒤늦게 원인을 찾는 작업이 활발히 이뤄졌다. 국제통화기금과 세계은행은 멕시코 사태에 자신들이 연루된 부분을 해명하려고 애썼고, 금융계는 현자들을 소집해 원인을 찾았다. 미국 상원은 멕시코 위기 발생에 미 재무부가 어떤 역할을 했는지 조사했다. 여기저기서 거창한 말들이 쏟아져 나왔다. 그리고 앞으로는 더 많이 조심해야 한다고 입을 모았다.

돌이켜 생각해보면 다 입에 발린 말이었다. 세계 관료들과 금융 전문가들은 이내 자기들의 사업에 골몰했다. 멕시코 위기는 그저 그해 보너스에 타격을 주고 명성에 흠을 남긴 쏠쏠한 경험으로 묻

어둔 채 언제 그랬냐는 듯 얼른 자기들 자리로 돌아갔다. 앞으로 다시는 그런 일이 되풀이되지 않을 거라 믿었다. 오판이었다. 불과 30개월 뒤 아시아 호랑이 국가들이 비틀거리기 시작했다. 멕시코 사건과 비슷한 점이 한둘이 아니었다.

이견이 있긴 하지만 1990년대와 2000년대 초반에는 멕시코가 범한 실수에서 여러 가지 교훈을 얻을 수 있었다. 모든 저자들이 여기에서 나온 모든 교훈을 지지한 것도 아니고, 모든 국가가 같은 실수를 범하지 않으려고 애쓴 것도 아니지만(특히 아르헨티나는 멕시코와 똑같은 덫에 걸렸다), 나는 멕시코 위기를 계기로 거시경제 정책에 새로운 합의점이 떠오르기 시작했다고 본다. 가장 중요한 요소를 정리하면 다음과 같다.

- 고정환율은 위험하다. 인플레이션을 감안한 실질 통화가치를 인위적으로 높이면 치명적이다. 멕시코, 칠레, 콜롬비아, 아르헨티나의 경험에서 확인했듯이 인위적인 통화 강세 또는 평가절상은 경제는 물론이고 정치에도 악영향을 끼친다. 특히 개혁 초기에 개혁 정부의 든든한 아군이었던 수출업자들이 개혁에 등을 돌리고, 실업률 급증과 함께 심각한 위기로 이어질 가능성이 크다.
- 대규모 대외적자, 즉 무역적자와 경상수지적자는 보통 문제가 아니다. 개인 투자자들에게 자금을 지원받고 국가재정을 통제한다고 해도 마찬가지다.
- 단기 자본 유입은 국가 경제를 고도로 불안정하게 만든다.
- 국내 통화를 방어하려고 외화로 액수를 매긴 공채를 발행하면 결

국 고정환율제를 폐지하는 크나큰 대가를 치러야 한다. 또한 환율제도가 융통성이 없을 때 중앙은행은 외환보유액이 하락하지 않게 해야 한다.
- 은행들을 엄격하게 감독해야 한다. 부실 은행은 전염병을 퍼뜨리기 마련이다. 부실 은행이 있으면 금융 당국이 금리를 이용해 거시경제를 관리하기 어려워지고 통화위기가 증폭되기 십상이다.
- 투자자들 사이에서 신뢰를 얻으려면 재정 운영을 투명하게 공개해야 한다. 반드시 때에 맞는 정확한 정보를 제공해야 한다.

멕시코 사태에 대해서는 MIT 교수를 지낸 루디거 돈부시 교수가 잘 정리했다.

불과 얼마 전까지만 해도 멕시코는 만인의 연인이었다. 그러나 지금 멕시코는 골칫거리로 전락하고 말았다. 개혁을 잘 진행하긴 했지만 멕시코는 계속해서 통화가치를 절상하는 치명적인 실수를 저질렀다.
불안해하는 대출기관들에 통화 위험이 줄고 유동성이 늘었다는 인상을 주려고 공공채권을 달러화로 표시하고 만기를 단축했다. 주요 멕시코 기업과 은행 들이 금리가 높은 페소화 대신 달러화로 대출을 받게 하여 투기를 부추겼다. 소득정책(경제연대협약)은 인플레이션을 지속시켰고 경쟁과 고용에 방해가 되었다. 새로 '독립한' 중앙은행은 무서운 속도로 화폐를 발행했다. 자본도피를 막기는커녕 부추기는 꼴이었다.[27]

환율 고정, 라틴아메리카 국가들이 반복하는 실수

개혁 기간에 국내 통화 가치를 미국 달러화에 인위적으로 높게 고정시킨 나라는 멕시코만이 아니었다. 아르헨티나, 브라질, 콜롬비아, 도미니카공화국, 우루과이, 베네수엘라를 포함한 다른 나라도 똑같은 실수를 했다. 통화 가치를 터무니없이 높게 고정하는 실수는 1990년대와 2000년대 초반에 라틴아메리카 곳곳에서 되풀이되었다. 1990년대 고정환율제에 대한 집착은 내전 기간에 금본위제를 고수하던 것과 여러모로 비슷하다. 리아콰트 아메드 Liaquat Ahamed 가 2009년에 출간한 『금융의 제왕들 Lords of Finance』이라는 책에서 지적한 대로 내전 기간에 금본위 고정환율을 신앙과 교리 대하듯 애지중지하던 집착이 경제적 폐단을 낳았다. 1929년 경제가 붕괴하고 대공황으로까지 번진 것도 이 때문이다.[28]

많은 경제학자가 인플레이션을 줄이려고 환율을 고정하는 조치는 결국 위기를 부르는 위험천만한 정책이라고 입을 모았다. 그런데도 1990년대와 2000년대 초 라틴아메리카에서 통화정책 실수가 되풀이되었으니 놀라울 따름이다. 고정환율제의 위험을 경고한 경제학자 중 루디거 돈부시도 빼놓을 수 없다.

> 환율을 이용한 안정화 과정은 세 단계를 거친다. 1단계에서는 꽤 유용하다. …… 이미 진행 중인 통화안정을 도와준다. …… 2단계에서는 실질 통화가치 상승이 점점 더 뚜렷하게 나타난다. 통화 강세의 문제점을 인지하기는 하지만 어떤 조치를 취하기가 곤란하다. …… 마지막 3단계에서 어떤 조치를 취하려고 해도 이미 너무 늦었

다. 실질 통화가치 상승이 심해서 대규모 평가절하가 필요한 수준까지 이른다. 그러나 정치권에서는 평가절하를 허용하지 않는다. 현실을 부정하느라 시간을 또 낭비한다. 그러다 보면 폭락을 부르는 나쁜 소식이 계속 쌓인다.[29]

어떤 이들은 멕시코와 다른 라틴아메리카 국가의 정책결정자들이 인플레이션을 극복하기 위해 통화증발을 억제하고 재정 및 금융 긴축에 돌입하는 디스인플레이션 기간에 고정환율의 위험을 충분히 인지해야 했다고 말할 수도 있다. 결국 1980년대 초반 칠레가 이 정책으로 대단히 충격적인 일을 경험했다. 1979년에 시카고 보이스는 자국 통화가치를 달러당 39페소로 고정시켜 고질적인 인플레이션 문제를 해결하려고 애썼다.

당시 칠레의 인플레이션은 연간 35퍼센트 선을 유지했다. 그 후 25개월 동안 칠레는 루디거 돈부시가 위에서 이야기한 세 단계를 거쳤다. 인플레이션이 천천히 줄었고 자본 유입은 급등했다. 수출은 고군분투했고 인플레이션을 감안한 실질 통화가치는 크게 상승했으며 대규모 무역적자가 발생했다. 1981년에 인플레이션을 감안한 실질임금 하락을 금지하는 노동 법안까지 통과되자 한층 더 경쟁력이 떨어졌다. 1982년 초 세계경제가 침체되자 칠레를 찾는 국제 투자가들의 발길이 뚝 끊겼다. 갑작스럽게 자본 유입에 차질이 생기자 대규모 통화 평가절하, 마이너스 성장, 대규모 파산, 실업률 폭등이 잇달았다. 1993년에는 실업률이 20퍼센트가 넘었다.

이 이야기에서 우리는 세 가지 교훈을 얻는다. 첫째, 인위적인 평가절상을 피해야 한다. 둘째, 디스인플레이션 기간에 융통성 없는 고정환율제는 위험하다. 셋째, 감당할 수 없는 속도로 임금 상승을 강요하면 더 위험해진다. 그 후 25년간 칠레 정책결정자들은 이 교훈을 잊지 않았다. 5장에서 지적한 대로 칠레는 1982년 이후 환율을 비교적 탄력 있게 유지하고 통화가치가 고평가되지 않도록 애쓴 덕분에 개혁에 성공할 수 있었다.

그러나 다른 라틴아메리카 국가들은 1980년대 초반 칠레가 겪은 일들을 눈여겨보지 않았다. 라틴아메리카의 경제 전문가들은 저마다 자기네 나라는 다르다고, 생산성 증가가 통화 강세를 보상해줄 거라고 목소리를 높였다. 세계 곳곳에서 전문가들이 경고를 보냈지만 소수 의견이라며 묵살했다. 일례로 1995년에 세계은행 수석 경제학자 마이클 브루노 Michael Bruno가 이렇게 말했다. "명목상의 닻으로 환율을 선택하는 것은 안정화 초기 단계에서나 효과가 있다."[30]

마이클 브루노는 나아가 초기 단계가 지나고 인플레이션 기대심리가 꺾이면 환율을 탄력 있게 운용해야 한다고 말했다. 인위적인 통화 강세와 그로 말미암은 투기성 자본의 유입을 막아야 한다는 말이었다. 브루노는 이스라엘에서 정책결정자로서 경험했던 것을 바탕으로 이런 입장을 지지했다. 1989년에 이스라엘은 평가절상 신드롬을 피하기 위해 고정환율을 환율 밴드로 대체했다.[31]

돌이켜보면 멕시코, 브라질, 아르헨티나, 우루과이 같이 각기 다른 나라들이 개혁을 추진하는 과정에서 융통성 없는 환율정책을 채택한 데에는 부분적으로 국제통화기금에 책임이 있다. 실제로 국제통화기금 관리들은 일반적인 신흥시장, 특히 라틴아메리카 국가는 시장 원리에 바탕을 둔 탄력 있는 환율정책을 도입해서 성공하기 어렵다고 여러 번 말했다. 1998년 문서에서 국제통화기금은 "개발도상국과 전환 경제에서 변동환율제와 물가안정을 목표로 한 통화정책이 과연 실현 가능하고 권할 만한지 의문이다. 정말 믿을 만한 것인가."[32]

그러나 이런 두려움은 근거가 없는 것이다. 21세기에 접어들어 첫 10년 동안 대다수 라틴아메리카 국가를 비롯해 점점 더 많은 신흥 국가가 기존의 고정환율제에서 통화가치를 시장 원리에 맡기는 변동환율제로 바꾸고 있다. 회의론자들의 예상과 달리 통화가치가 심하게 요동치지 않았고 투기꾼들이 외환시장을 장악하지도 않았다. 사실 지난 몇 년간 변동 환율은 신흥시장에서나 선진국에서나 비슷한 움직임을 보였다. 환율이 시장 원리에 따라 변하게 허용함으로써 신흥 국가들은 국제 물가와 금리 변화를 포함해 세계경제에서 비롯된 충격을 더 잘 흡수할 수 있었다.

그러면 똑똑하고 교양 있는 정책결정자들이 칠레의 교훈을 무시하고 고정환율에 매달린 이유는 무엇일까? 고정환율제를 고집하면서도 노동시장의 신축성을 확립하고 임금을 통화가치와 비슷한 수준으로 유지하려 했던 이유는 무엇일까? 통화 평가절상으로 심한 타격을 입은 수출업자들로부터 계속 정치적 지지를 받아야 한다는 사실은 왜 무시한 것일까?

이 질문에 대한 답은 자만심과 정치적 계산착오라는 두 가지 실수에서 찾을 수 있다. 젊은 기술 관료들은 대부분 특정한 경제 명제를 맹신했고, 여기에 동의하지 않는 사람들을 구식이라거나 무식하다고 몰아붙였다. 이들이 맹신한 명제 중 하나가 고정환율이 인플레이션을 잡는 효과적이고 믿을 만한 닻이 되어주리라는 것이었다. 교리처럼 신봉하던 이 명제와 충돌하는 증거는 라틴아메리카와는 무관하다고 묵살하거나 그냥 무시해버렸다. 조바심도 한몫했다. 정책결정자들은 고정환율제가 경제 상황을 신속히 조정할 수 있게 해주고 빠른 시간 안에, 길어도 2년 안에 인플레이션을 한 자릿수로 떨어뜨릴 거라고 믿었다.

이 부분에 대해서도 루디거 돈부시가 다시 한 번 분명하게 정리해주었다. 1996년에 그는 중간 정도의 인플레이션율을 낮게 낮추려면, 이를 테면 15퍼센트에서 3~4퍼센트대로 낮추려면 5년 이상 점진적인 과정을 거쳐야 한다고 말했다. 정책결정자들이 이 과정을 급하게 밀어붙이다 보면 통화 평가절상 상황을 만들고 나아가 통화 폭락을 불러올 위험이 있다고 경고했다. 그는 이렇게 설명했다. 멕시코에서 "너무 성급하게 인플레이션을 2퍼센트까지 낮추는 바람에…… 매년 실제 통화가치가 상승하는 사태를 초래했다. …… 결국에는 이것이 누적되어 실제 통화가치가 40퍼센트 이상 상승했다! 그러니 멕시코 통화위기는 놀라울 게 없었다. 사실 오래 전부터 예견했던 일이었다. 놀라운 건 폭락의 규모였다."[33]

고정환율제를 선택한 배경에는 근시안적인 정치인들이 있었다. 사실 통화가치가 변동을 거듭할 때 인플레이션을 줄이는 건 어렵기도 하고 정치적으로 치러야 할 대가도 크다. 엄격한 재정정책과 금융절도가 필요하고 공공 부문 임금을 강력히 통제해야 한다. 정치적 관점에서 인플레이션을 줄이는 지름길은 화폐가치를 고정하여 단기간에 인플레이션을 완화하는 것이다.

고정환율에 의존하는 정부가 바라는 것은 한결같다. 최후의 심판일이 다가올 때 자기들이 아닌 다른 행정부가 정권을 쥐고 있길, 그래서 자기들 대신 정치적 대가를 치르고 비난을 받길 바란다. 그러나 이들이 자주 잊어버리는 사실이 있다. 실업, 저임금, 높은 빈곤율, 급격한 인플레이션으로 실제 대가를 치르는 사람은 국민, 특히 빈곤층이라는 점이다. 단기간에 인플레이션을 잡아서 정치적으로 점수를 따야 한다는 생각이 장기적으로 개혁을 추진해야 하는 기술 관료들에게 치명적인 영향을 끼쳤다. 결국 두 가지 경로를 통해 악영향이 나타났다. 첫째, 앞에서도 지적했듯이 수출업자들이 개혁을 꺼리게 만들었다. 둘째, 통화 평가절상은 종종 중대한 위기로 이어졌고 현대화 개혁에 대한 국민의 지지를 떨어뜨렸다.

결국 이 이야기의 아이러니이자 비극은 고정환율이 개혁의 핵심 요소도 아니고 시장 중심 정책의 필요조건도 아니라는 점이다. 선진 수출국을 비롯한 선진 시장민주주의는 몇십 년간 시장 원리에 따라 통화가치가 변하는 변동환율제를 채택해왔다. 1990년대와 2000년대에 엄청난 대가를 치른 라틴아메리카의 통화위기는 정치적 계산에 따른 잘못된 정책을 오만과 맹신으로 밀어붙인 탓이다.

라틴아메리카의 경제개혁 과정에서는 한 가지 변수가 다른 무엇보다 중요한 역할을 했다. 그 변수는 인플레이션도 임금도 경제성장도 아니었다. 민영화도 아니고 개방과 세계화 수준도 아니었다. 심지어 외채도 가장 중요한 변수가 아니었다. 핵심 변수는 환율이었다. 미국 달러화와 국내 통화(페소화, 볼리바르, 케트살, 레알, 코르도바 등)의 환율이 가장 중요한 변수였다. 라틴아메리카 경제를 고통 속으로 빠뜨린 가장 큰 원인은 반복되는 환율정책의 실수였다. 현대화 개혁에 대한 지지가 약해지고 21세기에 포퓰리즘이 부활한 것도 이 때문이다.

7장

아르헨티나, 모든 위기의 어머니

폭동과 정치 불안이 있고 일주일이 지난 2001년 12월 20일, 아르헨티나 페르난도 데 라 루아Fernando de la Rúa 대통령이 대통령직에서 물러났다. 몇 주 뒤 아르헨티나는 외국차관에 대해 채무불이행을 선언했다. 그리고 현대사에서 가장 충격적이라 할 만한 통화위기를 겪었다. 불과 두 달 만에 페소화 가치가 3분의 1로 뚝 떨어졌다. 십년 넘게 아르헨티나는 페소화와 달러화 환율을 일 대 일로 고정하는 극약처방을 써왔다. 위기가 어찌나 심각하고 정치적 파문이 어찌나 컸던지 4주 동안 대통령이 네 번이나 갈렸다. 위기는 엄청난 상흔을 남겼다. 부에노스아이레스에서 빈곤선 이하의 생활을 하는 가족의 비율이 1994년에는 12퍼센트였는데 2002년에는 40퍼센트가 넘었다. 소득 격차도 크게 벌어졌다.

여러모로 아르헨티나는 거시경제 불안, 무역 불균형, 출혈이 큰 위기 등 라틴아메리카의 역사적 성향을 그대로 보여주는 전형적인 국가라 할 수 있다. 2001~2002년 아르헨티나의 경제 붕괴는 세계화와 시장개혁, 신자유주의를 반대하는 논쟁에서 가장 비중 있게 다루어졌다. 노벨상 수상자 조3지프 스티글리츠 같은 비판론자들은 워싱턴 컨센서스 정책이 이 사건의 중심에 있으며 이런 일이 벌어진 데는 국제통화기금의 책임이 아주 크다고 주장했다.[1]

21세기에 접어들어 아르헨티나가 겪고 있는 심각한 경제 문제 뒤에는 아주 복잡한 힘이 있다. 가끔은 그리스 비극을 연상시키기도 하는데, 소설가 가브리엘 가르시아 마르케스의 말을 조금 비틀어 표현하자면 라틴아메리카에 예고된 죽음이 있었다면 그것은 2001~2002년 아르헨티나의 붕괴였다. 1970년대 후반 칠레가 그랬고 콜롬비아와 멕시코가 그랬던 것처럼 이 드라마의 중심에도 고정환율제가 있었다.[2] 특히 페소화를 미국 달러화에 일 대 일로 고정시키기로 결정한 장본인은 국제통화기금 관리나 미국 재무부 고위 관료, 라틴아메리카의 현대화 개혁을 지지하는 연구자, 학자가 아니라 아르헨티나의 정치인들이었다. 재정정책이나 다른 핵심 정책이 뒷받침되지도 않은 상태에서 고정환율만 고수했다. 아르헨티나 스스로 저지른 정책 실수가 2001년 사건의 주된 원인이라는 사실은 에두아르도 두알데Eduardo Duhalde 대통령도 인정했다. 에두아르도 두알데는 2002년 1월에 아르헨티나 의회가 대통령으로 임명한 사람이다. 2002년 「파이낸셜타임스」에 실린 기고문에서 그는 이렇게 말했다. "아르헨티나는 스스로 위기를 자초했다. 가장 큰 책임이 아르헨티나에 있다."[3]

불안정과 고인플레이션의 기나긴 역사

2001~2002년 위기는 아르헨티나에서 발생한 일련의 위기들과 통화폭락, 채무불이행의 최신판일 뿐이다. 2장에서 이야기했듯이 19세기와 20세기에 아르헨티나는 반복되는 통화정책 실패로 홍역을 치렀다. 20세기 후반에 아르헨티나는 인플레이션을 없애려고 안정화 정책을 실시했지만 모두 다 실패했다. 몇 가지 예를 들면 1967년에 아달베르트 크리에게르 바세나Adalbert Krieger Vasena 장관이 세운 안정화 계획과 1975년에 나온 일명 로드리가소Rodrigazo 정책이 대표적이다. 로드리가소 정책은 연 인플레이션율이 182퍼센트까지 치솟는 부작용을 낳았다. 1980년대 초에는 호세 마르티네스 데 오스José Martínez de Hoz 장관이 반인플레이션 정책에 힘을 쏟았다. 달러화 대비 페소화의 환율을 통제하여 인플레이션을 잡으려는 시도였다. 이 시도는 결국 심각한 위기로 끝났고 정치 불안을 고조시켰다. 1986년에는 아우스트랄 플란Austral Plan이라는 사이비 안정화 정책이 실시되었지만, 재정 불균형을 관리할 능력도 의지도 없는 정부 때문에 역시 실패하고 말았다.

인플레이션을 둘러싼 이 대서사는 1989년에 초인플레이션으로 막을 내린 재정 낭비에 뿌리를 두고 있다. 당시는 물가 상승률이 해마다 3,000퍼센트를 웃돌았다. 초인플레이션을 경험한 다른 개발도상국과 마찬가지로 아르헨티나에서도 물가가 끊임없이 변하고 국내 통화의 구매력이 거의 즉각적으로 침식당했다. 그 통에 경제 활동에 지장이 많았고 결국에는 경제가 붕괴하고 말았다. 무엇보다 초인플레이션이 빈곤층과 중산층의 소득과 임금 가치를 뚝

떨어뜨렸다.[4]

아르헨티나가 안고 있는 경제 문제 중에서 가장 눈에 띈 건 인플레이션이다. 그러나 근본 문제는 훨씬 더 뿌리가 깊었고 경제 전반에 영향을 끼쳤다. 일례로 아르헨티나는 외채를 상환하는 데 어려움을 겪었다. MIT 교수 크리스틴 포브스에 따르면 아르헨티나는 1824년부터 1999년까지 채무불이행 상태이거나 한 해의 4분의 1은 채무 조정을 하고 있었다.[5] 지각 위험(그리고 실제 위험)이 아주 높아서 외국인 투자자들이 투자를 꺼린 탓이었다. 1975년부터 1990년까지 외국인 직접 투자율이 동아시아 국가는 물론이고 칠레와 멕시코 등 다른 라틴아메리카 국가와 비교해도 아주 낮았다. 국민 저축률도 낮았다. 생산성 증가는 아주 적었고 전체적인 경제성장도 미미했다. 보호무역주의가 일반화되었고 노동시장과 금융시장을 비롯한 경제 전반에 왜곡이 나타났다. 아르헨티나의 경제 문제가 얼마나 심각했는지는 국내총생산을 보면 알 수 있다. 1975년부터 1990년까지 일인당 국내총생산이 마이너스를 기록했다. 이 기간에 일인당 소득의 평균 성장률은 마이너스 1.4퍼센트였다. 도무지 믿기 어려운 수치다.

태환법, 정부의 두 손을 묶다

1991년 4월, 10년 넘게 계속되는 마이너스 성장을 바로잡고 땅에 떨어진 신뢰를 회복하기 위해 카를로스 메넴 대통령이 태환법Convertibility Law을 제정했다. 원래는 아우스트랄이었다가 나중에 페소화로 바뀐 국내 통화가치를 미국 달러화에 고정시키는 것이 주요 골자였다.⁶ 처음에는 달러당 1만 아우스트랄로 환율을 고정했다. 그리고 1992년에 새로운 페소화가 발행되자 달러당 1페소로 환율을 고정했다. 하버드대학 출신의 경제학자 도밍고 카바요Domingo F. Cavallo의 발명품인 태환법은 이런 고정환율을 방어하기 위해 통화정책을 엄중히 적용하도록 중앙은행에 명령했다. 국내 통화량을 제한하고 인플레이션을 막는 식으로 목표를 달성했다. 태환법에 따르면 중앙은행은 정부에 대출을 할 수 없었다. 그리고 외환보유액이 뒷받침될 때에만 통화 유동성을 늘릴 수 있었다. 아르헨티나 정부는 지극히 실리적인 이유로 태환법으로 통화위원회제도를 만들었다.⁷

정치적 관점에서 볼 때 태환법은 중앙은행 정책을 법으로 엄격히 제한하여 정부의 두 손을 꽁꽁 묶어두는 장치였다. 몇십 년에 걸쳐 경제를 부실하게 관리해온 아르헨티나 당국은 냉철한 판단을 내렸다. 악몽 같은 과거의 위기를 반복하지 않으려면 독립적인 통화정책을 포기하는 수밖에 없다고 말이다. 조직적으로 남용되어온 통화정책을 없애야만 안정을 이룰 수 있었다.

아르헨티나는 이미 19세기 말과 20세기 초에 통화위원회제도를 실시했다가 실패한 전력이 있다(2장 참조). 그리고 이는 모두 국가재정을 낭비한 탓이었다. 그러나 이런 사실들도 태환법의 설계자 도밍고 카바요를 단념시키지는 못했다. 몇 년이 지나자 많은 평론가가 중도에 포기했다는 것 말고 정말 다른 결함은 없는 거냐고 태환법에 의구심을 품었다. 국내 통화 가치를 고정하고 법을 바꾸고 화폐 발행을 늘려도 위험과 불확실성은 여전했다. 일부 분석가들은 페소화를 완전히 포기하고 미국 달러화를 법정 통화로 도입하는 편이 아르헨티나에게는 더 좋았을 거라고 이야기했다.[8]

아르헨티나는 금융시장과 생산 부문을 현대화하려고 태환법과 함께 일련의 개혁 정책을 도입했다. 대부분 워싱턴 컨센서스 정책과 일치했다. 국영기업을 민영화하고 사업 및 투자 규제를 부분적으로 완화하고 경제를 조금 개방했다. 브라질, 파라과이, 우루과이와 메르코수르Mercosur라는 관세 동맹 형식의 무역협정을 맺고 국제 경쟁에 발을 내디뎠다. 또한 세제개혁을 실시하고 사회보장 사업을 부분적으로 민영화하고 수출관세를 없앴다.

태환법과 국가개혁법, 1989년 긴급경제법 등 경제개혁 조치를 취한 이유는 외국 자본을 끌어오기 위해서였다.[9] 1990년대 초, 15년간 마이너스 성장을 경험한 아르헨티나가 경제를 활성화하고 지속 가능한 플러스 성장으로 돌아서려면 시급히 외국 자본을 끌어와야 했다. 특히 수출을 확대하고 사회기반시설을 발전시키려면 외자 유치가 관건이었다. 아르헨티나는 1970년대와 1980년대에 연이어 통화위기를 겪느라 사회기반시설을 확충할 겨를이 없었다. 1990년대에 아르헨티나는 신뢰성을 높이고자 주요 교역국과 40개가 넘는 양자간 투자협정을 체결했다. 투자협정을 통해 외국인 투자자들을 보호하고 미래에 생길지도 모를 분쟁에 대비해 중재 절차를 명확히 정했다.

통화위원회제도와 고정환율제를 도입하고 나서 몇 년간 아르헨티나의 연 인플레이션율은 급속히 하락했다. 1990년에 2,000퍼센트가 넘었던 인플레이션율이 1995년까지 겨우 3퍼센트대로 떨어졌다. 인플레이션이 잡히자 생산량도 눈에 띄게 좋아졌다. 국내총생산이 1991년에는 11퍼센트, 1992년에는 10퍼센트, 1993년에는 6퍼센트, 1994년에는 8퍼센트 증가했다.[10]

초기에는 국민도 경제개혁 조치를 반겼다. 전통 제조업 부문을 비롯해 개혁으로 피해를 보는 사람들도 인플레이션이 사라지고, 자금조달이 용이해지고, 넓은 브라질 시장에 진입할 수 있는 메르코수르 무역협정이 체결되는 등 자기들도 혜택을 볼 수 있는 다른 부분에서 진전이 생기자 그것으로 위안을 삼았다. 라틴아메리카 개혁이 늘 그렇듯이 처음에는 수출품 생산업자들이 현대화 개혁을 확실히 지지했다. 아르헨티나에서는 주로 지방에서 농산물을 생산하는 사람들이 여기에 해당했다. 그런가 하면 개혁을 가장 강하게 반대하는 사람은 공공 부문 직원과 대다수 공익사업을 비롯해 민영화가 진행되는 국영기업 근로자였다. 1995년에는 멕시코 위기의 여파로 국내총생산이 조금 하락했다가 1996년에는 다시 경제가 활기를 띠었다. 국내총생산도 연 5퍼센트 증가했다. 경제 신장이 이어져 1997년에는 8퍼센트, 1998년에는 4퍼센트 성장했다. 그러다 1999년에 경기 불황으로 들어섰다.

멕시코 위기와 태환법의 함정

1994~1995년 멕시코 데킬라 위기를 계기로 아르헨티나의 고정환율제와 통화위원회제도가 지닌 치명적인 약점이 드러났다. 세계은

행과 국제통화기금 경제학자와 개인 분석가, 평론가 들은 세 가지 부문에서 정책 결함을 찾아냈다. 첫 번째는 대규모 무역적자였다. 특히 지방에서 심했다. 두 번째는 엄격한 노동법이 문제였다. 노동법을 지키려니 근로자를 채용하고 해고하는 데 비용이 너무 많이 들었다. 수출 가격 하락과 같은 외부 충격이 있을 때 아르헨티나 경제가 받는 피해도 늘어났다. 세 번째는 메르코수르를 통한 역내 무역을 강조하는 무역정책도 문제였다. 이 때문에 아르헨티나 경제는 세계 다른 나라들과 계속 소원해질 수밖에 없었다.[11]

통화위원회제도가 성공하려면 재정정책이 필수적이었다. 경상수입으로 정부의 지출을 충당하고 재정 균형 가능성을 보여주는 국민을 안심시킬 수 있는 제도가 필요했다. 그러나 아르헨티나는 1991년부터 2001년까지 재정정책에 신중하지 못했다. 정부가 회계장부에 기록하지 않은 것까지 포함하여 모든 지출원을 고려할 때, 1991년부터 2000년까지 평균 재정적자는 국내총생산의 4.1퍼센트로 매우 컸다. 변동환율제를 채택하는 나라라고 해도 이 정도면 재정적자가 제법 큰 편이다. 그러니 엄격한 고정환율제와 통화위원회까지 있는 나라에서 이런 재정정책은 확실히 위험했다.

고정환율제를 채택한 나라들, 특히 통화위원회가 있는 나라들은 탄탄한 성장을 보이는 호경기에 재정 흑자를 이루어야 한다. 그리고 재정 흑자를 이용해 불경기에 이용할 수 있는 예비비를 마련해야 한다. 그런데 아르헨티나는 이렇게 단순한 경기 조정 규칙조차 따르지 않았다. 국내총생산이 크게 증가하는 호경기에도 여전히 아주 큰 적자를 냈다. 1991년, 1992년, 1993년, 1994년, 1996년,

1997년에 아르헨티나의 경제성장률은 5퍼센트를 넘었다. 그런데 이런 경제 호경기에 재정 적자가 국내총생산의 3.4퍼센트에 달했다. 경제 성장기에 통화위원회까지 있는 국가는 말할 것도 없고 어떤 시기 어떤 나라라도 지나치다고 할 만한 수치다.[12]

아르헨티나 경제에서 특히 문제가 된 부분이 연방정부가 많은 세입을 지방정부에 이양해주도록 한 공동참여법Coparticipation Law이다. 이 때문에 지방정부에서는 굳이 예산 균형을 맞출 필요가 없었다. 실제로 태환법이 시행되는 1991년부터 2001년까지 지방정부의 재정 적자는 끊임없이 계속되었다. 공동참여법 한가운데 그리고 이 법을 개혁하지 못한 무능력의 한가운데에는 연방정부와 지방정부 간의 해묵은 논쟁이 있다. 이 문제는 일찍이 1845년에 도밍고 파우스티노 사르미엔토가 아르헨티나가 문명국가의 대열에 합류하는 것을 방해하는 가장 심각한 장애물로 꼽았던 것이다.[13]

전「워싱턴포스트Washington Post」기자 폴 블루스테인Paul Blustein이 언급한 것처럼 국제통화기금과 세계은행 관리들이 '엄격한 환율정책을 도입한 나라가 그렇게 느슨한 재정정책을 추진하다가는 자멸을 초래하기 십상'이라고 아르헨티나 당국에 여러 번 경고했었다. 아르헨티나 당국은 문제를 인정하고 매번 곧 해결할 거라고 말했다. 그러나 실행한 적은 거의 없다. 조치를 취하긴 했지만 대부분 형식적이었고 재정 불균형을 일으키는 원인에 단호하게 대처하지 않았다. 진지한 조치를 취하지 않은 건 대부분 정치적 이유였다. 재정 적자를 줄이는 데 초점을 맞추면 주지사들과 관계가 껄끄러워지고, 그러면 중앙정부의 인기가 떨어질 게 뻔했다.[14] 호경기에 재정을 조정하여 예비비를 마련하지 못하는 무능력은 1994년에 사회보장제도를 개혁할 때 특히 심해졌다. 이 개혁으로 개인 계좌를 정부에서 지원하는 연금과 결합하는 혼성 조직이 만들어졌다. 개혁이 시행되자 일부 근로자의 개인 분담금이 개인 계좌에 예치되었다. 더는 기존 연금에 불입을 할 의무가 없어졌다. 그 결과 일반 세입으로 충당해야 할 적자가 생겼다. 그러자 아르헨티나 당국은 추가로 빚을 내서 이를 충당하기로 했다.[15] 대부분 정치적인 이유에서였다. 빚을 청산하는 문제는 뒤에 들어설 행정부가 감당해야 할 몫이었다.

1999년에는 곧 있을 대통령 선거가 예산 결정을 비롯하여 대부분의 정책을 좌우했다. 그때부터 개혁의 인기가 시들해지기 시작했다. 대부분 지방에 살면서 그때까지 현대화 노력을 지지했던 수출업자들 사이에서 개혁에 대한 실망감이 커졌다. 다른 나라에서처럼 가장 심각한 문제는 환율과 관련이 있었다. 미국 달러화뿐만 아니라 다른 통화들과 비교할 때도 아르헨티나 페소화는 인위적인 강세를 보였다. 그리고 이것은 수출 경쟁력에 악영향을 끼쳤다. 게다가 석유, 대두, 소고기 등 아르헨티나에서 수출하는 물품의 국제가격이 1998년 이후 크게 하락했다. 그런데 문제는 수출품 생산업자들만이 아니었다. 실업률은 떨어질 줄을 몰랐고 금리는 크게 올랐다. 원래 금리는 세계시장이 아르헨티나의 위험도를 어떻게 평가하느냐에 따라 달라졌다.

선거가 다가오자 카를로스 메넴 정부는 집권당인 페론당이 계속 정권을 잡을 수 있도록 지출을 크게 늘렸다. 이 때문에 재정적자가

71퍼센트나 급증했다. 1999년에는 공공 부채가 국민 소득의 6.1퍼센트까지 증가했고, 그해 말에는 정부 부채가 국내총생산의 51퍼센트에 달했다. 1993년에는 33퍼센트나 되었다.[16]

고정환율에 발목 잡히다

1950년대 초, 노벨상을 받은 영국의 경제학자 제임스 미드James E. Meade는 변동 환율을 버리고 고정환율을 택한 나라일수록 노동시장이 유연해야 한다고 지적했다. 노동시장이 유연해야 국제 가격이 바뀔 때 실업자를 만들지 않고 다양한 산업 부문에 노동력을 재배치할 수 있기 때문이다. 이 밖에도 제임스 미드는 고정환율제를 채택한 나라에는 변동 환율을 대신할 노동시장의 유연성과 역동성이 필요하다는 금언을 남기기도 했다.[17]

그러나 아르헨티나의 노동시장은 심하게 경직되어 있었다. 노벨상 수상자 제임스 헤크먼에 따르면 아르헨티나는 1990년대 후반에 전 세계에서 노동시장에 대한 규제가 가장 심한 나라 중 하나였다.[18] 세계은행으로부터 후원을 받아 2001년에 발표한 연구에서도 비슷한 결론이 나왔다. 아르헨티나의 노동시장은 라틴아메리카에서 가장 유연성이 떨어졌다.[19] 게다가 심하게 비효율적이고 규제가 심한 의료보험제도도 아르헨티나의 국제 경쟁력을 떨어뜨리는 데 한몫했다. 노동조합에서 운영하는 오브라스 소시알레스obras sociales라 불리는 의료보험제도 때문에 인건비가 꽤 많이 올라갔다.

페르난도 데 라 루아 정부는 노동조합으로부터 권한을 넘겨받고 근로자 채용 및 해고 비용을 줄여서 노동법을 현대화하려고 했다. 그러나 이 방법은 다소 소극적이어서 규정을 크게 바꾸지 못했다. 게다가 2000년에는 굵직한 정치 스캔들이 터졌다. 노동부장관이 의회에서 노동 개혁을 승인받기 위해 상원의원 여러 명에게 뇌물을 준 죄로 기소되었다.

2000년대 초, 정부가 무능해서 정책을 수정하지 못한 탓에 아르헨티나 경제는 여전히 매우 취약했다. 1)수출 경쟁력을 떨어뜨릴 정도로 강세를 보이는 통화, 2)계속 커지는 재정적자, 3)경직된 노동시장과 노동법, 4)낮은 수준의 경제 개방 등 치명적인 요소들이 결합한 결과였다.

1999-2001, 외부 충격을 견디지 못하는 무능력

1998년 말을 기점으로 아르헨티나는 다른 라틴아메리카 국가들처럼 성장 둔화, 실업률 증가, 신용도 하락 등으로 이어지는 국제적 충격에 영향을 받았다. 세계적으로 수요가 줄어들어 미국이 불경기에 빠지자 연이어 국제 통화시장에서 미국 달러화가 강세를 보이고, 국제 금리가 상승하고, 1999년 1월에는 브라질 통화가 평가 절하되었다. 이와 함께 아르헨티나도 수출가격이 하락하고(아르헨티나 페소화 가치를 미국 달러화에 고정시킨 이래 페소화는 다른 주요 통화들에 비해 강세를 보였다), 유입되는 외국 자본의 양이 뚝 떨어졌다.

워싱턴 컨센서스와 국제통화기금을 비판하는 대부분의 사람들은 이런 외부 충격이 아르헨티나 위기를 몰고 온 주범이라고 말한다. 노벨상 수상자 조지프 스티글리츠는 이렇게 말했다. "급작스럽게 아르헨티나의 운이 바뀌었다. 1997년 동아시아 위기가 도화선이 되어 1998년에는 세계 금융위기로 번졌다. 신흥 시장에 대한 국제 금리가 치솟았다. …… 이런 문제들은 달러화 강세로 더 악화되었다. 아르헨티나 페소화 가치를 달러화에 고정시킨 탓에 페소화 가치도 갈수록 고평가되었다."[20]

그러나 조지프 스티글리츠와 다른 비평가들은 외부 충격을 아르헨티나 혼자 받은 게 아니라는 사실을 간과했다. 라틴아메리카 모든 국가가 충격을 받았다. 또한 아르헨티나의 역사를 돌아볼 때 그런 외부 충격은 뜻밖이라 할 수도 특이하다 할 수도 없었다. 게다가 시간이 조금 지나면 자연스럽게 회복되는 일시적인 충격이었다.

실제로 2000년에 수출 가격이 예년 수준을 완전히 회복했다. 또한 2001년에는 국제시장에서 미국 달러화의 가치도 하락하기 시작했다. 세계 금리도 2001년 1월에 사상 최저치로 떨어졌다. 미국의 불경기도 2001년 11월에 끝이 났다. 2000년대 중반에는 빠져나갔던 자본이 다시 라틴아메리카로 유입되었다. 통화위원회를 튼튼히 하고 지원 정책을 도입했다면, 세계은행과 국제통화기금 그리고 수많은 평론가의 충고를 따랐다면, 아르헨티나는 1990년대 후반과 2000년대 초에 있었던 일시적인 충격을 충분히 견딜 수 있었을 것이다. 아르헨티나가 경직된 환율제도 대신 변동환율제를 기반으로 한 통화제도를 수립했더라면 심각한 위기를 겪지 않고 몇 달에 걸친 힘든 시간을 거뜬히 이겨낼 수 있었을 것이다.

문제는 충격이 아니었다. 아르헨티나가 충격을 견딜 준비가 안 되어 있다는 게 문제였다. 반쪽짜리 개혁에다 통회위원회를 지원할 정책도 도입하지 못한 탓에 아르헨티나는 전혀 준비가 안 되어 있었다. 그 결과 외부에서 온 충격이 아르헨티나 경제에 심각한 악영향을 끼쳤다. 실업률은 하늘 높은 줄 모르고 치솟았고 국민 소득은 줄어들었으며 금리는 급등했고 신용도는 하락했다. 1992년에 7퍼센트였던 실업률이 2000년에는 15퍼센트까지 증가했다.

시간이 흐르고 불황이 깊어지자 정부에서 달러화 대비 페소화 환율을 일 대 일로 유지하겠고 했던 약속을 저버리고 페소화를 평가절하하여 태환법을 포기할 거라는 소문이 퍼졌다. 이런 소문과 함께 앞일에 대한 추측이 들끓자 국민은 예금을 인출하기 시작했다. 특히 페소화로 표시된 예금을 대부분 인출했다. 예금이 줄어든다는 것은 대출이 줄어든다는 뜻이고, 대출이 줄어든다는 것은 경제 활동과 생산량, 고용이 더 위축된다는 뜻이었다.

신용도가 하락하자 페르난도 데 라 루아 정부는 다자간 기구에 도움을 청했다. 그리고 2000년 12월에 국제통화기금으로부터 거액을 대출받았다. 정부 관리들과 국제통화기금 관리들은 아르헨티나가 태환법 때문에 투자를 포기했던 투자자들을 안심시키고 신뢰를 강화하는 데 필요한 정책을 언젠가 도입하고 실행할 거라고 기대했다. 2001년 8월, 국제통화기금은 대출 규모를 80억 달러까지 늘렸지만 이미 늦은 뒤였다. 늘어난 부채는 고통의 시간을 연장하고 경제 붕괴로 치러야 할 대가만 키웠다.

예견된 재앙

2001년 1월 말, 투자자들이 회원제로 운영되는 콜로라도 스키장에 모여 사흘간 신흥 시장을 주제로 컨퍼런스를 열었다. 기조연설은 아르헨티나 전 경제부 장관 겸 태환법 설계자 도밍고 카바요가 맡았다. 카바요가 연단에 오르자 많은 이들이 잔뜩 기대하는 눈으로 바라보았다. 컨퍼런스에 참석한 많은 이들이 고객에게 위탁받은 거금을 아르헨티나 증권에 투자한 상태였다.

당시 50대 중반에 자신감이 넘쳤던 도밍고 카바요는 아르헨티나가 경제적으로나 정치적으로 심각한 문제에 부딪혔다는 사실을 인정했다. 그러나 이런 어려움들은 자신이 설계한 태환법과는 아무 상관이 없다고 말했다. 통화위원회와 고정환율제는 그대로 유지해야 한다고 강력하게 주장했다. 그러는 것이 아르헨티나에 이롭다며 10년 이상 밀어붙인 통화정책과 환율정책을 살짝 조정만 하면 된다고 설명했다. 그러고 나서 수정이 필요하다고 생각하는 목록을 읊어나갔다. 페소화를 미국 달러화에 고정시키는 대신 통화 그룹에 고정시켜야 한다고, 수입관세와 수출 보조금으로 이뤄진 '경쟁력' 보완 계획을 추진해야 한다고 했다. 그리고 중앙은행이 보유한 외환보유액이 충분히 뒤를 받쳐줄 때에만 통화량을 늘릴 수 있게 한 규정을 완화해야 한다고 했다.

하지만 기조연설이 끝나고 나온 질문들을 보면 참석자들은 도밍고 카바요가 제안한 태환법에 의구심을 품고 있었다. 은행가들은 아르헨티나 정부가 태환법 같은 정책을 시행하면 그나마 남아 있던 신용까지 깎아먹을 것이고 시장에 혼란이 생길 거라고 말했다.

태환법을 실행하면 아르헨티나에 투자했던 모든 투자금을 회수할 거라는 뜻을 내비치는 이들도 있었다.[21]

컨퍼런스가 있고 7주 뒤에 페르난도 데라 루아 대통령은 새로 임명한 지 얼마 되지도 않는 경제부장관 리카르도 로페스 무르피Ricardo López Murphy를 경질하고 그 자리에 도밍고 카바요를 앉혀서 세상을 놀라게 했다. 그 후 몇 달간 신임 경제부장관은 콜로라도 컨퍼런스에서 발표했던 경제계획을 빈틈없이 추진해나갔다. 컨퍼런스에 참석했던 많은 투자은행가가 예상했던 대로 아르헨티나의 신용도에 악영향을 끼쳤다. 돌이켜보건대 2001년은 실수투성이였다.

2001년에 들어서자마자 연립정부는 그해 10월에 있을 의회선거에 신경을 곤두세웠다. 선거운동에는 자금이 필요했기 때문에 2001년 10월 전에 주지사들은 지방정부로 이양하는 연방정부의 예산을 축소하는 정책이라면 무엇이든 반대했다. 국제통화기금으로부터 거액의 차관을 받아야 할지도 모르는 상황에는 아무도 신경 쓰지 않는 것 같았다. 개혁에 아무런 진전이 없으면 국제통화기금이 차관 지급을 유보할 수도 있다는 사실을 언급하는 정치인도 거의 없었다.

2001년 4월 16일, 아르헨티나 의회가 페소화 가치를 미국 달러화에 고정시키는 대신 미국 달러화 및 유로화에 고정시키는 방식으로 환율제도를 수정하는 법안을 통과시켰다. 사실상 달러화 대비 페소화 가치를 떨어뜨리려는 의도였다. 그러자 이것이 태환법을 폐지하려는 수순이라는 인식이 널리 퍼졌다. 점점 더 많은 사람이 달러화 대비 페소화 환율을 일 대 일로 고정시키는 정책은 폐지

될 것이고, 투자자를 유치하려면 정부가 계속 더 높은 금리를 지불하는 수밖에 없다고 믿었다. 순식간에 아르헨티나에 투자하는 것이 일종의 도박이 되었다. 아르헨티나가 국제 금융시장에 지불하는 금리는 천정부지로 치솟았고 국가 재정에 대한 압력은 갈수록 커졌다.

4월 말, 정부는 상업은행들이 아르헨티나 정부에서 발행한 유가증권을 20억 달러까지 사용할 수 있도록 허용했다. 외환보유액의 유동성을 높이기 위해서였다. 이 말은 곧 은행 예금 일부를 이제 미국이나 다른 선진국들이 자유태환통화로 발행한 채권보다 신뢰성이 떨어지는 정부 발행 채권으로 충당한다는 뜻이었다. 이 조치로 페르난도 데 라 루아 행정부가 고정환율제를 고수할 마음이 없다는 게 더 확실해지는 것 같았다. 이러한 변화에 중앙은행 총재 페드로 포우 Pedro Pou가 반발했다. 그는 중앙은행의 외환보유고가 줄어들면 경제가 불안정해질 거라고 주장했다. 2001년 4월 25일, 결국 페드로 포우는 정부에 대한 신뢰를 떨어뜨렸다는 이유로 경질되었다.

2001년 4월과 6월 사이에 페르난도 데 라 루아 행정부는 만기가 임박한 단기 채권을 2006년, 2008년, 2018년, 2031년에 만기가 되는 장기 채권으로 교체하여 아르헨티나의 단기부채 압박을 완화하려고 애썼다. 새로운 채권 중 일부는 몇 년간 상환하지 않아도 되는 대신 금리가 아주 높았다. 예를 들어 2018년 채권은 연이율이 15.2퍼센트나 되었다. 국제통화기금 연구개발 직원들은 채권 교체로 얻은 단기 예금을 장기 초고금리로 상쇄하고 남을 거라고 판단했다.[22] 초대형 채권 교체를 한 이유는 아르헨티나의 유동성 문제를 완화하기 위해서였다. 그러나 이 조치는 아르헨티나의 해묵은 경제적 약점을 하나도 해결하지 못했다. 공동참여법이 예전과 다름없이 경제 활동에 지장을 주었다. 노동법과 오브라스 소시알레스 사회보장제도도 여전히 발목을 잡고 경쟁력을 떨어뜨렸다. 무역정책에는 여전히 제한이 많았다. 회계장부에 기록되지 않은 재정 지출도 여전했다. 그래서 시장에서는 이번 채권 교체를 시간을 벌려는 술수라 여겼다.

6월 15일, 아르헨티나 정부에서 경쟁력 강화 정책을 도입하겠다고 발표했다. 에너지산업 이외의 수출품에도 보조금을 지급하고 수입품에 관세를 부과하는 내용이었다. 많은 이들은 이 정책이 여전히 경쟁력과 생산력을 떨어뜨리는 요인은 해결하지 않고 단순히 수출만 늘리려는 시도라고 생각했다. 이 기간에 도입한 다른 조치들과 마찬가지로 대중은 이번 정책에도 다분히 회의적이었다. 많은 분석가가 '경쟁력 강화 계획'을 '평가절하 없이 통화 가치를 떨어뜨리려는' 시도라고 해석했다. 「파이낸셜타임스」 기사를 보면 대중이 아르헨티나 정부가 도입한 정책을 하나같이 못미더워했음을 알 수 있다. "거의 모든 사람이 동의하듯이 아르헨티나의 진짜 문제가 재정이라면, 도밍고 카바요는 지금 재정정책을 이리저리 비트는 교묘한 속임수로 사람들의 관심을 분산시키고 있는 것 아닐까?"[23]

한 달 뒤 도밍고 카바요는 '재정적자 제로' 정책을 발표했다. 국가 공무원의 봉급과 연금을 삭감하는 등 단기 대책이 주를 이뤘다.

아르헨티나 언론과 대중은 깊은 의구심을 드러냈다. 회의론이 주를 이뤘다. 장기적으로 위기를 조장하는 요인들은 하나도 손을 보지 않은 정책이라 신뢰가 가지 않았다.

  2001년 10월 15일, 의회선거가 끝나자마자 중앙정부는 재정 문제를 완전히 해결할 믿을 만한 대책이 마련될 거라는 신호를 보내기 위해 주지사들과 합의를 보려고 했다. 도밍고 카바요가 공통참여법을 개정하고 공공 부문의 규모를 줄이고 지방 부채를 구조조정하는 안을 제시했다. 그러나 다시 한 번 당파정치가 기승을 부렸다. 주지사들은 공동참여법을 개정하거나 다른 장기 개혁을 실시하는 문제를 고려해보려고도 하지 않았다. 협상에 진척이 없자 사람들은 점점 더 빠르게 예금을 인출하기 시작했고 아르헨티나 정부에 대한 신뢰는 더 떨어졌다. 주지사 두 명이 끝까지 연방정부와 합의하지 않았는데 한 명은 산루이스 주지사 아돌포 로드리게스 사Adolfo Rodríguez Saá로 페르난도 데 라 루아가 사임한 뒤 2001년 12월에 대통령이 되었다. 또 다른 한 명은 산타크루스 주지사 네스토르 키르치네르로 2003년에 대통령에 선출되었다.

  2001년 11월, 스탠더드앤드푸어스가 아르헨티나의 장기 국가신용등급을 '부분적 채무불이행'으로 강등했다. 이 시점에서 아르헨티나 국민과 국제사회는 모두 아르헨티나 정부가 통화위원회를 지지할 의향이 있기나 한지 의심했다. 2001년 12월 1일에는 도밍고 카바요가 은행 거래 및 외환 거래를 광범위하게 규제하여 사실상 은행 예금을 동결했다. 태환성을 지키겠다는 약속을 무의미하게 만드는 정책이었다. 예금 동결은 정부가 아르헨티나 국민과 맺은 사회계약을 침해하는 한편, 페소화 평가절하와 채무불이행 사태가 벌어질 거라는 예상을 굳히는 무모한 조치였다. 12월 9일, 국제통화기금은 중대한 위기를 피할 수 없음을 알고 아르헨티나에 지원하기로 한 자금 지급을 유예했다. 12월 20일, 실망과 분노에 휩싸인 국민이 시위와 폭동을 일으키고 두 주가 지나자 페르난도 데 라 루아가 아르헨티나 대통령직에서 물러났다. 아르헨티나가 외채 채무불이행을 선언한 지 11일이 지나고 페소화가 40퍼센트나 평가절하된 지 1주일이 지난 시점이었다.

평가절하, 채무불이행, 표시 통화 변경

2002년 1월 6일, 아르헨티나 의회에서 긴급경제법이 통과되었다. 1월 8일에는 신정부가 태환정책을 공식적으로 폐지하고 페소화를 평가절하했다. 수입 및 수출에는 달러당 1.4페소로 새로운 고정환율을 적용했다. 그 밖의 다른 거래에는 모두 시장 원리에 맡기는 변동 환율을 적용했다. 또한 정부는 달러로 액수가 매겨진 부채 중 10만 달러가 넘지 않은 부채는 정부 부채와 개인 부채를 막론하고 모두 페소화로 다시 액수를 매겼다. 환율은 예전 환율대로 1달러당 1페소로 계산했다.[24] 2002년 2월 3일에는 여기에서 한 걸음 더 나아가 모든 부채를 1달러당 1페소로 계산하고, 달러로 예치된 예금은 1달러당 1.4페소로 계산하여 표시 통화를 모두 페소화로 바꾸기로 했다. 2002년 2월 11일, 본격적으로 환율 변동이 시작되자 페소화 가치는 더 떨어졌다. 2월 말에는 환율이 1달러당 2.1페소를 기록했고, 4월 중순에는 1달러당 4페소까지 떨어졌다.

부채에 대해서는 1달러당 1페소를, 예금에 대해서는 1달러당 1.4페소를 적용하여 달러화로 액수가 매겨진 계약을 페소화로 전환함으로써 에두아르도 두알데 행정부는 의도적으로 일부 집단에게는 이득을 주고 다른 집단에게는 막대한 손해를 끼쳤다. 달러로 돈을 빌렸던 기업과 개인은 표시 통화가 페소화로 변경되자 이득을 보았다. 아르헨티나 밖에서 달러 예금을 가지고 있던 사람들도 이득을 보았다. 그러나 아르헨티나 금융회사에 달러 예금을 예치해두었던 사람들은 손해를 보았다. 1달러당 1페소의 환율로 관세 기준이 달러화에서 페소화로 바뀌자 공익사업체들도 손해를 보았다. 2002년 초 에두아르도 두알데 행정부 대변인 에두아르도 아마데오 Eduardo Amadeo가 한 논평을 들어보면 평가절하와 더불어 표시 통화를 페소화로 변경하는 조치에 정치적 성격이 있다는 걸 알 수 있었다. "한때 페소화 변동환율제를 도입하려 했으나 사회정세를 볼 때 이 제도가 정치적으로 지속되기 어렵다고 판단했습니다."[25]

표시 통화를 페소화로 변경한 배경에 정치적 동기가 있는 건 확실했다. 에두아르도 두알데 행정부는 이 조치를 통해 모든 정당에 환멸을 느끼는 중산층의 지지를 얻으려 했다.[26] 그래서 아르헨티나의 위기가 외국계 은행과 외국계 공공사업체, 외국계 회사들 때문이라고 비난했다.[27] 부채의 통화 표시를 페소화로 바꾸자 대출을 받은 채무자들도 이득을 보았다. 대부분 중산층이었다. 아르헨티나 은행에서 달러로 거금을 빌린 회사들도 이득을 보았다. 또한 1달러당 1.4페소라는 높은 환율로 예금의 표시 통화가 페소화로 바뀌자 달러 통장을 가진 예금주들도 부분적으로 보상을 받았다.

통화 평가절하 덕분에 수출품의 달러 가격만큼 더 많은 페소화를 받을 수 있게 되었으니 수출업자도 이득을 보게 될 터였다. 그러나 신정부는 대부분의 수출품에 세금을 부과하고, 그 돈을 정부에 변화를 촉구했던 많은 이익집단에게 이전 비용을 지불하는 데 썼다. 개혁은 포기했다.

2002년 이래 아르헨티나 정부는 줄곧 위기 발생에 국제통화기금이 부분적으로 책임이 있다고 주장했다. 전 경제부장관 로베르토 라바그나Roberto Lavagna는 국제통화기금이 1990년대에 아르헨티나 경제가 '뛰어난 실적을 보이고 있어도', 재정정책을 잘 운영하지 않으면 아주 위험하다는 점을 충분히 인식시키지 못했다고 지적했다.[28] 특히 로베르토 라바그나는 개인 예금계좌를 만드는 사회보장개혁이 재정적자를 증가시킬 거라는 점을 국제통화기금에서 아르헨티나 정부에 경고해야 했다고 주장했다. 그러나 라바그나의 말은 솔직하지 못하다. 사회보장 사업을 부분적으로 민영화하면 재정 불균형이 발생한다는 사실은 경제학 문헌에도 나와 있고, 1990년대 후반 아르헨티나 정책결정자들도 이미 잘 아는 내용이었다.[29] 로베르토 라바그나는 국제통화기금이 고정환율 통화위원회 제도가 아르헨티나에 적합한지 제대로 평가하지 않았다고 비판하기도 했다. 또한 국제통화기금이 아르헨티나가 현 상태에 만족하도록 부추기고 2001년 초 고정환율제에서 벗어날 때에 맞춰 긴급대책을 마련하지 않았다고 비판했다. 모든 책임을 국제통화기금에 떠안기는 꼴이었다.

국제통화기금이 아르헨티나 문제를 다루면서 심각한 실수를 한 것은 틀림없다. 페르난도 데 라 루아 행정부가 난관을 헤쳐 나갈 수 있도록 적절한 정책으로 통화위원회를 적극 지원하고 2000년 말과 2001년 4월에 구제 자금을 지원해야 했는데 확실하게 대응하지 않았다. 국제통화기금에서도 독립평가실 보고서와 전 수석 경제학자 마이클 무사Michael Mussa를 통해 이런 실수를 인정했다. 그러나 역사 문헌을 주의 깊게 분석해 보면 위기를 발생시킨 가장 큰 책임이 아르헨티나 경제 당국에 있다는 걸 알 수 있다. 에두아르도 두알데 대통령도 이 사실을 인정했다.[30] 간단히 말해서 고정환율제와 통화위원회를 도입하기로 한 장본인은 국제통화기금이 아니라 아르헨티나 정부였다. 사실 세계은행과 국제통화기금 관리들은 대부분 이 정책에 회의적이었다. 게다가 다자간 기구와 평론가들이 여러 번 제안하고 요청했는데도 아르헨티나 당국은 통화위원회를 지원하고 강화하는 데 필요한 재정, 노동, 무역 정책을 도입하지 못했다.

아르헨티나는 그 전에도 경제가 어려움에 빠지면 국제통화기금을 탓하곤 했다. 1966년에는 라틴아메리카 역사에서 가장 유명한 포퓰리스트 독재자 후안 도밍고 페론이 1955년 이후 아르헨티나가 직면한 경제위기는 모두 국제통화기금 탓이라고 비난한 바 있다. 후안 도밍고 페론에 따르면 1960년대에 국제통화기금은 아르헨티나에 줘야 할 대출금의 절반을 도둑질했다. 그는 아주 거만하게 말했다. "내가 정부를 떠난 뒤부터 아르헨티나는 국제통화기금이 통치해왔다."[31]

위기를 향해 치닫는 몇 달 동안 많은 경제학자가 최소한의 비용으로 위기를 모면하는 방법은 페소화를 포기하고 미국 달러화를 법정 통화로 채택하는 것이라고 이야기했다. 달러 전환 정책의 장점과 문제점에 대한 논쟁이 아르헨티나를 넘어 여러 곳에서 활발하게 진행되었다. 특히 에콰도르, 엘살바도르, 도미니카공화국, 멕시코 등지에서 열띤 토론이 벌어졌다. 당시 미국 재무부 국제문제 담당 차관이었던 스탠포드대학교 존 테일러John Taylor 교수 같이 영향력 있는 인물들이 달러 전환 정책을 지지했다. 그러나 결국 아르헨티나는 법정 통화를 미국 달러로 전환하지 않기로 했다. 1990년대에 에콰도르와 엘살바도르만 자국 통화를 포기하고 미국 달러화를 법정 통화로 채택했다.[32]

사회비용, 회복, 포퓰리즘

아르헨티나가 치른 사회비용은 실로 엄청났다. 2002년, 부에노스아이레스에서 빈곤선 아래의 생활을 하는 가정은 무려 42퍼센트로 1992년의 세 배나 되었다. 실업률은 거의 20퍼센트까지 치솟았다. 실질임금도 크게 하락했고 공공보건 지수를 비롯한 다른 사회 지표들도 눈에 띄게 악화되었다.

 아르헨티나 유권자들이 실망과 분노에 휩싸인 것도 당연했다. 국민은 자신들이 다시 한 번 비극적인 결말로 끝난 거대한 사회 실험의 희생자라고 느꼈다. 그리고 거의 모든 사람이 이 실험이 워싱턴 컨센서스의 신자유주의 개혁에 불과하다고 생각했다. 대중은 미묘한 차이를 분석하고 원인을 찾을 시간도 인내심도 없었다. 즉, 한편으로 태환법과 고정환율제의 차이를 구별해내고, 또 다른 한편으로 생산성, 효율성, 성장률을 향상시키는 개혁과의 차이를 구별해냄으로써 위기의 원인을 따져볼 시간이나 인내심이 없었다.

위기의 근본 원인이 적절한 재정정책 및 노동정책이 뒷받침되지 않은 부실한 통화위원회였다는 사실은 아르헨티나 유권자에게 조금도 위안이 되지 않았다. 대중이 아는 건 안정과 성장, 번영을 약속받았는데 오히려 평생 모은 돈과 일자리를 잃었고 소득이 크게 줄었다는 것뿐이었다. 이런 상황에서는 으레 대실패의 책임을 전가할 소수의 가해자를 찾아 두리번거리기 마련이다. 어찌 보면 지극히 인간적인 행동이라 할 수 있다. 아르헨티나 대중이 지목한 죄인은 전임 대통령 카를로스 메넴, 도밍고 카바요, 워싱턴 컨센서스, 외국계 은행, 다국적 기업이었다. 당연히 국제통화기금도 빼놓을 수 없었다.

정치적 배경, 이념, 세계화에 대한 입장과 상관없이 모든 정치인에게 절망과 혐오감 같은 부정적인 감정을 느꼈다. 부에노스아이레스와 여러 도시에서 수많은 사람이 거리에 몰려나와 자신들의 예금을 미국 달러로 돌려달라고 요구하며 "모두 다 꺼져버려!"라는 구호를 반복했다.

2002년 초반은 대중의 지지를 등에 업은 포퓰리스트 정치지도자가 등장하기 좋은 상황이었다. 아르헨티나에서는 익숙한 일이지만 당시 정치 상황은 노련한 분석가들이 예상했던 것보다 훨씬 더 복잡했다. 2002년 1월 2일, 아르헨티나 의회에서 부에노스아이레스 주지사를 지낸 노회한 페론주의자 에두아르도 두알데를 대통령으로 임명했다. 정치 경험이 많고 대중의 인기에 영합하는 미사여구를 자주 입에 올리는 인물이었다. BBC에서는 그를 가리켜 '직설적인 표현과 거침없는 입담으로 유명한…… 포퓰리스트'라고 설명했다. 그러나 그는 천성적으로 카리스마 있는 지도자라기보다는 정치적 수완가에 가까웠다. 많은 사람의 눈에는 그가 패배자로 보였다. 1999년 선거에서 페르난도 데 라 루아에게 패했기 때문이다.[33] 16개월간 대통령직을 수행하면서 에두아르도 두알데는 급격한 인플레이션이 재연되지 않도록 힘썼다. 그리고 태환법을 무효로 만드는 많은 조치를 단행했다. 앞에서 말했듯이 이때 도입한 대부분의 정책이 외국인 투자자들에게 영향을 끼쳤고 미국 달러로 돈을 빌린 회사와 기업에 소득을 재분배하는 효과를 가져왔다.

2003년 5월, 산타크루스 주지사를 지낸 페론주의자 네스토르 키르치네르가 대통령에 선출되었다. 네스토르 키르치네르는 한때 라이벌이었던 전임 대통령 카를로스 메넴이 결선 투표에서 기권하자 어부지리로 당선자가 되었다. 그가 일반 투표에서 얻은 득표율은 고작 22퍼센트로 역대 아르헨티나 대통령 중에서 가장 낮았다. 네스토르 키르치네르가 대통령직에 있는 동안에는 반세계화와 불평등의 해악에 관한 정치 담론이 치열했다. 전임자가 그랬던 것처럼 네스토르 키르치네르도 아르헨티나가 직면한 상황이 외국인들, 특히 국제통화기금 탓이라고 비난했다. 네스토르 키르치네르 재임 시절에는 국제 금융 상황이 아르헨티나에 유리하게 바뀌기 시작했다. 국제 금리가 사상 최저치로 떨어지고 석유, 광물, 농산물 등 아르헨티나에서 수출하는 제품 가격이 상당히 올랐다. 세계 경제도 꾸준히 확장되었다.

네스토르 키르치네르 행정부 시절에는 세계화에 반대하고 외국을 배척하는 발언이 계속 터져 나왔다. 국가 외채를 구조조정하고 외국인 투자자들 손에는 달러당 30센트만 쥐어주었다. 세계 경기가 비할 데 없이 우호적인데다 채무불이행 및 구조조정으로 부채가 크게 줄어든 덕분에 아르헨티나는 빠르게 회복할 수 있었다. 2003년과 2008년 사이에 일인당 소득은 평균 7.6퍼센트 성장했다. 아르헨티나는 천천히 정상적인 생활로 회복되기 시작했다. 대부분의 사람들에게 태환법이 시행되던 몇 해는 잘못된 정책을 도입한 탓에 시작된 악몽이었다. 시간이 흐르자 네스토르 키르치네르의 인기가 올라갔다. 소득이 증가하기도 했고 대중의 인기에 영합하는 미사여구를 늘어놓은 덕분이기도 했다. 민족주의를 강조하는 스타일도 인기 상승에 한몫했다. 2007년 12월, 그의 임기가 끝나고 부인인 크리스티나 페르난데스 데 키르치네르가 대통령직에 올랐을 때 네스토르 키르치네르의 지지율은 아르헨티나 역대 퇴임 대통령 중 최고였다.[34]

그러나 발전과 성공을 이뤘다는 의식 뒤편에서는 긴장이 고조되고 있었다. 금방이라도 폭발할 듯이 부글부글 끓고 있었다. 계약 위반과 기업 부문을 적대시하는 태도에 영향을 받아 21세기 첫 10년 동안 외국인 직접 투자가 눈에 띄게 줄었다. 좀 더 오랫동안 투자를 늘리고 생산성을 올리고 지속 가능한 성장을 이루려면 계속해서 거액의 자금이 필요했기에 외국인 투자 감소는 심각한 문제였다. 2003년에는 로베르토 라바그나 장관이 "경제성장을 다시 재개하려면…… 외국인 투자가 필수적이다."라고 말한 것도 그런 맥락이었다.[35] 그러나 컨설팅회사 A. T. 커니 A. T. Kearney에서 집계한 외국인직접투자 신뢰 지수에 따르면 2002년부터 대형 국제 기업들은 아르헨티나에 투자할 생각이 별로 없었다.[36] 아르헨티나 정부가 예금을 동결하고 채무를 불이행하고 계약 표시 통화를 페소화로 바꾸기 전과는 뚜렷한 대조를 이루었다. 1998년에만 해도 아르헨티나는 대형 국제 기업들이 '투자 의향'을 보이는 국가 순위에서 8위를 차지했었다. 1999년에는 경제 불황을 겪는 와중에도 14위를 기록했다. 2000년에는 19위였고, 2001년에도 대형 국제 기업들이 관심을 보이는 투자 대상국 25위 안에 들었다. 이렇게 순위가 높았던 이유는 투자자들이 아르헨티나가 계약과 법치를 존중한다고 판단했기 때문이다. 이런 순위는 A. T. 커니가 조사한 최근 순위와도 뚜렷한 대조를 이룬다. 2006년에도 2007년에도 2008년에도 아르헨티나는 대형 국제 기업 1,000곳이 관심을 보이는 투자 대상국 25위 안에 들지 못했다.[37] 2005년 A. T. 커니 지수가 보여주듯이 "정치적으로나 경제적으로 불확실한 상황이 오래 이어지고 계류 중인 국제 투자 분쟁이 많은 것이 모두 아르헨티나가 1990년대 후반에 경험했던 투자 관심 순위를 회복하는 데 장애가 되고 있다."[38]

사회기반시설에 대한 투자가 줄어들자 경제에 심각한 타격이 왔다. 2004년 이래 아르헨티나는 천연가스 부족에 시달렸다. 에너지 부족은 정전을 야기하고 산업생산을 위협했다.[39] 그런가 하면 2002년 이후 사회기반시설에 대한 투자가 줄어들면서 칠레에 천

연가스를 수출하기로 한 계약을 어겨서 외교적 긴장을 조성하기도 했다.[40]

두 키르치네르 행정부는 방대한 농산물을 비롯한 수출 부문에 세금을 부과하는 아르헨티나의 오랜 전통을 따랐다. 도시 거주자들, 특히 정부 관리, 교사, 의료직 종사자에게 보조금을 주기 위해서였다. 역사적으로 이 정책은 1950년대 포퓰리스트 독재자 후안 도밍고 페론 행정부에서 절정에 달했다. 전문가들은 대부분 아르헨티나가 오랫동안 형편없는 경제실적을 기록한 배경에 이런 반수출 정책이 있다고 입을 모은다.[41] 2장과 3장에서 말했듯이 반수출 성향은 비효율성을 낳고 주요 부문에 대한 투자를 위축시키고 국제 경제에서 벌어지는 예상 밖의 변화에 취약하게 만든다. 분배에 대한 관심으로 합리화되는 이 모델은 경제성장에 별로 공헌하지도 않고 수년간 국가로부터 혜택을 받아온 특권층에게 더 많은 소득을 안겨준다. 이런 특권층 중에서도 가장 중요한 집단이 교원노조다. 이들은 아르헨티나 교육제도의 질을 향상시키려는 모든 시도를 조직적으로 차단해왔다.

2002년부터 아르헨티나는 대부분의 수출품에 세금을 부과했다. 세율은 수출 부문과 상품별로 다양했다. 예를 들어 2002년 4월에는 일부 수출품에 5퍼센트의 세율을 적용했다. 유제품과 채소 가공식품, 신발류가 여기에 속했다. 그런가 하면 신선과일, 꿀, 담배, 무명 섬유 등에는 10퍼센트의 세율을 적용했다. 옥수수 제품에는 14.5퍼센트의 세율을 적용했다. 종자와 기름을 짤 수 있는 식물성 유지작물에는 17.5퍼센트의 세율을 적용했다. 그리고 원유 등 일부 수출품에는 20퍼센트의 세율을 적용했다. 아르헨티나의 평가절하를 조사한 2002년 보고서에서 세계은행 수석 경제학자 대니얼 레이더먼Daniel Lederman과 아르헨티나인 교수 파블로 상기네티Pablo Sanguinetti는 이렇게 말했다. "다른 수출품보다 제조품을 편애하는 차별적인 수출관세 구조를 지지하는 설득력 있는 논거는 없었다."[42] 정치적 긴장이 고조되고 수출관세가 올라가고 반기업 담론이 강해지자 많은 투자자가 사업체를 이웃나라 우루과이나 브라질로 옮겼다. 2000년대 중반에 이 두 나라는 세계 최대의 소고기 수출국으로 아르헨티나를 넘어섰다.[43]

세계무역기구하에서 수출관세가 불법은 아니다. 하지만 수출관세가 정부 세입을 올리는 비효율적이고 왜곡된 방식이라는 사실은 다들 인정한다. 역사적으로 건강한 국제 무역을 발전시키고 빠르고 지속적인 경제성장을 이루려 했던 국가들은 수출관세를 피해왔다. 일본과 유럽연합을 비롯한 많은 국가가 국제 조약으로 수출관세 도입을 방지하려 했던 것도 수출관세가 경제를 왜곡하고 수출을 축소하고 경제실적에 해를 끼치기 때문이었다.[44]

팽창하는 공공 부문에 재원을 대려고 수출관세에 점점 더 의존하면서 크리스티나 페르난데스 데 키르치네르 행정부와 농산물 생산업자들 사이에 극심한 정치적 긴장이 조성되었다. 2008년 3월에는 이 문제가 꽤 심각해졌다. 가장 영향력 있는 농업 압력단체가 농촌 소득 감소에 항의하기 위해 파업을 선언했다.

크리스티나 페르난데스 데 키르치네르 행정부가 부딪힌 문제는 농부들과의 갈등만이 아니었다. 2007년에는 인플레이션 압력이 크게 늘어나서 거시경제가 위협받고 대규모 임금 인상 요구가 터져 나왔다. 정부에서는 포퓰리즘 매뉴얼을 그대로 따르는 듯했다. 문제를 인정하고 정확한 조치를 취하는 대신 소비자 물가 지수에 결함이 있어서 인플레이션 수치가 높게 나타난 거라고 주장했다. 국가 통계청에서 일하는 많은 기술 관료가 해고되고 기꺼이 자료를 조작할 의향이 있는 이들이 대신 자리를 채웠다. 정치권에서 지명한 인물들이었다. 정부의 이런 대응 때문에 아르헨티나의 평판이 더 안 좋아지고 회복이 불가능해졌다는 사실을 모르는 듯했다.

PART 3

라틴아메리카와 포퓰리즘의 덫

8장

21세기의 포퓰리즘, 네오포퓰리즘, 불평등

1990년대와 2000년대 초반, 위기와 실망감으로 얼룩진 시대를 보낸 뒤 라틴아메리카는 포퓰리스트 정치인들이 성장하기 좋은 토양이 되었다. 실업률 증가, 임금 하락, 빈곤율 증가, 통화 폭락의 책임은 워싱턴 컨센서스와 국제기구, 특히 국제통화기금에 돌아갔다.[1] 라틴아메리카 곳곳에서 포퓰리스트 정치인들이 세계화와 시장, 경쟁, 자본주의를 비판했다. 그리고 사회 여건을 개선하고 가난을 줄이려면 경제 문제에서 국가의 역할을 더 확대해야 한다고 주장했다. 많은 나라에서 새로 선출된 정부가 외국계 회사들을 국유화했다. 무역장벽을 대폭 높이고, 사업자들을 못살게 굴고, 인플레이션율을 낮추려고 공식 통계를 조작했다. 사업 규제를 강화하고 수출품에 세금을 부과했다.

사실 라틴아메리카에서 포퓰리즘이 기승을 부린 건 이때가 처음이 아니다. 브라질의 제툴리오 바르가스, 조앙 골라르트 João Goulart, 아르헨티나의 후안 도밍고 페론, 칠레의 살바도르 아옌데, 멕시코의 루이스 에체베리아, 호세 로페스 페르티요, 1980년대를 주름잡은 니카라과의 다니엘 오르테가와 산디니스타 민족해방전선, 페루의 후안 벨라스코알바라도 Juan Velasco-Alvarado, 알란 가르시아 정부 등이 대표적인 포퓰리스트 정권에 속한다. 이 모든 사례에서 지속 불가능한 재정 팽창, 과도한 통화 발행, 보호무역주의, 정부 개입에 바탕을 둔 정책들이 실시되었다. 소득과 부를 재분배한다는 게 명목이었다. 그러나 이 모든 실험은 걷잡을 수 없는 인플레이션, 고실업, 저임금, 엄청난 통화위기로 끝이 났다. 유엔 자료에 따르면 페루 알란 가르시아 행정부의 첫 임기(1985~1990) 동안 인플레이션을 감안한 실질임금이 60퍼센트 이상 하락했다. 니카라과에서 산디니스타 민족해방전선이 정권을 잡는 동안에는 임금이 무려 80퍼센트나 폭락했다. 아르헨티나, 볼리비아, 에콰도르, 니카라과, 파라과이, 베네수엘라처럼 다양한 국가에서 최근 등장한 네오포퓰리즘은 권력을 잡는 방법을 비롯해 여러 가지 면에서 예전 사례와 다르다. 특히 현 네오포퓰리즘 정권은 모두 민주 선거를 치르고 당선되었다.

논의를 진행하기 전에 세 가지 점을 분명하게 짚고 넘어가자. 첫째, 경제정책을 입안할 때 사회 여건에 초점을 맞추는 것에는 아무 문제가 없다. 오히려 이 지역의 음울한 사회사를 감안할 때 불평등과 빈곤을 줄이는 것을 경제발전 종합 계획의 목표로 삼는 것은 정당하다. 꼭 필요하다고 해도 과언이 아니다. 문제는 사회적 목표를 강조하는 것이 아니다. 장기적으로 지속할 수 없고 잠시 잠깐의 희열이 지나면 경기침체와 인플레이션, 실업, 저임금을 유발하는 정책에 의존하는 게 문제다. 빈민층의 생활을 개선하는 대신에 고통과 좌절감만 가중시키는 정책에 의존하는 게 문제다. 둘째, 포퓰리즘은 좌파만의 전유물이 아니다. 실제로 우파가 포퓰리즘에 빠지는 것도 얼마든지 가능하다. 그러나 라틴아메리카에 나타난 포퓰리스트는 대부분 민족주의 좌파 성향의 정치인들이었다. 셋째, 모든 중도좌파 정부가 포퓰리즘 정책을 추구하지는 않는다. 우고 차베스와 에보 모랄레스 같은 인물이 있는가 하면, 한쪽에는 현대 좌파 정치인들이 새로운 그룹을 형성하고 있다. 이들은 1990년대에 추진했던 개혁을 뒤집고 이전 상태로 되돌리는 데 주력하는 대신 개혁 정책을 조정하고 바로잡는 데 힘을 쏟는다. 더 구체적으로 말하면 이들은 효과적으로 사회복지 지출을 늘리고, 경쟁을 촉진하고 2008년 금융위기를 몰고 온 이들과 같은 방종을 피할 규제 장치를 실행하고, 공공 투자를 촉매제 삼아 민간 투자를 유치하고, 국내 통화의 인위적 강세를 방지할 환율제를 도입하기 위해 힘쓴다. 이런 정치지도자들은 세계시장을 활용할 필요가 있다는 걸 인정하고 저인플레이션의 이점을 제대로 이해하고 있다. 성장과 번영을 이루려면 혁신이 필요하다는 것과 시장이 투자결정을 이끌고 생산성 향상을 장려하는 올바른 신호를 자주 보낸다는 사실을 인정한다. 그래서 멕시코 정치학자 호르헤 카스타네다는 이들을 가리켜 라틴아메리카의 '현대 좌파'라 부른다.[2] 2008년 세계 금융위기의 여파에도 이들 좌파 정치인들은 보호무역정책을 실시하거나 1990년대와 2000년대의 개혁을 원점으로 되돌리려고 하지 않았다. 브라질의 룰라, 칠레의 미첼 바첼레트, 우루과이의 타바레 바스케스 등이 대표적인 예다.³

포퓰리즘과 네오포퓰리즘

포퓰리즘이라는 용어에는 경멸의 뜻이 담겨 있다. 오랫동안 이 용어는 정치인들이 경쟁자를 깎아 내릴 때 사용해왔다. 부정적인 뜻이 함축되어 있는 까닭에 내가 아는 한 스스로 포퓰리스트를 자처하는 정치인은 하나도 없다. 그러면 포퓰리즘이란 정확히 무엇일까? 어떤 요건을 갖출 때 포퓰리스트 정권이라 불리는 걸까? 포퓰리즘의 이념적 토대와 주요 정책은 무엇일까? 포퓰리즘을 정의할 때 정치이론가와 역사가 들은 대개 강인하고 카리스마 넘치는 인물이 주도하는 정치운동을 이야기하곤 한다. 이런 인물이 불평등의 원인을 지적하고 해결책을 제시하면서 열변을 토할 때 대중은 매력을 느낀다. 이들은 집권층과 기업, 금융자본, 외국계 회사를 등지고 '민중'의 관심사를 겨냥해 담론을 펼친다. 라틴아메리카의 역사를 다룬 유명한 책에서 에드윈 윌리엄슨Edwin Williamson은 포퓰리즘을 '정치인이 저소득층에게…… 혜택을 주겠다고 약속을 남발함으로써 대중의 환심을 사서 권력을 잡으려고 애쓰는 현상'이라고 정의했다. "포퓰리스트 정치지도자들은 사회 변화나 경제개혁을 위한 일관된 정책을 가지고 있지 않다."고 말하기도 했다.⁴

정치학자 폴 드레이크Paul Drake는 포퓰리스트들이 '정치동원, 반복적인 수사법, 민중을 선동하는 상징들'을 사용하고, 중산층과 근로자층을 포함한 여러 다른 집단의 연합을 도모한다고 말했다. 그리고 포퓰리스트들이 "산업화 과정에서 근로자들을 연합시키기 위해 재분배 정책을 개선하고 정부 활동을 확대함으로써 저개발 문제를 해결하려 한다."고 했다. 그런가 하면 마이클 코니프Michael L. Conniff는 정치학 고전에서 "포퓰리즘 정책은 사회주의 정책과 자주 겹친다."고 지적했다.[5]

포퓰리스트 정치지도자들은 대개 전통 정당 안에서 활동하는 대신 특정 정책에 대한 지지를 얻기 위해 일반 대중에게 직접 호소한다. 정치학자들은 전통적인 포퓰리즘의 또 다른 특성으로 저소득층과 중산층의 연합(결국 이들이 '민중'의 핵심이다), 친親도시 성향의 담론과 정책, 대의민주제에 대한 양가감정을 꼽았다(그렇다고 대의민주제를 대놓고 무시하지는 않는다). 사실 라틴아메리카에 나타난 포퓰리즘 사례는 대부분 권위주의적인 구석이 있다.[6]

대부분의 경제학자들은 MIT 루디거 돈부시 교수와 내가 1989년에 제시한 분석에 따라 포퓰리즘을 다음과 같이 정의한다. 포퓰리즘이란 지속이 불가능할 정도로 심한 재정적자와 통화 팽창 정책을 구사하는 한편, 생산성 향상과는 아무 상관없는 공공 부문 근로자들의 임금을 인상함으로써 소득을 재분배하는 경제정책이다. 루디거 돈부시와 나는 거시경제 관점에서 볼 때 포퓰리스트의 이야기는 언제나 엄청난 희열과 함께 시작되어 급격한 인플레이션(경우에 따라서는 초인플레이션까지 간다)과 실업률 증가, 임금 하락으로 끝이 난다고 설명했다. 이런 정책들은 매번 실패했고 혜택을 기대했

던 빈민층과 중산층에게 피해를 주었다.⁷

전통적인 포퓰리스트들이 국가재정을 어떻게 대하는지는 1952년에 아르헨티나의 후안 도밍고 페론이 퇴역장군 출신으로 칠레 대통령에 당선된 카를로스 이바녜스 델 캄포Carlos Ibañez del Campo에게 보낸 편지에 아주 잘 나타나 있다.

> 친애하는 벗이여. 국민, 특히 근로자들에게 줄 수 있는 모든 걸 주십시오. 이미 너무 많은 것을 준 것 같아도 더 주십시오. 곧 그 결실을 보게 될 것입니다. 모든 이들이 경제 붕괴라는 망령으로 당신을 놀래려 할 겁니다. 그러나 그 모든 것은 거짓말입니다. 경제보다 신축성이 좋은 것도 없습니다. 이 점을 이해하는 사람이 아무도 없어서 모두들 그렇게 두려워하는 겁니다.⁸

포퓰리스트들이 흔히 쓰는 경제 전략과 예산 및 경제의 기본 원칙을 무시하는 이런 태도에 대해서는 1980년대 중반에 페루 대통령 알란 가르시아에게 경제 자문을 했던 경제학자 다니엘 카르보네토Daniel Carbonetto의 말에도 분명히 나타난다. 수세기에 걸쳐 여러 국가에서 나타난 수많은 역사적 증거와는 달리 다니엘 카르보네토는 재정 팽창과 공공 부문의 대규모 적자가 인플레이션을 늘리기보다는 줄일 거라고 주장했다. 그가 1987년에 발표한 글을 보자.

> 1985년 8월에 출범한 정부가 채택한 경제 전략을 두 단어로 요약하면 통제(가격과 비용 통제를 의미한다)와…… 지출이다. 정부는 빈민

이 소비를 늘리고 산업계에 더 많은 제품을 생산하라고 요구할 수 있도록 빈민층에게 자원을 재분배한다. …… 재정적자를 감수하고서라도 돈을 써야 한다. 재정적자가 공공자원으로 이전되어 빈민층의 소비를 증가시키면 그들은 더 많은 제품을 요구할 테고, 그러면 생산단가가 줄어들게 된다. 따라서 재정적자는 인플레이션을 야기하지 않는다.[9]

내가 루디거 돈부시와 1991년에 출간한 책에서 지적했듯이 포퓰리스트 이야기에는 공통 요소가 있다. 처음에 포퓰리스트 정책결정자들은 경제실적을 아주 불만스러워한다. 대부분의 국민도 마찬가지다. 상황이 나아질 수 있다는 정서가 팽배하다. 인플레이션을 줄이거나 심각한 통화위기에서 벗어나려고 애쓰느라 지지부진한 경제성장이나 경기침체와 불황을 경험한 경우가 많다. 더러는 이런 식의 경기침체가 국제통화기금 관리 체제에서 찾아온다. 결국 성장률도 감소하고 생활수준도 떨어진다. 불평등이 아주 심해서 경제정책을 근본적으로 바꾸어야 한다는 생각이 힘을 얻기 쉽다. 이전에 추진한 안정화 계획 덕분에 예산 관리가 개선되고 단기 재정 팽창 사업에 재원을 댈 여유가 생길 만큼 무역 균형도 상당히 좋아진다. 그러나 단기적으로 국가 재정을 늘릴 만한 재원이 있다고 해서 그렇게 하는 것이 현명하다는 뜻은 아니다. 일단 권력을 잡은 포퓰리스트들은 일명 '보수적 패러다임'을 노골적으로 거부하고 공공 부문 지출과 통화 팽창에 제약이 있다는 걸 무시한다. 전통적 시각에서 적자재정이 위험하다는 이야기가 나오면 지나친 과장이라거나 사실 무근이라고 일축한다. 후안 도밍고 페론이 카를로스 이바녜스 델 캄포에게 보낸 편지를 떠올려보라. 포퓰리스트 정책결정자들에 따르면 재정 및 통화 팽창은 인플레이션을 야기하지 않는다. 여유 능력이 있는데다 언제든 물가를 통제하여 이윤을 줄일 수 있다고 보기 때문이다.

포퓰리스트의 사이클

라틴아메리카에 등장한 전통적인 포퓰리스트들은 대부분 4단계를 거쳤다. 1단계에서는 이들이 내린 진단과 처방이 정확하다는 사실이 입증된다. 성장률도 실질임금도 고용률도 높아진다. 이들이 도입한 정책이 아주 성공적으로 보인다. 물가를 통제한 덕분에 인플레이션이 문제가 되지도 않고 부족한 물자는 수입을 통해 해결하면 된다. 재고품이 고갈되어도 수입이 가능하기 때문에 인플레이션에 거의 영향을 주지 않으면서 늘어난 수요를 감당할 수 있다. 대개 외환보유액을 이용하거나 외채 상환을 유예하여 필요한 재원을 댄다.

2단계에서는 경제가 병목 지역을 만난다. 수요가 늘어서이기도 하고 외환보유액이 점점 줄어들어서이기도 하다. 이 시점에서 평가절하, 외환 관리, 보호무역정책이 필요해진다. 물자 부족을 반영해 물가가 상승하는 것도 허용해야 한다. 외환을 거래하는 암시장도 늘어나기 시작한다. 인플레이션이 크게 증가하지만 임금은 계속 높은 수준을 유지한다. 자동 조정 장치 덕분이기도 하고 정부에서 임금 인상을 지시한 덕분이기도 하다. 재정적자는 엄청나게 악화된다. 외환보유액이 줄어든 데다 식품, 공공서비스, 교통을 비롯한 기본 물품에 광범위하게 보조금을 지급한 탓이다.

몰락의 전주곡인 3단계에서는 물자 부족이 심해지고 인플레이션이 급격히 증가하고 자본도피가 일어난다. 인플레이션의 타격을 덜 받기 위해 소비자는 자국 통화를 멀리 하고 거래할 때 가급적 외화를 이용하려 한다. 세금 징수는 크게 줄고 보조금 지출은 늘어난 탓에 재정적자가 극단적으로 악화된다. 정부는 보조금을 삭감하고 통화를 평가절하함으로써 인플레이션을 억제하고 경제를 안정시키려 한다. 인플레이션을 감안한 실질임금이 가파르게 하락하고 경제정책이 불안정해진다.

마지막 4단계는 재앙 뒤에 대청소가 이뤄진다. 대개는 정권을 인계받은 새 정부에서 전통적인 안정화 정책을 실시한다. 종종 국제통화기금 관리 체제에 들어가기도 한다. 무엇보다 임금, 특히 사회 빈민층의 임금이 포퓰리스트 정권이 시작되기 전보다 훨씬 낮은 수준으로 하락한다. 임금 하락은 끝없이 이어진다. 안 좋았던 경험과 점점 심해지는 경제 불안이 투자를 위축시키고 자본도피를 부추기기 때문이다. 실질임금이 끝을 모르고 하락하는 이유는 아주 단순하다. 자본은 혼란에 빠진 국가를 뒤로 하고 국경을 넘어 이동하지만 노동력은 그렇지 않기 때문이다. 자본은 형편없는 정책을 피해 달아날 수 있지만 노동력은 발목이 잡혀 있는 탓이다. 포퓰리즘 정책을 최종 해체하는 작업은 종종 정권 전복을 비롯한 대규모 정변과 함께 이뤄진다. 포퓰리스트 정권이 야기한 인플레이션과 경

제적 혼란 때문에 중산층은 이런 정변에 동조하는 경향을 보인다.[10]

네오포퓰리즘 정책

지금의 포퓰리즘 혹은 네오포퓰리즘은 불평등이 심화되는 등 나라가 병든 것이 모두 민간 부문과 외국계 회사, 국제기구 탓이라고 비난하는 담론을 기본으로 한다. 전통적인 포퓰리스트들과 마찬가지로 네오포퓰리스트 정치지도자들도 강인하고 카리스마가 넘친다. 전통 정당이 세운 채널 밖에서 활동하고 정책에 대한 지지를 얻기 위해 일반 대중에게 직접 호소하는 것도 똑같다. 그러나 네오포퓰리즘과 전통적인 포퓰리즘 사이에는 몇 가지 중요한 차이가 있다. 첫째, 21세기에 정권을 잡은 포퓰리스트 정치인들은 재정 및 통화 팽창 정책을 노골적으로 강조하지도 않고 공공 부문 임금을 부당하게 대폭 인상하려고 수작을 부리지 않는다(내가 이 책을 쓸 때까지는 그랬다). 아르헨티나의 네스토르 키르치네르와 크리스티나 페르난데스 데 키르치네르, 베네수엘라의 우고 차베스, 볼리비아의 에보 모랄레스, 에콰도르의 라파엘 코레아, 니카라과의 다니엘 오르테가, 파라과이의 페르난도 루고 대통령이 대표적인 예다. 어떤 면에서 이들은 긴축재정을 유지하고 인플레이션을 합리적으로 낮출 필요가 있다는 걸 이해하는 것 같다. (인플레이션이 '합리적으로 낮다'는 것의 의미에 관해서는 논쟁의 여지가 있긴 하다. 라틴아메리카의 좌파 정치인들은 대부분 8퍼센트에서 15퍼센트까지는 인플레이션을 용인하는 편이다. 하지만 시장의 원리를 중시하는 정치인들은 대부분 인플레이션을 5퍼센트 이하로 유지하려 하는 편이다.)

말은 이렇게 했지만 포퓰리스트 정치인들이 2008년 세계 금융위기에서 비롯된 것과 같은 심각한 침체기에도 재정을 긴축할 의지나 능력이 있는지를 확인하기는 아직 이르다. 사실 이 책을 쓰던 2009년 중반에 아르헨티나와 베네수엘라가 전통적인 포퓰리스트들이 활용하던 오랜 관행에 슬며시 발을 담그는 조짐이 보이기도 했다. 이들이 예외 없이 좌절로 끝나고 마는 포퓰리스트들의 사이클을 그대로 따를지는 좀 더 지켜보아야 한다.[11]

전통적인 포퓰리즘과 네오포퓰리즘 간의 두 번째 중요한 차이는 권력을 획득하는 방법에 있다. 전통적인 포퓰리스트들은 대부분 비민주적인 방법으로 권력을 잡거나 유지했다. 브라질의 제툴리오 바르가스, 아르헨티나의 후안 도밍고 페론, 1920년 후반 칠레의 카를로스 이바녜스 델 캄포, 페루의 후안 벨라스코알바라도, 니카라과의 다니엘 오르테가의 경우가 다 그랬다. 그런데 이그나시오 워커Ignacio Walker를 비롯한 여러 정치학자가 강조한 대로 라틴아메리카의 네오포퓰리스트 정치지도자들은 민주적인 과정을 거쳐 권력을 잡았다.

네오포퓰리스트와 전통적인 포퓰리스트의 세 번째 차이는 세계화를 대하는 태도에 있다. 제툴리오 바르가스부터 후안 도밍고 페론까지, 살바도르 아옌데부터 알란 가르시아까지 전통적인 포퓰리스트 정치지도자들은 확고한 민족주의자였다. 외국인 투자자들을 자주 비판했고 다국적 기업을 국유화하는 일도 비일비재했다. 그러나 네오포퓰리스트들은 특정 외국계 회사나 은행을 비판하는 대신 더 큰 시스템에 주목했다. 그들은 세계화를 상품과 금융자본, 사상과 사람을 대량으로 거래하는 시스템이라고 매도했다. 민족 정체성에 집착했고 민족의 문화적 유산을 잃어버리면 안 된다고 강력히 촉구했다. 그들이 맥도날드를 규탄하는 이유는 햄버거가 건강에 안 좋고 비만을 일으키기 때문이 아니라 맥도날드가 외국 입맛을 대표하기 때문이다. 천박하고 시시하다고 할리우드 영화를 폄하하기도 한다. 현대적인 것을 혐오하고 '좋았던 옛날'을 그리워한다. 물론 좋았던 시절이 언제였고 어떻게 좋았는지 어떤 집단이 그 시절을 향유했는지 정확히 밝히지는 않는다. 이들의 반세계화 발언은 2008년에 세계 금융위기가 터지고 미국과 다른 선진국에서 부동산 담보부 채권 시장이 붕괴한 뒤 더 강해졌다.

네오포퓰리스트들은 특정 집단에게 소득을 재분배하기 위해 재정적자에 의존하는 대신 정부 통제와 규제를 늘리는 방식을 강조했다. 일례로 베네수엘라에서는 인플레이션을 억제하고 식료품비를 줄이기 위해 환거래를 통제했다. 아르헨티나와 볼리비아, 베네수엘라에서는 이윤을 얻고 근로자의 봉급을 인상하기 위해 외국계 회사들을 국유화했다. 아르헨티나에서는 전기와 가스 요금을 낮추고 저소득층과 중산층의 지지를 얻기 위해 외국인 투자자들과 맺은 계약을 위반했다. 베네수엘라에서는 외환 거래를 위한 암시장이 생겨났다. 아르헨티나와 볼리비아, 에콰도르, 베네수엘라에서는 물가를 인위적으로 일정 수준으로 유지했다. 에콰도르와 볼리비아에서는 국내 산업을 보호하기 위해 수입관세를 인상했다. 아르헨티나에서는 세입을 늘리고 사회복지 사업에 필요한 재원을 마련하기 위해 몇 번이나 수출관세를 대폭 인상했다. 베네수엘라에서는 교역에 장애가 되는 구식 통화제도 선전에 열을 올렸다. 그리고 모든 나라가 네오포퓰리스트의 유혹에 빠져 다양한 방법으로 민간 사업자들을 괴롭혔다.[12]

라틴아메리카의 불평등과 네오포퓰리즘

네오포퓰리스트들의 주장과 달리 라틴아메리카에서 불평등 문제가 심각해진 것은 워싱턴 컨센서스나 세계화와 자유시장 방식, 1990년대와 2000년대의 불완전한 개혁 때문이 아니다. 불평등은 식민지 시대까지 거슬러 올라가야 하는 아주 오래된 문제다. 그 시대에 생산된 상품의 유형과도 관계가 있다. 2장에서 이야기했듯이 18세기에 남아메리카와 북아메리카에서 사용된 생산기술에는 뚜렷한 차이가 있었다. 이 차이가 북아메리카와 남아메리카에서 발달한 제도의 유형은 물론이고 부의 재분배에도 영향을 끼쳤다. 스페인의 지배를 받았던 남아메리카에서는 사탕수수와 광업 둘 다 아주 중요했다. 둘 다 계약 노동자와 노예 노동자가 주를 이루는 미숙련 노동력과 자본이 아주 많이 필요한 사업이었다. 그 결과 대형 광업회사와 장원을 소유한 일부 가족에게 부가 집중되었다. 이와 달리 북아메리카, 특히 뉴잉글랜드에서는 주력 작물을 재배하는 데 필요한 토지-노동 비율이 훨씬 높았다. 북부 식민지에서 토지 소유가 일반화되어서 알렉시스 드 토크빌이 『아메리카의 민주주의Democracy in America』에서 말했던 더 포괄적인 제도와 더 평등한 사회를 만드는 데 도움이 되었다.¹³ 그러나 북아메리카 식민지 중에서도 캐롤라이나와 조지아 등 남부 지역은 주력 작물과 생산기술이 스페인 식민지와 더 비슷했다. 그래서 18세기에 발달한 제도의 유형과 부의 분배도 북아메리카보다는 남아메리카와 더 비슷했다. 1860년대 남북전쟁의 트라우마가 이것을 바꾸기 시작했다. 그리하여 남부 주들도 일인당 소득과 사회 여건 면에서 미국의 나머지 주들과 비슷해졌다.

남아메리카 식민지에서는 스페인 왕가가 새로운 정착민에게 땅을 나눠주는 방식에 따라 부의 분배가 이뤄졌다. 특정 개인에게 복무의 대가로 사유 재산을 인정해주었다. 그리고 땅을 놀리지 않는다는 조건을 달았다. 땅을 받은 사람들이 소유권을 얻으려면 땅을 경작하고 그곳에서 살아야 했다. 이 제도는 모라다 이 라보르morada y labor 또는 카사 이 라브란사casa y labranza라는 이름으로 불렸다. 번역하면 '주택과 직장'이다.¹⁴ 그러나 스페인 왕가에서 어떻게 땅의 경작이나 땅주인의 거주 여부를 감시했는지는 확실치 않다. 시간이 지나면서 땅을 경작한다는 의미가 상당히 유연해졌다. 대개는 작은 텃밭을 일구거나 여기저기에 가축 몇 마리를 방목하는 정도였다. 이미 18세기에 라틴아메리카 전역에서는 장원과 같이 방대한 땅을 소유한 사람이 땅 소재지에 거주하지 않는 부재지주가 흔해졌다. 정치학자 타투 벤하넌에 따르면 19세기 중반에 대부분의 라틴아메리카 국가에서 가족이 소유하고 경작하는 농장은 농경지의 5퍼센트도 채 안 되었다고 한다. 아르헨티나에서는 가족 농장이 전체 농경지의 5퍼센트였고, 브라질과 콜롬비아는 3퍼센트, 멕시코는 2퍼센트에 불과했다. 이와 달리 미국에서는 60퍼센트, 캐나다에서는 64퍼센트의 가정이 땅을 소유하고 있었다.[15]

광활한 장원을 토대로 한 토지 임대 제도에 엔코미엔다encomienda 제도가 덧붙여졌다. 새로운 정착민이 원주민과 함께 토지를 수여받는 엔코미엔다 제도는 원주민을 가톨릭 신앙으로 개종시키기 위해 만든 제도다. 많은 원주민이 특정 정착민에게 배속되었다. 정착민은 원주민에게 땅을 경작하거나 갱도를 파게 하는 대신 음식과 주거지를 제공하고 복음을 전했다. 스페인 왕가에서는 한 사람이 3,000명 이상의 원주민을 거느리지 못하게 못 박았지만, 이 규정은 거의 지켜지지 않았다. 지주 한 사람이 4만 명이 넘는 원주민을 관리하기도 했다. 16세기 중반에 오늘날의 니카라과에 해당하는 로드리고 데 콘트레라스에서 있었던 사례이다.[16] 그리고 지주가 자기 자산을 나누지 못하게 금지하고 동생들이 땅을 상속받지 못하게 금지하는 법을 통해 불평등한 토지 분배가 영속화되었다.

볼리비아와 페루에서는 스페인 식민지 개척자들이 싼값에 은광산을 개발하려고 미타mita라는 제도를 도입했다. 원래 미타 제도는 잉카족이 잉카제국에 도입했던 강제노동 제도다. 스페인 왕가는 이렇게 강제 노동을 하는 원주민에게 돈을 주라고 규정했지만, 실제로 받는 임금은 쥐꼬리만 했고 생활은 비참하기 이를 데 없었다. 미타 제도는 볼리비아와 페루가 독립한 1820년대 중반이 되어서야 폐지되었다.

제도 및 경제정책이 계속해서 기존의 권력구조 및 부와 소득 분배를 그대로 유지할 수 있게 도왔다. 스탠리 엥거만과 케네스 소콜로프는 남아메리카와 북아메리카에서 교육이 발전한 방식을 보면 이것을 분명히 알 수 있다고 지적한다. 북아메리카에서는 학교 교육이 급속히 확대되었지만 남아메리카에서는 학교 교육이 절망스러울 정도로 크게 뒤처졌다. 20세기 초, 미국의 식자율은 거의 90퍼센트였다. 이와 대조적으로 아르헨티나의 식자율은 52퍼센트, 볼리비아는 17퍼센트, 칠레는 43퍼센트, 콜롬비아는 32퍼센트, 쿠바는 41퍼센트, 멕시코는 22퍼센트, 우루과이는 54퍼센트였다.[17]

1960년대 진보를 위한 동맹의 가장 중요한 목표 중 하나가 소득 격차와 빈곤을 줄이는 것이었다. 이를 위해 교육을 확대하고 의료 서비스를 개선하고 시장 중심의 농지개혁을 통해 소작농에게 토지를 분배하는 정책에 힘썼다. 그러나 그 후 30년 동안 많은 나라에서 대규모 농지개혁을 단행했는데도 불평등은 줄어들지 않았다. 2장에서도 말했듯이 지수계수를 보면 1960년대와 1990년대 초반 사이에 멕시코를 제외한 모든 라틴아메리카 국가에서 소득분배가 더 불평등해진 것을 알 수 있다. 심지어 1950년대 초에는 서구 민주국가들과 지니계수가 비슷했던 아르헨티나와 우루과이마저 소득분배가 훨씬 더 불공평해졌다. 그나마 조금 진전이 있었던 멕시코의 지니계수도 1992년에 1.53으로 여전히 높았다.[18] 대부분의 국가가 워싱턴 컨센서스 개혁이 시작되기 직전인 1980년대 또는 1990년대 초반에 소득 불평등 지수가 가장 높았다.[19]

워싱턴 컨센서스 개혁을 진행하는 동안에도 가난과 불평등이 줄지 않은 것은 사실이다. 그러나 개혁에 대한 반대가 확고했고 정책 실행 범위가 제한적이었다는 점을 감안하면 그리 놀랄 일도 아니다. 2006년에 발간된 세계은행 보고서에 따르면 라틴아메리카는 1990년대 초부터 2000년대 초까지 하루에 2달러도 안 되는 돈으로 살아가는 인구 비율이 거의 변함이 없었다.[20] 볼리비아, 브라질, 칠레, 코스타리카, 엘살바도르, 니카라과, 파나마는 빈곤율이 감소했지만 아르헨티나와 콜롬비아, 우루과이, 베네수엘라는 빈곤율이 증가했다. 멕시코는 거의 일정했다. 세계은행은 같은 기간에 소득 격차의 폭도 거의 변하지 않았다고 추산했다. 물론 국가별로 차이는 있다. 콜롬비아, 아르헨티나, 코스타리카, 베네수엘라에서는 불평등이 크게 증가했다. 우루과이, 볼리비아, 에콰도르, 온두라스, 파나마, 페루, 파라과이는 소득 격차가 조금 증가했다. 브라질, 칠레, 엘살바도르, 멕시코, 니카라과는 소득 격차가 감소했다.[21]

개방, 세계화, 불평등, 사회 여건

세계화 반대론자들 사이에는 1990년대에 라틴아메리카가 무역을 개방해서 빈곤과 불평등이 심해졌다는 믿음이 만연해 있다.[22] 이런 생각은 언론매체를 통해 퍼져나갔고 네오포퓰리스트들이 늘 입에 달고 사는 말이 되었다. 그러나 이것은 사실이라기보다는 전설에 가깝다. 실제로 많은 이들이 연구를 했지만 무역 개방과 빈민층의 생활수준 악화가 관련이 있다는 확실한 증거를 찾지 못했다. 물론 모든 빈민이 세계화로 혜택을 보았다거나 모든 나라가 무역 자유화로 사회 여건이 향상되었다는 뜻은 아니다. 기존의 증거들을 살펴보면 빈민층의 일부는 무역 자유화로 이득을 보았고 또 일부는 손해를 보았다. 또한 특정 조건에서는 대다수 사람이 무역 개방 수준이 올라가자 혜택을 보았다.

세계화와 사회 여건의 관계에 대한 상세한 분석은 이 책의 핵심 주제에서 벗어나는 면이 있긴 하다. 하지만 이 주제에 관한 방대한 학술논문과 기사와 책을 읽고 또 개인적으로 연구한 바에 따르면 이 둘의 관계는 다음 여덟 가지로 요약할 수 있다.[23]

첫째, 무역 개방 수준을 높이면 경제성장에 긍정적인 효과가 생긴다. 일부 저자들은 이 효과가 강력하고 상당 시간 동안 지속된다고 말하는 한편, 다른 저자들은 무역 개방으로 경제성장에 가속도가 붙는 것은 일시적인 현상이라고 말한다.[24] 그렇다 해도 무역 개방 수준을 높이면 세계시장을 멀리할 때보다 최소한 몇 년이나마 경제가 훨씬 빠르게 성장한다는 사실이 중요하다. 이런 점에서 30년 넘게 칠레를 지켜본 학자들은 대부분 1970년대 중반에 경제를 개방한 덕분에 칠레가 뛰어난 경제실적을 보인 것이라고 이야기한다. 경제성장률이 빠르게 증가하고 빈곤율이 줄어들고 사회여건이 향상된 것은 경제 개방 덕이 크다.

둘째, 수출 부문에서 일하는 사람들은 무역 자유화 이후에 임금과 소득이 증가하는 경향이 있다. 반면에 이전에 수입 장벽으로 보호를 받던 산업의 근로자는 무역이 개방되면 소득이 줄어드는 경향이 있다. 따라서 전에 보호를 받던 수입 산업에서 수출 산업으로 근로자들을 재배치하면 세계화의 혜택을 충분히 맛볼 수 있다. 그런데 근로자들이 일자리를 쉽게 옮기려면 노동시장이 유연해야 한다. 근로자를 고용하고 해고하는 것이 어렵지 않아야 한다는 말이다. 그러나 라틴아메리카 국가는 대부분 이 부분에서 별다른 진전이 없었다.[25] 기업환경평가 보고서에 따르면 라틴아메리카 국가는 근로자 채용의 용이성 항목에서 평균 122위였다. 이와 대조적으로 아시아 호랑이 국가는 평균 78위, 선진 수출국은 평균 13위를 기록했다.

셋째, 외국인 직접 투자를 많이 받은 지역, 그리고 국가와 지방에서 소득 불평등과 빈곤이 감소하는 경향이 있다. 일반적으로 무역 개방 수준을 높이면 외국계 회사들의 투자도 증가한다. 이는 멕시코 31개 주의 사회 여건을 조사한 보고서에서 명확히 드러난다. 경제학자 페르난도 보라스Fernando Borraz와 호세 에르네스토 로페스코르도바José Ernesto López-Cordova가 외국인 직접 투자를 많이 받은 주에서 빈곤과 불평등이 크게 줄었다는 것을 알아냈다.[26]

넷째, 무역 개혁과 수출 확대로 저소득층 여성이 공식 노동시장에서 안정적이고 비교적 보수가 좋은 일자리를 얻을 기회가 더 많아졌다. 라틴아메리카에서는 특히 중요한 사실이다. 칠레를 비롯한 많은 국가가 경제 개발 수준이 비슷한 세계 다른 나라와 비교할 때 공식 노동시장에서 활발히 활동하는 여성의 비율이 상당히 낮기 때문이다.[27]

다섯째, 무역 자유화로 효율성을 높여야 한다는 압박이 심해지면 기업이 정교한 생산기술을 도입하게 된다. 그러면 복잡한 기계를 조작할 수 있는 숙련 근로자의 임금이 미숙련 근로자보다 많아지고 불평등이 심화된다.[28] 이는 곧 무역 자유화와 함께 교육제도, 특히 전직 근로자들을 위한 직업 훈련 제도를 개선해야 한다는 뜻이다. 그러나 말처럼 쉬운 일은 아니다. 라틴아메리카에서는 교육의 질이 아주 낮은데다 지난 몇십 년간 전혀 개선되지 않았다.

여섯째, 무역 개방이 빈곤에 미치는 효과는 어떤 정책으로 무역 개방을 뒷받침하느냐에 달렸다. 사회안전망을 갖춘 나라들, 또는 대외 경쟁이 치열해져서 일자리를 잃은 사람들을 지원하는 효과적인 전직 제도를 실시한 나라들은 무역 개방이 일부 빈곤층에게 미치는 악영향을 예방할 수 있었다. 주로 농촌 지역의 가난한 가정을 지원하려고 멕시코 정부가 도입한 프로캄포Procampo와 프로그레사Progresa 정책이 대표적인 예다. 그 밖의 빈민 지원 프로그램으로는 브라질의 볼사 파밀리아Bolsa Família, 콜롬비아의 파밀리아스 엔 악시온Familias en Acción, 니카라과의 레드 데 프로텍시온 소시알Red de Protección Social이 있다. 안전망이 없는 나라, 또는 사회정책이 있어도 너무 적거나 비효율적이거나 부패한(라틴아메리카에서 대부분이 그랬다) 나라에서는 무역 개방으로 빈곤율이 증가하는 경우가 많았다.[29]

일곱째, 국가 간 비교 연구 결과 중소득 국가와 부유한 국가에서는 무역 개방으로 불평등이 줄어든 반면 빈곤국에서는 불평등이 심화되었다. 특히 일인당 소득이 상위권에 속하는 나라일수록 무역 개방 수준이 올라가면 불평등이 줄어드는 경향을 보였다. 경제가 발전한 나라일수록 무역 개방이 특정 집단이나 지역에 미칠 악영향을 완화시킬 사회정책을 추진할 여유와 역량이 있기 때문이다. 효과적인 안전망을 마련하는 한편 근로자 대상 직업훈련 프로그램을 실시하고, 근로자가 다른 분야로 쉽게 전직할 수 있도록 법을 실행할 능력이 있다.[30] 흥미롭게도 라틴아메리카 국가는 대부분 일인당 소득이 이 기준선을 넘는다. 연 수입이 기준선인 6,000달러 이상으로 대부분 상위권에 속한다.

여덟째, 멕시코와 아르헨티나의 경우처럼 거시경제 위기는 빈곤율을 크게 증가시키고 소득 분배의 불평등도 심화시키는 경향이 있다.[31] 이 점에 특히 주의를 기울여야 하는데, 역사적으로 라틴아메리카의 사회 여건을 악화시킨 주범이 대외 위기이기 때문이다. 통화위기는 거대한 혼란을 야기했다. 회사는 파산하고 실업률은 급격히 증가하고 임금은 하락하고 사람들은 평생 모은 돈을 잃었다.[32] 라틴아메리카 국가들은 대부분 사회안전망이 매우 위태로웠기에 위기가 찾아오면 많은 사람이 궁핍과 절망에 빠졌다. 이 책에서 다룬 멕시코와 아르헨티나의 위기가 정확히 그런 경우다.

2001~2002년에 아르헨티나 페소화가 폭락하자 빈곤선 이하의 생활을 하는 사람의 비율이 15퍼센트 포인트나 증가했다. 2002년 부에노스아이레스 거리에서 먹을 것을 찾아 쓰레기 더미를 뒤지던 사람들의 모습을 어떻게 잊을 수 있겠는가? 1994~1995년 위기 이후 멕시코의 빈곤율은 거의 11퍼센트 포인트 증가했다. 시선을 끄는 이런 이야기들 때문에 개혁이 빈곤을 심화시킨다는 인상이 널리 퍼졌다. 그러나 경제를 개방하고 정책과 제도를 현대화한 국가가 심각한 위기를 모면했다는 사실을 잊어서는 안 된다. 이와 관련하여 칠레의 사례는 특히 흥미롭다. 칠레는 개혁과 현대화 측면에서 엄청난 진전을 보인 국가이자 라틴아메리카에서 유일하게 성장 이행 3단계에 도달한 국가다. 칠레에서는 1989년과 2003년 사이에 빈곤선 이하의 생활을 하는 사람의 비율이 전체 인구의 24퍼센트

에서 5퍼센트로 줄었다.

심각한 위기가 혼란과 실업률 증가, 임금 하락을 야기하고 사회 전체를 고통에 빠뜨리는 것은 엄연한 사실이다. 그렇다고 라틴아메리카에서 빈곤과 불평등이 사라지지 않는 결정적인 이유가 시장 중심 개혁이나 무역 개방 때문이라는 뜻은 아니다. 이와 관련해서는 다음 세 가지를 특히 주목해야 한다. 첫째, 통화위기는 워싱턴 컨센서스 시대에만 나타난 독특한 특징이 아니다. 사실, 7장에서 언급했듯이 아르헨티나의 통화정책 실패는 일찍이 1820년대에 시작되었다. 다른 라틴아메리카 국가에서도 비슷한 역사 패턴이 관찰된다. 둘째, 앞에서 말한 대로 대부분의 국가가 개혁을 시작하기 전인 1990년대 초에 소득 격차가 가장 심했다. 셋째, 이 책에서 입증한 대로 대부분의 라틴아메리카 국가가 개혁을 완수하지 못했고 오랫동안 계속되었던 비효율성과 제도적 약점을 부분적으로 해소하는 데 그쳤다. 칠레만이 유일한 예외였다. 다시 말해 이 지역에서는 현대적인 자본주의 시장경제 제도가 제대로 실행되지 못했다. 따라서 몇백 년간 라틴아메리카 국가를 괴롭혀온 사회문제를 놓고 실제로 시행된 적도 없는 개혁을 탓할 수는 없다.

소득 격차와 교육

개혁도 세계화도 범인이 아니라면 라틴아메리카에서 빈곤과 소득 불균형이 사라지지 않는 이유는 무엇일까? 더 구체적으로 말하자면 불평등과 빈곤을 줄이는 데 관심이 있는 정치인들이 실제로 붙들고 씨름해야 하는 정책은 무엇일까?

역사적으로 라틴아메리카 경제를 연구해온 이들은 이 지역의 사회 여건이 형편없을 수밖에 없었던 결정적인 요인으로 다음 세 가지를 지목한다. 가장 오래된 요인은 식민지 시대 이래로 라틴아메리카에 영향을 끼친 자산 분배, 특히 토지 분배의 불평등이다. 이 지역의 소득 분배가 오랫동안 편향될 수밖에 없었던 두 번째 요인은 공공 부문의 재정 지출 패턴에 있다. 선진국과 달리 라틴아메리카에서는 공공 부문의 민간 이전과 보조금이 저소득층에게 맞도록 설계되지 않았다. 영국과 라틴아메리카 국가를 한 번 비교해보자. 영국에서는 공공 부문을 민간으로 이전하고 보조금을 지급한 뒤 지니계수가 0.53에서 0.35로 0.18포인트 줄었다. 반면에 라틴아메리카 국가는 공공 부문을 민간으로 이전한 뒤 지니계수가 겨우 0.02포인트 줄었다.[33]

그러나 라틴아메리카가 빈곤과 소득 불평등을 비롯하여 사회적 질환에 시달리는 가장 중요한 원인은 오랫동안 끔찍한 상태에서 벗어나지 못하는 이 지역 교육제도에 있다. 교육을 방치한 탓에 대부분의 라틴아메리카 국가가 근로자들의 기술을 향상시키는 데 실패했고 인적자본 형성과 생산성 증가 부문에서 다른 나라보다 한참 뒤처지게 되었다.[34]

라틴아메리카 국가의 아이들은 국제 시험에서 아주 저조한 점수를 받는다. 실제로 아시아 호랑이 국가와 선진 수출국, 남유럽 국가 아이들보다 훨씬 저조하다. 역설적으로 들리겠지만 지난 15년간 라틴아메리카 전체에서 교육 기회와 교육비 지출이 크게 늘었다. 1990년에는 이 지역 전체 소득의 2.7퍼센트를 교육비로 썼는데 2006년에는 4.1퍼센트로 증가했다. 아르헨티나, 칠레, 코스타리카 같은 몇몇 국가에서는 이제 중등교육이 거의 보편화되었다. 그러나 문제는 생산성을 높이고 사회 유동성을 만들어내고 사회 여건을 개선하는 데 있어서 결정적으로 중요한 교육의 효율성이 교육 기회나 교육비 지출을 늘린다고 해서 자연스럽게 올라가지는 않는다는 사실이다. 세계은행이 최근에 밝힌 대로 "교육 기회만으로는 충분하지 않다. 중요한 것은 학습이다."[35]

1995년, 라틴아메리카에서 수학·과학 성취도 추이변화 국제비교 연구TIMSS에 참여한 국가는 콜롬비아가 유일했다. 이 연구는 41개국에서 8학년을 대상으로 치른 국제 표준 검사다.[36] 콜롬비아는 수학과 과학 부문에서 모두 끝에서 두 번째인 40위를 기록했다. 저조한 성적을 받아든 콜롬비아 당국은 결국 1997년 연구에는 참여하지 않았다.

1999년에는 콜롬비아 대신 칠레가 라틴아메리카 국가 중 유일하게 이 연구에 참여했다. 결과는 기대에 한참 못 미쳤다. 일부 평론가들은 놀라움을, 칠레 교육 당국은 실망감을 감추지 못했다. 칠레의 8학년 학생들은 수학 부문에서 38개국 중 35위를 기록했다. 평균 점수는 392점이었다. 전체 국가의 평균 점수인 487점에도 한참 못 미쳤다. 거기다 인도네시아, 필리핀, 모로코, 타이, 이란, 터키, 튀니지, 요르단 등 일인당 소득이 칠레보다 적은 국가들보다도 점수가 낮았다. 과학 부문에서도 수학과 마찬가지로 38개국 중 35위를 기록했다. 실망스러운 결과를 접한 칠레에는 일대 파문이 일었다. 정부 관리들은 교육 개선에 힘쓰겠다는 긴 담화문을 발표하고 유권자들을 안심시키느라 진땀을 뺐다. 교육비 지출이 늘어났고 새로운 학교를 세우는 대형 사업계획이 공개되었다.

담화, 성명, 언론 보도로 시끄러웠다. 그러나 2003년도 수학·과학 성취도 추이변화 국제비교 연구에서도 성적은 나아지지 않았다. 칠레 8학년 학생들은 수학 부문에서 전체 45개국 중 39위를 기록했다. 절대평가에서도 1999년 점수보다 떨어졌다. 그래도 과학 부문은 조금 나았다. 전체 45개국 중 37위였다. 그러나 평균 점수가 413점으로 전체 국가의 평균 점수인 474점보다 낮았다. 2003년도 점수를 받아든 칠레 교육 당국은 중요하고도 충격적인 통찰을 얻었다. 수학은 남학생이 여학생보다 훨씬 잘했다. 연구에 참여한 국가 중 성별 격차가 세 번째로 컸다. 튀니지와 가나 다음이었다. 과학도 남학생이 여학생보다 훨씬 잘했다. 점수 차도 상당했다. 성별 격차는 가나 다음으로 두 번째로 컸다. 칠레 학생들은 '지식' 항목에서 특히 점수가 저조했다. 칠레 교사들이 학생들에게 지식을 제대로 전달하지 못하고 있다는 방증이었다.

2006년에는 몇몇 라틴아메리카 국가가 국제학업성취도평가PISA에 참여했다. 국제학업성취도평가는 OECD가 만 15세 이상 학생을 대상으로 각국의 학업 성취도를 비교 평가하는 시험이다. 이 시험으로 라틴아메리카 교육제도가 혼란에 빠져 있다는 사실을 확인해주는 결과가 나왔다. 비교연구에 참여한 라틴아메리카 6개국 모두 수학 평가에서 하위권에 머물렀다. 57개국 중에서 칠레가 40위, 우루과이가 42위, 멕시코가 48위, 아르헨티나가 50위, 브라질이

51위, 콜롬비아가 52위였다. 선진 수출국은 라틴아메리카 국가보다 월등히 좋은 성적을 냈다. 캐나다가 7위, 뉴질랜드가 11위, 오스트레일리아가 13위였다. 남유럽 국가와 대부분의 동아시아 국가도 라틴아메리카 국가보다 좋은 성적을 받았다. 멕시코의 성적이 라틴아메리카의 평균이었다. 하지만 멕시코의 15세 학생들은 일인당 국민소득과 학생 일인당 교육비 지출 규모에 비춰볼 때 기대에 한참 못 미쳤다.

이렇게 저조한 성적이 나온 데는 준비가 안 된 교사, 형편없는 교육과정, 과도한 중앙 집중화, 책임의식 결여 등 여러 가지 원인이 있다. 오늘날 세계화와 시장 중심 정책, 경제개혁에 반대하는 정치세력은 교육의 질을 높이는 주요 교육개혁에도 줄곧 반대해왔다. 물론 볼리비아의 에보 모랄레스, 니카라과의 다니엘 오르테가, 베네수엘라의 우고 차베스 등 일부 포퓰리스트 정권은 교육 기회를 확대하는 한편 문맹퇴치운동을 실시하기도 했다. 그러나 결과는 그저 그랬다. 학습 기회를 지속적으로 확대하는 방안도 마련하지 못했다(우고 차베스의 교육정책은 9장을 참고하라).

대부분의 라틴아메리카 국가에서 교육제도를 개혁하고 현대화하려고 노력했지만 교원노조와 중도좌파 정당들이 강하게 반대했다. 교육개혁이 좌절된 대표적인 예가 아르헨티나다. 2001년 페르난도 데 라 루아 정부 시절, 신망이 두터운 교육부장관 후안 야크 Juan Llach가 교육의 질을 높여서 기술 중심의 세계경제에서 아르헨티나의 경쟁력을 높이려고 온 힘을 쏟았다. 그가 마련한 개혁 프로그램은 단순하면서도 기발했다. 분권화, 탈관료화, 선택권 확대, 교원 성과급제도, 교장의 책무성 증진, 학부모 참여 확대가 주요 골자였다. 그러나 위세 등등한 교원노조의 반대에 부딪혔다. 야당은 물론이고 집권당에서도 반대했다.[37]

아르헨티나의 교육제도는 몇 해 동안 질이 크게 떨어졌다. 발전 수준이 비슷한 다른 나라와 비교할 때 중등교육에 지출하는 예산은 더 많았지만 성취도는 국제 기준에 훨씬 못 미쳤다. 이를테면 제때 졸업하는 학생의 비율이 아주 낮았다. 더 심각한 것은 갈수록 교육의 질이 악화되었다는 점이다. 1962년에는 중등학교에 입학한 학생의 35퍼센트 이상이 제때 졸업했는데, 1997년에는 제때 졸업한 학생이 24퍼센트로 줄었고 지금까지도 그 수준을 맴돌고 있다. 교육의 질도 각 지역별로 차이가 많이 났다. 부유한 지방은 비교적 괜찮은 편이지만, 가난한 지방은 아르헨티나보다 훨씬 더 가난한 나라들과 다를 게 없었다.[38]

연방제인 아르헨티나에서 교육정책은 각 지방의 소관이다. 후안야크 장관은 이것을 변화의 걸림돌이 아니라 개혁의 발판으로 보았다. 개혁의 기본 신조에 동의하는 지방은 연방정부에서 지급하는 특별 교육기금을 받을 수 있게 하고, 이것을 '연방교육조약'이라 명명했다. 그리고 이 기금으로 4억 5,000만 달러를 지원해달라고 정부에 요청했다. 연방교육조약에 따르면 지방정부는 우수 교사들의 봉급을 인상하는 등 교육적 용도로 추가 기금을 사용할 수 있다.

1999년 대통령 선거운동 기간에 페르난도 데 라 루아는 교육의 중요성을 거듭 강조했다. 그러나 막상 약속을 지킬 때가 되자 교원노조의 압력에 멈칫거리더니 교육부장관 후안 야크에게 어떠한 정치적 재정적 지원도 하지 않았다. 시간이 흐를수록 페르난도 데 라 루아가 후안 야크가 추진하는 교육정책에 재원을 대기 위해 정치 자본을 사용할 의사가 없다는 것이 확실해졌다.

모순적으로 들리겠지만 라틴아메리카의 포퓰리스트 정치인들은 교육 문제를 정면으로 직시하고 풀어나간 적이 한 번도 없다. 전통적인 포퓰리스트나 지금의 네오포퓰리스트나 이 부분에서는 차이가 없다. 물론 교육 개선에 대해 피력하긴 하지만 교원노조와 맞설 의지도 없고 교육제도에 성과급이나 책무성, 분권화, 경쟁을 도입할 의사도 없다. 힘 있는 교원노조와의 충돌을 피하기 위해 포퓰리스트들은 빈민을 위해 사회 여건을 개선하는 실질적인 조치를 취하는 대신 늘 지름길을 택해왔다. 문제는 지름길로는 장기 교육개혁에 성공할 수 없다는 사실이다.

포퓰리즘과 정치제도

라틴아메리카 정치인들만 일반 대중을 규합하거나 지지를 얻기 위해 포퓰리스트 수사법을 사용하는 건 아니다. 계급과 소득 격차를 주로 거론하는 수사법은 미국과 유럽을 비롯해 어느 나라에서나 흔하게 들을 수 있다. 그런데도 라틴아메리카가 유독 눈에 띄는 이유는 정치인들이 계속해서 포퓰리즘 정책을 실행하고 국민에게 해를 끼쳤기 때문이다. 그러면 라틴아메리카가 포퓰리스트 정책의 온상이 되어온 이유는 무엇일까? 라틴아메리카 경제를 몇 번이나 파탄시킨 통화위기가 끊이지 않고 극심한 소득 불평등이 오랫동안 이어져온 것도 한 원인이다. 그러나 꼭 이런 이유만으로 포퓰리즘이 재발되는 것은 아니다. 의지가 강하고 카리스마 있는 지도자들이 경제에 악영향을 끼치는 법안을 통과시킬 수 있게 허용하는 정치제도도 중요한 원인으로 작용했다.

UC버클리 파블로 스필러Pablo Spiller 교수와 아르헨티나 부에노스아이레스에 있는 산안드레스대학교 마리아노 토마시Mariano Tommasi 교수는 경제정책의 질과 정치제도의 질이 직접적으로 관련되어 있다고 말한다.[39] 두 사람은 수많은 정량 지표를 사용하여 1990년대와 2000년대 공공정책의 질을 종합적으로 평가하는 지수를 만들었다. 그러고 나서 라틴아메리카 18개국을 비롯해 총 77개국을 대상으로 조사했다.[40] 조사 결과는 충격적이었다. 전체 표본 중에서 정책의 질이 가장 낮은 3개국은 파라과이, 과테말라, 니카라과로 모두 라틴아메리카 국가였다. 최하위 10퍼센트가 한 나라만 빼고 모두 라틴아메리카에서 나왔다. 위에서 이야기한 세 나라 외에 에콰도르, 볼리비아, 베네수엘라, 아르헨티나가 포함되었다. 공공정책의 질을 평가한 지수에서 상위 50퍼센트에 든 라틴아메리카 국가는 코스타리카, 우루과이, 칠레 3개국뿐이었다. 칠레는 라틴아메리카에서 유일하게 상위 25퍼센트 안에 들었다.

이 연구를 통해 공공정책의 질이 높은 국가들이 행정부의 권력을 제한하는 정치제도를 갖추고 있다는 사실이 입증되기도 했다. 또한 재산권을 침해하고 중대한 경제 통제를 도입하거나 일방적으로 경제 개방 수준을 낮추는 법안이 통과되기 어려운 정치제도를 가지고 있는 것으로 나타났다. 또한 파블로 스필러와 마리아노 토마시는 공공정책의 질이 높은 나라일수록 입법부는 장기적인 목표와 결과에 초점을 맞추고, 사법부는 법과 규율을 바르게 집행하고, 내각은 전문성이 높고 안정적이고, 공무원 조직은 훈련이 잘 되고 능숙한 관료들로 구성되어 있다는 사실도 입증했다. 그러한 점에서 공공정책의 질이 높은 나라들은 행정부가 입법부에서 논의하거나 승인하지 않은 법령으로 국정을 운영하지 못하도록 대통령에게 과도한 권력을 주지 않는다. 흥미롭게도 최근 몇 년간 베네수엘라의 우고 차베스와 아르헨티나의 네스토르 키르치네르, 크리스티나 페르난데스 데 키르치네르 대통령은 자신들의 포퓰리스트 의제를 추진하기 위해 대통령의 권력에 과도하게 의존해왔다.

    이 분석에 담긴 함의는 단순하면서도 강력하다. 견제와 균형이 이루어지지 않는 나라에서는 포퓰리스트 성향을 지닌 대통령이 충분한 토의나 입법 절차를 거치지 않고 어떤 종류의 정책이든 마음대로 실행할 수 있다는 걸 보여준다. 일방적으로 계약을 수정하고 재산권을 침해하고 규칙을 바꾸고 사기업을 몰수할 수도 있다. 실제로 베네수엘라에서 이런 일이 일어났다. 우고 차베스는 대통령령을 사용하여 미국 회사들(엑슨모빌, 셰브런, 코노코필립스)과 토탈 오브 프랑스Total of France, 브리티시 페트롤륨, 노르웨이의 스타토일Statoil ASA이 지분을 가지고 있는 석유회사들을 국유화했다. 그리고 강철업체 테르니움Ternium, 통신 재벌 CANTV, 그리고 미국 전력회사 AES 코퍼레이션AES Corporation과 CMS 에너지CMS Energy가 지분을 가지고 있는 전력회사들도 국유화했다.[41] 볼리비아의 에보 모랄레스도 대통령령을 남발하여 수많은 회사를 국유화했다.[42] 행정부의 권력이 제한되고 입법부가 동등한 입장에서 권력을 견제하는 나라에서는 인기 있는 강인한 지도자가 단기적으로는 효과가 있지만 장기적으로는 인플레이션과 실업, 경기침체로 이어지는 법안을 마음대로 제정하기가 어렵다.

한편 마리아노 토마시가 진행한 정치체제와 공공정책 연구에서는 칠레가 라틴아메리카에서 가장 튼튼한 정치제도를 가지고 있는 것으로 드러났다. 즉, 칠레는 좀 더 장기적인 결과에 집중할 수 있도록 행정부를 견제하고 국회의원을 비롯한 정치인들을 격려하여 권력의 균형을 이루는 정치제도를 가지고 있다. 마리아노 토마시는 또한 니카라과와 아르헨티나, 파라과이, 베네수엘라의 정치제도가 특히 부실하다는 사실을 밝혀냈다. 지난 몇 년 동안 이런 국가에서 포퓰리즘 정책이 실행된 것은 그리 놀랄 일도 아니다.

이런 결과를 토대로 마리아노 토마시는 현대화 및 경제정책에서 실제적이고 장기적인 발전을 이루려면 민주주의를 강화하고 입법부와 사법부에 행정부와 대등한 권력을 주는 정치개혁을 실행해야 한다고 말한다. 그러나 이것은 결코 쉽지 않을 것이다. 기득권 세력이 넋 놓고 앉아서 자신들의 영향력이 줄어들고 자기들에게 집중된 부와 권력이 재분배되는 것을 보고만 있지 않을 테니 말이다. 라틴아메리카 국가에서 일어나는 최근 동향 중에서 특히 충격적인 것은 기이한 새 헌법 초안을 작성하는 바람이 불고 있다는 점이다. 헌법에 개혁을 반대하는 이익집단의 목소리를 반영하는 한편 입법부와 사법부를 약화시켜 행정부를 강화하는 내용이 주를 이룬다.

헌법상의 의무와 책임, 권한을 길게 늘어놓으면서 사법부의 숨통을 조이고 재산권 보호 규정을 약화시킨다. 대통령의 재선을 무기한 허용하여 행정부에 더 많은 재량권과 권력을 준다.

네오포퓰리즘과 신헌정주의

네오포퓰리스트들은 선거를 통해서만 권력을 잡는 것이 아니다. 집권 기간을 연장하기 위해 새 헌법을 기초하는 등 법률 제도를 이용해서도 권력을 잡는다. 지난 10년 동안 베네수엘라와 에콰도르, 볼리비아에서 새 헌법이 승인되었다. 그리고 니카라과에서는 헌법 개혁에 첫걸음을 내딛기 위해 입법기관 설립을 허용하는 법률이 승인되었다.

　베네수엘라, 에콰도르, 볼리비아의 신헌법은 모두 토착 인구의 양도할 수 없는 권리를 인정한다. 국민, 특히 빈민에게 방대하고 매우 자세한 경제적 권리를 주고 이 지역의 이해관계를 좇아 나라를 다시 설립하기 위해 작성되었다. 헌장은 스페인 재단 정치사회교육센터CEPS 소속 학자들의 도움을 받아 작성했다. 정치사회교육센터는 발렌시아대학교 법학교수 로베르토 비시아노 파스토르Roberto Viciano Pastor가 지휘하는 법률과 관련된 두뇌집단이다.

　교리 및 헌법 이론의 관점에서 볼 때 이들 신헌법은 전 세계에 있는 대부분의 헌법과 차이가 많다. 특히 오랫동안 라틴아메리카 국가가 모델로 삼아왔던 미국 헌법의 기본 개념과 상당히 차이가 난다. 법률학자 로베르토 비시아노 파스토르와 루벤 마르티네스 달마우Rúben Martínez Dalmau는 현대 라틴아메리카 헌법이 언제나 진정한 주권자이자 권력자인 국민에 의해 수정이 이뤄지는 미완성 문서라고 주장했다.

첫째, '라틴아메리카의 신헌정주의'에 따르면 정치헌법은 새로운 정치 상황에 따라 빠르고 유연하게 조정되고 바뀌어야 한다. 수정하고 개선하기가 쉬워야 하고, 중대한 변화 없이 10년 이상 지속되어서는 안 된다.[43] 그 결과 모든 행위자, 특히 사업가들과 투자자들 입장에서 볼 때 불확실성이 커졌다. 정치지도자들의 변덕에 따라 게임의 법칙이 언제든 바뀔 수 있으니 투자자들이 기대하는 안정성은 줄어들 수밖에 없다. 이에 따라 투자자들은 장기 계획과 투자에 참여하길 꺼렸다. 결국 경제성장에 악영향을 끼쳤다.

둘째, 신헌법들은 특정한 정치 목표를 이루는 데 도움이 되었다. 즉, 정치적 불편부당성과 공평성이라는 겉치레가 모두 사라졌다. 베네수엘라의 경우 1999년 헌법의 목표는 '21세기의 사회주의' 원리를 바탕으로 정치제도를 구성하는 것이었다. 2009년에 헌법을 개정한 이유는 대통령과 다른 관리들의 재선을 무기한으로 허용하기 위해서였다.[44]

셋째, 라틴아메리카의 신헌정주의에 따라 행정, 입법, 사법에 더하여 두 가지 권력이 추가되었다. 바로 시민의 권력과 선거의 권력이다.[45] 두 가지 추가 권력을 근거로 정치 및 사회 의제를 추진하는 데 국민투표를 광범위하게 활용했다. 즉, 이 새로운 신조는 포퓰리즘의 근본 특성 중 하나를 헌법 차원으로 끌어올렸다.

미국 헌법 및 전통적인 라틴아메리카 헌법과는 아주 대조적으로 베네수엘라, 에콰도르, 볼리비아 신헌법은 그리 간단명료하지 않았다. 삶의 모든 측면을 규정하는 헌장이 아주 길게 이어졌다. 사회·정치·경제 활동을 여러 측면에서 규제하고, 개인·집단·지역의 방대한 경제적 권리를 명시했다. 베네수엘라 헌법은 350개의 영속 조항과 18개의 한시 조항으로 이루어져 있다. 2008년 에콰도르 헌법은 442개의 영속 조항으로 이루어져 있고, 2008년 볼리비아 헌법은 411개의 영속 조항으로 이루어져 있다.[46] 이와 대조적으로 아르헨티나 헌법은 영속 조항 129개, 한시 조항 17개로 이루어져 있다. 칠레 헌법은 영속 조항 119개, 한시 조항 49개로 이루어져 있다. 그리고 미국 헌법은 조항이 7개밖에 안 된다.[47] 아주 세부적인 경제적 권리를 법과 규율로 규정하는 대신 헌법에 명시하는 방식은 1991년 콜롬비아 헌법에서 선례를 찾을 수 있다. 그러나 베네수엘라, 에콰도르, 볼리비아 신헌법은 콜롬비아 헌법을 포함하여 라틴아메리카에서 볼 수 있는 그 어떤 헌법보다 훨씬 더 세세하다. 세계 어디에서도 유례를 찾을 수 없을 정도다.

여러모로 라틴아메리카의 새로운 정치 헌장들은 법률학자 로빈 웨스트Robin West와 다른 학자들이 '염원 헌법'이라 부른 범주에 속한다. 현 사회의 목표와 염원에 뿌리를 둔 헌법으로 '역사적인 승리를 기록한' 좀 더 전통적인 헌법들과 대조를 이룬다.[48] 로빈 웨스트에 따르면 "염원 헌법의 근저에는 자유와 평등이라는 진정한 이상이 있다. 자유와 평등은 정치적 목적이 염원하고 목표로 삼는, 또는 목표로 삼아야 하는 것이다." 콜롬비아 헌법학자 마우리시오 가르시아빌레가스Mauricio García-Villegas는 염원 헌법이 '방어적' 헌법과는 상당히 다르다고 주장했다. 전자가 국민의 정치적 목표를 이루고자 사법제도를 정치적 논쟁거리로 삼아 최대한 많은 것을 담아내는 반면, 후자는 국민의 권리를 비롯하여 미래에 남용될 수 있는 현상現狀을 보호하려 한다. 후자의 가장 대표적인 예가 미국 헌법이다. 교리적 철학적 관점에서 마우리시오 가르시아빌레가스는 염원 헌법을 루소의 사상과 연결시키고, 방어적 헌법을 몽테스키외Montesquieu와 연결시킨다.[49]

한 나라의 염원을 담아낼 수 있도록 헌법이 길어야 한다는 시각은 헌법 경제학자들의 시각과 극명한 대조를 이룬다. 헌법 경제학자들은 헌법이 개인의 권리를 보호하고 정부가 개인의 재산을 취하거나 다른 약속들을 저버리려는 유혹에 빠지지 않도록 보장하는 단순한 문서여야 한다고 강조한다. 이런 노선을 따르는 카스 선스타인Cass Sunstein은 헌법이 사회의 전통과 정치적 관습에서 비롯되는 약점과 유혹으로부터 사회를 보호해야 한다고 말한다.[50]

2008년 에콰도르 헌법은 라틴아메리카의 정치적 경제적 재정적 통합(423조)을 추구하는 것을 국가의 의무로 명시했다. 또한 '식량 주권'을 추구하고(410조) 과학연구에 기금을 대는(388조) 것도 헌법에 명시된 국가의 의무다. 에콰도르 헌법은 사회보장 사업의 민영화를 금하고(367조), 국가가 소득이나 재산 규모에 상관없이 모든 노인에게 의료 서비스를 무상으로 제공해야 한다(37조)고 명시했다. 또한 염원을 한껏 담아 에콰도르 시민은 거짓말을 하거나 게으르지 않을 책임이 있다(83조)고 명시했다.

그러나 길게 늘어놓은 헌법적 권한과 의무에 필요한 자금을 어떻게 댈 것인지에 대해서는 일언반구도 없었다. 세금 징수 능력이 부족하고 원래 결함이 많은 에콰도르의 세무행정제도를 감안하면 헌법에 명시한 많은 의무가 자금이 없어 유명무실해지기 쉽다. 또한 국가가 국민에게 헌법에 규정한 서비스를 제공하지 못할 확률이 높다. 상황이 이러하니 이뤄지지 않은 염원이 많아지고 결국에는 심각한 헌정위기에 처할 수도 있다. 에콰도르 사례가 특히 흥미로운 것은 미국 달러화를 자국 통화로 사용하기 때문에 헌법에 명시된 국가의 의무를 다하기 위해 인플레이션을 조장해 자금을 댈 수도 없다는 점이다. 이 말은 곧 에콰도르가 달러화를 쓰는 현 통화제도를 앞으로 포기할 수도 있다는 뜻이다. 미국 달러화를 법정통화로 사용한다는 조항을 헌법에 명시하지 않았으니 간단한 법을 하나 통과시키면 충분히 가능하다.[51]

로베르토 비시아노 파스토르와 루벤 마르티네스 달마우가 1999년 베네수엘라 헌법의 교리적 토대에 대해 장황하게 되풀이한 논평을 살펴보자.

이 헌법은 주권의 필수 개념과 사회에서 국가가 해야 할 새로운 역할, 선진 민주주의 증진을 위한 민주적이고 참여적인 헌법 절차의 유용성을 강조하며 헌법에 새롭게 접근한다. 내적 힘의 메커니즘과 국민 주권의 타당성, 국가와 사회의 새로운 관계를 강화하기 위해 고전적인 헌법 모델을 바꾸었다. …… 모든 공권력에 대한 민주적 통제 방식, 참여 민주주의 메커니즘, 국가 자원의 공유, 부를 분배하는 새로운 방식, 세계 어디에서나 인정하는 가장 광범위한 권리를 규정한다. 이런 관점에서 볼 때 베네수엘라 헌법은 라틴아메리카 신헌정주의가 낳은 유일한 산물이라 할 수 없다. 라틴아메리카의 전통 헌정주의에서 라틴아메리카 사람들의 진정한 필요에 맞춘 좀 더 진실하고 독창적인 공식으로 옮겨간 헌법 절차의 사슬에 연결된 또 하나의 고리라고 해야 옳다.[52]

21세기 사회주의 원리에 따라 경제 및 정치 제도를 만들려 했던 우고 차베스의 정치적 탐색과 1999년도 베네수엘라 헌법의 관계에 대해 로베르토 비시아노 파스토르와 루벤 마르티네스 달마우는 이렇게 말했다.

> 베네수엘라 헌법은…… 필요에 의한 미완성 헌법이다. 이전의 제도가 파괴되었기 때문에 다른 방식으로는 존재할 수가 없다. 그리고 새 제도를 구성하는 일은 서로 평행하지만 동시에 일어나지는 않는 두 가지 프로젝트다. …… 따라서 1998년 헌법의 목표는 최종 모델을 세우는 것이 아니라 옛 제도로 회귀하려는 위협에 노출되지 않고 새로운 모델에 관해 생각할 시간을 주는 것이다.[53]

2009월 2월, 베네수엘라 헌법은 국민투표를 통해 개정되었다. 그리고 이를 통해 우고 차베스와 다른 공직자들이 횟수의 제한 없이 몇 번이고 재선될 수 있는 길이 열렸다. 많은 분석가가 무기한 재선 조항이 볼리비아와 에콰도르 헌법에도 들어갈 거라고 예상한다. 그리고 어쩌면 이 지역에 있는 다른 나라 헌법에도 들어갈지 모른다고 생각한다. 이 조항을 지지하는 사람들은 자기들이 하는 모든 일이 이 나라 헌법에 최종 주권자로 명시된 국민의 열망에 부합한다고, 대부분의 유럽 국가와 마찬가지로 의회제도가 특정 정당이나 연립 정부의 무기한 재선을 허용한다고 주장한다. 그 정당이 무한정 행정부의 수뇌가 될 수 있는 지도자를 가지고 있는 한 말이다.[54]

그러나 이런 주장은 두 가지 요점을 놓쳤다. 첫째, 의회제도에서는 총리를 불신임하는 것이 가능하지만 베네수엘라 헌법에서는 선택의 여지가 없다. 베네수엘라에서는 장관들을 불신임할 수는 있지만 행정부의 수뇌를 불신임할 수는 없다. 둘째, 라틴아메리카 국가에서는 대부분 정부가 정치과정에 쉴 새 없이 개입한다. 무기한 재선을 허용하면 정부의 간섭과 개입이 더 늘어나기 십상이다.

국민에게 권력을 돌려준다는 미명 아래 권위주의적인 포퓰리스트 지도자들은 자신들의 지배를 영구화하고 자기 측근들에게 혜택을 주는 상황을 만들었다. 그리고 국민의 뜻을 전하는 진정한 전달자, 헌정주의의 지지자 같은 그럴듯한 정통성을 스스로 부여했다. 결과는 끔찍했다. 2009년 2월 국민투표를 앞두고 베네수엘라 정부가 무제한 재선 조항에 대한 국민의 지지를 끌어올리기 위해 공적 자금을 사용한 증거가 포착되었다. 호세 데 코르도바[José de Córdoba] 기자의 말을 들어보자.

선거 내내 차베스 운동에 정부 자원을 엄청나게 쏟아부었다. 무엇보다 국영 언론사에서 차베스의 담화를 끊임없이 내보냈다. …… 베네수엘라 선거운동에서 늘 있는 일이지만 공무원 수천 명이 암암리에 연임 제한 철폐에 반대표를 던지면 직장을 잃게 될 거라는 위협을 받았다. …… 경찰은 연임 제한 철폐에 반대하며 가두시위를 하는 대학생들을 해산시켰다.[55]

9장
■■■

차베스와 룰라

1992년 2월 4일, 우고 차베스라는 육군 중령이 베네수엘라에서 쿠데타를 시도했다. 좌파 인사 여러 명이 죽고 수십 명이 다치는 격렬한 전투가 있고 나서 카를로스 안드레스 페레스Carlos Andrés Pérez 대통령의 충성스런 무장병력이 역당들을 물리쳤다. 하는 수 없이 투항한 우고 차베스는 국영방송에 나와서 자신이 이끄는 베네수엘라 운동이 '당분간은' 실패했노라고 말했다. 거무스름한 얼굴에 다부진 체격을 지닌 우고 차베스는 베네수엘라 정치 엘리트들과는 사뭇 달랐다.[1] 6년 뒤 4년간의 수감생활을 마친 우고 차베스가 '볼리바리즘Bolivarism'을 내세워 베네수엘라 대통령에 당선되었다. 세계화와 자유시장에 비판의 날을 세우는 그는 외국계 회사들을 국유화하고, 자기 측근들을 대법원에 앉히고, 다른 나라의 내정에 간섭했다. 또한 게릴라 운동 지원, 빈민 건강 증진, 문맹 퇴치를 위해 사회정책을 실시하고, 몇 번이고 재선이 가능하도록 헌법을 개정했다.

지난 몇 년간 라틴아메리카에서 우고 차베스의 영향을 받지 않은 이는 아무도 없다. 그를 숭배하는 사람만큼이나 경멸하는 사람도 많았다. 사람들의 생각과 달리 우고 차베스는 경제개혁이나 세계화의 산물이 아니다. 그보다는 1950년대 후반부터 베네수엘라에서 인기를 끌었던 정부 주도형 수입 대체 정책의 산물이라고 해야 맞다. 또한 1958년 이래 베네수엘라를 통치했던 실정에 어두운 정치 엘리트가 추진한 정책의 산물이기도 하다.

브라질 대통령 루이스 이나시우 다 시우바가 포퓰리스트의 유혹을 물리쳤다는 말은 상당 부분 사실이다. 그러나 브라질이 잠재력을 십분 발휘하여 좋은 성과를 낸 것이 반드시 포퓰리스트를 지양했기 때문만은 아니다. 브라질은 효율적인 제도를 만들고 혁신과 경쟁, 생산성 증가를 촉진하는 대규모 현대화 개혁을 실시했다. 2003년부터 2008년까지 브라질의 국내총생산은 평균 3.9퍼센트 성장했다. 특별히 낮은 수치도 아니지만 그렇다고 이례적일 정도로 높은 수치도 아니다. 아주 호의적이었던 대외 환경을 고려하면 더더욱 그렇다. 사실 이 기간에 브라질은 브릭스(브라질, 러시아, 인도, 중국) 국가 중에서 경제성장률이 가장 낮았다. 게다가 여전히 외부 충격에 아주 취약했다. 2008년 세계 금융위기 이후 수출과 투자, 성장률이 급속히 둔화되었던 것에서 이런 취약성을 다시금 확인할 수 있었다. 우고 차베스와 룰라는 대조적인 특성을 지닌 만큼 둘에 대한 비교연구가 풍성하게 이뤄졌다.

차베스와 베네수엘라의 포퓰리즘

지금까지 우고 차베스를 다룬 글만 수천 페이지가 넘는다. 대부분의 평론가가 우고 차베스가 네오포퓰리즘의 전형을 보여준다는 점에 동의한다. 또한 그의 정책이 베네수엘라에서만 아니라 라틴아메리카 전체에서 시장 중심 경제와 현대성에 대한 도전을 상징한다고들 말한다. 우고 차베스는 네오포퓰리스트 리더십의 특징을 거의 모두 지니고 있다. 입만 열만 평등한 세상을 이야기하고 일반 대중을 결집시키기 위해 부유층을 공격하는 카리스마 있는 강한 지도자. 대의민주제를 경멸하고, 늘 이기기만 한다는 법도 없는데 걸핏하면 국민투표에 의지한다. 차베스는 목표를 달성하기 위해 일반 대중에게 직접 압박을 가하는 인물이다. 민주주의 제도를 업신여기는 차베스의 태도는 그의 지지자들과 전 베네수엘라 부통령 호세 빈센테 랑겔José Vicente Rangel이 한 말에도 잘 나타나 있다. "차베스는 제도 위에 있다. 그는 민중의 화신이기 때문이다."[2]

단기적으로는 성과가 있어 보이는 뒤틀린 경제정책들도 여전히 진행 중이다. 차베스는 물가를 통제하고, 모든 종류의 회사를 국유화하고, 중앙은행을 정치적 임용자들로 가득 채우고, 부분적으로 공동 통화에 기반을 둔 통화제도를 만들려 한다.[3] 빈민층을 돕기 위해 소득 재분배 계획을 실시하고, 문맹퇴치운동을 홍보하는가 하면 토착민과 실업자 들을 지원했다. 그러나 베네수엘라 경제학자이자 예전 차베스 지지자인 프란시스코 로드리게스Francisco Rodríguez는 이런 정책들이 실제로 그리고 지속적으로 국민의 생활 여건을 개선할지, 정말 그런 운이 따라 줄지는 의문이라고 말했다. 다만 인플레이션과 식량 부족이 급격히 심화되었던 베네수엘라가 사상 초유의 고유가 덕분에 차베스 치하에서 경제성장을 이뤘다는 것만은 의심의 여지가 없다.[4]

우고 차베스는 네오포퓰리스트 지도자를 대표하는 완벽한 본보기일 뿐 아니라 아주 운이 좋은 정치인이다. 그가 막 대통령이 되었을 때 석유 가격은 배럴당 15달러였다. 그런데 2008년 7월에는 석유 가격이 배럴당 135달러 언저리를 맴돌았다. 2009년 9월에는 배럴당 70달러였다. 그가 대통령에 취임했을 때보다 네 배 이상 오른 가격이다. 차베스는 이 노다지를 이용해 라틴아메리카 곳곳에서 자신의 정치 조직을 발전시키고 사회정책에 자금을 댔다. 그러나 이 사회정책은 빈민층의 복지에 꼭 좋다고만은 할 수 없는 영향을 끼쳤다. (여기에 대해서는 뒤에서 더 살펴볼 것이다.) 이 밖에도 차베스는 볼리비아와 니카라과에 대규모 원조를 제공하고 아르헨티나에도 재정을 지원했다. 그가 콜롬비아무장혁명군 FARC 게릴라들에게 자금 지원을 했는지는 확실치 않다. 그러나 콜롬비아 반란군들을 정치적으로 지원하고, 테러리스트 명단에서 그들을 빼달라고 서구 민주국가들을 설득했던 것만은 분명한 사실이다.[5] 언론매체에서 '놀라운 반전'이라 불렸던 2008년 6월 8일, 차베스 대통령은 콜롬비아무장혁명군에게 무기를 내려놓고 몇 년간 붙잡고 있던 인질들을 풀어주라고 요청했다.[6]

우고 차베스와 그가 이끄는 베네수엘라 정권의 포퓰리즘에 관한 문헌은 엄청나게 많다. 그런데도 그가 권력을 장악하게 된 역사적 배경에 관해서는 잘 모르고 있다. 이 현상을 완전히 이해하려면 1998년 차베스의 당선이 워싱턴 컨센서스 개혁에 대한 즉각적 반응이 아니라는 사실을 인정해야 한다. 베네수엘라는 1993년에 의미 있는 현대화 개혁을 모두 중단했다. 차베스가 대통령에 선출되기 5년 전이다. 차베스가 대통령이 되기 전에 이미 라파엘 칼데라Rafael Caldera가 개혁을 중단한 상태였다. 라파엘 칼데라 역시 포퓰리스트 연단에 오른 인물이다. 칼데라 행정부는 카를로스 안드레스 페레스 행정부가 소심하게 추진했던 개혁을 대부분 원점으로 돌려놓았다.

베네수엘라에서 포퓰리스트 정권이 시작된 것은 차베스나 칼데라 때가 아니다. 그보다 훨씬 전인 1980년대 중반, 하이메 루신치Jaime Lusinchi 행정부 때부터 시작되었다. 베네수엘라의 재정적자와 대외 부채, 인플레이션이 극적으로 증가했을 때다. 그리고 1989년부터 1993년까지 잠시 동안의 정치 공백기를 거쳐 라파엘 칼데라와 함께 포퓰리즘 정책이 부활했다. 당시 대통령이었던 카를로스 안드레스 페레스는 경제 질서를 회복하고 인플레이션을 줄이려고 애쓰는 한편 가벼운 현대화 정책을 몇 가지 도입했다. 1998년에 우고 차베스가 정권을 장악했을 때 베네수엘라는 틀림없이 라틴아메리카에서 개혁을 가장 적게 추진한 나라였다. 「포린폴리시Foreign Policy」 편집자 모이세스 나임이 말한 대로 "베네수엘라의 신자유주의 개혁 실험은 대단치도 않았고 오래가지도 못했으며 어설펐고 자주 뒤집혔다."[7]

엄밀히 말해서 차베스는 워싱턴 컨센서스 개혁이 실패해서 그 반작용으로 권세를 얻은 것이 아니다. 수십 년간 이어진 부정부패와 경기침체, 베네수엘라 엘리트들의 무사안일주의가 빚어낸 결과였다. 다시 말해 차베스 정권은 신자유주의의 산물이 아니라 1950년대 후반 이래 베네수엘라가 추진하다 실패했던 정책의 부산물이다.

1950년에 베네수엘라는 라틴아메리카에서 일인당 소득이 가장 높았다. 어마어마한 석유 자원 덕분이었다. 그러다 수년에 걸친 독재정권이 1958년에 막을 내리자 베네수엘라 정치 엘리트들은 민주적 통치 및 권력 승계를 다짐하며 푼토피호협약을 맺었다. 그 후 30년간 대다수 라틴아메리카 국가에서 쿠데타가 반복될 때도 베네수엘라에서는 계속해서 민주 선거로 정부를 구성했다. 1970년대 초에는 상황이 더욱 좋아졌다. 국제 유가가 가파르게 상승한 덕분에 베네수엘라 정부는 방대한 사회정책에 착수할 수 있었다. 그 결과 사회 여건이 대폭 개선되고 불평등도 줄어들었다. 베네수엘라인들은 일종의 낙원에 살고 있었다. 적어도 라틴아메리카에 사는 사람들 눈에는 그래 보였다. 그래서 수많은 중산층 전문 인력이 자신들이 나고 자란 고국을 버리고 베네수엘라의 카라카스, 마라카이보, 발렌시아 같은 도시로 자신의 운을 시험하러 떠났다.[8]

그러나 풍요로움은 양날의 칼이 될 수 있다. 풍요 속에서 사회에 대한 불만이 싹트는 경우가 종종 있기 때문이다. 베네수엘라에는 사회 불만을 자극하는 요소가 세 가지 있었다. 첫째는 정치제도에 대한 지배층의 안일한 태도, 둘째는 대형 부정부패, 셋째는 방대한 부와 재물을 가지고도 1980년 이후 경기가 후퇴할 수밖에 없게 만든 정부 주도형 보호무역정책과 간섭주의 정책이었다. 1980년과

1995년 사이에 베네수엘라의 일인당 소득은 18퍼센트나 하락했다. 같은 기간에 칠레의 일인당 소득은 45퍼센트 증가했고, 콜롬비아는 27퍼센트, 우루과이는 17퍼센트 증가했다.[9] 1982년 멕시코 금융위기로 모든 라틴아메리카 경제가 타격을 받았을 때 베네수엘라만큼은 이 '데킬라 효과'에 거의 영향을 받지 않았다. 이 점을 감안하면 이 기간에 보여준 베네수엘라의 경제실적은 정말로 형편없는 수준이다.[10]

군부가 정치에 개입하는 일 없이 몇십 년이 흘렀다. 그러자 베네수엘라 정치 엘리트들은 자기네 나라는 정치제도가 우수하고 유권자들이 흡족해하고 사회정책이 잘 되어 있다고 확신했다. 그러나 정치 엘리트들이 이렇게 자축하는 사이 국민은 환멸을 느끼고 있었다. 정치과정에 참여하는 이는 소수였고 대다수가 정치 경쟁을 억누르는 노쇠한 양대 정당을 보고 분개했다. 1970년대 말에서 1980년대 초, 유가가 다시 오르자 정치 엘리트들의 부정부패는 점점 더 심해졌다. 정치평론가 앤드루 템플턴Andrew Templeton은 여론조사를 통해 1980년대와 1990년대에 베네수엘라에서 민심이 어떻게 변화했는지를 설명했다. 1983년 초, 베네수엘라 국민의 60퍼센트 이상이 국가의 경제 상황 때문에 충분히 불행하다고 답했다.[11]

석유 호황기에 베네수엘라 정부는 급속한 산업화를 이루고자 일련의 투자 사업에 손을 댔다. 이미 밝혀진 대로 대부분 아주 비효율적이고 경제성장에도 전혀 도움이 안 되는 사업이었다. 그 여파로 1978년에는 공공 부문 적자가 국내총생산의 14퍼센트에 달했다. 1983년까지 대외 부채가 크게 증가했고 무역 적자가 지속 불가능한 수준까지 늘어났다. 그해 2월, 중앙은행의 외환보유액이 크게 줄어들자 볼리바르화에 대한 대규모 평가절하가 이뤄졌다. 상황이 급박하게 변하자 국민은 충격을 받았다. 대형 부정부패가 있었던 것이 틀림없다고 생각했다. 1984년 여론조사에 따르면 국민의 69퍼센트가 대외 부채 증가 원인이 정부의 부실 관리 아니면 부정부패 탓이라고 확신했다.[12]

1984년부터 1988년까지 하이메 루신치 정부는 유가가 하락하는데도 재정 및 화폐 팽창 정책을 고수했다. 1986년 12월, 볼리바르화가 다시 50퍼센트 가까이 평가절하되었다. 1987년에는 인플레이션이 42퍼센트까지 증가했다. 몇 세대 동안 베네수엘라에서 볼 수 없었던 수치였다.[13] 베네수엘라 정부는 제동을 걸고 경제 균형을 회복하려고 노력하는 대신 계속해서 공공 지출과 화폐 발행을 늘렸다. 하버드대학교 경제학자이자 베네수엘라 기획부장관 리카르도 하우스만 Ricardo Hausmann에 따르면 "금융절도를 무시한 탓에 인플레이션에 가속도가 붙었다. 이에 정부는 인플레이션을 억제하기 위해 물가를 통제하고 농산물 값을 동결했다. 그 유명한 포퓰리즘의 함정에 빠진 것이다. …… 그러나 결국 공공 부문 적자만 늘어나고 말았다. 1988년에는 공공 부문 적자가 국내총생산의 9.9퍼센트에 이르렀다."[14]

1989년, 카를로스 안드레스 페레스가 대통령에 취임했을 때 베네수엘라는 붕괴하기 직전이었다. 대외 채무가 어마어마했고, 재정 적자는 수습이 불가능했다. 식량 부족 사태가 벌어지고 신용 거래는 거의 사라졌다. 신정부는 국제통화기금의 지원을 받고 대규모

'충격 요법'을 써서 이런 문제를 해결하기로 했다. 이 계획의 중심에 볼리바르화 가치를 3분의 2까지 낮추는 대규모 평가절하가 있었다.[15] 지원 정책으로 대규모 재정조정, 가솔린 값과 대중교통 요금 대폭 인상, 수입관세 인하 조치가 뒤따랐다. 신용 거래의 원가를 반영하여 금리도 대폭 인상했다. 이에 관한 내용은 1989년 2월 중순에 대통령이 직접 발표했다. 그리고 다음 며칠 동안 국무위원들이 국제통화기금과 합의한 세부 사항을 공개했다.

2월 26일, 교통부장관이 대중교통 요금이 앞으로 90일 동안 30퍼센트 인상될 거라고 발표했다. 그리고 90일 뒤에는 추가 물가 인상이 있을 거라고 덧붙였다. 민심은 흉흉했다. 국민이 페레스를 선택한 것은 그가 베네수엘라를 구해줄 거라고 철석같이 믿었기 때문이다. 페레스가 대통령이었던 1974~1979년 때처럼 다시 좋은 시절로 돌아가고 싶어서 그를 뽑은 것이지 국민의 생활을 더 어렵게 만들라고 뽑은 것이 아니었다. 2월 27일 아침, 카라카스 교외 빈민가에서 시위가 벌어졌다. 시간이 지날수록 주변 지역으로 시위가 확산되었다. 오후 무렵에는 수도를 비롯한 주요 도시에서 대규모 폭동이 일어났다. 슈퍼마켓에 들이닥쳐 물건을 약탈하고 상점을 부수었다. 버스에 불을 지르고 일반 시민을 공격하기도 했다.[16]

폭동과 약탈은 닷새간 이어졌다. 당국의 대처는 허술하기 짝이 없었다. 폭력 행위가 특히 극심했던 지역에 경찰을 출동시키는 데만 몇 시간이 걸렸다. 경찰과 군이 현장에 도착했을 때 폭도들은 아무런 저지도 받지 않고 행동했다. 다섯째 날 폭력 사태가 간신히 진정되었다. 사망자만 300명이 넘었다.[17] '카라카소 Caracazo'라고 알려진 카라카스 인민 봉기는 베네수엘라 현대사에서 하나의 전환점이다. 페레스 행정부는 결국 정부 기능을 회복하지 못했다. 그리고 그 후 3년간 닷새간의 폭동을 해명하느라 전전긍긍했다. 놀랍게도 페레스 대통령은 그날의 시위와 폭동이 정부의 경제정책에 대한 반발이었다는 점을 절대 인정하지 않았다. 그리고 자신의 정치 생명을 위해 안간힘을 쓰는 한편, 모이세스 나임Moisés Naím이 '대단치 않은 개혁'이라 불렀던 정책을 실행하면서 남은 임기를 보냈다.[18]

돌이켜 생각해보면 카라카스 민중 봉기는 우고 차베스가 1992년 2월에 쿠데타를 시도하는 발판이 되었다. 이것이 카라카스 민중 봉기가 낳은 가장 중요한 결과 중 하나다. 비록 성공하지는 못했지만, 쿠데타 시도를 계기로 차베스는 자신의 이름을 확실히 알릴 수 있었다. 게다가 베네수엘라의 불운이 정부의 부패 때문이라 확신했던 이들을 비롯해 많은 국민이 그를 영웅으로 여기게 되었다.

1993년, 페레스 대통령은 부패 혐의로 고발되었고 베네수엘라 의회는 그를 권좌에서 축출했다. 1994년 2월, 1969년부터 1974년까지 대통령을 지낸 라파엘 칼데라가 반개혁과 반세계화의 기치를 내걸고 다시금 베네수엘라 대통령이 되었다. 임기 초기에 그는 급격한 인플레이션, 물가 통제, 볼리바르화 가치 급락, 외환 관리, 대규모 은행 위기, 경기침체에 시달려야 했다. 라파엘 칼데라는 1994년에 우고 차베스를 석방했다. 그리고 1996년에는 국제통화기금과 합의서에 서명했다. 16억 달러의 재정 지원을 받는 대가로 인플레이션을 줄이고 성장에 다시 불을 붙이기 위해 조정 정책을 실시하기로 했다.

볼리바르혁명, 그리고 좌절

많은 전문가와 국제 평론가는 1998년에 우고 차베스가 대통령에 당선되자 열렬히 환영했다. 낙하산병 출신의 우고 차베스는 꽤 신선한 인물이었다. 더욱이 그는 부패를 근절하고 빈곤과 사회 불평등을 비롯해 베네수엘라가 직면한 긴급한 경제 현안을 해결하겠다고 약속했다. 그가 민주주의 제도를 무시하고 불과 6년 전에 쿠데타를 시도했다는 사실마저도 젊은 혈기로 저지른 사소한 실수쯤으로 여기고 대수롭지 않아 하는 분위기였다.

대통령에 취임하고 처음 몇 달간 우고 차베스는 베네수엘라의 정치제도와 경제제도를 근본적으로 바꾸기 위해 큰 걸음을 뗐다. 정치적으로는 1958년에 푼토피호협약을 맺은 전통 정당들이 더는 힘을 쓸 수 없게 만들고 베네수엘라가 좀 더 평등한 사회가 되게 할 생각이었다. 1999년 7월, 제헌의회 의원들이 선출되었다. 의석의 95퍼센트를 차베스 지지자가 차지했다. 그리고 그해 12월에 새 헌법이 채택되었다.

신헌법은 공식 국명을 베네수엘라 볼리바르 공화국Republica Bolivariana de Venezuela으로 고치고, 양원제였던 의회 제도를 행정부의 권한이 대폭 늘어난 단원제로 바꿨다. 또한 모든 시민에게 양질의 의료 서비스를 무상으로 제공하기로 했다. 사법부에도 중대한 변화가 생겼다. 행정부가 판사 임명에 큰 영향력을 행사할 수 있게 된 것이다.

일찍부터 차베스의 경제정책에는 세 가지 목표가 있었다. 전략상 중요한 기업들을 국유화하고, 경제성장 속도를 높이고, 사회복지 사업을 혁명적으로 바꾸는 것이다. 1999년, 차베스는 가족부를 폐지하고 사회복지 사업을 사회통합기금국 Fondo Único Social 으로 집중시켰다. 사회통합기금국은 군에서 운영하는 새로운 기관으로 석유 수출로 번 수십억 달러를 사회복지 사업에 썼다. 2002년에는 차베스를 권좌에서 끌어내리려는 쿠데타가 며칠 만에 실패로 끝났다. 차베스는 이틀간 억류되어 있었다. 그 일이 있고 나서 차베스는 스페인어로 '미시오네스 misiones', 즉 '미션'이란 이름의 새로운 사회복지 사업을 시작했다.

첫 번째는 빈민층에게 의료 서비스를 제공하는 미시온 바리오 아덴트로 Misión Barrio Adentro 였다. 의사들은 대부분 쿠바인이었다. 이들은 베네수엘라와 카리브 해 국가들이 조인한 상호원조계획의 일환으로 베네수엘라에 왔다. 미시온 바리오 아덴트로는 규모도 컸고 논란도 많았다. 3만 명이 넘는 쿠바 의료진이 참여했고 800만 명이 넘는 사람들이 예방 차원에서 진료를 받았다. 정부는 이 사업이 크게 성공했다고 선전했다. 많은 진료소와 병원을 세웠고 가난한 사람들의 건강이 상당히 좋아졌다고 말이다. 그러나 한편에서는 이 사업이 순전히 선전에 불과하며 실패했다고 반박했다. 유아 사망률과 전염병 발생률을 비롯한 공공보건 지수가 오히려 악화되었다고 말이다.[19]

미시온 로빈손 Misión Robinsón 사업으로 문맹퇴치운동도 실시했다. 그리고 이어서 미시온 로빈손 II 사업으로 초등교육을 널리 보급하고 교육의 질을 개선했다. 미시온 리바스 Misión Ribas 사업은 고등학생들과 고교 중퇴자들의 교육을 담당하고, 미시온 수크레 Misión Sucre

사업은 전문대학 이상 고등교육에 초점을 맞췄다. 대형 석유회사 PDVSA에서 수십억 달러를 직접 끌어와 이런 미션을 수행하는 데 썼다. 정상적인 예산 활동 밖에서 기금 지원이 이뤄졌다.[20] 미시온 메르칼Misión Mercal 사업은 판자촌과 가난한 동네에 시장을 많이 만들어서 빈민층에게 저렴한 값에 식량을 공급하는 것이 목표였다. 그러나 앞서 이야기했듯이 많은 전문가와 평론가는 이런 사업이 부정부패로 얼룩진데다 하나같이 비효율적이라고 비판했다. 일례로 차베스 재임 기간에 문맹률은 거의 줄어들지 않았다.[21]

정치학자 미하엘 펜폴드베세라Michael Penfold-Becerra는 이런 사업의 자금 지출 방식과 차베스 정권에 대한 지지 사이에 어떤 관련이 있는지를 분석했다. 그 결과 공공보건 사업인 미시온 바리오 아덴트로는 정치적 계산 없이 지출이 이뤄졌다는 것을 알아냈다. 그러나 나머지 사업들은 '당근과 채찍'이라는 정치적 계산을 충실히 따랐다. 즉, 차베스 지지자들에게는 상을 주고 반대자들에게는 벌을 주는 방식으로 지출이 이뤄졌다는 말이다. 미하엘 펜폴드베세라는 차베스가 이런 사업에 엄청난 돈을 쏟아부은 덕분에 2004년 탄핵 국민투표에서 살아남을 수 있었다고 분석한다. 정치적 목적으로 사회복지 사업을 활용하는 것은 포퓰리스트 정치인이 즐겨 사용하는 기술이다. 정치이론가들은 이런 정책 기조를 정치적 후견주의clientelism라 부른다.[22]

차베스의 발언과 경제정책은 2002년에 좀 더 과격해졌다. 미국 정부가 연루된 반反차베스 쿠데타가 일어났다가 실패한 뒤였다. 백악관에서는 자기들과 아무 관계가 없다고 부인했다. 그러면서도 미국은 사업가 페드로 카르모나Pedro Carmona가 이끄는 과도정부를 공개적으로 지지했고, 이 때문에 차베스와의 관계가 회복할 수 없을 정도로 망가졌다.[23] 과격해진 차베스는 국영 석유회사 PDVSA의 직원 1만 7,000명을 해고했다. 그리고 나서 석유 수익을 대통령이 직접 통제했다. 그러나 엔지니어와 기술자가 줄어든 만큼 베네수엘라 석유 생산량도 급격히 하락할 수밖에 없었다. 추산에 따르면 이 책을 쓸 당시 베네수엘라의 일일 생산량은 약 250만 배럴이었다. OPEC 국가들의 일일 생산량 330만 배럴에 한참 못 미치는 양이다.[24]

2002년 12월부터 2003년 3월까지 야당과 기업들이 석 달간 전국적인 파업을 주도했다. 그 후 차베스는 정책을 더 세게 밀어붙였다. 2002년 이후 공공 지출이 극적으로 증가하고 중앙은행의 화폐 발행도 더 방만해졌다. 그 결과 인플레이션이 급상승했다. 2008년에는 공식 인플레이션이 30퍼센트를 넘었다. 물가는 통제되었고 생필품이 부족해서 민심이 흉흉했다.

UC버클리 시에창타이 교수Hsieh Chang-Tai와 에드워드 미겔Edward Miguel, 다니엘 오르테가, 프란시스코 로드리게스는 1,000만 명이 넘는 베네수엘라 유권자들의 정치 성향에 관한 정보를 토대로 정견이 경제 복지에 어떤 영향을 끼치는지 조사했다.[25] 그리고 2004년 국민투표에서 차베스 탄핵에 찬성했던 유권자들의 개인 소득이 국민투표 이후 평균 4퍼센트 하락했다는 걸 밝혀냈다. 또한 차베스 지지자들은 국민투표 이후 공공 부문에서 일자리를 구하는 경우가 많은 반면, 반대자들은 민간 부문으로 옮겨가는 경향이 많았다.

시에창타이 교수와 동료들에 따르면 "친親야당 회사들(사주들이 차베스의 탄핵을 청원했던 회사들)은 2003년 이후 이윤도 줄었고 외환 거래도 50퍼센트 감소했으며 다른 회사들보다 세금도 27퍼센트나 더 많이 냈다. 현지 언론 보도를 보면 친야당 회사에 대한 선별적 세무조사가 이뤄진 것을 알 수 있다."[26] 시에창타이 교수와 동료들은 정치적 긴장이 베네수엘라의 경제성장과 종합적인 실적에 영향을 끼쳤는지도 조사했다. 그리고 정치 불안과 내분으로 국내총생산이 약 6퍼센트 하락한 것을 알아냈다. 상당히 큰 수치다. 하버드대학교 알베르토 알레시나Alberto Alesina 교수를 비롯해 여러 저자가 정치 혼란을 경험한 다른 나라들을 조사했지만, 정치 혼란이 경제성장에 이렇게 크게 영향을 끼친 경우는 없었다.[27]

차베스와 사회 여건

차베스가 대통령이 된 지 벌써 12년이 지났다. 국제 평론가들은 낙하산 부대원 출신의 이 남자가 흥미진진하고 가끔은 급작스럽기도 하지만, 그래도 경제실적을 향상시키고 빈민층과 극빈층이 더 나은 삶을 영위하도록 돕겠다고 했던 약속은 지켰다고 생각한다. 그러나 실상은 그렇지 못하다. 경제성장 속도는 기껏해야 평범한 수준을 벗어나지 못했다. 사회복지 사업들도 하나같이 비효율적이다. 통계에 따르면 차베스 재임 기간에 보건, 교육, 주거 등 사회복지 예산은 별로 증가하지 않았다. 전체 지출의 25퍼센트 정도로 예전과 크게 다르지 않다.[28]

차베스의 재임기간을 전체로 놓고 볼 때 평균 경제성장률도 그리 인상적이지 않다. 1999년과 2007년 사이에 베네수엘라 국내총생산은 평균 3.5퍼센트 증가했다. 라틴아메리카 전체의 평균 성장률과 거의 같다. 칠레(3.8퍼센트), 코스타리카(4.6퍼센트), 페루(5.0퍼센트)와 비교하면 오히려 더 떨어진다. 이 기간에 베네수엘라의 수출 가격이 눈에 띄게 증가했다는 점을 감안하면 정말로 초라한 성적이다. 1999년과 2008년 사이에 교역조건, 즉 수출과 수입의 교환 비율은 100퍼센트 이상 개선되었다. 이 문제를 합리적인 관점에서 보려면 같은 기간에 라틴아메리카 전체의 교역조건이 겨우 18퍼센트 개선되었다는 점을 고려해야 한다.

차베스가 대통령에 취임한 첫 해에 유가가 상승하기 시작했는데도 2004년까지 눈에 띄는 경제 신장이 없었다. 이전에 발표한 글에서 나는 많은 자료와 고급 통계 기술을 이용해 신흥 경제국을 대상으로 경제성장의 역학관계를 분석한 바 있다. 심한 충격이 장기적인 경제성장에 어떤 영향을 끼쳐서 성장가도에서 이탈하게 만드는지를 중점적으로 연구했다. 조사 결과 교역조건이 10퍼센트 개선되면 장기 경제성장에 약 1퍼센트 정도 가속이 붙는 것으로 나타났다.[29] 이 말은 곧 차베스 행정부 시절에 베네수엘라 경제가 성장한 것은 모두 고유가 덕분이라는 뜻이다. 자료를 분석해보건대 만일 석유 호황이 없었더라면 볼리바르혁명 기간에 베네수엘라는 일인당 소득에서 마이너스 성장을 경험했을 것이다.

일부에서는 경제성장에 박차를 가하는 대신 좀 더 평등한 소득 분배를 위해 애썼다고 주장한다. 이런 관점에 따르면 빈민층을 위해 사회 여건을 개선하고 불평등을 줄이고 싶어 하는 나라는 오로지 경제성장에만 집중하고 사회적 목표를 무시하는 나라보다 더 천천히 성장하는 것이 맞다. 그러니 빈민층의 복지가 월등히 개선되었다면 그것으로 썩 좋지 못한 경제성장률을 정당화할 수도 있을 것이다. 그러나 불행히도 빈민층의 생활여건이 크게 개선되었다는 증거가 거의 없다.「포린폴리시」에 기고한 글에서 경제학자 프란시스코 로드리게스는 차베스가 추진한 사회정책의 성적이 썩 좋지 않다고 말했다. 로드리게스가 워싱턴 컨센서스를 열렬히 지지한 인물이 아니라는 점에서 그의 글은 특히 주목할 만하다. 사실 그는 여러 해 동안 세계화를 비판해온 인물이다.[30] 공식 통계자료를 분석한 뒤 로드리게스는 이렇게 결론 내렸다. "석유 호황이 한창일 때도 대부분의 건강 지표와 인간개발 지표가 눈에 띄게 개선되지 않았다. 평범한 수준을 넘어서지 못했다. 사실 몇 가지 지표는 우려할 만한 수준으로 악화되었다. 공식 추정치에 따르면 소득 불평등 지수도 상승했다. '차베스가 빈민층을 이롭게 한다'는 가설은 사실이 아니다."[31]

　차베스를 비판하는 다른 이들과 마찬가지로 프란시스코 로드리게스도 2003년에 거의 50퍼센트였던 빈곤율이 2007년에 29퍼센트 하락했다는 점을 인정한다. 그러나 로드리게스는 국제 유가가 폭등한 점을 감안하면 이것도 기대에 못 미치는 성적이라고 말한다. 누구든 세부 자료를 살펴보면 결과에 매우 실망할 거라고 말이다. 좀 더 구체적으로 살펴보자. 공식 통계에 따르면 차베스 행정부 시절에 저체중아의 비율이 증가했다. 식수도 없이 생활하는 가구의 비율도 증가했고 흙바닥 집에서 사는 가구 수도 증가했다. 유아 사망률이 줄어들긴 했지만 아르헨티나, 칠레, 멕시코 등 다른 라틴아메리카 국가보다 변화의 속도가 느렸다. 차베스는 베네수엘라에서 문맹이 사라졌다고 주장하지만 이것도 사실이 아니다. 프란시스코 로드리게스와 다니엘 오르테가 교수가 공식 자료를 분석한 바에 따르면 문맹자 수는 2003년에 110만 명에서 2006년에 100만 명으로 줄어든 게 고작이다.[32]

베네수엘라 사회정책에 대한 로드리게스의 비판은 진보 정치인과 차베스 옹호자, 볼리바르혁명 지지자들에게 충격을 안겨주었다. 곧이어 반박하는 글이 쏟아져 나왔고 인터넷에서는 떠들썩하게 토론이 벌어졌다.[33] 이 논쟁에서 중요한 문제는 어떤 유형의 정부 지출을 진정한 사회복지 지출로 볼 수 있는가 하는 것이다. 대부분 중산층에게 쌓이는 연금을 진정한 사회복지 지출로 볼 수 있는가? 로드리게스 교수는 연금은 사회복지 지출이 아니라고 보았다. 연금 혜택을 받는 사람은 비공식 노동시장에서 수년간 열심히 일한 사람들, 즉 사회적 약자와 빈민층이 아니었다. 로드리게스는 또한 부채를 줄이기 위해 대형 석유회사 PDVSA를 국방부와 재정부에 이전한 것을 사회복지 지출로 계산해서는 안 된다고 주장한다. 로드리게스가 쓴 다른 글에 관해서도 논쟁이 일어났다. 일례로 경제학자 데이비드 로스닉David Rosnick과 마크 웨이스브롯Mark Weisbrot은 차베스 재임기간에 추진한 문맹퇴치운동(미시온 로빈슨)이 비효율적이라고 했던 로드리게스와 오르테가의 분석이 통계상 타당성이 없다면서 그릇된 결론이라고 반박했다.[34]

이런 논의의 중심에는 사회과학 논쟁에서 종종 발생하는 아주 중요한 세 가지 문제가 있다. 첫 번째 문제는 자료 확보 정도 및 자료의 질과 관계가 있다. 자료가 얼마나 좋은가, 얼마나 믿을 수 있는가? 당국에서 자료를 조작하지 않았다는 걸 어떻게 알 수 있는가? (2008년에 아르헨티나와 베네수엘라 정부가 인플레이션 관련 자료를 조작한 뒤로는 이 문제가 아주 중요해졌다.) 두 번째 문제는 쟁점과 관련이 있는 증거를 평가하는 독립적인 학자나 전문가의 역할과 관련이 있다. 자료를 누가 분석할 것인가에 관한 문제다. 논란이 되는 정책이 경제적 복지에 미치는 영향을 누가 해석할 것인가? 가장 어려운 세 번째 문제는 사회과학자들이 '사후가정' 사고라고 부르는 것과 관련이 있다. 즉, 특정 정책이나 정부 개입의 결과를 그 나라의 과거와 관련하여 평가하지 않고, 그런 정책이 없었더라면 혹은 그런 정책을 다른 정부(이쪽이 알아내기가 더 어렵다)가 실시했더라면 어떤 일이 벌어졌을지 가정하고 평가하는 것이다. 이를 테면 차베스 재임기간에 사회 여건이 발전했는지 여부를 평가할 때 베네수엘라의 역사를 고려하는 대신에 정책 노선이 다른 정부가 정권을 쥐고 있었다면 어떤 일이 벌어졌을지 가정해보는 것이다.

대부분의 전문가가 베네수엘라의 빈곤, 소득 분배, 기타 사회지표를 보여주는 자료가 그런대로 믿을 만하다고 생각하는 듯하다. 특히 경제발달 수준이 비슷한 다른 나라의 자료와 비교하면 신뢰할 만하다. 이런 신뢰를 바탕으로 빈곤 관련 자료를 분석하면 최근 몇 년간 베네수엘라에서 빈곤율이 크게 하락했음을 알 수 있다. 2002년에는 전체 인구의 50퍼센트가 빈곤선에 못 미치는 생활을 했는데 2007년에는 29퍼센트로 줄었다. 그러면 베네수엘라의 성적을 다른 나라의 성적과 비교하면 어떨까? 유엔 자료에 따르면 이 기간에 베네수엘라만큼 혹은 베네수엘라보다 빨리 빈곤율이 하락한 국가는 볼리비아, 브라질, 온두라스, 파라과이뿐이다.[35] 그러나 밀레니엄개발목표와 같이 빈곤율 감소, 일자리 창출, 기아 경감 등 좀 더 광범위한 지표를 비교하면 같은 기간에 다른 라틴아메리카 국가가 보여준 성적과 크게 다르지 않다.[36]

흥미롭게도 이 자료는 베네수엘라에서 빈곤율이 감소한 이유가 석유 호황으로 말미암은 노다지 덕분이지 차베스 정부가 2002년 이후 추진했던 재분배 정책 덕분이 아니라는 걸 보여준다. 유엔 라틴아메리카경제위원회가 조사한 바에 따르면 베네수엘라의 재분배 정책보다 볼리비아, 브라질, 칠레, 코스타리카, 엘살바도르, 파나마, 파라과이의 재분배 정책이 더 효율적이었다. 이들 국가는 재분배 정책으로 2002~2007년에 빈곤율을 반 이상 줄였다.[37]

유엔 자료를 보면 2002년과 2006년 사이에 베네수엘라의 소득 불평등이 이 지역에 있는 다른 어떤 나라보다 많이 줄어든 것을 알 수 있다. 여기에는 두 가지 원인이 있다. 첫 번째는 육체노동자들의 임금이 상승한 덕분이고, 두 번째는 고용 인구가 늘어난 덕분이다. 이런 자료들은 차베스 재임기간에 적어도 불평등 부문에서만큼은 많은 개선이 있었음을 과시하는 듯하다. 그러나 여기에도 논란의 여지가 있다. 소득 격차에 대해 전혀 다른 그림을 보여주는 자료가 있기 때문이다. 프란시스코 로드리게스는 「포린폴리시」에 기고한 글을 비판하는 이들에게 이렇게 답했다. "베네수엘라 국립연구소에서 나온 똑같은 자료를 토대로 세계은행은 근로자 가구를 소득별로 20퍼센트씩 5개 분위로 나눴을 때 하위 20퍼센트에 속하는 극빈층이 벌어들인 소득이 1998년에는 전체 소득의 4.1퍼센트였다가 2005년에는 3.7퍼센트로 하락했다고 발표했다. 반면에 국립연구소는 이 기간에 극빈층의 소득이 4.1퍼센트에서 4.6퍼센트로 상승했다고 보고했다.[38]

경제정책 결과를 평가하는 과정에서 논쟁이 벌어지는 건 흔한 일이다. 1963년, 앨버트 허시먼은 정책 형성 과정에서 외국인 투자자들이 해야 할 가장 중요한 역할이 심판원 노릇이라고 했다. 외국인 투자자들은 그 나라에서 검토 중인 각기 다른 의견에 이해관계가 없는 제3자의 시각에서 조언을 할 수 있다. 또한 어느 것이 확실하고 어느 것이 의심스러운지 정치인들이 결정을 내리는 데 도움을 줄 수도 있다.[39] 외국인 전문가들도 과거에 실행했던 정책의 영향을 평가할 때 비슷한 역할을 한다. 이들은 이해관계가 얽힌 당사자들이 정책을 평가할 때 빠지기 쉬운 편견과 감정을 배제하고 역사 기록을 평가할 수 있다. 그러나 흥미롭게도 이 책을 쓸 당시 세계은행, 국제통화기금, 미주개발은행 같은 다자간 기구들은 차베스의 사회복지 사업을 폭넓게 평가하지 않았다. 이런 기관들이 베네수엘라를 다룬 문헌은 수백 개나 되지만 차베스 재임기간에 베네수엘라에서 추진했던 사회복지 사업을 심층적이고 전문적인 시각에서 풍부한 자료를 동원하여 종합적으로 평가한 문헌은 하나도 없다. 이것이 순전히 우연인지 차베스 행정부가 다자간 기구들에 압력을 가한 탓인지는 확실치 않다. 그러나 이들 기관이 발표하는

보고서가 논쟁을 진전시키는 데 도움이 되었을 것은 확실하다.[40]

'사후가정'을 해보는 건 어떨까? 다른 정책을 실시했더라면 상황이 어떻게 달라졌을까? 상세히 분석하자면 가정해보아야 할 질문이 꽤 많다. 기존에 나와 있는 연구 자료들은 볼리바르혁명을 이룬 차베스 정권이 성공적이었고 베네수엘라 저소득층에게 긍정적인 영향을 미쳤다는 전제에 의구심을 던진다. 첫째, 2002년 이후 베네수엘라에서 경제성장에 가속도가 붙은 것은 거의 다 유가 급등 덕분이었다. 둘째, 유엔 자료가 가리키듯이 이 기간에 빈곤율이 감소한 것도 고유가로 경제가 성장한 덕이었다. 재분배 정책의 결과가 아니었다는 말이다. 셋째, 주요 사회복지 사업에 투입한 공공지출이 늘어나지 않았다. 넷째, 소득 재분배를 평가하는 자료가 서로 모순된다. 그리고 개선이 이루어졌다고 해도 대부분 석유 호황으로 고용이 증가한 결과이지 볼리바르혁명의 결과가 아니라는 것을 암시하는 증거가 있다. 다섯째, 보건 및 교육 사업의 효율성이 조금 의심스럽다. 특히 같은 기간에 다른 나라에서 나타난 동향과 비교하면 과연 효과가 있는 사업인지 의구심이 든다. 이런 요소들을 고려하면 사회지표를 개선하고 경제가 급성장한 가장 중요한 요인이 지난 몇 년간 이어진 석유 호황이라는 결론을 피하기 어렵다.

베네수엘라는 유가가 크게 하락하자 더 꼬이기 시작했다. 2009년 초에 이미 국제 유가는 크게 하락했다. 유가가 정점을 찍었던 2008년 7월과 비교하면 3분의 2 수준이었다. 그 결과 베네수엘라 정부는 예산 조정을 위해 허둥대야 했다. 빈곤층을 비롯해서 마이애미로 이민을 갈 능력이 없는 사람들, 그동안 모아둔 예금을 케이맨제도나 다른 조세 피난처로 옮겨서 인플레이션으로부터 돈을 지킬 능력이 없는 사람들에게 크나큰 타격을 안기고 경제 활동이 그대로 무너져내릴 것만 같았다. 더 심각한 것은 유가가 높게 유지되어도 이 충격적인 시나리오가 현실이 될 수 있다는 점이다. 실제로 베네수엘라의 생산 능력은 날마다 더 악화되고 있다. 사실 새삼 놀랄 것도 없다. 포퓰리스트 정권에서는 이런 이야기가 오랫동안 되풀이되어 왔으니 말이다. 다른 점이라면 차베스에게 행운이 따랐다는 정도다. 그러나 시인 요세프 브로드스키Joseph Brodsky가 말한 대로 슬픔에 끝이 있듯이 행운과 요행에도 끝이 있기 마련이다.

브라질, 포퓰리즘이 없는 나라

2002년, 세 번의 시도 끝에 루이스 이나시우 '룰라' 다 시우바가 브라질의 대통령이 되었다. 노조위원장 출신에다 산업재해로 손가락을 하나 잃은 룰라는 전형적인 좌파 정치인이었다. 룰라가 당선되기 전까지 브라질은 모든 것이 불확실하고 불안정했다. 전 세계 경제 분석가들은 걷잡을 수 없는 인플레이션과 정부 개입, 산업 국유화가 브라질을 집어삼킬 거라고 예상했다. 2002년 말, 선거가 후반으로 접어들자 브라질 통화 가치가 30퍼센트나 하락했다. 브라질이 국제 금융시장에서 대출받은 차용 비용은 연일 기록을 갱신하며 증가했다. 투자자와 분석가 들은 룰라가 당선되면 몇 달 전에 아르헨티나에서 벌어진 위기가 반복되지는 않을까 염려했다. 하지만 흥미롭게도 언론이나 미국 관리들은 룰라가 제2의 우고 차베스가 되지는 않을까 염려하지 않았다. 하긴 당시는 우고 차베스가 무서운 사람, 시장과 세계화를 맹렬히 비난하는 사람으로 명성을 얻기 전이었다.

룰라 정부가 포퓰리즘 정책에 의존할 거라는 당시의 인식이 완전히 억지는 아니었다. 그가 속한 노동자당은 오랫동안 토지 재분배, 강력한 정부 규제, 재정 팽창 정책, 사기업 민영화에 바탕을 둔 정견을 고수해왔다.[41] 게다가 브라질에는 지도자들이 진보주의, 민족주의, 재분배를 강조하면서 포퓰리즘 정책을 실시하는 오랜 전통이 있었다. 물론 이런 정책들은 잠깐 동안 빠른 성장을 이루는 듯하다가 이내 인플레이션과 경기침체, 연이은 위기를 유발했다. 그러나 룰라 대통령은 포퓰리즘의 유혹을 철저히 차단하고 모든 전문가와 권위자 들을 놀라게 했다. 룰라가 대통령으로 있는 동안 브라질은 재산권을 존중했다. 그 덕분에 외국인 직접 투자가 많이 늘었다. 일례로 2008년에는 순외국인직접투자가 380억 달러였다. 라틴아메리카 전체가 받은 외국인 투자 총액의 3분의 1이 넘는다.

1930년과 1954년 사이에 19년간 대통령을 지낸 제툴리오 바르가스는 1930년대에 지역주의, 민족주의, 평등주의를 결합하여 경제 개발 계획에 착수했다. 재정 불균형과 고인플레이션을 기반으로 성장 속도를 높이기 위해서였다. 1930년대 초반에 브라질은 국제 커피 가격이 폭락하는 바람에 대공황의 타격을 특히 심하게 받았다. 이에 제툴리오 바르가스는 1933년에 브라질커피협회를 설립했다. 브라질커피협회는 국내 가격을 일정 수준으로 유지하기 위해 개인 생산업자들로부터 커피를 대량 구입하는 정부 기관이다.

구입 자금은 통화량을 늘려서 마련했고 통화 팽창은 결국 인플레이션을 부채질했다. 물론 이런 조치 자체가 포퓰리즘으로 나아가는 것을 의미하지는 않는다. 그러나 그 후 50년간 이런 유형의 경제정책이 유행하는 분위기를 마련한 것은 사실이다. 대체로 이 기간에 브라질 정부는 생산 결정에 점점 더 많이 개입했다. 그리고 공공 부문 활동에 자금을 대기 위해 인플레이션을 조장하는 경우가 많아졌다. 예외적인 상황에서만이 아니라 으레 이런 전략을 구사했다.[42]

제툴리오 바르가스는 발전을 이루고 세계 경제 강국이 되려면 정부가 모든 경제생활에 적극적으로 개입하는 강한 나라가 되어야 한다고 강조했다. 이를 두고 신국가체제Estado Novo라 불렀다. 이런 시각은 1937년 헌법에 그대로 편입되었다. 이 헌법으로 은행 시스템, 천연자원, 기간산업의 국유화가 허용되었다. 베르가스와 그의 후임자들에게는 정치와 경제를 막론하고 지역 불균형과 관련된 문제가 가장 중요했다. 특히 1889년, 공화제가 시작될 때부터 권력을 쥐고 있던 상파울루와 미나스제라이스 지도자들이 암묵적인 권력 분담 조약을 맺자 강하게 반대했다. 바르가스 행정부 시절에 브라질 산업은 높은 수입관세와 엄격한 수입 통제로 단단히 보호를 받으며 발전했다. 그렇게 거의 10년간 수출 중심의 성장에 주력하다가 수입 대체 정책과 보호 정책을 기반으로 한 산업화로 방향을 틀었다. 역사가 에드윈 윌리엄슨에 따르면 "민족주의자들이 선호하는 급격한 산업화 정책은 아주 많은 투자가 뒷받침되어야 한다. 따라서 정부는 외국 자본을 끌어들이거나 화폐를 발행하여 자금을 마련할 수밖에 없다. 그런데 전자는 민족주의자들이 강하게 반발하고 후자는 인플레이션을 심화시키는 맹점이 있다."[43]

바르가스의 뒤를 이은 대통령들도 급격한 산업화를 이루고 선진국으로서의 위상을 얻으려는 계획을 밀고 나갔다. 1956년에 대통령에 당선된 주셀리노 쿠비체크Juscelino Kubitschek는 "50년이 걸리는 발전을 5년 안에 이루겠다."고 약속했다.[44] 이 목표를 이루려고 이미 높게 쌓아올린 수입 장벽 위에 보호 조치를 더 추가했다. 수출은 더욱 둔화되고 정부 규제는 강화되고 인플레이션 압력은 증가했다. 눈부신 성장률을 보이긴 했지만 여전히 빈곤율이 높았다. 특히 북동지방이 심했다. 소득 불평등도 여전히 세계에서 가장 심한 편이었다.

1964년에 무장 세력이 쿠데타를 일으키고 조앙 골라르트 대통령을 퇴위시켰다. 정치사상이 상당히 왼쪽으로 치우쳐 있던 조앙 골라르트는 소련과 긴밀한 외교관계를 구축했던 인물이다. 조직적으로 인권을 침해하고 반체제 인사들을 박해하고 고문하는 공산주의에 반대한다는 입장을 분명히 하면서도 군사 정권은 인플레이션을 통해 자금을 대는 정부 주도형 수입 대체 경제정책을 계속 밀어 붙였다. 규제를 더 엄격하게 하고 경쟁을 억제했다. 정부에서나 민간에서나 자유롭게 독점 행위를 했다. 대부분의 투자 결정이 시장을 무시하는 경제 계획으로 이뤄졌다. 군사 정권 아래서 독재자 다섯 명을 거치는 동안 단기간에 성장 속도를 올리는 경제정책이 실시되었다. '브라질의 기적'을 이끌었다고 알려져 있지만 장기 지속 가능성이나 인플레이션 효과는 전혀 고려하지 않은 정책이었다.

시간이 지나면 마땅히 성숙해지고 국제 경쟁력을 갖춰야 할 텐데 그렇지 못했다. 브라질 산업이 살아남으려면 계속해서 보호 관세가 있어야 했다. 국내 경쟁도 국제 경쟁도 없다 보니 대부분의 회사가 생산성을 높이지도 혁신을 이루지도 못했다.[45] 인플레이션율까지 더 높아지더니 정체 상태에 들어갔다. 한동안은 예전 인플레이션에 따라 물가와 임금을 주기적으로 조정하는 물가연동제가 물가가 급격히 상승하는 와중에도 브라질이 무너지지 않게 도와줄 거라고 생각했다. 그러나 이것은 착각이었다. 인플레이션이 증가하자 물가연동제는 그저 물가 압력을 높일 뿐이었다. 결국 브라질은 계속 인플레이션율이 증가했다. 처음에는 인플레이션율이 40퍼센트였다. 그다음에는 100퍼센트, 그다음에는 200퍼센트, 그다음에는 400퍼센트로 점점 더 높아지더니 1990년에는 인플레이션율이 거의 3,000퍼센트에 달했다. 브라질은 초인플레이션과 자멸의 길로 빠르게 나아가고 있었다. 1985년, 외채 위기로 경제가 황폐해진 상태에서 브라질은 민주주의로 회귀했다. 1980년대 후반과 1990년대 초반에는 사회 전반에 좌절감이 역력했다. 인플레이션이 높아지다 위기가 생기고 안정화 정책이 실패해 인플레이션이 더 높아지는 악순환이 생기기도 했다.

1989년 대통령 선거에서 주지사를 지낸 페르난도 콜로르 데 멜로가 '룰라'라고 불리는 전도유망한 젊은 노조위원장을 꺾고 대통령에 당선되었다. 페르난도 콜로르 데 멜로는 브라질에 예전에 나타났던 우파 포퓰리스트와 가장 가까운 인물이었다. 정당을 경멸했고 관료와 정치인, 민간과 공공 부문의 독점 행태를 공격하는 발언을 했다. 브라질이 빈곤율과 소득 격차가 높은 것은 이들 모두의 책임이라고 생각했다. 선거 전날 「뉴욕타임스」는 이렇게 보도했다. "콜로르가 빈민층에게 호소력이 강한 이유는 부패 반대 운동을 활발히 펼친 덕분이다. 작년에 그는 주 관료체제에서 뒷돈을 너무 많이 받은 부패한 정부 관리를 뿌리 뽑아 국민의 마음을 얻었다."[46]

페르난도 콜로르 데 멜로의 경제정책은 세 가지 요소가 기초를 이뤘다. 첫째는 인플레이션을 낮추는 '충격 요법', 둘째는 여러 국영기업의 민영화, 셋째는 국가의 현대화였다. 1989년에 브라질의 인플레이션은 1,400퍼센트였다. 그러다 페르난도 콜로르 데 멜로가 대통령이 된 1990년에는 2,900퍼센트까지 치솟았다. 그가 세운 반인플레이션 정책은 단기 예금을 장기 예금으로 전환하고 물가와 임금을 동결하여 은행 유동성을 급격히 줄이는 것에 기반을 두고 있었다. 바로 효과가 나타났다. 1991년에는 인플레이션이 430퍼센트까지 감소했다. 그러나 브라질 정부는 재정 적자를 통제하지 못했다. 1992년에 인플레이션은 다시금 증가해서 950퍼센트에 이르렀다. 1993년에는 상황이 더 악화되어 연간 물가상승률이 2,000퍼센트까지 치솟았다.[47]

페르난도 콜로르 데 멜로의 민영화 정책은 성공을 거뒀고 지속적으로 좋은 영향을 끼쳤다. 1930년대에 바르가스 대통령이 신국가체제라는 용어를 만든 이후 처음으로 "발전을 하려면 국영기업이 필요하다."는 개념이 도전을 받았다. 수많은 공기업이 경매에 나왔다. 이로써 21세기에 가장 성공한 브라질 다국적 기업이 출현하는 발판이 마련되었다. 항공기 제조업체 엠브라에르와 지금은 발레라는 이름으로 알려진 CVRD가 대표적이다.

1991년 5월, 페르난도 콜로르 데 멜로는 친동생에게 부패 혐의로 고발당한다. 보좌관이자 선거운동 자금책이었던 파울로 세사르 파리아스Paulo César Farias가 주도한 불법 거래에 연루되었다는 혐의였다. 파리아스가 사업가들을 속이고 거액의 뇌물을 받아서 페르난도 콜로르 데 멜로 대통령과 나눴다고 했다.[48] 1992년 9월, 브라질 의회에서 페르난도 콜로르 데 멜로를 탄핵하고 부패죄를 입증했다. 부통령 이타마르 프랑코Itamar Franco가 남은 임기 동안 대통령직을 수행했다.

1994년에는 재무부장관 페르난두 엔리크 카르도수Fernando Henrique Cardoso가 인플레이션을 줄이기 위해 레알플랜Real Plan이라는 새로운 정책을 실시했다.[49] 카르도수는 진보적인 지성인으로 1960년대에 빈곤국과 부국의 관계를 연구하고 많은 글을 썼던 인물이다. 레알플랜은 네 가지 요소로 구성되었다. 레알이라는 새로운 통화를 도입하고, 인플레이션의 악순환을 불러온 연동물가제를 폐지하고, 금융거래세를 부과하여 재정적자를 줄이고, 레알화의 환율을 미국 달러화에 고정하는 것이었다. 다른 반인플레이션 정책과 마찬가지로 레알플랜도 처음에는 성공적이었다. 1994년에 인플레이션은 64퍼센트까지 감소했다. 당시 브라질로서는 양호한 수준이었다.

레알플랜이 성공한 덕분에 1994년에는 페르난두 카르도수가 대통령이 되었다. 8년 동안 대통령직을 수행하면서 카르도수는 학계에 있을 때 썼던 글의 논조를 따라가지 않았다. 브라질과 부국들의 관계를 최소화하기 위해 경제를 폐쇄하지도 않았다. 대신에 재정

부장관 시절의 경험을 바탕으로 브라질 경제를 안정시키고 성장시킬 정책을 실시했다.[50]

1996년에 MIT 경제학자 루디거 돈부시는 레알플랜에 회의적이었다. 무엇보다 브라질 통화가 인위적 강세를 보이다 결국에는 폭락할 거라고 염려했다. 아르헨티나와 1980년대 초반의 칠레, 콜롬비아, 멕시코 등 수많은 라틴아메리카 국가가 그랬듯이 말이다. "브라질은 예전부터 외국의 경험을 무시하는 경향이 있었다. 특히 외국인들이 하는 조언을 묵살해왔다. …… (자국 통화 가치를 고정하는) 전략을 다시 따라가고 있다."[51]

돈부시가 옳았다. 다른 라틴아메리카 국가에서 그랬듯이 이 정책은 결국 통화 과대평가를 부르고 투기를 부추기고 수출 경쟁력을 떨어뜨리고 엄청난 무역 적자를 유발했다. 1999년 1월, 브라질은 심각한 위기에 부딪혔다. 그 결과 레알화의 가치가 20퍼센트나 떨어졌다. 위기에 처한 카르도수 대통령은 전 헤지펀드 매니저 아르미니오 프라가Arminio Fraga를 중앙은행 총재로 임명하고 브라질의 안정과 회복을 주도하게 했다. 카르도수 대통령의 실용주의 감각이 빛을 발한 순간이었다. 아르미니오 프라가는 프린스턴대학교에서 공부하고 금융업자 조지 소로스George Soros와 함께 일했던 인물이다. 그는 고정환율제를 폐지하고 레알화의 가치가 시장 원리에 따라 오르내리도록 변동환율제를 도입했다. 또한 인플레이션을 낮추기 위해 현대적인 통화정책을 실시했다. 브라질의 공공 부채가 한계선을 넘지 않게 하려고 국제통화기금의 도움을 받아 현실적인 재정정책을 실시하기도 했다. 2001년과 2002년, 카르도수 행정부의 마지막 2년 동안 인플레이션은 평균 10퍼센트였다. 성장률은 그저 그랬지만 그래도 2퍼센트씩 플러스 성장을 이뤘다. 전직 교수이고, 서구 대학에 종속이론을 널리 알린 지성인이고, 1960년대와 1970년대에 자본주의와 다국적 기업을 비판했던 페르난두 카르도수가 이 일을 해냈다. 그는 브라질 경제가 또다시 붕괴하는 것을 막았고 통화를 안정시켰으며 경제성장에 필요한 기초를 다졌다.

2002년 대통령 선거에 출마한 여권 후보는 조제 세하 José Serra 다. 조제 세하는 카르도수 대통령 옆에서 여러 가지 직책을 맡아 함께 일했던 학구적인 경제학자로 1960년대 대부분을 칠레에서 망명생활을 하며 보냈다. 국제 분석가들의 눈에 비친 조제 세하는 카르도수가 시작한 개혁을 계속 밀어붙일 확실한 후보였다. 반면에 룰라는 조금은 급진적인 인물로 보였다. 그가 제시하는 정책들이 카르도수 행정부 시절에 이룬 경제발전을 위태롭게 할 것처럼 보였다. 2002년 10월, 격렬한 결선 투표를 거쳐 룰라가 브라질 대통령으로 선출되었다. 거의 60퍼센트에 가까운 득표율이었다.

룰라의 브라질, 경제 안정과 사회정책

처음부터 룰라는 21세기 초 브라질이 맞닥뜨린 도전을 확실히 이해하는 실용주의 대통령이라는 것을 증명했다. 브라질에 재앙이 닥칠 거라고 예언했던 사람들이 깜짝 놀랄 일이었다. 룰라가 세운 가장 큰 업적은 인플레이션을 통제한 것이다. 여기에는 의문의 여지가 없다. 룰라는 인플레이션이 편파적으로 빈민층에게만 나쁜 영향을 끼치는 세금이라는 사실을 초기에 간파했다. 인플레이션은 모아둔 예금을 해외로 빼돌릴 능력이 없는 사람들에게 떨어지는 일종의 세금이다. 무엇보다 인플레이션 하에서는 소비자 신용거래가 발전하기가 어렵다. 빈민층은 현금 거래로만 생활할 수밖에 없었다. 신용거래가 없으면 영세 기업들이 발전하고 번창할 수 없다. 이에 따라 일자리를 구하기도 어려워진다. 또한 신용거래가 안 되니 중산층과 빈민층은 주택을 보유하기가 어려웠다. (담보 대출은 인플레이션의 첫 번째 희생양이다.) 집뿐 아니라 냉장고나 자동차 같은 내구재를 사기도 힘들어졌다.

대부분의 경우 인플레이션을 낮추는 일은 장기간 고금리를 유지하고 긴축 재정정책을 실시해야 하는 길고도 어려운 과정이다. 그러므로 반인플레이션 정책이 성공하려면 인내심이 있어야 하고 결의가 확고해야 한다. 단기 이익만 생각하고 지름길을 선호하는 포퓰리스트 지도자들이 인플레이션을 잡지 못하는 이유가 바로 여기에 있다. 사실 인플레이션에 가속도가 붙는 것이야말로 포퓰리즘의 전형적이 특징이었다.

룰라를 지지하는 사람들 중에도 물가안정과 성장을 이용해 소득을 재분배하고 싶어 하는 이들은 그의 정책을 비판하고 나섰다. 그런데도 룰라는 인내하며 기다렸다. 그리고 결국 물가 상승이 약해지기 시작했다. 기초 재정 장부에서 상당한 금액을 남기는 긴축 재정으로 인플레이션 통제 정책을 뒷받침했다.[52] 게다가 2003년 이후에는 대외 부채도 크게 줄었다. 저금리에 만기가 더 긴 장기 대출도 받을 수 있게 되었다. 이 기간에 당국에서는 불확실한 미래를 대비하여 중앙은행에 상당량의 외환보유액을 축적했다. 인플레이션이 통제되고 경제 불안이 줄어들자 소비자 신용거래가 급증했다. 그리고 어느덧 중하층과 빈곤층이 백색 가전제품과 자동차를 구입하고 휴가를 떠나는 게 흔한 일이 되었다. 무엇보다도 담보 대출을 받을 수 있게 되었고 집 장만이 가능해졌다.[53] 당연히 국민은 이런 경제 발전을 열렬히 환영했다. 그 결과 룰라는 아주 높은 지지율을 바탕으로 2006년 선거에서 거뜬히 재선에 성공했다.

룰라가 추진한 사회정책의 핵심은 굶주림을 없애는 것이었다. 이 목표를 이루기 위해 룰라 정부는 볼사스bolsas로 알려진 많은 프로그램을 실시했다. 볼사스는 빈곤 가정에 현금을 지원하는 정책이다. 1990년대 후반에 브라질리아 주에서 개발한 볼사 에스콜라Bolsa Escola라는 아주 성공적인 프로그램을 본 뜬 것이다. 이 제도는 다음과 같이 아주 단순한 전제에서 출발했다. "국가가 정한 빈곤선보다 소득이 적다면 어떤 가정이든 참여할 자격이 있다." 현금 지원을 받으려면 가정의 모든 자녀가 학교에 등록하고 한 달에 2일 이상 결석하지 않아야 했다. 볼사 에스콜라 프로그램이 실시되자마자 세계 곳곳에서 이 조건부 학습 지원 정책을 따라했다. 2000년에는 모두를 위한 교육Education for All 다카르 회의에서 유엔 사무총장 코피 아난Kofi Annan이 볼사 에스콜라 프로그램을 열정적으로 옹호하며 다른 국가도 브라질을 본받아야 한다고 촉구했다. 카르도수 행정부 시절에는 볼사 에스콜라 프로그램이 연방 차원까지 확대되었고 재원도 크게 증가했다.

2001년에 카르도수 정부는 가난한 아이들과 산모들, 모유수유를 하는 어머니들에게 식량을 제공하고자 볼사 알리멘타상Bolsa Alimentação이라는 아주 혁신적인 프로그램을 시작했다. 독립 연구 기관들이 수행한 예비평가에 따르면 두 프로그램은 성공적이었다. 적합한 수혜 대상이 혜택을 받았고 생활여건이 개선되었으며 학교 출석률도 증가했다. 가난한 아이들의 영양 상태도 상당히 좋아졌다. 그러나 이 프로그램의 강점과 한계를 밝히고 다른 나라에도 적용이 가능한지를 검증하려면 더 많은 분석이 이뤄져야 한다.[54]

2003년, 룰라 행정부는 볼사 에스콜라와 볼사 알리멘타상을 비롯한 여러 프로그램을 결합하여 볼사 파밀리아Bolsa Família라는 프로그램을 만들었다. 아주 중요한 빈곤 퇴치 프로그램이자 세계에서 가장 규모가 큰 조건부 현금 지원 프로그램이다. 볼사 파밀리아 프로그램에서 가장 혁신적인 부분은 대개 생계비를 어머니들(또는 해당 가정의 성인 여성)에게 준다는 점, 그리고 직불카드에 현금을 충전해 지원한다는 점이다. 세계은행에 따르면 2007년에 이 프로그램의 혜택을 받은 사람은 1,100만 명에 이른다. 최근 보고서에서 세계은행은 이렇게 밝혔다.

볼사 파밀리아의 미덕은 브라질 사회에서 사회정책의 혜택을 받아본 적이 없는 상당수 사람들에게 혜택을 준다는 점이다. 세계에서 수혜 대상을 가장 잘 선정한 프로그램 중 하나다. 실제로 이 프로그램이 필요한 사람들이 혜택을 받고 있기 때문이다. 기금의 94퍼센트가 가장 가난한 40퍼센트의 사람들에게 지원되고 있다. 연구 결과 이 돈의 대부분이 식량과 학용품과 아이들의 옷을 구입하는 데 쓰이는 것으로 나타났다. …… 불평등 지수는 여전히 높지만 볼사 파밀리아는 분명 브라질 발전에 이바지하는 것으로 보인다.[55]

볼사 파밀리아 프로그램은 지금도 검증 과정에 있다. 그러니 아직은 전체 영향과 비용 효과를 정확하게 알 수 없다. 그러나 분명한 것은 볼사 파밀리아 프로그램이 국민에게 아주 인기가 있다는 점이다. 실제로 많은 분석가가 브라질에서 룰라의 지지도가 아주 높고 2006년 선거에서 쉽게 재선에 성공할 수 있었던 것은 이 프로그램 덕분이라고 말한다. 그리고 볼사 파밀리아의 인기와 효과를 보고 많은 라틴아메리카 국가가 빈곤과 결핍 문제를 해결하기 위해 조건부 현금 지원 정책에 점점 더 관심을 쏟기 시작했다. 개중에는 멕시코의 프로그레사, 콜롬비아의 파밀리아스 엔 악시온, 온두라스의 프로그라마 데 아시그나시온 파밀리아르Programa de Asignación Familiar, 니카라과의 레드 데 프로텍시온 소시알Red de Protección Social 같이 잘 알려진 프로그램도 있다.

룰라의 실용주의, 차베스의 이데올로기

룰라는 어떻게 실용주의 노선을 걷고 포퓰리즘의 유혹을 물리칠 수 있었을까? 우고 차베스가 포퓰리즘 정책을 열렬히 끌어안은 이유는 뭘까? 브라질과 베네수엘라의 차이는 왜 생긴 걸까? 21세기에 들어서서 첫 10년 동안 두 나라가 다른 길을 따라간 데에는 서로 관련이 있는 세 가지 요소가 있다. 이데올로기와 최근의 역사, 그리고 제도 차이다.

우선 이데올로기부터 살펴보자. 룰라는 평생을 노동조합에 몸담았던 인물이다. 그리고 젊은 나이에 좌파 사상, 특히 마르크스주의에 친숙해졌다. 그의 세계관은 일관성 있고 세련된 관점에 이끌렸다. 무엇보다 룰라는 베를린 장벽이 붕괴되면서 세상이 바뀌었다는 것을 일찌감치 인정했다. 자신이 몸담은 노동자당을 포함하여 좌파 정당들이 정견과 목표와 전략을 바꾸지 않으면 안 된다는 것을 인정했다.

반대로 차베스는 인생의 대부분을 군대 막사에서 보냈다. 차베스는 1998년에 정치에 입문한 풋내기였다. 독학으로 정치인이 된 그는 자신의 이데올로기를 형성하기 위해 상이하고 모순되는 신조들을 자주 빌려다 썼다. 시몬 볼리바르 같이 역사적인 민족주의자의 사상을 노암 촘스키Noam Chomsky 같은 현대 지성인의 사상은 물론이고 성경에 나오는 인물(그에게 예수 그리스도는 최초의 사회주의자였다)의 사상과도 결합시켰다. 그 결과 민족주의와 반자본주의가 엉망으로 뒤섞였다. 무엇보다 차베스는 역사의 가르침을 무시하는 경향이 있었다. 자신이 제시한 정책이 대부분 과거에 쿠바, 니카라과, 소련, 아옌데의 칠레 등 다른 곳에서 시도했다가 거의 다 실패한 정책이라는 사실도 인정하지 않았다.

룰라는 새로운 상황에 맞추어 재빨리 실용적인 절충안을 제시했다. 재임기간 내내 룰라는 브라질을 현대 사회민주주의로 탈바꿈시키려 했다. 그가 세운 이 목표는 서구 유럽의 사회민주주의와 크게 다르지 않았다. 더욱이 1990년대 후반에 룰라는 사회주의를 주입하려는 경직된 시도가 실패했음을 알아차렸다. 경제적 유인이 중요하다는 것을 인정했다. 인플레이션이 성장과 번영을 가로막는다는 사실을 인정했다. 그리고 생산성을 향상시키고 성장 속도를 높이려면 외국인 투자를 포함하여 투자가 대단히 중요하다는 사실을 인정했다. 또한 사회정책이 효율적으로 이뤄지려면 과도한 요식 체계와 낭비를 삼가고 혜택을 받을 대상에 집중해야 한다는 사실을 이해했다. 볼사 파밀리아 프로그램이 성공한 것도 바로 이런 이유 때문이다.

한편, 차베스는 옛 것에 향수를 느끼고 피델 카스트로의 쿠바를 본보기로 삼았다. 차베스가 사회복지 서비스를 공급할 때 낡고 부패한 관료 체제를 이용하지 않으려 했던 것은 사실이다. 실제로 미시온이라는 여러 가지 사회복지 사업을 만들었다. 그러나 낡고 부패한 요식 체계를 정치상의 정실에 이끌리는 새로운 요식 체계로 교체했을 뿐이다. 21세기의 사회주의를 누구이 이야기했지만 차베스의 사회주의는 진부하고 고리타분했다. 21세기는커녕 1960년대 중반의 사회주의와 닮았다.

최근의 역사도 베네수엘라와 브라질의 차이를 설명할 때 중요한 역할을 한다. 베네수엘라에서 1990년대는 끔찍한 10년이었다. 성장률이 형편없었다. 거기다 시위와 폭동, 약탈, 살인으로 이어진 1989년 카라카소 사태가 국민에게 엄청난 영향을 끼쳤다. 부정부패가 걷잡을 수 없는 수준에 이르렀고 힘 있는 기업들을 비롯해 엘리트들이 나라를 다 털어먹었다는 생각이 유권자들 사이에 널리 퍼졌다. 간단히 말해서 1998년에 베네수엘라는 대변혁의 기회가 무르익어 있었다. 바로 그때 차베스가 정치세력, 민간 부문, 외국인을 싸잡아 책망하는 귀가 솔깃한 말들을 쏟아냈다. 반대로 브라질에서 1990년대 후반과 2000년대 초반은 많은 것을 성취한 중요한 시기였다. 엄청난 성공은 아니지만 그래도 탄탄한 업적을 몇 가지 세웠다. 무엇보다 인플레이션을 줄였고, 개방과 현대화를 향한 움직임이 페르난도 콜로르 데 멜로 재임 시절에 시작되어 이타마르 프랑코와 페르난두 카르도수를 거치며 심화되었다. 차베스가 당선된 1998년에 베네수엘라가 깊은 절망에 빠져있었다면 룰라가 정권을 잡은 2002년에 브라질은 희망과 기대로 부풀어 있었다.

그러나 브라질과 베네수엘라가 각기 다른 길을 가게 된 주요 원인은 이데올로기도 최근의 역사 전개도 아니다. 가장 중요한 요소는 두 나라의 극심한 제도 차이다. 브라질의 제도는 행정부가 무책임한 정책을 실행하지 못하도록 효과적으로 견제하는 반면, 베네수엘라의 제도에서는 그런 정책을 제한하는 데 필요한 견제와 균형을 찾아볼 수 없었다. 베네수엘라에서는 1999년 헌법이 승인된 후 이런 특성이 더 뚜렷해졌다. 두 나라의 제도 차이를 분석할 때는 정책 결정 과정에 영향을 끼치는 제도와 정치체제에 영향을 끼치는 제도를 구별하는 것이 좋다. 베네수엘라는 정책을 결정하는 제도와 정치 제도 둘 다 브라질보다 훨씬 부실하다.

제도의 관점에서 볼 때 베네수엘라의 정책 결정 과정은 세계에서 가장 비효율적인 축에 속한다. 많은 나라의 공공정책 제도를 평가하기 위해 아르헨티나 경제학자 마리아노 토마시는 77개국의 정책 결정 과정의 여섯 가지 특징을 분석했다. 분석에 따르면 베네수엘라의 제도는 77개국 중 7번째로 부실하다. 브라질의 정책 결정 제도가 더 튼튼한 것으로 드러났다. 뛰어나지는 않지만 베네수엘라보다는 훨씬 튼튼하다. 브라질의 제도는 77개국 중에서 33번째로 약하다. 이 연구에 따르면 브라질의 공공정책은 베네수엘라보다 안정적이고 일관성이 있으며 실행력도 뛰어나다. 공공복지를 증진하고 국민을 위해 희소 자원을 더 효과적인 곳에 할당할 가능성도 크다. 나아가 브라질은 어떤 정책이 확실히 실패했을 때 방향을 바꾸기도 더 쉽다.[56] 프레이저연구소가 수집한 자료도 이런 사실을 확인해준다.

사법권의 독립성, 법과 질서, 재산권 보호 면에서도 베네수엘라가 브라질보다 못하다는 점을 시사한다.[57] 국제투명성기구도 1998년에 베네수엘라의 부정부패가 브라질보다 훨씬 심하다고 보고했다. 베네수엘라는 총 85개국 중에서 77위를 차지했다. 순위가 낮을수록 더 부패한 나라다. 한편 브라질은 85개국 중에서 46위를 차지했다. 브라질도 순위가 월등히 높은 편은 아니지만 어쨌거나 베네수엘라보다는 높았다.

8장에서 이야기했듯이 견제와 균형이 결여되어 있거나 의회의 감독이 이뤄지지 않는 나라들은 공공정책이 허술한 편이다. 게다가 사법부가 독립적이지 않으면 강한 지도자가 극단적인 정책을 추진할 수 있다. 심지어 불법행위에 가깝고 공공복지에 해로운 정책을 밀어붙일 수도 있다. 최근 베네수엘라에서 흔하게 일어난 일이다. 우고 차베스는 법령을 이용해 장기간 통치권을 유지하고 있다. 한편, 마리아노 토마시는 라틴아메리카 17개국을 대상으로 정치제도의 특징을 분석했다.[58] 주로 정당이 내세우는 비전의 범위, 전국적이고 장기적인 프로그램과 정견을 구축하는 정당의 능력, 법안을 효율적으로 통과시키는 입법부의 능력, 공무원 조직의 힘, 법을 집행하는 사법부의 능력에 초점을 맞췄다. 이 모든 항목에서 브라질의 제도가 베네수엘라의 제도보다 탄탄했다. 이런 분석을 통해 우리는 이데올로기와 역사적 요소를 배제하고 순전히 제도의 관점에서만 살펴보아도 차베스가 베네수엘라에서 저지른 유형의 정책을 브라질에서는 실행하기 어렵다는 것을 알 수 있다.

룰라 이후 브라질의 도전

2003년, 골드만삭스에서 「브릭스와 함께 꿈을: 2050년까지의 여정 Dreaming with BRICs: The Path to 2050」이라는 유명한 연구 보고서를 발간했다. 이 책에서 사용한 것과 비슷한 준거틀을 바탕으로 가장 전도유망하고 거대한 신흥 시장 4곳, 즉 브라질, 러시아, 인도, 중국의 경제성장을 예측한 자료다.[59] 연구 결과는 아주 놀라웠다. 2040년까지 브라질, 러시아, 인도, 중국의 국내총생산이 G-6의 국내총생산을 능가할 것으로 예측되었다. 저자들은 4개국 중에서는 브라질이 30년 동안 가장 느린 성장률을 보일 거라고 예측했다. 그렇긴 해도 장기적으로 매년 4퍼센트에 가까운 건강한 성장률을 보일 거라고 기대했다. 그런데 이들은 브라질이 지속가능하고 높은 성장을 이루려면 중요한 과제를 해결해야 한다고 했다. 국제 경쟁을 위해 경제 개방 수준을 높이고 현대화와 규제 완화를 더 추진해야 한다는 것이다.

 브릭스 보고서가 나오고 나서 몇 년간 분석가들은 브라질에 많은 관심을 보였다. 2008년 초, 스탠더드앤드푸어스에서는 브라질의 국가 신용등급을 '투자등급'으로 상향 조정했다. 많은 사람이 남아메리카의 거인 브라질이 곧 비상할 거라고 말했다. 그리고 "브라질은 미래의 땅이다. 앞으로도 늘 그럴 것이다."라는 오래된 농담이 곧 사라지게 될 거라고들 했다. 이런 낙관론은 이제 브라질이 시작부터 잘못되었던 기나긴 역사와 지름길을 택하던 나쁜 습관을 버리고 경제 강국으로서 국제적인 명성을 얻기 위해 열심히 일할 준비가 되어 있다는 기대에서 비롯되었다.

 브라질은 2007년에 5.4퍼센트, 2008년에 5.5퍼센트 성장했다. 그리고 2005~2008년에 평균 4퍼센트 이상 나아졌다. 하지만 여전히 풀어야 할 중요한 문제가 많이 남아 있다. 브라질이 정말로 경제 강국이 되고 골드만삭스가 내놓은 예측대로 성과를 내려면 많은 과제를 잘 풀어야 한다. 특히 생산성을 크게 증가시키고 장기간 빠른 속도로 성장을 이어나가야 한다. 자본, 설비, 기계, 사회기반시설에 대한 투자율도 국내총생산의 22퍼센트인 현재 수준에서 아시아 호랑이 국가의 평균에 가까운 30퍼센트까지 증가시켜야 한다. 그리고 근로자들의 기술도 개선해야 한다.

 브라질은 1장에서 이야기한 성장 이행 1단계에 들어서고 있는 것으로 보인다. 지름길을 택하지도 않고 포퓰리즘의 유혹에 빠지지도 않는 중도좌파 정부가 들어서는 한편, 수출 가격이 상승하면서 생산성 증가에 가속도가 붙었다. 지금 브라질이 풀어야 할 과제는 성장 이행 1단계에서 2, 3단계로 넘어가는 것이다. 세계 경제가 불확실하고 2008년 세계 금융위기의 영향이 얼마나 오래갈지 불분명한 시점에서 성장 이행을 이뤄야 하니 브라질로서는 절대로 쉽지 않은 과제다.

성장 이행 2, 3단계로 넘어가려면 경쟁과 혁신을 장려하도록 제도를 강화하고 정책을 간소화해야 한다. 프레이저연구소와 세계은행 등 여러 기관과 두뇌집단에서 예상하고 수집한 지표들을 분석하면 이 과제가 만만치 않다는 것을 알 수 있다. 절대로 과소평가해서는 안 될 일이다. 2009년 세계은행 기업환경평가 지수를 살펴보면 브라질은 창업의 용이성 항목에서 181개국 중 125위를 했다. 칠레는 40위였고 아시아 호랑이 국가는 평균 36위였다. 브라질은 인허가의 용이성 항목에서 108위, 근로자 고용의 용이성 항목에서 121위, 재산권 등록의 용이성 항목에서 111위를 차지했다.

사실 11개 항목에서 100위 밑으로 내려간 항목이 7개나 된다. 그 중 2개 빼고는 모두 바닥이었다. 평범한 사업가에게 브라질은 아주 비효율적인 나라다. 창업에 필요한 인허가를 받는 데만 152일이 걸린다. 이와 대조적으로 칠레는 27일, 아시아 호랑이 국가는 평균 35일이 걸린다. 브라질에서는 채권을 회수하는 데 616일이 걸린다. 반면 칠레에서는 480일, 아시아 호랑이 국가에서는 평균 389일이 걸린다. 세계경제포럼에서 집계한 생산성, 혁신, 기업가 정신 지수를 비롯하여 전문가들이 분석하고 조사한 거의 모든 항목에서 브라질의 비효율성이 나타났다. 2008~2009년 세계경쟁력 지수에서 브라질은 134개국 중 64위를 차지했다. 칠레는 28위, 타이는 34위,

말레이시아는 21위, 한국은 13위였다. 역시 같은 연구에서 중국은 30위, 인도는 50위, 러시아는 51위였다.[60]

세계은행 기업환경평가 지수 중 투자자 보호라는 핵심 항목에서 브라질은 70위를 차지했다. 칠레(38위)나 아시아 호랑이 국가(30위)처럼 높지는 않아도 라틴아메리카 평균 순위(96위)와 신흥 아시아 국가의 평균 순위(90위)보다는 훨씬 높다. 역시 세계은행에서 집계하는 통치 방식 및 제도 지수 중 언론의 자유와 정치적 책임성 항목에서 브라질은 비교적 좋은 성적을 거뒀다.[61] 제도 강화를 위해 노력할 기본 토대가 마련되어 있다는 뜻이니 부분적으로는 좋은 소식이다.

그러나 다른 제도 지표는 허약하기 짝이 없다. 현대화로 가는 길이 멀고도 험하다는 사실을 보여주는 부분이다. 세계은행이 집계한 법치주의 항목에서 브라질은 비교적 낮은 점수를 받았다. 최하점이 -2.5이고 최고점이 2.5인데 -0.44점을 받았다. 칠레(1.17)와 신흥 아시아 국가(-0.17), 아시아 호랑이 국가(0.64), 남유럽 국가(0.91), 선진 수출국(1.85)보다 훨씬 낮은 점수다. 브라질은 부패 방지, 정부 효율성, 규제 완화 항목에서도 낮은 점수를 받았다. 역시 칠레, 아시아 호랑이 국가, 남유럽 국가, 선진 수출국보다 낮았다.

프레이저연구소가 제도의 질을 조사한 자료도 위에서 본 결과를 다시 한 번 확인해준다. 또한 대규모 제도 정비가 필요하다는 사실을 보여준다. 최저점 1부터 최고점 10까지 점수를 매긴 2006년 제도 지표에서 브라질은 사법부의 독립성 항목에서 3.6점을 받았다. 칠레는 5.4점, 아시아 호랑이 국가는 6.4점이었다. 한편 브라질은 채권 회수 항목에서 4.8점을 받았다. 칠레는 5.8점, 아시아 호랑이 국가는 7.0점이었다. 지적 재산권 보호 항목에서는 브라질이 5.2점, 칠레가 7.0점, 아시아 호랑이 국가가 7.4점을 받았다.

무역 개방 부분에서도 브라질은 비교군보다 뒤처졌다. 브라질에서 컨테이너 하나를 수출하는(컨테이너 하나를 배에 싣는 비용) 데는 평균 1,240달러가 든다. 칠레에서는 745달러, 아시아 호랑이 국가에서는 평균 626달러가 든다. 미국 외교 전문지 「포린폴리시」와 컨설팅회사 A. T. 커니가 공동 조사해 발표한 세계화 지수에 따르면 브라질은 72개국 중에서 67위였다. 이 지수가 중요한 이유는 단순히 무역 개방과 경제 변수를 측정하는 수준을 넘어서 국민의 해외 접촉 빈도, 세계적 연결성, 세계경제 접근의 용이성과 효율성 등을 평가하기 때문이다. 세계화 지수는 여러 가지 변수 중에서도 인터넷 사용자, 인터넷 호스트, 보안 서버, 기술적인 네트워크의 범위에 관한 자료를 고려한다.

브라질은 라틴아메리카에서 타의 추종을 불허하는 엄청난 매력을 지니고 있다. 일단 땅덩어리부터 아주 크다. 2008년에 국내총생산은 1조 5,000억 달러였다. 인구는 거의 1억 9,000만 명에 이른다. 일인당 혹은 매년 판매되는 컴퓨터, 자동차, 냉장고, 생명보험증권, 핸드폰 등 브라질 경제와 관련된 수치는 어마어마하다. 라틴아메리카에 있는 다른 나라 또는 다른 지역에 있는 대다수 국가보다 훨씬 크다. 크기는 분명히 중요하다. 그러나 크기가 다는 아니다. 큰 나라가 되는 것만으로는 높이 날아올라 번영을 이룰 수 없다. 정말 필요한 것은 혁신적인 경제다. 산업 전반에서 생산성 향상이 이뤄져야 한다. 교육제도의 질이 높아져야 한다. 그리고 투자자들과 기업가들이 지속적인 성과를 얻기 위해 기꺼이 시간과 노력을 바쳐야 한다.

위에서 논의한 자료들은 최근 투자자들이 열의를 보이고는 있지만 브라질이 효율적이고 혁신을 지향하는 정책과 튼튼한 제도를 갖춘 나라가 되려면 아직 갈 길이 멀다는 사실을 보여준다. 방대한 지표들이 브라질의 현재 상태가 성공한 국가들 및 지역들의 현재 상태와 얼마나 큰 차이가 있는지를 보여준다는 점에 주목할 필요가 있다. 브라질이 다음에 해야 할 일을 논의하면서 주변을 손보라는 것이 아니다. 브라질이 풀어야 할 문제는 이런저런 지수를 개선하거나 한두 가지 법이나 규율을 바꾸는 것이 아니라는 말이다. 브라질에는 국민의 생산력을 극대화시키는 일대 변화가 필요하다. 주요 부문을 개혁해야만 성장 이행의 다음 단계로 넘어갈 수 있다. 정치적으로 쉽지 않은 일이지만 그렇다고 불가능한 일도 아니다.

룰라는 브라질 정치인들이 장기적 안목으로 나라의 장래를 내다보고 정책을 추진할 수 있다는 것을 증명했다. 그리고 효율성이 아주 높은 몇몇 세계적 기업들은 기회와 좋은 우대책만 있으면 브라질 기업도 혁신을 이루고 생산적인 기업으로 변신할 수 있다는 걸 증명했다. 브라질이 이번에야말로 성공을 거둘지는 아직 더 두고 봐야 한다. 최종 판결을 내리려면 아직 몇 년은 더 있어야 할 것이다. 그러나 두 가지는 분명하다. 하나는 주어진 과제가 어마어마하다는 것이고, 또 하나는 브라질이 기나긴 좌절의 역사와 결별하기에 지금보다 더 좋은 기회는 이제껏 없었다는 점이다.

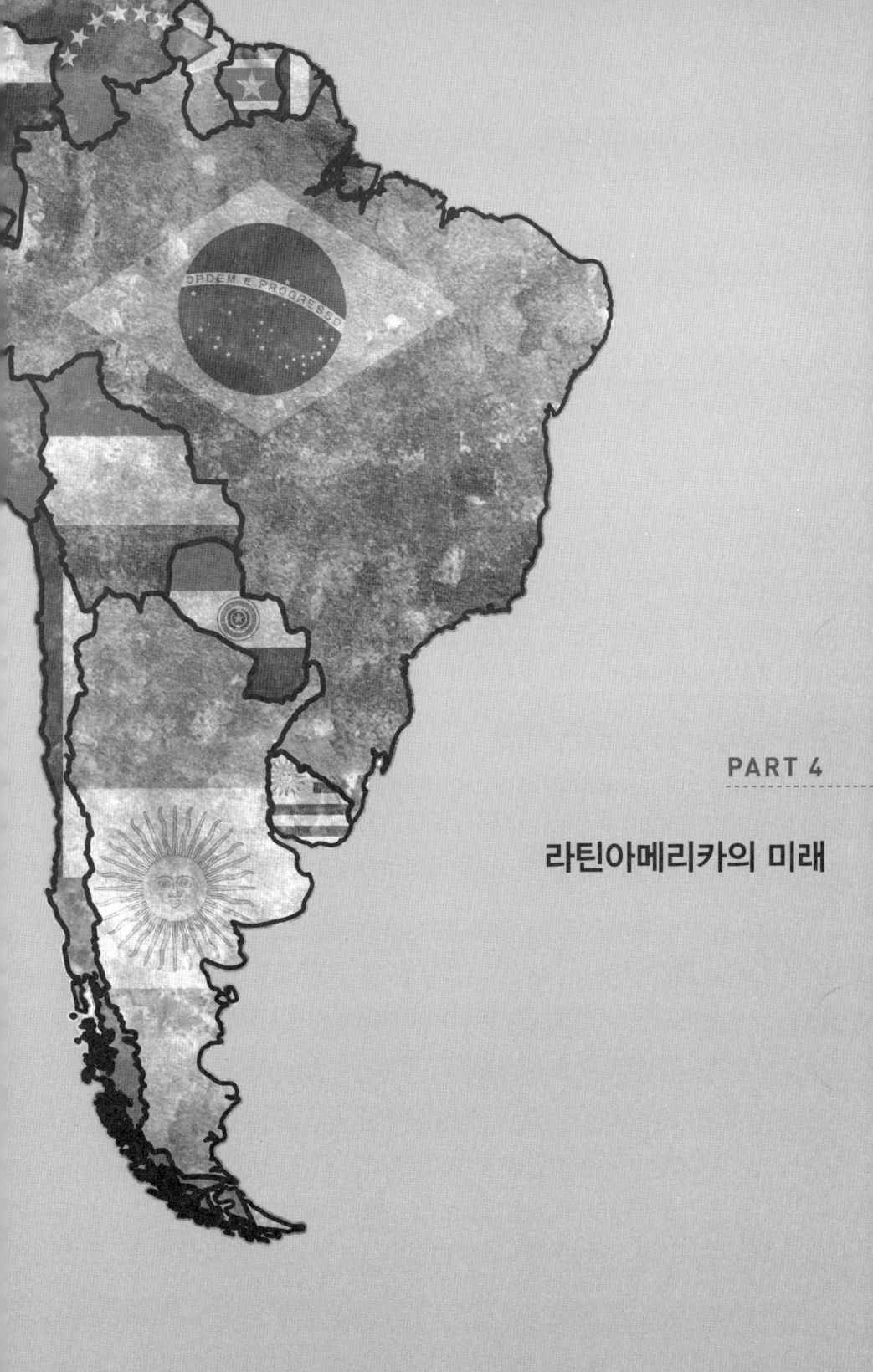

PART 4

라틴아메리카의 미래

10장

21세기의 라틴아메리카

포퓰리스트 정치인과 포퓰리즘이 호소력을 얻게 된 데는 2008년 세계 금융시장 붕괴가 큰 몫을 했다. 탐욕이 표준이 되고 빨리 부자가 되려고 너도나도 원칙을 무시하는 고삐 풀린 자본주의 제도 때문에 선진국들의 금융시장이 붕괴한 것처럼 보였다. 여러모로 이해할 만한 반응이었다. 국제 금융체제를 무너뜨린 일련의 사태 뒤에 시장의 효율성에 대한 맹신과 규제 부재가 있었던 것은 의심의 여지가 없는 사실이다.[1] "위험을 감추어 자기 배를 불리는 정교한 방법을 찾는 데는 미국 은행가들이 세계 제일이다. 사반세기에 걸쳐 진행된 규제철폐 열의가 이들에게 힘을 불어넣었다."고 한 폴 크루그먼의 평가를 부인하기 어렵다.[2] 실제로 선진국 금융시장에서 극도로 복잡하고 위험한 증권을 남발하고, 상상도 할 수 없는 수준까지 영향력을 확대하고, 대출 기준을 느슨하게 하는 등 과열

양상이 벌어졌다. 그러나 이것은 경쟁을 토대로 혁신과 효율성, 창의성을 장려하는 현대 자본주의 체제와는 아무 상관이 없다. 실제로 금융시장에서 모든 규제를 철폐하고 무한경쟁을 허용하는 이런 사상은 조지프 슘페터가 거의 한 세기 전에 경쟁과 혁신, '창조적 파괴'에 관해 글을 쓸 때 염두에 두었던 것이 절대로 아니다.

2006년, 라틴아메리카의 분석가와 전문가, 정치인 들 사이에 근거 없는 믿음이 퍼지기 시작했다. 라틴아메리카가 결국 높이 날아올라 번영을 향해 나아가고 있으며 빈곤을 줄이는 데 성공했다고들 말했다. 이런 낙관론은 석유, 철광석, 구리, 천연가스, 대두 등 주로 원자재인 수출품 가격이 급상승하고 국제 자금을 충분히 조달할 수 있게 되면서 힘을 얻었다. 2000년대 초반에 배럴당 30달러였던 유가가 2008년 중반에는 거의 150달러까지 상승했다. 2003년에 파운드당 85센트였던 구리 값은 2008년에 파운드당 4달러까지 올랐다. 2002년에 메트릭톤당 500달러였던 대두 가격은 2008년 초에 1,600달러가 넘었다. 2000년에 1,000입방피트당 2달러였던 천연가스 가격은 2008년에 13달러가 넘었다. 이렇게 수출 여건이 좋아진 것은 새롭게 경제 기적을 이룬 중국과 인도에서 원자재 수요가 엄청나게 늘어난 덕이 컸다.

상파울루, 부에노스아이레스, 멕시코시티, 보고타에 사는 분석가와 전문가 들은 라틴아메리카 사람들에게 세상이 바뀌었다고 장담했다. 원자재 생산자의 시대가 찾아왔을 뿐 아니라 앞으로도 영원히 계속될 거라고 했다. 다양한 분석가가 라틴아메리카가 세계 다른 나라들과 "분리되었다."라며 확신에 차 열변을 토했다. 라틴아메리카 국가가 국제 경기 순환의 영향을 받지 않게 되었다는 말이다. 미국이나 유럽연합, 일본에서 벌어지는 일들과는 상관없이 라틴아메리카는 계속해서 고물가의 열매를 향유하고 번영을 향해 나아갈 터였다. 파워포인트로 작성한 복잡한 프레젠테이션을 훑어보면서 결국 '신흥 시장에서 신흥 시장으로' 돌고 도는 선순환이 전개될 거라고들 말했다. 중국과 일본이 라틴아메리카에서 원자재를 사고 라틴아메리카가 아시아의 강국들로부터 제품과 소프트웨어를 구입하는 선순환 말이다. 국제 산업과 세계화가 왜 필요하단 말인가?

장밋빛 시나리오에 이의를 제기하고 "고통 없이는 얻는 것도 없다."는 옛날 관념을 들이대면서 라틴아메리카가 여전히 불필요한 요식 체계에 빠져 있다고 지적하는 사람들에게는 구식이라는 꼬리표가 붙었다. 누구도 우려의 말에 귀를 기울이지 않았다. 낙관론에 따르면 효율성을 높이고 경쟁력을 갖추고 근로자들의 기술을 향상시킬 필요가 없었다. 라틴아메리카 아이들이 아시아나 중유럽 및 동유럽의 신흥 국가 아이들처럼 만반의 준비를 갖추도록 교육제도를 개혁할 필요도 없었다. 또한 제도를 강화하고 부패를 방지하고 법원의 공명정대함과 효율성을 높이고 민주주의를 강화하는 난제에 매달릴 필요도 없었다. 마지막으로 낙관론자들은 신이 라틴아메리카에 은혜를 베풀기로 결심했다고 말했다.

2000년대 중반에 포퓰리스트의 부활을 주도했던 아르헨티나와 베네수엘라가 비교적 좋은 성적을 내고 꽤 빠르게 성장하자 많은 사람들이 우고 차베스와 네스토르 키르치네르의 정책이 미래 번영의 열쇠라고 믿게 되었다. 2004년과 2008년 사이에 아르헨티나의 국내총생산은 평균 8.5퍼센트 성장했다. 베네수엘라의 국내총생산은 평균 10.4퍼센트 성장했다.[3] 심지어 어떤 이들은 2001년에 아르헨티나가 그랬던 것처럼 채무불이행을 선언하고 국제 투자가들에게 중대한 손실을 입혀도 전혀 악영향을 받지 않았다고 주장했다. 많은 사람이 세계 시장이 채무를 이행하지 않은 나라를 처벌한다는 생각을 케케묵은 구식이라 여겼다.

그러나 2008년에 세계 금융시장이 붕괴하면서 라틴아메리카가 세계 경제에서 분리되었다는 생각이 한낱 환상에 불과하다는 사실이 밝혀졌다. 아무 짝에도 소용없는 희망사항에 불과했다. 가격이 떨어지고 라틴아메리카가 수출하는 원자재에 대한 수요가 없어지고 자금줄이 말랐다. 이로써 낙관론을 늘어놓던 전문가들이 역사의 교훈을 이해하지 못했다는 사실이 입증되었다. 더 정확히 말하면 일련의 사건이 대다수 라틴아메리카 국가가 국제 경제에서 벌어지는 예상 밖의 변화에 여전히 취약하다는 사실을 입증했다. 냉정한 현실로 돌아온 통찰력 있는 분석가들은 한 나라가 영구적으로 가난을 줄이고 번영을 향해 나아가는 유일한 길은 국민을 교육하고 혁신을 장려하고 효율적인 분쟁 해결 장치를 갖추고 재산권을 보호하고 민주주의를 강화하는 강한 제도를 마련하는 것뿐임을 다시금 깨달았다.

그러나 모든 사람이 통찰력을 갖추고 있는 것은 아니다. 역사의 뼈아픈 교훈을 인정하고 싶어 하지 않는 이들도 있다. 라틴아메리카에는 여전히 지름길이 있을 거라고 믿는 정치인과 분석가와 학자들이 넘쳐난다. 이 글을 쓰고 있는 지금 앞으로의 전망이 가장 암울한 국가 중 하나가 아르헨티나다. 이것은 절대로 우연이 아니다. 아르헨티나가 앞으로 몇 년간 조달해야 할 자금은 어마어마하다. 눈덩이처럼 불어나는 공공 부채를 차환해야 한다. 그리고 2001~2002년 위기 이래로 아르헨티나는 경제를 현대화하고, 혁신을 장려하고, 교육제도를 개선하고, 제도를 강화하고, 효율성을 높이는 의미 있는 정책을 추진하는 데 실패했다. 오히려 포퓰리스트 정치인 네스토르 키르치네르와 그의 아내 크리스티나 페르난데스 데 키르치네르가 연이어 정권을 잡고 조금 더 빠른 지름길을 모색하느라 외국인 투자자들을 악마 취급했다. 가격이 엄청나게 상승한 석유와 대두 등 원자재 수출에 기대어 비대하고 비효율적인 정부 재원을 충당했다. 기계, 설비, 사회기반시설에 새로 투자하지도 않았고 근로자들의 기술을 향상시키지도 않았다. 아르헨티나의 앞날은 여전히 암울하다. 2009년 중반 키르치네르 행정부가 의회 중간선거에서 참패하여 다수당의 지위를 잃었다는 사실도 위안이 되지 않는다. 권력을 장악한 페론당의 다른 파당들도 주요 개혁에 강하게 반대하지는 않지만 여전히 회의적인 태도를 보이기 때문이다.

물론 아르헨티나만 미래가 험난한 것은 아니다. 에콰도르 역시 오래 계속되는 세계 경기침체에 특히 취약하고 베네수엘라도 마찬가지다. 만일 유가가 회복되지 않으면 두 나라는 소득이 크게 줄고 대규모 재정 불균형에 맞닥뜨리게 될 것이다. 베네수엘라에서는 이것이 결국 급격한 인플레이션과 물가 통제, 물자 부족, 암시장, 저임금으로 이어질 것이다. 에콰도르에서는 인플레이션이 쉽게 급등하지 않을지도 모른다. 미국 달러화를 자국 통화로 사용하는 탓에 중앙은행에서 화폐 발행을 늘려서 적자를 메우는 전략을 쓸 수 없기 때문이다. 이 말은 곧 라파엘 코레아 정부가 앞으로 이런 제약을 벗어버리고 국내 통화를 재도입하고 싶은 유혹에 시달릴 거라는 뜻이다. 유혹에 넘어가는 순간 전면적인 인플레이션과 포퓰리스트 위기로 가는 길이 활짝 열릴 것이다.

2008년 금융위기로부터 세계 경제가 회복되려면 수년이 걸릴 수 있다. 그러나 결국 세계 경제는 다시 살아날 것이다. 라틴아메리카에서 가장 적은 피해를 입고 가장 빠르게 위기를 헤쳐나올 나라는 칠레이다. (페루도 비교적 잘 해낼 것이다.) 이것은 절대 우연이 아니다. 사업 절차를 간소화하고, 수출과 혁신의 역할을 강조하고, 과잉과 낭비를 예방하는 건강한 은행제도를 유지하고, 2000년대 중반 구리 호황 때 벌어들인 돈을 예비비로 비축함으로써 국가 경제를 비교적 유연하게 탈바꿈시킨 덕분이다. 세계 경기불황이 한창이던 2009년 3월에 실시한 여론조사에 따르면 칠레 국민은 시장과 무역 개방, 혁신, 효율적인 사회복지 서비스에 기반을 둔 경제 모델을 지지하는 것으로 나타났다. 2007년에는 시장 중심에 친親세계화 경제 정책을 지지한다고 말한 사람이 전체 응답자의 55퍼센트였던 데 반해, 2009년 3월에는 응답자의 63퍼센트가 이런 경제정책을 지지한다고 밝혔다.[4]

국가 제도와 마약 무역

이 책에서 나는 계속해서 제도의 역할을 강조했다. 한 나라가 진보하고 번영을 누리려면 법치, 재산권 보호, 부패 방지, 사법부의 독립, 강한 민주주의가 뒷받침되어야 한다. 그런데 누누이 이야기했듯이 대부분의 라틴아메리카 국가는 제도를 제대로 발전시키지 못했다. 더 심각한 문제는 많은 국가가 제도 실패의 위험에 직면해 있다는 점이다. 바로 불법 약물을 생산하고 유통하는 데서 비롯된 문제다.

마약 무역의 문제를 이해하려면 1990년대 중반으로 거슬러 올라가야 한다. 이때 미국은 라틴아메리카에서 들어오는 마약을 단속하는 정책의 방향을 수정했다. 1993년 11월, 빌 클린턴 대통령이 마약 근절을 위한 대통령령에 서명했다. '멕시코, 중앙아메리카, 카리브 해 국가들 같은 중간 기착지에 초점을 맞추던 국제 마약 방지 프로그램을 수정하여 콜롬비아, 페루, 볼리비아 같이 마약을 제조하여 유통시키는 나라에 역점을 두라고 연방기관에 지시하는' 내용이었다.[5] 그때부터 미국은 마약 제조 및 유통 중심지로 활약하는 콜롬비아를 집중 단속했다. 그리고 이를 위해 콜롬비아 경찰과 군을 대상으로 반反반란·반反마약 전술을 훈련하는 데 필요한 자금을 지원하는 콜롬비아 계획Plan Colombia을 도입했다.

전문가들은 연간 약 6억 5,000만 달러가 들어간 이 계획으로 콜롬비아 마약왕들의 영향력과 활동 반경을 줄이는 데 성공했다고 평가한다. 분명 좋은 소식이다. 그러나 나쁜 소식도 있다. 이 계획이 시작되고 10년이 지난 뒤에도 라틴아메리카에서 마약 생산과 밀매가 줄어들지 않았다는 점이다. 사실 줄어들기는커녕 더 늘어났다. 콜롬비아에서 마약을 뿌리 뽑으려고 애쓴 결과 불법 약물에 대한 수요가 엄청난 미국은 마약 산업과 더 가까워지고 말았다. 미국과 가까운 멕시코, 특히 치와와 주와 상파울루 주가 세계 불법 약물의 중심지가 되었다. 멕시코에서 마약 사업이 급증하자 심각한 폭력 사태가 벌어졌다. 몇몇 주에서는 수천 명이 죽었다. 치와와 주에서 마약 관련 폭력 사건으로 사망한 사람이 2008년에만 6,000명이 넘었다. 폭력 사건은 대부분 텍사스 주 엘패소 바로 남쪽에 있는 국경 도시 시우다드 후아레스에서 벌어졌다.

2008년 말에는 시우다드 후아레스 경찰청장이 마약 밀매업자들과의 전면전을 선포했다. 마약 카르텔은 겁을 내기는커녕 기꺼이 도전에 응하여 끔찍한 난동을 부렸다. 납치와 암살이 증가했고 마약 관련 활동도 전혀 줄어들지 않았다. 나아가 마약 조직은 시우다드 후아레스 경찰청장을 경질하라고 요구했다. 주지사가 이 요구를 거절하자 마약 카르텔은 48시간마다 경찰을 한 명씩 죽이겠다고 위협했다. 결국 수많은 경찰이 살해당했고 2009년 2월 20일에 경찰청장이 사직서를 제출했다. 주지사도 마지못해 사직서를 수리했다.[6]

2009년 2월, 미국 법무부는 시날로아 마약 카르텔이 미국에까지 활동 영역을 넓혔다는 충격적인 발표를 했다. 미국에 있는 거의 모든 대도시에서 수백 명의 조직원을 두고 마약을 팔고, 길거리 판매상에게서 돈을 수금하고, 장부를 쓰고, 경쟁 조직 일원을 납치하고, 배신자와 정보원을 암살했다. 21개월간 미국 사법당국은 시날로아 카르텔과 관련이 있는 730명을 체포했다.[7]

멕시코 법무부장관 에두아르도 메디나 모라 Eduardo Medina Mora 는

2008년에 시날로아 마약 카르텔이 미국 소비자에게서 벌어들인 돈이 100억 달러가 넘는다고 추산했다. 그가 추산한 바에 따르면 시날로아 카르텔이 벌어들인 수익의 절반가량은 마리화나를 팔아 번 돈이었다. 나머지 절반은 코카인, 헤로인, 암페타민 같이 중독성이 강한 마약을 팔아 번 돈이다.[8]

멕시코 전역에서 상황이 점점 더 심각해졌다. 2009년 2월 말, 미국 국가정보국 데니스 블레어Dennis C. Blair 국장이 의회에서 "마약 카르텔의 세력이 갈수록 커지고 폭력 사건이 늘어남에 따라 멕시코 정부가 나라를 온전히 통제하지 못하는 상황에 처했다."고 진술했다.[9] 미국 법무부장관 에릭 홀더Eric Holder에 따르면 시날로아 마피아가 엄청난 양의 마리화나와 메탐페타민, 코카인을 미국으로 실어 나르고 불법 자금 수천만 달러를 세탁했다고 한다. 또한 피닉스 경찰에 따르면 시날로아 카르텔은 2008년 한 해 동안 아리조나에서 400여 건에 달하는 납치 범죄를 저지르고 몸값을 요구했다. 대부분 마약과 관련이 있는 사건이었다. 미국 시민이 연루된 사건도 여럿이었다.[10]

2009년 2월, 라틴아메리카 지식인과 영향력 있는 지도자들이 모여서 성명을 발표했다. 미국이 마약과의 전쟁에 실패했다고 성토하고 패러다임의 변화를 촉구하는 내용이었다. 브라질의 페르난두 엔리케 카르도수, 콜롬비아의 세사르 가비리아César Gaviria, 멕시코의 에르네스토 세디요 등 전임 대통령 세 명이 의장을 맡은 이 위원회에는 역사가 엔리케 크라우세, 잡지 편집자 모이세스 나임, 소설가 마리오 바르가스 요사, 세르히오 라미레스Sergio Ramirez를 비롯한 많은 저명인사가 참여했다.[11] 아르헨티나, 볼리비아, 브라질, 콜롬비아, 코스타리카, 멕시코, 니카라과, 페루, 베네수엘라를 대표하는 권위자들이 모임을 구성했다. 그런데 흥미롭게도 칠레를 대표하는 인물은 눈에 띄지 않았다. 단순한 우연이었을까? 칠레에서는 마약 문제가 심각하지 않아서 지식인이나 저명인사가 참여하지 않은 걸까? 아니면 경제와 제도를 현대화한 칠레를 이제는 진정한 라틴아메리카 국가라 여기지 않아서였을까? 어쨌거나 이 성명서에서 칠레가 빠진 것은 라틴아메리카의 유일한 경제 스타인 칠레의 위치를 반영하는 흥미로운 사건이다.[12]

라틴아메리카마약·민주주의위원회라는 명칭의 이 모임은 라틴아메리카에서 마약 문제를 해결하려면 불법 약물을 찾는 이들을 먼저 해결해야 한다는 점을 비롯하여 몇 가지 사실을 강조했다. 1971년에 리처드 닉슨 Richard Nixon 대통령이 시작한 마약과의 전쟁을 계속 이어온 미국 행정부만 빼고 불법 약물 문제를 조사해온 모든 사람이 동의하는 점이었다. 여기에서 위원회 보고서를 잠시 살펴보자.

불법 약물 문제를 장기적으로 해결하려면 주요 소비국에서 수요를 줄여야 한다. 이것은 가해자를 색출하라는 이야기가 아니라…… 미국과 유럽연합이 라틴아메리카가 직면한 문제에 공동 책임이 있다는 이야기다. 미국과 유럽연합이 라틴아메리카에서 제조된 마약을 가장 많이 소비하는 시장이기 때문이다. 그러므로 미국과 유럽연합은 마약 소비를 줄이고 범죄 사업의 규모를 대폭 줄이는 정책을

실시해야 마땅하다.[13]

이를 위해 라틴아메리카마약·민주주의위원회는 네 가지 정책을 권면했다. 첫째, 마약 중독을 공공보건 문제로 보고 치료해야 한다. 마약에 중독된 소비자들을 수감해서는 안 된다. 그들이 국가 의료제도 안에서 환자로서 치료를 받게 해야 한다. 둘째, 마리화나를 찾는 개인 소비자는 처벌 대상에서 제외해야 한다. 마리화나를 기분전환용으로 사용하는 개인을 법정에 세우고 수감하는 것은 말이 안 된다. 셋째, 온 힘을 집중해서 단호하게 조직범죄와 싸워야 한다. 마피아와 카르텔이 사회에 끼치는 악영향을 과소평가해서는 안 된다. 넷째, 현재 불법 약물을 재배하는 농부들이 다른 작물을 재배할 수 있도록 재정 및 기술 지원을 해야 한다.

수많은 학자와 기자와 여론 주도층이 공감하는 내용이다.[14] 그러나 미국 정치인들을 설득해 정책 방향을 바꾸게 하기는 어려울 것이다. 그나마 유럽 정치지도자들은 호의적인 반응을 보일지 모른다. 그러나 패러다임에 큰 변화가 생길지는 여전히 미지수다.

상황을 특히 어렵게 만드는 것은 마약 제조 및 밀매와 경제실적 및 사회 발전 사이에 복잡한 상호작용이 있다는 점이다. 경제가 불안하고 고용이 침체되고 임금이 하락하는 나라에서는 비공식 경제가 활성화되고 무법이 판을 친다. 부정부패와 뇌물 문화가 발달하고 법치가 급격히 흔들린다. 이런 나라들에선 마약 관련 활동이 늘어나기 쉽다. 이런 상황에서는 대규모 혁신이 이뤄지거나 기계와 설비에 대한 투자가 늘어날 가능성이 거의 없다. 실제로 5장 엘살바도르 이야기에서 확인했듯이 안전과 보안이 제대로 이뤄지지 않으니 외국인 투자가 유입되지 않는다. 게다가 범죄가 기승을 부리는 나라에서 교육제도가 제대로 돌아갈 리 없다. 근로자들이 세계 경제의 도전에 성공적으로 대응하도록 기술을 향상시키는 것도 당연히 불가능하다. 그러면 범죄와 부패 문화가 경제 발전을 방해하고 경제 실패가 범죄와 무법 활동에 반영되는 악순환이 벌어진다. 21세기에 접어들어 처음 10년을 보내고 두 번째 10년을 맞이한 라틴아메리카가 이렇게 절망적인 악순환을 피하기 위해 각고의 노력을 해야 한다는 사실에는 의심의 여지가 없다.

퇴행, 정체, 비상, 라틴아메리카의 세 갈래 길

이 글을 쓰고 있는 지금 전 세계에서 진행되는 경제 관련 논의는 모두 2008년 세계 금융시장 붕괴에 집중되어 있다. 분석가와 정치인과 대중은 대체로 세계 금융체제가 붕괴하는 모습을 믿을 수 없었다. 충분히 이해할 수 있는 반응이다. 세계 경제에서 10조 달러에 가까운 돈이 날아가 버렸고, 실업률이 극적으로 증가했고, 소득 전망도 뚝 떨어졌다. 그리하여 다시 보호무역주의가 슬며시 고개를 들고 있다. 동유럽 국가를 비롯해 최근까지 번영을 향해 성큼성큼 나아가고 있다고 생각했던 나라들이 파산과 채무불이행 사태에 처할지도 모르는 상황이다.

그러나 결국 세계 경제는 다시 살아날 것이다. 수년이 걸리긴 하겠지만 꼭 다시 반등할 것이다. 그리고 틀림없이 앞으로 등장하는 세계 경제는 1990년대와 2000년대의 자유분방한 모습과는 사뭇 다를 것이다. 금융 부문은 더 작아질 것이고 규제는 더 엄격해지고 더 폭넓어지고 더 일반화될 것이다. 신중하게 재정 혁신이 진행될 것이고, 더 많고 더 나은 감독이 이뤄질 것이다. 오만함도 덜 할 거라는 전망도 나온다. 투자 은행가들도 시장이 항상 완벽하게 효율적이지는 않다는 것을 이해할 것이다. '금융공학'이 대중의 심리와 두려움, 집착, 분위기, 유행, 공황 상태를 이해하는 데 최적의 도구는 아니라는 것도 알게 될 것이다. 또한 세계 곳곳에서 보호무역주의를 더 많이 보게 될 것이다. 그러나 수입관세, 수입허가, 수입할당이 급증해도 대공황 시절만큼 극심할 것 같지는 않다. 1930년대에 세계 경제가 추락한 데에는 보호무역주의를 표방하는 스무트-할리관세법의 영향이 컸다. 이는 모든 경제사가가 동의하는 부분이다. 정책결정자들도 대부분 역사로부터 교훈을 얻은 것 같다.

이 모든 것이 사실이다. 그러나 장기적으로 경제성장, 번영, 고소득을 이루는 데 무엇보다 중요한 것은 경제가 얼마나 빨리 효율성을 높이고, 기계와 기반시설에 투자하여 얼마나 빨리 생산 능력을 확대하고, 훈련과 교육을 통해 근로자들의 기술을 얼마나 빨리 향상시키느냐에 달려 있다는 것이다. 이 사실은 앞으로도 절대로 변하지 않을 것이다.

라틴아메리카 국가는 오랫동안 효율성, 투자, 근로자의 기술 향상, 이 세 가지를 제대로 해내지 못했다. 유감스럽게도 과거에 그랬던 것처럼 앞으로도 잘 해낼 것 같지 않다. 애석하게도 라틴아메리카에서는 대다수 국가가 생산성 향상이나 투자 증진에 박차를 가하는 데 꼭 필요한 개혁에 착수할 의지를 보여주지 못했다. 이것이 라틴아메리카 국가의 정치 현실이다. 뿐만 아니라 교육개혁을 시작하려고 애쓸 때마다 매번 교원노조와 다른 이익집단이 악착같이 반대했다.

앞으로 몇 년 동안 우리는 라틴아메리카에서 세 집단을 보게 될 가능성이 크다. 첫 번째 집단은 포퓰리즘 정책에 매달리는 나라들로 구성될 것이다. 이런 나라에서는 혁신이나 효율성 향상이 거의 이뤄지지 않을 것이다. 교육의 질도 여전히 낮을 것이고 제도도 부실할 것이다. 빈곤층과 경제적 약자를 위한다는 명목으로 재산권을 침해하고 사업가와 혁신가 들에 대한 장려책을 없애는 정책이 시행될 것이다. 성장률은 아주 낮아지고 비공식 노동시장이 커질 것이다. 급격한 인플레이션과 암시장이 등장하고 사회 여건은 악화될 것이다. 그러면 포퓰리스트 지도자들은 자국 경제를 음울하게 만든 유력한 용의자들을 비난할 것이다. 자본주의, 다국적 기업, 국제통화기금, 미국, 유럽연합이 바로 그들이다. 또한 불안감이 높아지고 부정부패가 기승을 부릴 확률이 크다. 국가 제도가 부실해서 조직범죄 및 마약 마피아들과의 싸움에서 패배할 가능성이 농후하다.

포퓰리스트 정권에서 늘 그랬듯이 경제 상황이 대단히 심각해지면 결국 유권자도 구태의연한 포퓰리즘 발언에 지쳐갈 것이다. 바로 그때 새 정부가 선출된다. 정치 변혁이 언제 일어날지는 다음 세 가지 요소에 달려 있다. 앞으로의 원자재 수출 가격, 국내 인플레이션의 규모, 권력자들이 파산하지 않으려고 선거제도를 조종하는 정도다. 만일 원자재 수출 가격이 급등하면 이들 국가는 효율성과 생산성을 높이는 정책을 실시하지 않고도 정부의 방만한 지출에 재원을 마련할 수 있고 더 오랜 시간 살아남을 수도 있다. 몇몇 국가는 잠깐 동안 노다지를 손에 쥘지도 모른다. 그래서 포퓰리즘의 종말이 몇 년 더 늦춰질 것이다. 그러나 결국에는 일어날 일이다. 이것이 역사가 우리에게 준 교훈이다. 이번에는 다를 거라고 믿을 이유가 전혀 없다. 수출 가격이 올라가도 정부의 방만한 지출과 인플레이션이 한 나라의 경제조직에 끼친 손해를 모두 상쇄할 수는 없다.

모든 것을 고려할 때 포퓰리스트의 실험에 가장 큰 피해를 보는 이들은 언제나 빈곤층이었다. 빈곤층은 인플레이션과 폭력, 불안정, 제도 붕괴, 질 낮은 교육제도에 가장 크게 영향을 받는다. 그리고 늘 그랬듯이 누군가는 시스템을 조작하는 법을 터득하고 이 과정에서 어마어마한 부자가 될 것이다. 포퓰리즘의 비효율성과 부정부패를 이용하고 눈앞에서 국가 경제가 붕괴할 때 막대한 이익을 거두는 개인과 기업이 생길 것이다.

물론 어떤 나라가 포퓰리스트 부류에 속할지 정확히 파악하기는 어렵다. 그러나 다른 나라보다 가능성이 큰 나라는 있다. 베네수엘라, 에콰도르, 볼리비아, 니카라과는 이 첫 번째 그룹에 머물러 있기 쉽다. 지금의 정치 분위기나 정치 세력을 감안하면 다른 국가들도 이 그룹에 합류할 수 있다. 어쨌거나 포퓰리스트 지도자들이 열변을 토하는 이야기에는 매력이 있다. 그리고 1990년대와 2000년대에 추진한 불완전한 개혁이 뚜렷한 결과를 내지 못한 것도 사실이다. 또한 2008년에 세계 금융시장이 붕괴하면서 자본주의에 대한 거부감도 커졌고 대안을 찾으려는 시도도 거세졌다.

쟁점은 멕시코가 포퓰리즘의 함정에 빠지느냐 마느냐 하는 것이다. 이것은 미국 경제가 앞으로 몇 년 동안 얼마나 잘 회복되느냐에 달렸다. 미국 경제가 활기를 되찾으면 멕시코에도 이득이 될 것이다. 멕시코에서 수출하는 제품의 86퍼센트 이상이 미국으로 향하기 때문이다. 또한 펠리페 칼데론 행정부가 조직범죄 및 마약 카르텔과의 싸움에서 우위에 서느냐도 중요한 변수가 될 것이다. 그러나 어쨌든 간에 멕시코는 앞으로 몇 년간 포퓰리스트가 득세할 위험이 도사리는 취약한 상황에 놓일 가능성이 크다. 따라서 멕시코가 제도를 강화하고 경쟁정책을 향상시키려면 포퓰리스트 세력을 약화시키는 것 외에 다른 방도가 없다.

두 번째 그룹은 포퓰리스트의 유혹에 빠지지도 않지만 생산성 향상에 필요한 친親경쟁정책과 제도 개혁에 적극적이지도 않은 나라들이다. 마치 햄릿처럼 이들 국가는 마음을 정하지 못한 채 의심하고 머뭇거릴 것이다. 이쪽으로도 저쪽으로도 강하게 밀어붙이지 못한다. 지도자들은 나라를 급속한 성장, 빈곤 퇴치, 번영으로 이끄는 것이 정부의 통제와 간섭, 급격한 인플레이션, 자급자족 정책, 권위주의가 아님을 알 만큼 똑똑할 수도 있다. 그러나 국가 경제가 높이 날아올라 성장 이행의 다음 단계로 넘어가는 데 필요한 정책을 실행할 용기도 정치력도 없다. 이들 국가에서는 경제가 붕괴하지도 않겠지만 눈에 띄는 실적을 올리지도 못할 것이다. 버둥거리면서 아주 천천히 앞으로 나아갈 것이다. 이제까지 라틴아메리카 국가가 그랬던 것처럼 지지부진한 경제실적을 보이고 아시아 신흥 국가나 동유럽 국가와의 소득 격차는 더 크게 벌어질 것이다. 느릿느릿 빈곤율 감소도 진행되고 불평등은 여전히 상당할 것이다. 국민의 열망은 좌절되고 말 것이다. 일부 국가에서는 환멸을 느낀 국민이 정치에 무관심해져서 현대 대의제 민주주의의 핵심인 투표와 다른 정치 활동에 참여하지 않게 될 것이다.

2009년 말, 세계 금융위기가 서서히 약해지기 시작하자 국제 투자가들이 브라질 경제 전망에 점점 더 관심을 쏟게 되었다. 브라질에서 경제 기적이 일어나고 있다는 이야기가 오갔다. 어떤 전문가들은 브라질이 세계 경제 강국으로서 중국과 인도의 대열에 합류할 거라고 말하기도 했다. 브라질이 빠르게 성장하고 성공할 거라는 예측이 돌았다. 사회 여건도 나아지고 불평등도 줄어들 거라고 했다. 2014년과 2016년에 월드컵과 올림픽이 브라질에서 개최된다는 사실은 이런 열망과 기대를 한껏 고무시켰다. 그러나 이렇게 생동감 넘치는 전망이 사실에 입각하고 있는 것인가, 아니면 그저 희망사항을 반영한 신기루일 뿐인가 하는 중요한 의문이 남는다.

브라질이 좋은 여건을 갖추고 있는 것은 사실이다. 인구가 상당히 많고 중산층이 증가하고 있으며 새로운 유전이 발견되었고 천연자원도 풍부하다. 그러나 브라질은 여전히 비효율성과 요식 체계, 부실한 제도, 경쟁력 없는 시장에 발목이 잡혀 있다. 그러므로 성장을 가로막은 크나큰 장애물을 제거하지 않는 한 브라질은 실망을 안겨주고 말 것이다. 이것이 브라질의 상황을 진지하게 분석하고 내리는 장기 전망이다. 이 글을 쓰고 있는 지금 가장 그럴 듯한 시나리오는 브라질이 그저 그런 실적을 보이는 중간 그룹에서 가장 중요한 국가가 될 거라는 것이다. 단, 룰라가 포퓰리즘을 거부했으니 앞으로 브라질이 포퓰리즘의 함정에 빠질 것 같지는 않다. 게다가 2008년에 금융시장이 붕괴하면서 불어닥친 폭풍을 온 몸으로 겪은 브라질 정치인들은 저인플레이션과 높은 원자재 수출 가격이 저절로 신속하고 지속적인 경제성장을 가져다주지 않는다는 사실을 깨달았을 것이다.

노동자당 후보든 야당인 브라질사회민주당 후보든 진정한 개혁자로서 현대화에 앞장 선 룰라의 길을 따른다면 그리고 입법부가 효율성 개선과 기업가 정신, 창조적 파괴의 중요성을 인정한다면 우리는 지금껏 영원한 '미래의 나라'였던 브라질이 깨어나는 것을 보게 될지 모른다. 만일 이런 일이 실제로 벌어진다면 브라질은 마땅히 라틴아메리카의 빛나는 별이라는 지위를 얻게 될 것이다. 그러나 정치인들이 인플레이션이 줄어든 것에 만족하고 효율성을 높이거나 제도를 강화하려 하지 않으면 브라질은 많은 국민이 꿈꾸는 것처럼 세계 강국으로 발돋움하지 못할 것이다.

아르헨티나에 관해서도 중요한 질문이 여럿 떠오른다. 네스토르 키르치네르와 크리스티나 페르난데스 데 키르치네르 대통령이 이끄는 포퓰리스트 세력이 계속 국민의 지지를 얻어 정권을 유지할 수 있을까? 아니면 리버 플라테River Plate(우루과이와 아르헨티나의 중간으로 파라나 강과 우루과이 강 유역 일대) 지역에 이미 영향을 끼친 포퓰리스트 위기가 더욱 깊어져서 아르헨티나의 정치 지형을 바꾸고 새로운 지도력이 들어서게 만들 수 있을까? 어떤 일이 벌어지든 아르헨티나가 혁신적인 자본주의를 향해 놀라운 열정을 품고 전속력으로 달릴 것 같지는 않다. 2001~2002년 위기가 안겨준 기억과 상처가 아직도 국민의 뇌리에 생생하게 살아 있고 여전히 조국의 불운이 신자유주의 탓이라고 생각하기 때문이다.

대부분의 중앙아메리카 국가가 두 번째 그룹에 속할 가능성이 크다. 이들 나라도 경제성장을 이루고 사회 여건을 개선하려고 허우적거릴 것이다. 그러나 정치권에서 실제적인 교육개혁을 지지할 것 같지는 않다.

한편 혁신과 생산성에 기반을 둔 발전과 번영의 길을 기꺼이 끌어안을 몇 안 되는 국가가 있을 것이다. 이들 국가는 성큼성큼 앞으로 나아가 실질적인 소득 성장을 경험하고 사회 여건을 개선하고 가난과 불평등을 줄이려면 조지프 슘페터가 말한 창조적 파괴의 과정이 필요하다는 것을 이해할 것이다. 계속해서 사회복지 서비스를 개선하고, 슘페터의 말대로 혁신적인 발전 과정에 뒤따르는 '파괴'를 효과적으로 처리하기 위해 충분한 사회안전망을 만들어야 한다. 제도를 강화할 것이고 조지프 콘래드 Joseph Conrad의 『어둠의 심장 Heart of Darkness』에 나오는 구절을 떠올릴 것이다. "우리를 구원하는 것은 효율성이다. 효율성에 대한 헌신이 우리를 구한다." 갈수록 다른 라틴아메리카 국가와 차별화하려 할 것이다. 그리고 자기네 소득 및 생활수준이 북아메리카와 유럽, 아시아 선진국의 소득 및 생활수준과 비슷해지는 것을 보게 될 것이다.

칠레가 계속해서 이 그룹의 선두를 유지할 것이다. 그러나 칠레 외에 다른 어떤 국가가 이 대열에 합류하여 10년 남짓한 기간에 선진국의 지위를 얻기 위해 온 힘을 기울일지는 알 수 없다. 열심히 노력하면 대가를 얻지만 지름길과 포퓰리즘은 언제나 역효과를 낸다. 과연 얼마나 많은 국가가 이 사실을 깨닫게 될까? 페루와 콜롬비아, 코스타리카가 여기에 합류하여 진득하게 현대화를 추진할 가능성이 보인다. 그리고 위에서 얘기했듯이 브라질과 멕시코도 그럴 것이다. 그러나 제2의 칠레를 기대하지는 않는다는 말을 꼭 해야겠다.

경제를 현대화하고, 제도를 강화하고, 사회복지 서비스의 효율성을 높이고, 이익집단 및 독점 기업과 대결하는 것은 정치적으로 크나큰 대가를 치러야 하는 일이다. 이런 개혁에 착수하면 오래된 사회·정치적 균형을 깨뜨리는 중대한 위기가 따르기 마련이다. 나는 많은 라틴아메리카 국가가 혁신과 경쟁에 기반을 둔 경제제도를 향해 단호하게 발걸음을 옮길 때 발생하는 정치적 비용을 기꺼이 감수할 의지나 능력이 있다고 보지 않는다. 게다가 정치인들이 현대화를 위해 전력투구하지 못하게 막는 또 다른 문제가 있다. 칠레가 성공의 대가로 지불한 가장 큰 비용은 고립이었다. 칠레가 라틴아메리카 국가에 속하지 않는다고 보는 분석가가 점점 더 많아지고 있다. 주변국들 사이에서도 칠레가 거만해졌고 자기네 무리에서 떨어져나갔다는 인식이 생겨났다. 이것은 외교적인 관점에서 꽤 값비싼 대가다.

라틴아메리카의 미래를 향한 도전

2000년대의 첫 10년을 마무리하는 시기는 라틴아메리카 역사에 매우 결정적인 시점이다. 앞으로 20~30년간 주요 국가에서 대선을 치를 것이고 많은 국가가 현 정권 유지를 위해 헌법을 개정하려 할 것이다.

미래를 예측할 때 중요한 문제는 라틴아메리카가 우고 차베스와 볼리바르 운동이 지향하는 방향으로 나아갈 것인가, 아니면 칠레를 따라 시장 중심 정책과 무역 개방을 택할 것인가이다. 바꿔 말하면 더 많은 국가가 지름길과 정부 통제, 인플레이션을 택할 것인가, 아니면 번영을 이루기 위해 슘페터가 말한 혁신적인 자본주의와 거기에 내포된 모든 것을 채택해야 한다는 사실을 이해할 것인가이다. 생산성을 높이고 교육의 질을 개선하고 인플레이션을 억제하고 경쟁을 장려하고 경제를 개방하고 독점을 방지해야 한다는 사실 말이다. 1장에서 이야기했듯이 이 문제는 라틴아메리카에만 중요한 것이 아니라 선진국, 특히 미국과 유럽연합에도 중요하다. 포퓰리스트 라틴아메리카는 외국을 배척하는 국수주의로 흐르고 선진국이 투자한 기업을 국유화할 것이다. 이제껏 반복되었던 포퓰리즘 실험을 그대로 따라가다 조만간 실패하고 말 것이다. 그러면 가난도 불평등도 결핍도 더 심해지고 폭력과 불법 활동이 더 빈번해질 것이다. 선진국으로 불법 이민을 가는 사람이 늘어나고 슬픔과 절망으로 점철된 라틴아메리카의 오랜 역사가 영원히 되풀이될 것이다.

반대로 1990년대에 시작했다가 중단된 현대화 개혁을 완수하려는 비전과 용기를 갖는다면 라틴아메리카는 성공과 기회와 번영의 땅이 될 수 있다. 정치인과 유권자가 현대화 정책과 제도의 필요성을 인정하면, 국내 독점기업과 교원노조를 비롯한 이익집단의 타성과 방해 공작을 이겨낼 수 있으면, 그럴 수 있다면 라틴아메리카는 높이 날아오를 것이다. 그때 비로소 진정한 거인이 깨어나 앞을 향해 성큼성큼 나아가기 시작할 것이다. 세계 최상급의 교육제도와 저인플레이션, 빈곤 감소, 소득 격차 완화를 통해 지속적이고 급속한 경제성장이 이뤄지고 더 좋은 일자리가 생기고 소득이 증가하고 임금이 올라가는 것을 보게 될 것이다. 바로 그때 북아메리카나 다른 선진국과의 생활수준 격차가 줄어드는 부단한 과정이 비로소 시작될 것이다.

각주

1장 라틴아메리카, 영원한 미래의 땅

1 노동자당 안에는 마르크스주의 파벌을 비롯하여 각기 다른 이데올로기를 지닌 많은 파벌이 늘 존재했다. 룰라의 매력적인 정치 이력에 대해서는 리처드 본의 책(Bourne, 2008)을 참고하라. 룰라가 라틴아메리카 국가에서 대통령에 당선된 최초의 사회주의자는 아니다. 1970년에 이미 살바도르 아옌데가 칠레 대통령으로 당선된 바 있다. 그러나 노조위원장 출신으로 대통령에 당선된 인물은 룰라가 최초이다.
2 로버트 졸릭은 국무위원도 아니거니와 통상 대표라는 직책은 브라질 국민과 언론이 대통령 취임식에 참석하길 기대했던 직책과는 상당히 거리가 있었다.
3 2007년 마이클 리드가 1820년 이래 라틴아메리카의 정치 및 경제 발전에 관하여 쓴 책의 제목이 바로 '잊힌 대륙'이다. 꽤나 적절한 제목이다.
4 좌파 지식인과 학자 들은 이런 특성을 일컬어 '21세기형 사회주의'라 부른다. 다음 웹페이지를 참고하라. http://www.monografi as.com/trabajos43/el-socialismo/el-socialismo.shtml.
5 *International Herald Tribune*(2008)을 참고하라.
6 루드밀라 비노그라도프의 글(Vinogradoff, 2009)을 참고하라.
7 호르헤 카스타녜다의 글(Castaneda, 2006)을 참고하라.
8 라틴아메리카를 비롯한 전 세계에서 불법 활동이 급증하는 사태에 대해서는 모이세스 나임의 책(Naim, 2006)을 참고하라.
9 라틴아메리카와 북아메리카의 경제 발전을 대비시킨 초기 연구 자료로 많은 연구자에게 영향을 끼친 바버라 스테인과 스텐리 스테인의 책(Stein and Stein, 1970)을 참고하라. 워싱턴 컨센서스 개혁에 관해서는 존 윌리엄슨의 책(Williamson, 1990)을 참고하라. 라틴아메리카에 닥친 최근의 어려움에 대해서는 안드레스 오펜하이머의 책(Oppenheimer, 2007)을 참고하라.
10 이러한 의견은 유엔 산하 라틴아메리카-카리브경제위원회가 제출한 'Average Real Remuneration'이라는 제목의 보고서를 토대로 했다. 라틴아메리카-카리브경제위원회가 제출한 보고서(CEPAL, 2009)를 참고하라.
11 초기 개혁을 분석한 자료로는 세바스티안 에드워즈의 책(Edwards, 1995)을 참고하라. 라틴아메리카의 성장을 전문적으로 분석한 자료로는 노먼 로이자, 파블로 파즌질베르, 세사르 칼레론의 책(Loayza, Fajnzylber, and Calderon, 2005)을 참고하라. 이 책은 이

지역에서 스페인이나 포르투갈의 식민 지배를 받은 모든 나라를 라틴아메리카 국가로 간주한다. 다시 말해 내가 분석 대상에서 제외한 아이티까지도 라틴아메리카 국가에 포함시켰다. 한편 카리브 해 국가들은 평균치나 다른 수치에 포함시키지 않았다.

12 물론 모든 포퓰리스트 정치지도자가 전통 정당의 영역 밖에서 활동한 것은 아니다. 에체베리아 대통령과 페르티요 대통령 둘 다 멕시코 대표 정당인 제도혁명당 소속이었고, 알란 가르시아는 아메리카인민혁명당 소속이다. 라틴아메리카 역사에 나타난 이런 정치인들에 관한 이야기는 9장을 참고하라.

13 Dornbusch and Edwards (1991).

14 노벨경제학상 수상자 더글러스 노스는 경제성장 과정에서 제도의 역할을 강조했다. 더글러스 노스가 쓴 책과 글(North, 1990; North, 1993)을 참고하라. 라틴아메리카 국가의 제도 강화에 대한 정치적 시각에 대해서는 바버라 게디스의 책(Geddes, 1994)을 참고하라.

15 윌리엄 이스터리의 책(Easterly, 2001)과 대런 애서모글루, 사이먼 존슨, 제임스 로빈슨의 글(Acemoglu, Johnson, and Robinson, 2005)을 참고하라.

16 Weil (2005), 182.

17 대런 애서모글루, 사이먼 존슨, 제임스 로빈슨의 글(Acemoglu, Johnson, and Robinson, 2005)과 로버트 배로, 사비에르 살라이마틴의 책(Barro and Sala-i-Martin, 1995)을 참고하라.

18 재산권의 중요성에 대해서는 페루 경제학자 에르난도 데 소토가 강조한 바 있다. 그는 '사장된 자본', 또는 재산권이 없어서 담보를 설정할 수 없는 자산이 전 세계에 9조 5,000억 달러에 이른다고 추정했다. 에르난도 데 소토의 책(Soto, 2000)을 참고하라.

19 제도의 역할에 대해서는 아담 스미스가 1776년에 『국부론』에서 강조하였다.

20 조지프 슘페터의 책(Schumpeter, 1939)을 참고하라. 성장에 관한 새로운 이론을 제시한 초창기 해설서로는 로버트 배로, 사비에르 살라이마틴의 책(Barro and Sala-i-Martin, 1995)을 참고하라. 윌리엄 이스터리의 책(Easterly, 2001)도 참고하라.

21 이러한 논의는 부분적으로 다음 책에서 도출해냈다. Baumol, Litan, and Schramm (2007); Acemoglu, Johnson, and Robinson (2005); Edwards (2008a).

22 8장에서 다룬 논의와 거기에서 인용한 문헌을 참고하라.

23 윌리엄 이스터리가 쓴 두 권의 책(Easterly, 2001/ 2006)을 참고하라.

24 라틴아메리카 국가에서 성장 요인이 와해된 것에 관해서는 노먼 로이자, 파블로 파즌질베르, 세사르 칼레론의 책(Loayza, Fajnzylber, and Calderon, 2005)을 참고하라.

25 리카르도 하우스만과 랜트 프리챗, 대니 로드릭의 글(Hausmann, Pritchett, and Rodrik, 2005)은 여덟 가지가 넘는 사례를 통해 성장에 가속도가 붙은 결정적 요인을 분석했다. 이들의 분석은 이번 장에서 다룬 3단계 모델과 대체로 일치한다.

26 윌리엄 이스터리의 책(Easterly, 2001)을 참고하라.

2장 라틴아메리카의 침체

1 Hanhimaki (2004), 92.
2 세바스티안 에드워즈, 헤라르도 에스카벨, 그라시엘라 마르케스의 책(Edwards, Esquivel, and Márquez, 2007)에 나온 글을 참고하라. 특히 레안드로 프라도스 데 라 에스코수라의 글(Prados de la Escosura, 2007)을 참고하라. 세계은행 보고서(World Bank, 2003), 엘리아나 카르도수와 앤 헬위지의 글(Cardoso and Helwege, 1991)도 참고하라.
3 앵거스 메디슨(Maddison, 2007)의 책을 참고하라. 프랜시스 후쿠야마의 책(Fukuyama, 2008)과 이 책에 실린 글도 참고하라.
4 Bates (1978), 83.
5 존 코츠워스의 글(Coatsworth, 2004), 아담 쉐보르스키의 글(Przeworski, 2008), 빅터 볼머 토머스의 책(Bulmer-Thomas, 1994)을 참고하라.
6 레안드로 프라도스 데 라 에스코수라의 글(Prados de la Escosura, 2007)을 참고하라.
7 레안드로 프라도스 데 라 에스코수라의 글(Prados de la Escosura, 2007)과 앵거스 매디슨의 책(Maddison, 2007)을 참고하라.
8 Astorga, Berges, and Fitzgerald (2005), 784; Thorp (1998), 159.
9 Prados de la Escosura (2007), 44-45.
10 여기에서 '선진국'은 오스트레일리아, 덴마크, 프랑스, 네덜란드, 스웨덴, 영국, 미국을 가리킨다. 1820년까지 거슬러 올라가는 과거 자료가 모두 국내총생산 자료여서 주로 일인당 국내총생산을 비교하는 데 초점을 맞췄다. 레안드로 프라도스 데 라 에스코수라가 라틴아메리카의 장기 경제 실적을 보여주는 자료로 제시한 다른 비교 자료도 거의 똑같은 결과를 보여준다. 레안드로 프라도스 데 라 에스코수라의 글(Prados de la Escosura, 2007) 44~45쪽을 참고하라.
11 Fukuyama (2008), 284. 노벨상 수상자 더글러스 노스의 영향을 받아 경제학자들도 제도에 관심을 갖기 시작했다. 더글러스 노스의 책과 논문(North, 1990/ 1993)을 참고하라.
12 제임스 로빈슨의 글(Robinson, 2008)을 참고하라. 제도 중심의 설명을 지지하는 다른 저자로는 경제사가 케네스 소콜로프, 스탠리 엥거만, MIT 경제학자 대런 애서모글루, 사이먼 존슨, 하버드대학교 경제학자 대니 로드릭이 있다. 나 역시 마드리드카를로스 3세대학교에서 했던 피구에롤라 강연을 비롯해 여러 글에서 비슷한 논점을 개진한 바 있다.
13 클라우디오 벨리즈의 책(Véliz, 1994) 3쪽을 참고하라.
14 막스 베버의 책(Weber, 1958)을 참고하라.
15 Hume (1875), 210. 시간이 흐름에 따라 개신교 국가들의 성공에 대한 막스 베버의 분석은 문화를 중심으로 제도와 경제 실적의 차이를 설명하는 가장 유명한 이론이 되었다.
16 Bates (1878), 82-83.

17 존 엘리엇의 글(Elliott, 1994)을 참고하라.
18 펠리페 페르난데스 아르메스토의 책(Fernandez-Armesto, 2003)과 존 엘리엇의 책(Elliott, 2006)을 참고하라.
19 존 엘리엇의 책(Elliott, 2006) 407쪽을 참고하라.
20 로널드 사임의 책(Syme, 1958)과 제임스 랭(Lang, 1975)의 책을 참고하라. 펠리페 페르난데스 아르메스토의 책(Fernandez-Armesto, 2003)도 참고하라.
21 Robinson (2008), 180.
22 클라우디오 벨리즈의 책(Véliz, 1994)을 참고하라.
23 아이자이아 벌린이 지적한 대로 고슴도치와 여우 이야기를 처음 한 사람은 벌린이 아니라 그리스 시인 아르킬로코스다. 아이자이아 벌린의 책(Berlin, 1953) 1쪽을 참고하라.
24 클라우디오 벨리즈의 책(Véliz, 1980) 13쪽을 참고하라. 멕시코 시인 옥타비오 파스를 비롯한 다른 저자들처럼 벨리즈는 중남미 문화와 제도를 바로크 문화와 동일시했다. 1994년도 책에서 벨리즈는 이 비유를 확대하여 영국 여우와 고딕 양식을 연관 지었다.
25 Landes (2000), 2.
26 호세 가르시아 해밀턴의 책(Garcia Hamilton, 2002)을 참고하라.
27 Tocqueville (1835), 46.
28 애서모글루, 사이먼 존슨, 제임스 로빈슨의 글(Acemoglu, Johnson, and Robinson, 2005) 429쪽을 참고하라.
29 스티븐 하버의 글(Haber, 2001)과 노엘 마우러, 스티븐 하버의 글(Maurer and Haber, 2007), 그리고 스탠리 엥거만, 케네스 소콜로프의 글(Engerman and Sokoloff, 2002)을 참고하라.
30 스탠리 엥거만, 케네스 소콜로프의 글(Engerman and Sokoloff, 2002) 11쪽을 참고하라.
31 앞의 글, 14쪽.
32 앞의 글, 17쪽.
33 타투 벤하넨의 책(Vanhanen, 1997) 부록 5번을 참고하라. 2008년에 발표한 글에서 제임스 로빈슨(Robinson, 2008)은 북아메리카에서도 노예와 원주민은 토지소유제도의 혜택을 받지 못했다고 지적했다. 북아메리카의 남부 식민지에 사는 노예 인구는 많지 않았다. 전체 인구의 약 20퍼센트였다. 브라질과 카리브 해 식민지에는 노예 비율이 그보다 훨씬 높았다.
34 오스카 와일드의 책(Wilde, 1899)을 참고하라.
35 카를로스 마리칼의 책(Marichal, 1989)을 참고하라.
36 앞의 책. 19세기 아르헨티나와 콜롬비아의 대외 부채에 대해서는 헤라르도 델라 파올레라와 앨런 테일러의 책(Della Paollera and Taylor, 2001)과 로베르토 훈기토의 책(Junguito, 1995)을 참고하라.
37 통화위원회제도는 다음 세 가지 특징을 지닌 제도라고 할 수 있다. (1)고정환율이 거시경제의 닻으로 쓰인다. (2)'본원통화'는 외환보유액만큼 발행된다. (3)중앙은행(또는

통화 당국)은 정부에 자금을 댈 수 없다.
38 헤라르도 델라 파올레라와 앨런 테일러가 쓴 두 권의 책(Della Paollera and Taylor, 2001/2003)을 참고하라.
39 루디거 돈부시와 후안 카를로스 드 파블로의 글(Dornbusch and de Pablo, 1989)을 참고하라.
40 카를로스 마리칼의 책(Marichal, 1989)을 참고하라.
41 칠레는 1865~1866년에 스페인과 전쟁을 하는 동안 잠시 금본위제를 중단했다. 프랭크 페터의 책(Fetter, 1931)과 에바리스토 몰리나의 책(Molina, 1898)을 참고하라.
42 프랭크 페터의 책(Fetter, 1931) 7장을 참고하라.
43 세바스티안 에드워즈와 알레한드라 에드워즈의 책(Edwards and Edwards, 1991)을 참고하라.
44 Lewis (1961), xi.
45 이 자료는 타투 벤하넌의 책(Vanhanen, 1997) 부록 5번에서 인용했다.
46 지니계수에 관해서는 앤서니 앳킨슨의 글(Atkinson, 1970)을 참고하라.
47 미국의 지니계수는 1960년대 후반에 0.39였다가 21세기에 들어 0.47로 증가했다.
48 기예르모 페리의 책(Perry et al., 2007)을 참고하라.
49 앞의 책.
50 앞의 책. 세계은행 보고서(World Bank, 2008)도 참고하라.
51 로즈메리 소프의 책(Thorp, 1998)과 파블로 아스토르가, 아메 베르게스, 벨피 피츠베럴드의 글(Astorga, Berges, and Fitzgerald, 2005)을 참고하라.
52 도밍고 사르미엔토의 글(Sarmiento, 1845)을 참고하라.
53 도밍고 사르미엔토의 글(Sarmiento, 1849)을 참고하라.
54 앞의 글, 193.
55 호세 로도의 글(Rodo, 1900)을 참고하라.
56 편지 형식으로 쓰인 「아리엘」은 '미국 젊은이들'에게 전하는 이야기다. 이 글의 제목은 셰익스피어의 희곡 『폭풍』에서 마법사 프로스페로를 위해 괴물 칼리반을 찾아 나선 바람의 요정 아리엘의 이름에서 따왔다.
57 Rodo (1900), 99.
58 그러나 호세 로도가 엘리트주의자에 인종차별주의자였다고 보는 사람들도 있다. 아리엘의 이미지와 가치, 이상은 유럽 백인의 모습을 대변할 뿐 남아메리카 원주민의 특성은 완전히 무시되었다. 호세 로도에 대한 비판 중 가장 주목할 만한 견해는 페루의 지성 호세 카를로스 마리아테기의 글이다. '인디언 문제'에 관한 마리아테기의 견해는 이반 알론소의 글(Alonso, 2009)을 참고하라.
59 루벤 다리오의 책(Dario, 2005)을 참고하라.
60 이 시는 여러 가지 번역본이 있지만 여기에는 내가 직접 번역해서 실었다.
61 엔리케 크라우세의 글(Krauze, 2008)을 참고하라.
62 파블로 네루다의 책(Neruda, 1950)을 참고하라. 여기에 실린 시는 내가 직접 번역했다.

63 엔리케 크라우세의 글(Krauze, 2008)을 참고하라.
64 앞의 책.
65 파블로 네루다의 책(Neruda, 1973)을 참고하라.

3장 진보를 위한 동맹부터 워싱턴 컨센서스까지

1 세르히오 데 라 쿠아드라의 글(Cuadra, 1974)을 참고하라.
2 1961년, 허버트 매튜스는 책을 한 권 출간했다. 이 책에서 그는 카스트로를 만났던 경험과 함께 쿠바혁명을 열렬히 옹호하는 이야기를 전한다. 허버트 매튜스의 책(Matthews, 1961)을 참고하라. 쿠바혁명을 지지하는 또 다른 책으로는 컬럼비아대학교 사회학 교수 C. 라이트 밀스가 1961년에 쓴 책이 주목할 만하다.
3 Matthews (1961), 131.
4 리처드 굿윈의 책(Goodwin, 1996)과 체 게바라의 책(Guevara, 1997)을 참고하라.
5 케네디 대통령이 1961년 3월 16일에 한 연설은 다음 웹페이지에서 볼 수 있다. http://www.fordham.edu/halsall/mod/1961kennedy-afp1.html.
6 푼타델에스테헌장 전문은 다음 웹페이지에서 볼 수 있다. http://avalon.law.yale.edu/20th_century/intam16.asp.
7 세바스티안 에드워즈의 책(Edwards, 1995)을 참고하라.
8 존 셰한의 책(Sheahan, 1987) 표 2.4를 참고하라. 원본 자료는 라틴아메리카-카리브경제위원회 보고서에서 볼 수 있다.
9 라울 프레비시는 산업화의 필요성에 대한 생각을 정리한 뒤 1949년에 라틴아메리카-카리브경제위원회에 합류했다. 프레비시의 글(Prebisch, 1984)을 참고하라. 그 당시 라틴아메리카-카리브경제위원회에서 출간한 가장 영향력 있는 자료는 다음과 같다. CEPAL, *The Economic Development of Latin America and Its Principal Problems* (1950); *Economic Survey of Latin America 195Recent Trends and Events in the Economy of Cuba* (1951).
10 앨버트 허시먼은 제도적으로 생산 과정에서 실수를 허용하지 않으면 비효율성은 사라질 거라고 주장했지만 그것이 쉽지 않은 문제라는 점도 인정했다. 그래서 '반발, 충성, 이탈'이라는 세 가지 메커니즘이 항시 작동해야 한다고 말했다. 허시먼은 여기서 '이탈'을 경제적 경쟁과 결부시켰다. 앨버트 허시먼의 글(Hirschman, 1984)을 참고하라.
11 Diaz-Alejandro (1984), 113.
12 보호무역의 범위에 관한 자료는 세르히오 데 라 쿠아드라의 글(Cuadra, 1974)과 세바스티안 에드워즈의 책(Edwards, 1975)에서 인용했다.
13 수입관세, 수입할당, 수입허가가 다가 아니었다. 1960년대 중반에는 제품을 수입하기 전에 칠레중앙은행에 1만 퍼센트의 수입보증금을 내야 하는 제품이 꽤 많았다.
14 세바스티안 에드워즈의 글(Edwards, 1975)을 참고하라.

15 벨라 발라사의 책(Balassa, 1971)과 빅터 벌머토머스의 책(Bulmer-Thomas, 1994)을 참고하라.
16 앤 크루거의 책(Krueger, 1978)과 존 셰한의 책(Sheahan, 1987)에 나온 자료를 보면 라틴아메리카 다른 국가들도 칠레 못지않게 보호장벽이 높았다는 것을 알 수 있다.
17 세바스티안 에드워즈의 책(Edwards, 1995)을 참고하라.
18 로즈메리 소프의 책(Thorp, 1998) 표 6.3과 6.4를 참고하라.
19 여기에 나온 대부분의 수치는 국제통화기금이 발간하는 국제금융통계 자료를 이용해서 계산했다.
20 리처드 쿠퍼의 책(Cooper, 1971)을 참고하라.
21 위기 유발 성향은 두 국가가 같다고 상정하고 계산한 수치다. 공식 분석에 대해서는 세바스티안 에드워즈의 글(Edwards, 2007b)을 참고하라.
22 호세 로페스 포르티요는 1920년에 태어나 2004년에 사망했다. 부고 기사는 풍요를 관리하겠다고 했던 그의 약속과 포르티요 행정부를 괴롭혔던 부패 문제를 함께 회고했다. 대표적인 예로 스페인 신문 엘문도(El Mundo, 2004)를 참고하라.
23 엘살바도르, 과테말라, 온두라스, 니카라과의 통화 환율은 수십 년간 미국달러에 고정되어 있었다. 중앙아메리카에서는 예외적으로 코스타리카가 주기적인 통화위기를 겪었다.
24 협상에 참여한 관리들에 관한 이야기를 비롯하여 위기 첫 날에 관한 설명은 조지프 크라프트의 책(Kraft, 1984)과 제임스 보턴의 책(Boughton, 2001)을 참고했다.
25 일인당 소득 자료는 라틴아메리카-카리브경제위원회 데이터뱅크에서 인용했다. 2009년도 라틴아메리카-카리브경제위원회 보고서를 참고하라. 인플레이션을 감안한 실질임금 자료는 세바스티안 에드워즈의 책(Edwards, 1995)을 참고하라.
26 존 윌리엄슨의 책(Williamson, 1990)을 참고하라.
27 세바스티안 에드워즈의 책(Edwards, 1995) 3장을 참고하라.
28 호르헤 도밍게스의 책(Dominguez, 1997)을 참고하라.
29 존 윌리엄슨의 책(Williamson, 1990)을 참고하라. 윌리엄슨은 경제정책을 적절하면서도 기억하기 쉬운 용어로 정리하는 재능이 있다. 1960년대에 그는 정부가 정기적으로 통화 가치를 조금씩 조정하는 환율 제도에 '크롤링 페그'라는 이름을 붙이기도 했다. 엉금엉금 기어가는 수준으로 환율을 소폭 조정하는 모습을 정확히 포착한 이름이다. 그때부터 지금까지 경제학자들은 평가조정 환율 제도를 가리켜 '크롤링 페그'라 불러왔다.
30 낸시 버드설과 아우구스토 데 라 토레의 책(Birdsal and de la Torre, 2003)과 페드로파블로 쿠친스키와 존 윌리엄슨의 책(Kuczynski and Williamson, 2001)을 참고하라.
31 세계은행 보고서(World Bank, 2009b)와 국제통화기금의 국제금융통계 자료를 참고하라.
32 몇몇 국가에서는 평균 인플레이션율이 초인플레이션으로 수직 상승했다. 같은 기간에 이들 국가는 평균 인플레이션율이 29퍼센트에서 13퍼센트로 절반이나 감소했다.

33 칠레 국영기업을 민영화하는 과정에서 나타난 부도덕 행위에 관해서는 2004년 하원에서 정리한 보고서에 잘 나타나 있다. 하원 보고서(Cámara de Diputados, 2005)를 참고하라. 보고서에 대한 반응은 훌리오 디트보른의 글(Dittborn, 2005)을 참고하라. 여기에는 중도우파 싱크탱크 자유발전연구소의 해설이 담겨 있다.

4장 등뼈가 부러진 자유주의

1 이 장의 제목은 컬럼비아대학교 칼보 기예르모 교수가 1986년에 발표한 글에서 따왔다. 이 글에서 아시아 호랑이로 지목된 국가는 홍콩, 인도네시아, 한국, 말레이시아, 싱가포르, 대만, 태국이다. 남유럽 국가는 그리스, 포르투갈, 스페인을 가리킨다. 선진 수출국은 오스트레일리아, 캐나다, 뉴질랜드를 가리킨다. 나도 아시아 신흥 국가들을 언급하곤 하는데, 여기에는 아시아 호랑이 7개국을 제외한 개발도상국이 포함된다.
2 로스 레빈과 데이비드 르노의 글(Levine and Renelt, 1992)을 참고하라.
3 프랜시스 후쿠야마의 책(Fukuyama, 2008)을 참고하라. 알바로 베르가스 요사의 책(Vargas Llosa, 2005)도 참고하라.
4 아담 스미스의 책(Smith, 1776) 5권 2부를 참고하라.
5 North (1990), 3.
6 더글러스 노스의 글(North, 1993)을 참고하라.
7 Robinson (2008), 167.
8 2장을 참고하라.
9 일례로 도밍고 카바요의 1984년 선언을 참고하라. 1992년 공공연구센터에서 출간한 칠레 시카고 보이스의 1973년도 경제 계획안도 참고하라.
10 *Economist* (2008)를 참고하라.
11 대니 로드릭, 아르빈 수브라마니나, 프란체스코 트레비의 책(Rodrik, Subramanina, and Trebbi, 2002)과 세바스티안 에드워즈의 글(Edwards, 2007a)을 참고하라.
12 이 지수는 세계은행의 세계국정운영지수 평가 사업에 포함된 6개 항목 중 하나다. 대니얼 코프먼, 아트 크레이, 마시모 마스트루치의 글(Kaufmann, Kraay, and Mastruzzi, 2008)을 참고하라.
13 아르헨티나 일간지 *La Nacion* (2008)을 참고하라.
14 1937년 2월에 의회에 제출된 법원 개혁 법안은 대통령이 70세가 되고 6개월 안에 사임하지 않은 모든 현직 재판관의 자리에 새 판사를 추가할 수 있도록 규정했다. 당시 판사들의 나이를 감안하면 판사 여섯 명을 새로 임명할 수 있다는 뜻이었다.
15 2009년 보고서에서 인용했다. 세계은행 보고서(World Bank, 2009a)를 참고하라.
16 시메온 디안코프의 글(Djankov et al., 2003)을 참고하라.
17 라파엘 라 포르타의 글(La Porta et al., 1998)을 참고하라.
18 식민지 시대 북아메리카와 남아메리카의 제도 차이에 대해서는 존 엘리엇의 책(Elliott,

2006)과 클라우디오 벨리즈의 책(Véliz, 1994)을 참고하라.
19 부정부패가 경제성장에 악영향을 끼친다는 것을 보여주는 연구 자료로는 파울로 마우로의 글(Mauro, 1995)을 참고하라.
20 인종갈등에 관해서는 알베르토 알레시나의 글(Alesina et al., 2003)과 윌리엄 이스터리, 로스 레빈의 글(Easterly and Levine, 2001)을 참고하라.
21 정체지수 조사위원회 자료(Polity Index Task Force, 2009)를 참고하라.
22 에두아르도 로라의 책(Lora, 2007) 6쪽을 참고하라. 원본 자료는 라티노바로메트로에서 실시한 여론조사에서 나온 것이다.
23 다음 두 웹사이트를 참고하라. http://www.doingbusiness.org/; http://www.freetheworld.com/.
24 여덟 개 항목 외에 두 개 항목이 더 있다. 제도적 견고성과 관련이 있는 투자자 보호 수준과 채권회수의 용이성을 평가하는 항목이다.
25 노동 규제에 대해서는 후안 보테로의 글(Botero et al., 2004)을 참고하라.
26 인건비 중 임금 외 비용이 가장 높은 그룹은 남유럽 국가였다. 남유럽 국가가 28퍼센트로 16퍼센트를 기록한 라틴아메리카보다 더 높았다.
27 에르난도 데 소토의 책(Soto, 2000)을 참고하라.
28 아르헨티나 일간지 *La Nacion* (2007)을 참고하라.
29 여기에 인용한 모든 자료는 2008년 정보를 담고 있는 2009년 기업환경보고서에서 인용했다.
30 KOF 스위스경제연구소에서 발간한 보고서(KOF Swiss Economic Institute, 2009)를 참고하라.
31 레피크 에르산의 글(Erzan et al., 1989)을 참고하라.
32 Parente and Prescott (2000), 143. 제프리 프랭켈과 데이비드 로머의 글(Frankel and Romer, 1999)을 참고하라.
33 경제 통계 분석에서 늘 그렇듯이 여기에도 "다른 조건이 모두 같다."는 전제가 깔려 있다. 경험 증거는 앤 해리슨의 책(Harrison, 2007)에 잘 정리되어 있다. 제프리 프랭켈, 데이비드 로머의 글(Frankel and Romer, 1999)과 로메인 와치아그, 캐런 웰치의 글(Wacziarg and Welch, 2008)도 참고하라. 비판론에 대해서는 대니 로드릭과 프란시스코 로드리게스의 글(Rodrik and Rodriguez, 2001)을 참고하라.
34 연도별 관세율에 관해서는 프레이저연구소에서 발표한 자료를 참고했다.
35 일례로 대니 로드릭의 글(Rodrik, 2006)을 참고하라.
36 프레이저 연구소에서 나온 자료들이다. 제임스 과트니, 로버트 로슨, 세스 노턴의 책 (Gwartney, Lawson, and Norton, 2008)을 참고하라.
37 Stiglitz (2002), Forbes (2007a), and Forbes (2007b).
38 다음 웹페이지를 참고하라. http://www.airliners.net/aircraft-data/stats.main?id=198.
39 일례로 다음 자료를 참고하라. "Update 1—Petrobras Makes New, 'Important' Light Oil Find," http://www.reuters.com/article/rbssEnergyNews/idUSN2936978620080529.

40 다음 웹페이지를 참고하라. http://www.marginalrevolution.com/marginalrevolution/2008/03/pollo-campero.html; http://www.codelco.cl/prensa/presentaciones/pdf/america_economia_500.pdf. 칠레 와인산업의 성장에 대해서는 하비에르 부스토스, 훌리오 페냐, 윌링턴 마누엘의 글(Bustos, Peña, and Willington, 2008)을 참고하라.
41 다음 웹페이지를 참고하라. http://www.bnamericas.com/story.jsp?idioma=I&sector=6&noticia=435988.
42 제임스 헤크먼과 카르멘 페이지의 책(Heckman and Pages, 2004) 2쪽을 참고하라.
43 대니얼 해머메시의 책(Hamermesh, 2004) 557쪽을 참고하라.
44 컨설팅회사 A. T. 커니에서 발표한 자료(A. T. Kearney, 2005/ 2009)를 참고하라. 비공식 노동시장의 규모에 관해서는 후안 보테로의 글(Botero et al., 2004)과 라틴아메리카-카리브 해 경제위원회 자료(ECLAC, 2006)를 참고하라.
45 기예르모 페리의 책(Perry et al., 2007)을 참고하라.
46 세바스티안 에드워즈의 책(Edwards, 1989)을 참고하라.

5장 칠레, 라틴아메리카에서 가장 빛나는 별

1 밀턴 프리드먼과 로즈 프리드먼의 책(Friedman and Friedman, 1998)을 참고하라.
2 피노체트에게 보내는 1975년 4월 21일자 편지에서 프리드먼 스스로 자신이 제안한 정책을 '충격 요법'이라 불렀다. 밀턴 프리드먼과 로즈 프리드먼의 책(Friedman and Friedman, 1998) 591쪽을 참고하라.
3 페트리시아 아란시비아, 프란시스코 발라르트의 책(Arancibia and Balart, 2007)과 아르투로 폰타이네 알두나테의 책(Fontaine Aldunate, 1988)을 참고하라.
4 이 기간에 칠레에서 벌어진 일에 관해서는 세바스티안 에드워즈, 알레한드라 에드워즈의 책(Edwards and Edwards, 1991)과 여기에 인용된 문헌을 참고하라.
5 나오미 클라인의 책(Klein, 2007)과 여기에 인용된 문헌을 참고하라.
6 1970년, 정치적 양극화와 혼란을 겪은 뒤에 살바도르 아옌데가 칠레 대통령에 당선되었다. 펠리페 라라인과 파트리시오 멜레르의 글(Larrain and Meller, 1991)에 따르면 1966년에 586건, 1969년에 1,127건의 노동쟁의가 있었다.
7 Kissinger (1979), 654.
8 Rosenstein-Rodan (1974), 이 구절은 루디거 돈부시와 세바스티안 에드워즈의 책(Dornbusch and Edwards, 1991)에서 인용했다. 경제개발에 대한 폴 로센스테인 로댄의 견해에 대해서는 그의 글(Rosenstein-Rodan, 1984)을 참고하라.
9 시카고 보이스에 관해서는 후안 가브리엘 발데스의 책(Valdés, 1995)을 참고하라. 세바스티안 에드워즈와 알레한드라 에드워즈의 책(Edwards and Edwards, 1991)도 참고하라.
10 WGBH 다큐멘터리 *Commanding Heights*에 나오는 세르히오 데 카스트로의 인터뷰

를 참고하라. http://www.pbs.org/wgbh/commandingheights/shared/video/qt/mini_p02_07_300.html.
11 가브리엘 발데스의 책(Valdés, 1995)을 참고하라.
12 물론 모든 나라가 그렇듯이 식물위생 및 안전에 관한 규제는 몇 가지 남아 있었다. 몇몇 농산물에는 가격밴드도 있었다. 자세한 내용은 세바스티안 에드워즈, 대니얼 레더먼의 글(Edwards and Lederman, 2002)을 참고하라.
13 아르투로 폰타이네 알두나테의 책(Fontaine Aldunate, 1988)을 참고하라.
14 라틴아메리카의 성장 과정을 양적으로 비교 연구한 세계은행 보고서(Loayza, Fajnzylber, and Calderon, 2005)를 참고하라.
15 자세한 내용은 세바스티안 에드워즈와 알레한드라 에드워즈의 책(Edwards and Edwards, 1991)을 참고하라.
16 세바스티안 에드워즈와 알레한드라 에드워즈의 책(Edwards and Edwards, 1991)을 참고하라.
17 에드가르도 보닝거의 책(Boeninger, 1992)을 참고하라.
18 마누엘 아고신과 클라우디오 브라보오르테가의 책(Agosin and Bravo-Ortega, 2007)을 참고하라.
19 일례로 대니 로드릭의 책(Rodrik, 2004)을 참고하라.
20 2008년, 칠레 양식장에서 기른 연어의 안전문제에 대한 우려가 확산되면서 미국에서 칠레산 연어 수요가 줄어들었다. 이에 칠레 생산업자들은 즉시 FDA에 지원을 요청하고 외국 소비자들의 우려를 불식시키려고 애썼다. 칠레 정부도 기술 지원을 통해 산업계를 후원했다.
21 푼다시온 칠레는 칠레 정부와 미국에 본사를 둔 세계적인 제조업체 ITT코퍼레이션을 1976년에 설립했다. 2005년, 에스콘디다 광산회사의 대주주인 BHP빌리턴이 이 기관의 파트너가 되었다.
22 푼다시온 칠레의 역할은 마누엘 아고신과 클라우디오 브라보오르테가의 책(Agosin and Bravo-Ortega, 2007)을 참고하라. 리카르도 하우스만, 대니 로드릭의 글(Hausmann and Rodrik, 2003)도 참고하라. 하우스만과 로드릭은 푼다시온 칠레가 산업정책의 일환으로 훨씬 더 직접적인 지원을 했다고 보았는데 이는 사실과 다르다. 게다가 두 사람은 푼다시온 칠레가 정부기관이 아니라는 점과 보조금이나 특혜를 제공하지 않는다는 점까지 무시했다.
23 1970년대 중반 이래 세금혜택을 받은 산업은 산림업이 유일했다. 이 정책은 환경보호를 위해 지속가능한 산림업을 육성하려는, 당시로서는 획기적인 사상에 바탕을 둔 것이었다. 1974년에는 아우구스토 피노체트가 이끄는 군사정부가 칠레 최남단 지역에 대한 투자를 장려하고자 '레이 아우스트랄' 법안을 통과시키기도 했다. 이 법안은 연어 생산업체는 물론이고 이 지역에 공장을 둔 다른 산업에 혜택을 주는 법안이었다. 1997년, 미국 상무부는 조사를 통해 칠레 연어산업에 직접적으로든 간접적으로든 보조금이 지급되지 않았다는 사실을 확인했다. 그리고 칠레산 연어에 일시적으로 부과했

던 상계관세를 없앴다.
24 일례로 세바스티안 에드워즈, 로베르토 리고본의 책(Edwards and Rigobon, 2008)을 참고하라.
25 루이스 어치텔의 글(Uchitelle, 1998)에 인용되어 있다. 세바스티안 에드워즈의 글(Edwards, 2004)과 여기에서 인용한 문헌도 참고하라.
26 로버트 먼델의 글(Mundell, 1995)을 참고하라.
27 크리스틴 포브스의 글(Forbes, 2007a/ 2007b)을 참고하라.
28 프레이저연구소에서 최저 1부터 최고 10까지 재산권 보호 지수를 평가한 바에 따르면 칠레가 6.8, 지중해 국가가 7.4였다.
29 일례로 엘살바도르의 개혁 및 성장 가능성에 대해서는 마누엘 힌즈의 책(Hinds, 2006)과 세바스티안 에드워즈의 책(Edwards, 1999)을 참고하라.
30 내전 기간(1980~1990)과 비교하면 17퍼센트도 상당히 높은 편이었다. 내전 기간에는 고정투자비율이 국내총생산의 12.8퍼센트에 불과했다. 그러나 성장 관점, 특히 성장 이행 2단계에서 보면 17퍼센트는 분명히 저조한 수치다. 총요소생산성이 놀라운 속도로 증가하지 않는 한 계속해서 빠르게 성장하기는 어렵다.
31 미 국무부 보고서(U.S. Department of State, Bureau of Democracy, Human Rights, and Labor, 2007)를 참고하라.

6장 멕시코, 신과는 너무 멀고 미국과는 가까운

1 정책결정자의 관점에서 본 멕시코 개혁에 대해서는 페드로 아스페의 책(Aspe, 1993)을 참고하라. 페드로 아스페는 살리나스 행정부에서 재무부장관을 지냈다. 역사적 관점에서 멕시코 정책을 분석한 자료로는 실레티노의 책(Schlettino, 2007)을 참고하라.
2 이번 장에서는 위기 발생을 둘러싼 이야기만 다룬다. 빈센테 폭스 행정부에 관심이 있는 독자들은 잃어버린 6년에 관한 마누엘 패스터, 캐롤 와이즈의 글(Pastor and Wise, 2005)과 여기에 인용된 문헌을 참고하라.
3 1993년 이전의 멕시코 개혁에 대해서는 클라우디오 로세르, 엘리오트 칼테르의 글(Loser and Kalter, 1992)과 노라 루스티그의 책(Lustig, 1998)을 참고하라.
4 Krugman (1995), 321.
5 우루과이 일간지 *El País* (1990)를 참고하라.
6 이런 논조에 관해서는 세바스티안 에드워즈의 책(Edwards, 1998)을 참고하라.
7 Malpass and Chon (1994).
8 세바스티안 에드워즈의 책(Edwards, 1998)을 참고하라.
9 Aspe (1993), 23 – 24.
10 그러나 몇 가지 규제는 남아 있었다. 특히 시중에 유통되는 페소화량이 부족해지지 않게 했다.

11 Dornbusch (1993), 369.
12 World Bank (1992), 359.
13 멕시코 중앙은행 자료(Banco de Mexico, 1993/ 1994)와 페드로 아스페의 책(Aspe, 1993)을 참고하라.
14 Economist (1992).
15 Milesi-Ferretti and Razin (1996).
16 이 기사와 이때 나온 다른 기사에 대해서는 세바스티안 에드워즈의 책(Edwards, 1998)을 참고하라.
17 루디거 돈부시, 알레한드로 베르너의 글(Dornbusch and Werner, 1994)을 참고하라.
18 알폰세 다마토의 글(D'Amato, 1995)를 참고하라.
19 2주 뒤인 6월 초 국제통화기금 파견단이 워싱턴으로 돌아왔다. 최근 외환보유액이 어떻게 변했는지 멕시코 중앙은행으로부터 관련 자료를 하나도 얻지 못하고 빈손으로 말이다. 프란시스코 힐디아스(Gil-Diaz, 1997)는 멕시코의 외환보유액이 "그해에 터진 세 번째 사건 덕분에 1994년 11월 1일에 공개되었다."고 말했다.
20 세바스티안 에드워즈의 책(Edwards, 1998)을 참고하라.
21 D'Amato (1995), 381, 383-84.
22 베셀, 캐럴, 포겔의 글(Wessel, Carroll, and Vogel, 1995)을 참고하라.
23 이 메모의 날짜는 알폰세 다마토의 보고서에 빠져 있다. 그러나 다음 문장에서 대충 날짜를 짐작할 수 있다. "추정컨대 금요일 업무 종료 시점에 멕시코 외환보유액은 1달러였다." D'Amato (1995), 428.
24 일례로 루시 콩거의 글(Conger, 1994)을 참고하라.
25 D'Amato (1995), 428.
26 *Economist* (2006)를 참고하라.
27 Dornbusch (2000), 125.
28 Ahamed (2009).
29 Dornbusch (1997), 131.
30 Bruno (1995), 282.
31 루디거 돈부시의 책(Dornbusch, 2000) 54쪽을 참고하라. 이 책은 원래 1996년에 처음 출간되었다.
32 Eichengreen et al. (1998), 18-19.
33 Dornbusch (2000), 53.

7장 아르헨티나, 모든 위기의 어머니

1 조지프 스티글리츠가 2002년에 발표한 책을 참고하라. 2006년에 나온 후속작에서 스티글리츠는 아르헨티나 위기를 비중 있게 다루었다(220~225쪽). 나오미 클라인의 책

(Klein, 2007)도 참고하라.
2 콜롬비아에 대해서는 세바스티안 에드워즈와 로베르토 스테이네르의 책(Edwards and Steiner, 2008)을 참고하라.
3 Duhalde (2002).
4 세바스티안 에드워즈의 책(Edwards, 1995)을 참고하라.
5 *Forbes* (2005)를 참고하라.
6 1992년, 아우스트랄을 대체하는 새로운 페소화가 나왔다. 페소화의 가치는 1만 아우스트랄로 정했다.
7 맥스 코든의 책(Corden, 2002)을 참고하라.
8 일례로 루디거 돈부시의 책(Dornbusch, 2000)을 참고하라. 이번 장에 나오는 인플레이션 관련 자료는 국제통화기금에서 발표한 것이다.
9 이 세 가지 법안은 종종 숫자로 부르기도 한다. 태환법은 23,928, 국가개혁법은 23,696, 1989년 긴급경제법은 23,697로 불린다.
10 모든 수치는 사사오입했다.
11 폴 블루스테인의 책(Blustein, 2005)을 참고하라.
12 마리오 테이헤이로의 책(Teijeiro, 2001)을 참고하라.
13 도밍고 파우스티노 사르미엔토에 관한 논의는 2장을 참고하라.
14 폴 블루스테인의 책(Blustein, 2005)을 참고하라.
15 어떤 이들은 사회보장제도를 개혁하면서 적자가 생긴 것이 국제통화기금의 탓이라고 말했다. 그러나 이것이 확실한 사실이라고 보기는 어렵다. 당시에는 일부 사회보장사업을 민영화하는 과정에서 단기 재정적자가 생겼다고 알려졌다. 특히 아르헨티나 정책결정자들은 그렇게 이해했다.
16 높은 국제 금리도 부채를 증가시키는 원인이었다. 그러나 대부분의 부채는 공공 부문을 확대한 탓이었다.
17 제임스 미드의 책(Meade, 1951)을 참고하라. 맥스 코든의 책(Corden, 1994)도 참고하라.
18 제임스 헤크먼과 카르멘 페이지의 책(Heckman and Pages, 2003)을 참고하라.
19 알바로 포르테사와 마르틴 라마의 글(Forteza and Rama, 2001)을 참고하라.
20 Stiglitz (2006), 219.
21 나도 그날 세미나에서 강연을 했다. 도밍고 카바요와 투자 관리자들이 이야기를 주고받을 때 나도 함께 있었다.
22 Blustein (2005).
23 *Financial Times* (2001).
24 제프 혼백의 글(Hornbeck, 2002)을 참고하라.
25 리처드 래퍼, 마크 멀리건의 글(Lapper and Mulligan, 2002)에 인용되어 있다.
26 토마스 카탄의 글(Catan, 2002)을 참고하라.
27 *Economist* (2002)를 참고하라.

28 로베르토 라바그나의 말은 2004년 국제통화기금 독립평가실 보고서 끝부분에 나와 있다. 국제통화기금 보고서(International Monetary Fund, 2004) 115~119쪽을 참고하라.
29 세바스티안 에드워즈의 책(Edwards, 1998)과 마틴 펠드스타인의 책(Feldstein, 1998), 그리고 두 책에 인용된 문헌을 참고하라.
30 마이클 무사의 책(Mussa, 2002)을 참고하라.
31 엘로이 마르티네스의 책(Martinez, 2004) 62쪽에 인용되어 있다. 아르헨티나와 국제통화기금의 관계에 관한 최근 자료는 에르네스토 테넴바움의 책(Tenembaum, 2004)을 참고하라.
32 Dornbusch (2000), 50.
33 2002년 1월 2일 BBC 논평에 대해서는 다음 웹페이지를 참고하라. http://news.bbc.co.uk/2/hi/americas/1738176.stm.
34 다음 웹페이지를 참고하라. http://www.soitu.es/soitu/2007/12/02/info/1196618014_799981.html.
35 *La Nación* (2003).
36 컨설팅회사 A. T. 커니의 자료(A. T. Kearney, 2005) 16쪽을 참고하라.
37 컨설팅회사 A. T. 커니의 자료(A. T. Kearney, 2008)를 참고하라.
38 A. T. Kearney (2005), 16.
39 *La Nación* (2004).
40 *La Nación* (2005).
41 일례로 게라르도 델라 파올레라와 앨런 테일러가 쓴 두 권의 책(Della Paollera and Taylor, 2001/ 2003)과 존 코츠워스, 앨런 테일러의 책(Coatsworth and Taylor, 1998)을 참고하라.
42 Lederman and Sanguinetti (2003), 131.
43 알렉세이 바리오누에보의 글(Barrionuevo, 2008)을 참고하라.
44 고 옌의 글(Yen, 2006)을 참고하라.

8장 21세기의 포퓰리즘, 네오포퓰리즘, 불평등

1 마르코 모랄레스(Morales, 2008)는 당시 중도파를 자처하는 많은 사람이 포퓰리스트 정치인에게 투표했다는 것을 알아냈다. 많은 유권자가 워싱턴 컨센서스 개혁을 받아들인 정치인들을 갈아치우고 싶어 했다.
2 호르헤 카스타네다의 글(Castaneda, 2006)을 참고하라.
3 최근 라틴아메리카의 좌편향 논의에 관해서는 호르헤 카스타네다와 마르코 모랄레스의 책(Castaneda and Morales, 2008)을 참고하라.
4 Williamson (1992), 347.
5 Drake (1982) 218; Conniff (1982), 82.

6 마이클 콘니프의 책(Conniff, 1982)과 이그나시오 워커의 글(Walker, 2008)을 참고하라. 엘리아나 카르도수와 안 헬웨헤의 책(Cardoso and Helwege, 1992)을 참고하라.
7 루디거 돈부시와 세바스티안 에드워즈의 책(Dornbusch and Edwards, 1989)을 참고하라.
8 앨버트 허시먼의 글(Hirschman, 1979) 65쪽에 인용되어 있다. 나는 이 글을 라틴아메리카의 포퓰리즘과 민주주의를 다룬 이그나시오 워커의 글(Walker, 2008)에서 처음 접했다.
9 Carbonetto (1987), 82.
10 포퓰리스트들은 말로만 떠드는 것이 아니라 실제로 포퓰리즘 정책을 실시한다. 그런 의미에서 페루의 알베르토 후지모리 행정부가 포퓰리스트 정권이라는 케네스 로버츠의 주장(Roberts, 1995)은 설득력이 없다. '신자유주의 포퓰리즘'에 관한 커트 웨일랜드의 글(Weyland, 2003)도 설득력이 없기는 마찬가지다.
11 미주개발은행 자료(Inter-American Development Bank, 2007)에 실린 분석을 참고하라.
12 일간지 La Tercera (2008)를 참고하라.
13 스탠리 엥거만, 케네스 소콜로프의 글(Engerman and Sokoloff, 2002)을 참고하라.
14 앨버트 허시먼의 책(Hirschman, 1963) 96쪽을 참고하라.
15 타투 벤하넌(Vanhanen, 1997)은 피고용인이 네 명이 넘지 않는 농장을 '가족 농장'이라고 정의했다.
16 호세 가르시아 하밀톤의 책(Garcia Hamilton, 1998) 75쪽을 참고하라.
17 Engerman and Sokoloff (2002).
18 로즈메리 소프의 책(Thorp, 1998)을 참고하라.
19 소득 불평등을 조사한 수년간의 자료는 세계은행 보고서(World Bank, 2006)와 움베르토 로페스, 기예르모 페리의 보고서(Lopez and Perry, 2008)를 참고하라.
20 Perry et al. (2006).
21 모든 나라의 자료가 충분하지는 않았다. 있는 자료를 토대로 이 기간의 불평등 추이를 계산한 것이다. 움베르토 로페스와 기예르모 페리의 보고서(Lopez and Perry, 2008)를 참고하라. 이 기간 멕시코의 사회 여건에 대해서는 산티아고 레비의 책(Levy, 2008)을 참고하라.
22 나오미 클라인의 책(Klein, 2007)을 참고하라.
23 앤 해리슨의 책(Harrison, 2007)을 참고하라. 이 주제에 관한 최근의 연구가 앤 해리슨의 책에 인용되어 있다. 세계화와 사회 여건의 관계를 다룬 문헌은 방대하고 복잡하다. 때로는 서로 상충되기도 한다. 앤 해리슨은 책에서 빈곤과 불평등을 측정하는 방법, 세계화를 정의하는 방법을 비롯하여 그 밖의 어떤 변수들을 분석에 포함시켜야 하는지에 관해 논의한다. 수입관세를 대폭 축소해서 얻을 수 있는 잠재적인 분배 효과를 분석하려면 어떤 분석틀을 사용해야 하는지에 대해서도 다룬다.
24 무역 개방과 경제성장에 관해서는 제프리 프랭켈과 데이비드 로머의 글(Frankel and Romer, 1999)을 참고하라. 무역 개방이 경제성장에 긍정적인 영향을 미친다는 점에 의

구심을 품는 경제학자들도 있다. 데니 로드릭과 프란시스코 로드리게스의 글(Rodrik and Rodriguez, 2001)을 참고하라.
25 여기에 대해서는 피넬로피 골드베르그와 니나 파브크니크의 글(Goldberg and Pavcnik, 2007)과 거기에 인용된 문헌을 참고하라.
26 페르난도 보라스와 호세 에르네스토 로페스코르도바의 글(Borraz and Lopez-Cordova, 2007)을 참고하라.
27 지난 몇 년 동안 비공식 부문에서 일하는 여성의 숫자도 늘어났다. 앤 해리슨의 책(Harrison, 2007)과 페르난도 보라스, 호세 에르네스토 로페스코르도바의 글(Borraz and Lopez-Cordova, 2007)을 참고하라.
28 여기에 대해서는 피넬로피 골드베르그와 니나 파브크니크의 글(Goldberg and Pavcnik, 2007)을 참고하라.
29 다비드 페란티의 책(Ferranti et al., 2003)과 노라 루스티그의 책(Lustig, 1995)을 참고하라.
30 다비드 페란티(Ferranti et al., 2003), 세바스티안 에드워즈(Edwards, 1995), 윌리엄 이스터리(Easterly, 2007), 브랑코 밀라노빅과 린 스키레(Milanovic and Squire, 2006)의 책을 참고하라. 데이비드 달러, 아트 크레이의 글(Dollar and Kraay, 2002)과 샤오후아 첸, 마틴 라발리온의 글(Chen and Ravallion, 2006)도 참고하라.
31 세바스티안 에드워즈의 책(Edwards, 1995)을 참고하라.
32 신흥 국가들의 통화위기를 역사적으로 분석한 세바스티안 에드워즈의 책(Edwards, 1989)을 참고하라. 이 주제에 관한 고전으로 꼽히는 리처드 쿠퍼의 책(Cooper, 1971)을 참고하라.
33 자세한 분석은 움베르토 로페스와 기예르모 페리의 보고서(Lopez and Perry, 2008)와 거기에 인용된 문헌을 참고하라.
34 세계경제포럼에서 매년 출간하는 세계경제경쟁력보고서를 참고하라. 2008년 보고서는 다음 웹페이지에서 확인할 수 있다. http://www.weforum.org/en/initiatives/gcp/Global%20Competitiveness%20Report/index.htm.
35 다음 웹페이지를 참고하라. http://go.worldbank.org/4PYTKZ3K20.
36 메리엘런 하먼의 책(Harmon et al., 1997)을 참고하라.
37 학업 성취도를 향상시키는 법을 철저하고 자세히 분석한 캐롤라인 혹스비의 글(Hoxby, 2004)을 참고하라.
38 지중해재단에서 발간한 보고서(IERAL, 1999)를 참고하라.
39 두 사람은 어떤 정책이 사회의 장기 목표를 이루는 데 도움이 되는지를 밝히기 위해 정치제도와 경제정책의 상관관계를 분석했다. 그리고 성공적이고 질 높은 공공정책의 여섯 가지 속성으로 안정성, 새로운 상황에 대한 적응성, 조화 및 일관성, 실행력, 대중의 호응, 효율성을 꼽았다. 자세한 내용은 파블로 스필러, 마리아노 토마시의 책(Spiller and Tommasi, 2007)과 마리아노 토마시의 글(Tommasi, 2006)을 참고하라.
40 파블로 스필러와 마리아노 토마시는 케리 콕스와 매튜 맥커빈슨(Cox and McCubbins,

41 이에 관해서는 조엘 밀먼, 다시 크로의 글(Millman and Crowe, 2008)과 다음 웹페이지를 참고하라. http://www.venezuelanalysis.com/news/2204.
42 일례로 존 라이언스의 글(Lyons, 2008)을 참고하라.
43 로베르토 비시아노 파스토르와 루벤 마르티네스 달마우의 글(Viciano Pastor and Martinez Dalmau, 2008)을 참고하라. 루이스 살라만카와 로베르토 비시아노 파스토르의 책(Salamanca and Viciano Pastor, 2004)도 참고하라.
44 Viciano Pastor and Martinez Dalmau (2008).
45 루이스 살라만카와 로베르토 비시아노 파스토르의 책(Salamanca and Viciano Pastor, 2004)을 참고하라.
46 일례로 루벤 마르티네스 달마우의 책(Martinez Dalmau, 2008)을 참고하라.
47 라틴아메리카의 모든 헌법 전문은 미국 조지타운대학교 아메리카정치자료집에서 확인할 수 있다. http://pdba.georgetown.edu/Constitutions/constudies.html.
48 로빈 웨스트의 글(West, 1993)을 참고하라.
49 마우리시오 가르시아빌레가스의 글(Garcia-Villegas, 2001)을 참고하라.
50 카스 선스타인의 글(Sunstein, 1993)과 슈테판 포크트의 글(Voigt, 1998)을 참고하라.
51 2008년 헌법 303조를 참고하라.
52 Viciano Pastor and Martinez Dalmau (2008), 4.
53 앞의 책, 4-5.
54 로베르토 비시아노 파스토르와 루벤 마르티네스 달마우의 글(Viciano Pastor and Martinez Dalmau, 2008)을 참고하라.
55 Córdoba (2008a).

9장 차베스와 룰라

1 투항한 우고 차베스의 담화 영상은 다음 웹페이지에서 볼 수 있다. http://www.youtube.com/watch?v=VBUo-pYeVfQ.
2 LR(2007).
3 다음 웹페이지를 참고하라. http://www.venezuelanalysis.com/news/2310.
4 프란시스코 로드리게스의 글(Rodriguez, 2008a)을 참고하라.
5 메리 오그레디의 글(O'Grady, 2008)과 CNN 홈페이지에 실린 2008년 1월 11일자 차베스 관련 보도를 참고하라. http://www.cnn.com/2008/WORLD/americas/01/11/chavez.farc/.
6 *Wall Street Journal* (2008)을 참고하라.
7 Naím (2001), 25. 모이세스 나임은 1989년부터 1990년까지 베네수엘라 산업통상부장관이었다.

8 로물로 베탕쿠르트의 책(Betancourt, 1956)을 참고하라. 존 마츠(Martz, 1995)는 1958년부터 1994년까지 베네수엘라의 정치를 간략히 정리했다.
9 일인당 국내총생산과 관련이 있는 이 자료는 구매력평가(PPP) 환율로 측정했다. 이 기간은 잃어버린 10년에 해당한다. 많은 나라의 경제성장률이 제로에 가깝거나 마이너스였다. 로즈메리 소프의 책(Thorp, 1998) 353쪽을 참고하라.
10 Naim (2001a), 26.
11 오랫동안 베네수엘라 정치인과 평론가 들은 베네수엘라의 '예외성'에 대해 이야기했다. 자세한 내용은 존 마츠의 글(Martz, 1995)을 참고하라. 여론조사 결과에 대해서는 앤드루 템플턴의 글(Templeton, 1995) 81쪽을 참고하라.
12 1980년대 대외 부채 추이에 대해서는 윌리엄 클라인의 책(Cline, 1989)과 페드로 팔마의 글(Palma, 1989)을 참고하라. 여론조사 결과에 대해서는 앤드루 템플턴의 글(Templeton, 1995) 87쪽을 참고하라.
13 베네수엘라의 인플레이션 가속화에 관한 자세한 분석은 아니발 로베라의 글(Lovera, 1986)을 참고하라.
14 Hausmann (1995), 261. 리카르도 하우스만은 카를로스 안드레스 페레스 행정부에서 기획부장관을 지냈다.
15 1983년 이래 베네수엘라는 세 가지 각기 다른 환율을 사용했다. 공정 환율과 상업 환율, 그리고 금융 거래에 주로 적용하는 자유 환율이 있었다. 그러다 1989년 환율 조정을 통해 이런 환율들을 다시 통일했다. 그 결과 공정 환율이 달러당 14.1볼리바르였다가 달러당 43볼리바르로 조정되었다.
16 이날 봉기에 대해서는 마르가리타 로페스 마야의 글(Lopez Maya, 2003)과 여기에 인용된 언론 보도를 참고하라. 베네수엘라대학교 법학정치학대학원에서 발간하는 학술지 *Politeia* (1989)도 참고하라.
17 폭동 및 약탈 현장과 경찰 진압에 관한 동영상은 다음 웹페이지에서 볼 수 있다. http://www.youtube.com/watch?v=d9-IY11w6n8.
18 모이세스 나임의 책(Naim, 2001b)을 참고하라.
19 하비에르 코랄레스의 글(Corrales, 2006)을 참고하라.
20 베네수엘라 의회도 전통 기관들도 이 기금을 규제하거나 감독하지 못했다.
21 일례로 다니엘 오르테가와 프란시스코 로드리게스의 글(Ortega and Rodriguez, 2008b)을 참고하라.
22 미하엘 펜폴드베세라의 글(Penfold-Becerra, 2007)을 참고하라. 이그나시오 워커의 글(Walker, 2008)과 하비에르 코랄레스, 미하엘 펜폴드베세라의 글(Corrales and Penfold-Becerra, 2007)도 참고하라.
23 에드 불리아미의 글(Vulliamy, 2002)을 참고하라.
24 *Businessweek* (2006)를 참고하라.
25 이 자료는 차베스 지지자들이 인터넷에 올렸다.
26 Hsieh et al. (2008), 2.

27 일례로 알베르토 알레시나의 글(Alesina et al., 1996)을 참고하라.
28 프란시스코 로드리게스의 글(Rodriguez, 2008a)과 그의 분석에 대한 논평을 참고하라. 로드리게스는 이렇게 말한다. "공식 수치들을 보면 차베스 행정부가 사회복지 지출을 우선시했다는 흔적이 보이지 않는다. 차베스가 집권하고 8년 동안 보건, 교육, 주거에 들어간 평균 예산은 전체 예산의 25.12퍼센트였다. 이는 차베스가 집권하기 전 8년 동안 들어간 평균 예산 25.08퍼센트와 거의 차이가 없다." 프란시스코 로드리게스는 또 다른 글(Rodriguez, 2008b)에서 이 주장에 대한 추가 증거를 제시한다.
29 일례로 세바스티안 에드워즈의 글(Edwards, 2007a)을 참고하라.
30 프란시스코 로드리게스는 하버드대학교 대니 로드릭과 함께 더 많이 개방할수록 더 많이 성장한다고 주장하는 여러 학술논문을 비판하는 글을 썼다. 로드릭과 로드리게스의 글(Rodrik and Rodriguez, 2001)을 참고하라.
31 Rodriguez (2008b).
32 오르테가와 로드리게스의 글(Ortega and Rodriguez, 2008a)을 참고하라. 로드리게스의 글에 대한 비판론은 제임스 페트라스의 글(Petras, 2008)을 참고하라.
33 일례로 주미 베네수엘라 대사 베르나르도 알바레스 헤레라(Bernardo Alvarez Herrera)가 로드리게스의 글을 반박하는 내용이 「포린폴리시」 2008년 7/8월호에 실렸다. 헤레라의 의견을 재반박하는 로드리게스의 글도 함께 실려 있다.
34 데이비드 로스닉과 마크 웨이스브롯의 글(Rosnick and Weisbrot, 2008)을 참고하라. 이에 대한 로드리게스의 반박은 오르테가와 로드리게스의 글(Ortega and Rodriguez, 2008b)을 참고하라.
35 이 자료에 대한 논의는 라틴아메리카-카리브경제위원회 보고서(CEPAL, 2008)에 나와 있다.
36 브라질, 칠레, 에콰도르, 멕시코가 베네수엘라보다 밀레니엄개발목표에서 더 좋은 성적을 냈다. 밀레니엄개발목표는 2000년 유엔에서 채택한 의제로 사회발전을 평가하는 지표로 사용된다. 유엔에서는 빈곤을 감소시키자는 약속 아래 (1)1990년부터 2015년까지 극빈 생활자 수를 반으로 줄이고, (2)여성을 포함하여 일을 하고 싶어 하는 모든 사람이 제대로 된 직장을 갖게 하고, (3)배고픔으로 고통을 받는 사람의 수를 절반으로 줄인다는 목표를 세웠다.
37 라틴아메리카-카리브경제위원회 보고서(CEPAL, 2008) 17쪽을 참고하라.
38 Rodriguez (2008b).
39 앨버트 허시먼의 책(Hirschman, 1963) 3장을 참고하라. 세바스티안 에드워즈의 글(Edwards, 2007b)도 참고하라.
40 유엔 라틴아메리카-카리브경제위원회에서 베네수엘라와 다른 라틴아메리카 국가들의 빈곤 지표를 평가하는 자료를 제시했다. 그러나 특정 사회복지 사업과 이전 계획을 깊이 있게 다루지는 못했다. 전통적으로 세계은행은 각국 정부와 공동 연구를 진행해왔다. 세계은행이 정부 당국의 동의 없이 한 나라의 사회복지 정책을 심층적으로 평가하는 것은 극히 이례적인 일이다.

41 노동자당의 정책 제안에 대한 평가는 기안파올로 바이오치와 소피아 세카의 글(Baiocchi and Checa, 2008)을 참고하라.
42 파울로 라벨로 데 카스트로와 마르시오 론시의 글(Rabello de Castro and Ronci, 1991)을 참고하라.
43 Edwin Williamson (1992), 421.
44 앞의 책, 423.
45 4장에서 지적한 대로 1990년대에 들어서 하는 수 없이 국제 경쟁에 내몰리자 일부 브라질 회사는 세계 시장에서 효율성과 생산성이 아주 높아졌다. 대표적인 예가 엠브라에르, 페트로브라스, CVRD, 브라데스코은행, 이타우은행이다.
46 New York Times (1989).
47 1993년도 상황과 콜로르 경제 계획에 대해서는 제임스 보턴의 책(Boughton, 2001) 10장과 리틀의 책(Little et al., 1993) 10장을 참고하라.
48 1996년 6월, 파울로 세사르 파리아스와 그의 여자친구가 해변 별장에서 죽은 채로 발견되었다. 어떤 이들은 치정에 의한 살인이라 했고, 또 어떤 이들은 여죄를 감추기 위해 자살한 것이라고 했다. 이들의 죽음에 관해서는 New York Times에 실린 다이애나 진 쉐모의 기사(Schemo, 1996)를 참고하라.
49 페르난두 카르도수가 지지한 이 이론은 '종속이론'으로 알려져 있다. 종속이론은 1970년대와 1980년대에 진보적인 지식인들 사이에서 인기를 끌었다. 마르크시즘에 기반을 둔 제국주의 이론과 불평등 교환 이론, 경제를 바라보는 구조주의적 시각이 결합된 이론이다. 페르난두 카르도수와 엔조 팔레토의 책(Cardoso and Faletto, 1979)을 참고하라.
50 카르도수 대통령의 흥미진진한 회고록(Cardoso, 2007)을 참고하라.
51 Dornbusch (2000), 260.
52 기초재정수지는 국채 이자 지급액을 빼고 산정하는 재정수지를 말한다. 국제통화기금에서는 특정 국가가 구제 금융을 받는 조건으로 재정수지균형을 이루라고 요구한다. 룰라 재임기간에 브라질은 국제통화기금에서 권고한 기초재정수지 목표를 이루었을 뿐 아니라 목표를 초과하기도 했다.
53 아나 카를라 아코스타와 주앙 데 멜루의 글(Acosta and de Mello, 2008)을 참고하라.
54 일례로 국제식량연구소에서 볼사 알리멘타상을 평가했다. 존 멜루치오의 글(Maluccio, 2004)을 참고하라.
55 World Bank, "Bolsa Familia: Changing the Lives of Millions in Brazil," http://web.worldbank.org/WBSITE/EXTERNAL/COUNTRIES/LACEXT/BRAZILEXTN/0,,contentMDK:21447054~pagePK:141137~piPK:141127~theSitePK:322341,00.html.
56 마리아노 토마시의 글(Tommasi, 2006)을 참고하라.
57 Fraser Institute (2009).
58 앞의 책.
59 도미니크 윌슨과 루파 푸루쇼사맨의 글(Wilson and Purushothaman, 2003)을 참고하라.

60 다음 웹사이트에서 2008~2009년도 세계경쟁력보고서를 참고하라. http://gcr.weforum.org/gcr/.
61 세계은행 보고서(World Bank, 2009b)를 참고하라.

10장 21세기의 라틴아메리카

1 세바스티안 에드워즈의 글(Edwards, 2008b)을 참고하라.
2 Krugman (2009), A21.
3 그러나 두 나라 다 그 전 몇 해 동안 마이너스 성장률을 보였다. 2004~2008년에 보인 상당히 빠른 성장률은 이전의 부진에서 회복되었음을 보여준다.
4 *La Tercera* (2009)를 참고하라.
5 다음 웹페이지를 참고하라. http://ft p.fas.org/irp/off docs/pdd14_house.htm.
6 마크 레이시의 글(Lacey, 2009) A1을 참고하라. 멕시코에서 벌어진 마약과의 전쟁을 보도한 *Los Angeles Times* (2009)를 참고하라.
7 *Los Angeles Times* (2009)를 참고하라.
8 메리 오그레디의 글(O'Grady, 2009) A13을 참고하라.
9 조시 메이어의 글(Meyer, 2009)을 참고하라.
10 앞의 글.
11 라틴아메리카 · 마약민주주의위원회 보고서를 참고하라. Comision Latinoamericana sobre Drogas y Democracia (2009), 3.
12 2007년에 *Letras Libres*에 기고한 글에서 나는 칠레가 진정한 라틴아메리카 국가가 아니라고 이야기했다. 세바스티안 에드워즈의 글(Edwards, 2007a)을 참고하라.
13 Comisión Latinoamericana sobre Drogas y Democracia (2009), 3.
14 매튜 하우드의 글(Harwood, 2009)을 참고하라.

참고문헌

Acemoglu, Daron, Simon Johnson, and James A. Robinson. 2005. "Institutions as the Fundamental Cause of Long-Run Economic Growth." In *Handbook of Economic Growth*, ed. Philippe Aghion and Stephen Durlauf. Amsterdam: Elsevier.

Acosta, Ana Carla A., and João M. P. de Mello. 2008. "Judicial Risk and Credit Market Performance: Micro Evidence from Brazilian Payroll Loans." In *Financial Markets, Volatility, and Performance in Emerging Markets*, ed. Sebastian Edwards and Marcio G. P. Garcia, 155–84. Chicago: University of Chicago Press.

Agosin, Manuel R., and Claudio Bravo-Ortega. 2007. *The Emergence of New Successful Export Activities in Latin America: The Case of Chile*. Washington, D.C.: Latin America Research Network, Inter-American Development Bank.

Ahamed, Liaquat. 2009. *Lords of Finance: The Bankers That Broke the World*. New York: Penguin, 2009.

Alesina, Alberto, et al. 1996. "Political Instability and Economic Growth." *Journal of Economic Growth* 1 (2): 189–211.

———, et al. 2003. "Fractionalization." *Journal of Economic Growth* 8:155–94.

Alonso, Iván. 2009. "José Carlos Mariátegui." In *Veinte Peruanos del siglo XX*, ed. Pedro Cateriano Bellido. Lima: Universidad Peruana de Ciencias Aplicadas.

Alvarez Herrera, Bernardo. 2008. "Revolutionary Road: How Chávez Has Helped the Poor." *Foreign Affairs* 87 (4): 158–60.

Arancibia, Patricia, and Francisco Balart. 2007. *Sergio de Castro: El arquitecto del modelo económico chileno*. Santiago de Chile: Biblioteca Americana.

Aspe, Pedro. 1993. *Economic Transformation the Mexican Way*. Cambridge, Mass.: MIT Press.

Astorga, Pablo, Ame R. Berges, and Valpy Fitzgerald. 2005. "The Standard of Living in Latin America during the Twentieth Century." *Economic History Review* 58 (4): 765–96.

A. T. Kearney. 2005. *Foreign Direct Investment (FDI) Confidence Index (2005)*. Washing-ton, D.C.: A. T. Kearney.

———. 2008. *New Concerns in an Uncertain World: The 2007 A. T. Kearney Foreign Direct Investment Confi dence Index*. Washington, D.C.: A. T. Kearney.

———. 2009. A. T. Kearney / *Foreign Policy* Globalization Index. http://www.

atkearney.com/main.taf?p=5,4,1,127 (accessed February 2009).

Atkinson, Anthony B. 1970. "On the Measurement of Inequality." *Journal of Economic Theory* 2:244–63.

Baiocchi, Gianpaolo, and Sofía Checa. 2008. "The New and Old in Brazil's PT." In *Left -overs: Tales of the Latin American Left*, ed. Jorge Castañeda and Marco A. Morales. New York: Routledge.

Balassa, Bela. 1971. *The Structure of Protection in Developing Countries*. Baltimore: Johns Hopkins University Press.

Banco de México. 1993. *The Mexican Economy*. Mexico City: Banco de México.

———. 1994. *The Mexican Economy*. Mexico City: Banco de México.

Barrionuevo, Alexei. 2008. "In Argentina's Grain Belt, Farmers Revolt over Taxes." *New York Times*, April 27.

Barro, Robert J., and Xavier Sala-i-Martin. 1995. *Economic Growth*. New York: McGraw Hill.

Bates, Henry W. 1878. *Central America, the West Indies and South America*. London: Edward Stanford.

Baumol, William J., Robert E. Litan, and Carl J. Schramm. 2007. *Good Capitalism, Bad Capitalism, and the Economics of Growth and Prosperity*. New Haven, Conn.: Yale University Press.

Berlin, Isaiah. 1953. *The Hedgehog and the Fox: An Essay on Tolstoy's View of History*. New York: Simon and Schuster.

Betancourt, Rómulo. 1956. *Venezuela, política y petróleo*. Mexico City: Fondo de Cultura Económica.

Birdsall, Nancy, Augusto de la Torre, and Rachel Menezes. 2003. *Washington Contentious: Economic Policies for Social Equity in Latin America*. Washington, D.C.: Carnegie Endowment for International Peace and Inter-American Dialogue.

Blustein, Paul. 2005. *And the Money Kept Rolling In (and Out)*. New York: Public Affairs.

Bonilla, Adrián, and César Montúfar. 2008. "Two Perspectives on Ecuador: Rafael Correa's Political Project." Inter-American Dialogue Working Paper, Washington, D.C.

Borraz, Fernando, and José Ernesto López-Cordova. 2007. "Has Globalization Deepened Income Inequality in Mexico?" *Global Economy Journal* 7 (1): 1–55.

Botero, Juan, et al. 2004. "The Regulation of Labor." *Quarterly Journal of Economics* 119 (4): 1339–82.

Boughton, James M. 2001. *Silent Revolution: The International Monetary Fund, 1979–1989*. Washington, D.C.: International Monetary Fund.

Bourne, Richard. 2008. *Lula of Brazil: The Story So Far*. Berkeley: University of California Press.

Brooke, James. 1989. "Brazilians Vote Today for President in a Free and Unpredictable Election." *New York Times*, November 15.

Bruno, Michael. 1995. "Currency Crises and Collapses: Comment." *Brookings Papers on Economic Activity*, 2:278–85.

Bulmer-Thomas, Victor. 1994. *The Economic History of Latin America since Independence*. Cambridge: Cambridge University Press.

Businessweek. 2006. "Why You Should Worry about Big Oil." May 15.

Bustos, R. Javier, Julio Peña, and Manuel Willington. 2008. "Joint ventures y especialización productiva en la industria del vino en Chile." *Estudios Públicos* 109:225–66.

Calvo, Guillermo A. 1986. "Fractured Liberalism: Argentina under Martinez de Hoz." *Economic Development and Cultural Change* 34 (3): 511–33.

Cámara de Diputados. 2005. *Evolución de las normas que rularon el proceso de privatizacion en Chile, desde 1970 a 1990*. Valparaíso, Chile, January 5.

Carbonetto, Daniel. 1987. "Marco teórico de un modelo de consistencia macroeconómica de corto plazo." In *Un modelo económico heterodoxo: El caso peruano*, ed. Daniel Carbonetto. Lima: Instituto Nacional de Planificación.

Cardoso, Eliana, and Ann Helwege. 1991. "Populism, Profligacy and Redistribution." In *The Macroeconomics of Populism in Latin America*, ed. Rudiger Dornbusch and Sebastian Edwards. Chicago: University of Chicago Press.

———. 1992. *Latin America's Economy: Diversity, Trends and Conflicts*. Cambridge, Mass.: MIT Press.

Cardoso, Fernando H. 2007. *The Accidental President of Brazil: A Memoir*. New York: Public Affairs.

Cardoso, Fernando H., and Enzo Faletto. 1979. *Dependency and Development in Latin America*. Berkeley: University of California Press.

Castañeda, Jorge C. 2006. "Latin America's Left Turn." *Foreign Affairs* 85 (3): 28–43.

Castañeda, Jorge C., and Marco A. Morales, eds. 2008. *Left overs: Tales of the Latin American Left*. New York: Routledge.

Catan, Thomas. 2002. "Divided They Fall." *Financial Times*, January 2, 12.

Cavallo, Domingo. 1984. *Volver a crecer*. Buenos Aires: Sudamericana Planeta.

Centro de Estudios Públicos. 1992. *El ladrillo: Bases de la política económica del gobierno militar chileno*. Santiago de Chile: Centro de Estudios Públicos.

CEPAL (Comisión Económica para América Latina). 1950. *The Economic Development of Latin America and Its Principal Problems*. New York: UN Department of Economic Affairs.

———. 1951. *Economic Survey of Latin America 1950: Recent Trends and Events in the Economy of Cuba*. New York: UN Department of Economic Affairs.

———. 2008. *Panorama económico y social de América Latina y el Caribe 2008*. New York: UN Department of Economic Affairs.

———. 2009. Latin America and the Caribbean Statistics. http://websie.eclac.cl/sisgen/ConsultaIntegrada.asp?idAplicacion=6&idTema=151&idioma=e (accessed February 2009).

Chen, Shaohua, and Martin Ravallion. 2004. "How Have the World's Poorest Fared since the Early 1980s?" *World Bank Research Observer* 19 (2): 141–70.

Cline, William C. 1989. *United States External Adjustment and the World Economy*. Washington, D.C.: Institute for International Economics.

Coatsworth, John H. 2005. "Structures, Endowments and Institutions in the Economic History of Latin America." *Latin America Research Review* 40 (3): 126–44.

Coatsworth, John H., and Alan M. Taylor. 1998. *Latin America and the World Economy since 1800*. Cambridge, Mass.: Harvard University / David Rockefeller Center for Latin American Studies.

Comisión Latinoamericana sobre Drogas y Democracia. 2009. "Drogas y democracia: Hacia un cambio de paradigma." Statement presented at the Third Meeting of the Comisión Latinoamericana sobre Drogas y Democracia, February 2009. Rio de Janeiro.

Conger, Lucy. 1994. "Transition to Transparency." *Institutional Investor*, January, 111–14.

Conniff, Michael L., ed. 1982. *Latin American Populism in Comparative Perspective*. Albuquerque: University of New Mexico Press.

Cooper, Richard N. 1971. *Currency Devaluation in Developing Countries*. Princeton, N.J.: International Finance Section, Princeton University.

Corden, W. Max. 1994. *Economic Policy, Exchange Rates, and the International System*. Chicago: University of Chicago Press.

———. 2002. *Too Sensational: On the Choice of Exchange Rate Regimes*. Cambridge, Mass.: MIT Press.

Córdoba, José de. 2008a. "U.S. Renews Hard Line on Venezuela." *Wall Street Journal*, February 23.

———. 2008b. "Venezuela's Chávez Urges End to Colombian Insurgency." *Wall Street Journal*, June 9.

Corrales, Javier. 2006. "Hugo Boss." *Foreign Policy*, January–February, 32–40.

Corrales, Javier, and Michael Penfold-Becerra. 2007. "Venezuela: Crowding Out the Opposition." *Journal of Democracy* 18 (2): 99–113.

Council on Foreign Relations. 1996. *Lessons of the Mexican Peso Crisis*. New York, January.

Cox, Gary W., and Mathew D. McCubbins. 1993. *Legislative Leviathan: Party Gov-

ernment in the House. Berkeley: University of California Press.
Cuadra, Sergio de la. 1974. "La protección efectiva en Chile." Working Paper 22, Instituto de Economía, Universidad Católica de Chile, Santiago.
D'Amato, Alfonse. 1995. *Report on the Mexican Economic Crisis*. Washington, D.C.: U.S. Senate.
Darío, Rubén. 2005. *Antología poética de Rubén Darío*. Buenos Aires: Errepar.
Della Paollera, Gerardo, and Alan M. Taylor. 2001. *Straining the Anchor: The Argentine Currency Board and the Search for Macroeconomic Stability, 1880–1935*. Chicago: University of Chicago Press.
———, eds. 2003. *A New Economic History of Argentina*. New York: Cambridge University Press.
Diaz-Alejandro, Carlos F. 1984. "Comment." In *Pioneers in Development*, ed. Gerald M. Meier and Dudley Seers. Oxford: Oxford University Press.
Dittborn, Julio. 2005. "Comentarios al informe de la Comisión Privatizaciones Cámara de Diputados 2004." *Libertad y Dessarollo*. http://www.lyd.com/noticias/privatizaciones/privatiz.pdf.
Djankov, Simeon, et al. 2003. "Courts." *Quarterly Journal of Economics* 118 (2): 453–517.
Dollar, David, and Aart Kraay. 2002. "Growth Is Good for the Poor." *Journal of Economic Growth* 7 (3): 195–225.
Domínguez, Jorge I. 1997. *Technopols: Freeing Politics and Markets in Latin America in the 1990s*. University Park: Pennsylvania State University Press.
Dornbusch, Rudiger. 1993. "Mexico: How to Recover Stability and Growth." In *Stabilization, Debt, and Reform: Policy Analysis for Developing Countries*. Englewood Cliffs, N.J.: Prentice Hall.
———. 1997. "The Folly, the Crash, and Beyond: Economic Policies and the Crisis." In *Mexico 1994: Anatomy of an Emerging Market Crash*, ed. Sebastian Edwards and Moisés Naím. Washington, D.C.: Carnegie Endowment for International Peace.
———. 2000. *Keys to Prosperity: Free Markets, Sound Money, and a Bit of Luck*. Cambridge, Mass.: MIT Press.
Dornbusch, Rudiger, and Sebastian Edwards. 1989. "The Macroeconomics of Populism in Latin America." World Bank Policy Research Working Paper 316, Washington, D.C.
———. 1991. *The Macroeconomics of Populism in Latin America*. Chicago: University of Chicago Press.
Dornbusch, Rudiger, and Juan Carlos de Pablo. 1989. "Debt and Macroeconomic Instability in Argentina." In *Developing Countries, Debt, and Economic Performance*, ed. Jeffrey D. Sachs, vol. 2. Chicago: University of Chicago Press.
Dornbusch, Rudiger, and Alejandro Werner. 1994. "Mexico: Stabilization, Reform,

and No Growth." *Brookings Papers on Economic Activity* 25 (1994-1): 253–316.

Drake, Paul W. 1982. "Conclusion: Requiem for Populism?" In *Latin American Populism in Comparative Perspective*, ed. Michael Conniff. Albuquerque: University of New Mexico Press.

Duhalde, Eduardo. 2002. "Argentina Regrets." *Financial Times*, July 2, USA edition.

Easterly, William. 2001. *The Elusive Quest for Growth: Economists' Adventures and Misadventures in the Tropics.* Cambridge, Mass.: MIT Press.

———. 2006. *The White Man's Burden: Why the West's Efforts to Aid the Rest Have Done So Much Ill and So Little Good.* New York: Penguin.

———. 2007. "Inequality Does Cause Underdevelopment: New Evidence." Center for Global Development Working Paper 1, Washington, D.C.

Easterly, William, and Ross E. Levine, 2001. "What Have We Learned from a Decade of Empirical Research on Growth? It's Not Factor Accumulation: Stylized Facts and Growth Models." *World Bank Economic Review* 15 (2): 177–219.

ECLAC (Economic Commission for Latin American and the Caribbean). 2006. *Shaping the Future of Social Protection: Access, Financing and Solidarity.* Santiago de Chile: ECLAC.

Economist. 1994. "The Clash in Mexico." January 22, 13–14.

———. 2002. "Devaluation's Downbeat Starts." January 12, 34–35.

———. 2004. "Making Poverty History." December 16, 13–14.

———. 2006. "Monopoly Money." November 16, 11–12.

———. 2008. "Order in the Jungle—Economics and the Rule of Law." March 15, 83–85.

Edwards, Sebastian. 1975. "Tipo de cambio sombra y proteccíon efectiva: Un cálculo basado en la metodología del tipo de cambio de equilibrio bajo libre comercio." *Cuadernos de Economía* 12 (December): 127–44.

———. 1989. *Real Exchange Rates, Devaluation, and Adjustment: Exchange Rate Policy in Developing Countries.* Cambridge, Mass.: MIT Press.

———. 1995. *Crisis and Reform in Latin America: From Despair to Hope.* New York: Oxford University Press.

———. 1998. "The Mexican Peso Crisis: How Much Did We Know? When Did We Know It?" *World Economy* 21 (1): 1–30.

———. 1999. *Crecimiento con participación: Una estrategia de desarrollo para el siglo XXI.* San Salvador: Fundación Salvadoreña para El Desarrollo Económico y Social.

———. 2003. *Desaceleración del crecimiento económico en El Salvador: Un análisis exploratorio.* San Salvador: Fundación Salvadoreña para el Desarrollo Económico y Social.

———. 2004. "Financial Openness, Sudden Stops and Current Account Reversals." *American Economic Review* 94 (2): 59–64.

———. 2006. "Crises and Growth in the World Economy: History and Prospects." Paper presented at the Figuerola Lecture at the Seminario de Historia Económica Otoño 2006, Universidad Carlos III, Madrid.

———. 2007a. "Contra la maldición de la distancia." *Letras Libres* 72 (Septiembre): 22–24.

———. 2007b. "Crisis and Growth: A Latin American Perspective." *Journal of Iberian and Latin American Economic History* 25 (1): 19–51.

———. 2008a. "Al sur de la crisis." *Letras Libres* 87 (Diciembre): 30–34.

———. 2008b. "Sequencing of Reform, Financial Globalization and Macroeconomic Vulnerability." National Bureau of Economic Research Working Paper 14034, Cambridge, Mass.

———. 2008c. "Globalization, Growth and Crises: The View from Latin America." *Australian Economic Review* 41:123–40.

Edwards, Sebastian, and Alejandra C. Edwards. 1991. *Monetarism and Liberalization: the Chilean Experiment*. Chicago: University of Chicago Press.

Edwards, Sebastian, Gerardo Esquivel, and Graciela Márquez, eds. 2007. *The Decline of Latin America Economies: Growth, Institutions and Crises*. Chicago: University of Chicago Press.

Edwards, Sebastian, and Daniel Lederman. 2002. "The Political Economy of Unilateral Trade Liberalization: The Case of Chile." In *Going Alone: The Case for Relaxed Reciprocity in Freeing Trade*, ed. Jagdish Bhagwati, 337–93. Cambridge, Mass.: MIT Press.

Edwards, Sebastian, and Roberto Rigobón. 2008. *Capital Controls, Managed Exchange Rates, and External Vulnerability*. Working paper, UCLA Anderson Graduate School of Management.

Edwards, Sebastian, and Miguel Savastano. 2000. "Exchange Rate Economics: What Do We Know? What Do We Need to Know?" In *Economic Policy Reform: The Second Stage*, ed. Anne O. Krueger. Chicago: University of Chicago Press.

Edwards, Sebastian, and Roberto Steiner. 2008. *La revolución incompleta: Las reformas de Gaviria*. Bogotá: Grupo Editorial Norma.

Eichengreen, Barry, et al. 1998. *Exit Strategies: Policy Changes for Countries Seeking Greater Exchange Rate Flexibility*. Washington, D.C.: International Monetary Fund.

Elliott, John H. 1994. "Going Baroque." *New York Review of Books* 41 (17): 31–37.

———. 2006. *Empires of the Atlantic World: Britain and Spain in America, 1492–1830*. New Haven, Conn.: Yale University Press.

El Mundo. 2004. "José López Portillo, el presidente de México que restableció relaciones con España." February 18.

El País. 1990. "Vargas Llosa: 'México es la dictadura perfecta.'" September 1, international edition.

Engerman, Stanley L., and Kenneth L. Sokoloff. 2002. "Factor Endowments, Inequality, and Paths of Development among New World Economies." *Economia* 3 (1): 41–109.

Erzan, Refik, K., et al. 1989. "The Profile of Protection in Developing Countries." *UNCTAD Review* 1 (1): 29–49.

Feldstein, Martin, ed. 1998. *Privatizing Social Security*. Chicago: University of Chicago Press.

Fernández-Armesto, Felipe. 2003. *The Americas: A Hemispheric History*. New York: Modern Library.

Ferranti, David de, et al. 2003. *Inequality in Latin America and the Caribbean: Breaking with History?* Washington, D.C.: World Bank.

Fetter, Frank W. 1931. *Monetary Inflation in Chile*. Princeton, N.J.: Princeton University Press.

Financial Times. 2001. "Investors Wary of Cavallo's Magic Wand.". June 20, London edition.

Fontaine Aldunate, Arturo. 1988. *Los economistas y el presidente Pinochet*. Santiago de Chile: Zig Zag.

Forbes, Kristin. 2005. "Argentina's Latest Tango." Remarks at the World Economic Forum Annual Meeting, January 27, 2005, Davos, Switz.

———. 2007a. "One Cost of the Chilean Capital Controls: Increased Financial Constraints for Smaller Traded Firms." *Journal of International Economics* 71 (2): 294–323.

———. 2007b. "The Microeconomic Evidence on Capital Controls: No Free Lunch." In *Capital Controls and Capital Flows in Emerging Economies: Policies, Practices, and Consequences*, ed. Sebastian Edwards, 171–91. Chicago: University of Chicago Press.

Forteza, Alvaro, and Martín Rama. 2001. "Labor Market 'Rigidity' and the Success of Economic Reforms across More Than One Hundred Countries." World Bank Policy Research Working Paper 2521, Washington, D.C.

Frankel, Jeffrey A., and David Romer. 1999. "Does Trade Cause Growth?" *American Economic Review* 89 (3): 379–99.

Fraser Institute. 2009. *Economic Freedom of the World 2008 Annual Report* data set. Economic Freedom Network. http://www.freetheworld.com/release.html (accessed February 2009).

Freedom House. 2009. Freedom in the World Comparative and Historical Data. http://www.freedomhouse.org/template.cfm?page=439 (accessed February 2009).

Friedman, Milton, and Rose D. Friedman. 1998. *Two Lucky People: Memoirs*. Chicago: University of Chicago Press.

Fukuyama, Francis, ed. 2008. *Falling Behind: Explaining the Development Gap between Latin America and the United States*. New York: Oxford University Press.

García, Pascual. "La evolución de las telecomunicaciones en México." Escuela de Graduados en Administración Pública y Políticas Públicas (EGAP) Working Paper 2007-02, Instituto Tecnológico y de Estudios Superiores de Monterrey.

García Hamilton, José I. 1998. *Cuyano alborotador*. Buenos Aires: Editorial Sudamericana.

———. 2002. *El autoritarismo y la autoridad*. Buenos Aires: Editorial Sudamericana.

García-Villegas, Mauricio. 2001. "Law as Hope: Constitutions, Courts and Social Change in Latin America." Paper presented at 2001 seminar at the Universidad Nacional de Colombia. http://www.eurozine.com/articles/2004-02-25-villegas-en.html.

Geddes, Barbara. 1994. *Politician's Dilemma: Building State Capacity in Latin America*. Berkeley: University of California Press.

Gil-Díaz, Francisco. 1997. "La política monetaria y sus canales de transmisión en México." *Gaceta de Economía* 3 (5): 79–102.

Goldberg, Pinelopi, K., and Nina Pavcnik. 2007. "Distributional Effects of Globalization in Developing Countries." *Journal of Economic Literature* 45 (1): 39–82.

Gonzales, Patrick, et al. 2000. *Highlights from TIMSS-R*. Chestnut Hill, Mass.: TIMSS International Study Center.

———. 2004. *Highlights from the Trends in International Mathematics and Science: TIMSS 2003*. Chestnut Hill, Mass.: TIMSS International Study Center.

———. 2008. *Highlights from TIMSS 2007: Mathematics and Science Achievements of US Fourth- and Eighth-Grade Students in an International Context*. Chestnut Hill, Mass.: TIMSS International Study Center.

Goodwin, Jeff. 2001. *No Other Way Out: States and Revolutionary Movements, 1945–1991*. Cambridge: Cambridge University Press.

Group of Thirty. 1995. *Mexico: Why Didn't Wall Street Sound the Alarm?* New York: Group of Thirty, New York.

Guevara, Ernesto. 1997. *Guerrilla Warfare*. 3rd ed. Wilmington, Del.: SR Books.

Gwartney, James, Robert Lawson, and Seth Norton. 2008. *Economic Freedom of the World: 2008 Annual Report*. N.p. [Canada]: Economic Freedom Network.

Haber, Stephen H. 2001. "Political Institutions and Banking Systems: Lessons from the Economic Histories of Mexico and the United States, 1790–1914." Center for Research on Economic Development and Policy Reform Working Paper 163, Stanford University, Stanford, Calif. http://www.stanford.edu/group/siepr/cgi-bin/siepr/?q=system/files/shared/pubs/papers/pdf/credpr163.pdf.

Hamermesh, Daniel S. 2004. "Labor Demand in Latin America and the Caribbean:

What Does It Tell Us?" In *Law and Employment: Lessons from Latin America and the Caribbean*, ed. James J. Heckman and Carmen Pages. Chicago: University of Chicago Press.

Hanhimaki, Jussi. M. 2004. *The Flawed Architect: Henry Kissinger and American Foreign Policy.* New York: Oxford University Press.

Harmon, Maryellen, et al. 1997. *Performance Assessment in IEA's Th ird International Mathematics and Science Study.* Chestnut Hill, Mass.: TIMSS International Study Center.

Harrison, Ann. 2007. *Globalization and Poverty.* Chicago: University of Chicago Press.

Harwood, Matthew. 2009. "Drugs Are Bad. Fighting Them Is Worse." *Guardian*, February 20.

Hausmann, Ricardo. 1995. "Repercusiones de las finanzas públicas en materia de distribución." In *Políticas de ajuste y pobreza: Falsos dilemas, verdaderos problemas*, ed. José Núñez del Arco. Washington, D.C.: Inter-American Development Bank.

Hausmann, Ricardo, Lant Pritchett, and Dani Rodrik. 2005. "Growth Accelerations." *Journal of Economic Growth* 10:303–29.

Hausmann, Ricardo, and Dani Rodrik. 2003. "Economic Development as Self-Discovery." *Journal of Development Economics* 72 (2): 603–33.

Heckman, James J., and Carmen Pages. 2004. *Law and Employment: Lessons from Latin America and the Caribbean.* Chicago: University of Chicago Press.

Heritage Foundation. 2009. 2009 Index of Economic Freedom. http://www.heritage.org/Index/Ranking.aspx (accessed February 2009).

Hinds, Manuel. 2006. *Playing Monopoly with the Devil: Dollarization and Domestic Currencies in Developing Countries.* New Haven, Conn.: Yale University Press.

Hirschman, Albert O. 1963. *Journeys toward Progress: Studies of Economic Policy-Making in Latin America.* New York: Twentieth Century Fund.

———. 1979. "The Turn to Authoritarianism in Latin America and the Search for Its Economic Determinants." In *The New Authoritarianism in Latin America*, ed. David Collier. Princeton, N.J.: Princeton University Press.

———. 1984. "A Dissenter's Confession: The Strategy of Development." In *Pioneers in Development*, ed. Gerald M. Meier and Dudley Seers. Oxford: Oxford University Press.

Holden, Robert, and Eric Zolov. 2000. *Latin America and the United States: A Documentary History.* New York: Oxford University Press.

Hommes, Rudolf. 1990. "Una propuesta económica para los noventa." *Estrategia Económica y Financiera* 141:1–17.

Hornbeck, Jeff F. 2002. "The Argentine Financial Crisis: A Chronology of Events."

Washington, D.C.: Congressional Research Service.

Hoxby, Caroline. 2004. "Achievement in Charter Schools and Regular Public Schools in the United States: Understanding the Differences." PEPG Working Paper.

Hsieh, Chang-Tai, et al. 2008. "The Price of Political Opposition: Evidence from Venezuela's Maisanta." http://siteresources.worldbank.org/INTMACRO/Resources/December13-14BrazilMGConferencePAPERSRodriguez.pdf.

Hume, David. 1875. "Of National Characters." In *Essays Moral, Political, and Literary*, ed. Thomas H. Green and Thomas H. Grose. Reprint, London: Scientia Verlag Aalen, 1882.

IERAL (Instituto de Estudios sobre la Realidad Argentina y Latinoamericana) de Fundación Mediterránea. 1999. "Educación para todos." Buenos Aires.

Inter-American Economic and Social Council. 1961. "The Charter of Punta del Este, Establishing an Alliance for Progress within the Framework of Operation Pan America." Charter signed at the special meeting of the Inter-American Economic and Social Council in August 1961, Punta del Este.

Inter-American Development Bank. 2007. *The State of State Reform in Latin America*. Ed. Eduardo Lora. Stanford, Calif.: Stanford University Press, World Bank, and Inter-American Development Bank.

International Country Risk Guide. 2009. International Country Risk Guide Ratings. The Political Risk Services Group. http://www.prsgroup.com/ICRG.aspx (accessed February 2009).

International Herald Tribune. 2008. "Peruvian President Defends Germany's Merkel in Verbal Spat with Venezuela's Chavez." May 16.

International Monetary Fund. 2004. *Evaluation Report: The IMF and Argentina, 1991–2001*. Independent Evaluation Office.

———. 2009. International Financial Statistics. http://www.imfstatistics.org/imf/ (accessed February 2009).

Jean, Diana. 1996. "Politics, Passion and Graft at Issue in Rio Slayings." *New York Times*, June 28.

Junguito, Roberto. 1995. *La deuda externa en el siglo XIX: Cien años de incumplimiento*. Bogotá: Tercer Mundo Editores.

Kaufmann, Daniel, Aart Kraay, and Massimo Mastruzzi. 2008. "Governance Matters VII: Aggregate and Individual Governance Indicators 1996–2007." World Bank Policy Research Working Paper 4654, Washington, D.C.

Kennedy, John F. 1961. "Preliminary Formulations of the Alliance for Progress." Speech presented at a White House Reception for Latin American Diplomats and Members of Congress, March 13, 1961, Washington, D.C.

Kissinger, Henry A. 1979. *White House Years*. Boston: Little, Brown.

Klein, Naomi. 2007. *The Shock Doctrine: The Rise of Disaster Capitalism*. New York:

Metropolitan Books.

KOF Swiss Economic Institute. 2009. KOF Globalization Index. http://globalization.kof.ethz.ch/ (accessed February 2009).

Köhler, Horst, and James Wolfensohn. 2003. "We Can Trade Up to a Better World." *Financial Times*, December 12.

Kraft, Joseph. 1984. *The Mexican Rescue*. New York: Group of Thirty.

Krauze, Enrique. 2008. "Looking at Them: A Mexican Perspective of the Gap with the United States." In *Falling Behind: Explaining the Development Gap between Latin America and the United States*, ed. Francis Fukuyama, 48–71. New York: Oxford University Press.

Krueger, Anne O. 1978. *Liberalization Attempts and Consequences*. Cambridge, Mass.: Ballinger.

Krugman, Paul. 1995. "Dutch Tulips and the Emerging Markets: Another Bubble Bursts." *Foreign Affairs* 75 (4): 28–44.

———. 2009. "The Revenge of the Glut." *New York Times*, March 1.

Kuczynski, Pedro-Pablo, and John Williamson. 2003. *After the Washington Consensus: Restarting Growth and Reform in Latin America*. Washington, D.C.: Peterson Institute for International Economics.

Lacey, Marc. 2009. "With Deadly Persistence, Mexican Drug Cartels Get Their Way." *New York Times*, February 28.

La Nación. 2003. "Necesitamos más de cuatro años para volver al mercado de capitales." October 7.

———. 2004. "Por la crisis energética, en la Bolsa reinó un mal clima para los negocios." March 28.

———. 2005. "Chile será la variable de ajuste si falta el gas." April 3.

———. 2007. "Miceli dice que cometió un error, pero no un delito." July 7.

———. 2008. "La corte abre otra puerta al Corralito." April 29.

Landes, David. 2001. "Culture Makes Almost All the Difference." In *Culture Matters: How Values Shape Human Progress*, ed. Lawrence H. Harrison and Samuel P. Huntington. New York: Basic Books.

Landivar, Jorge. 2007. "Bolivia y el socialismo del siglo XXI." *La Historia Paralela*. June 4.

Lang, James. 1975. *Conquest and Commerce: Spain and England in the Americas*. New York: Academic Press.

La Porta Rafael, et al. 1998. "Law and Finance." *Journal of Political Economy* 106: 1113–55.

Lapper, Richard, and Mark Mulligan. 2002. "Government Selects 'Orthodox' Fiscal and Monetary Policy." *Financial Times*, January 15.

Larraín, Felipe, and Patricio Meller. 1991. "The Socialist-Populist Chilean

Experience: 1970–1973." In *The Macroeconomics of Populism in Latin America*, ed. Rudiger Dornbusch and Sebastian Edwards. Chicago: University of Chicago Press.

La Tercera. 2008. "Morales nacionaliza por decreto tres petroleras y una fi lial de Telecom." May 1.

———. 2009. "Pese a la crisis." March 8.

Lavagna, Roberto. 2004. "The IMF and Argentina, 1991–2001." Evaluation Report. IMF Independent Evaluation Office, Washington, D.C.

Lederman, Daniel, and Pablo Sanguinetti. 2003. "Trade Policy Options for Argentina in the Short and Long Run." *Revista Integración y Comercio* 19 (July–December): 205–42.

Le Monde Diplomatique. 2007. "Champ libre pour transformer l'Equator." November, 20–21.

Levine, Ross E., and David Renelt. 1992. "A Sensitivity Analysis of Cross-Country Growth Regressions." *American Economic Review* 82 (4): 942–63.

Levy, Santiago. 2008. *Good Intentions, Bad Outcomes: Social Policy, Informality, and Economic Growth in Mexico*. Washington, D.C.: Brookings Institution Press.

Lewis, Oscar. 1961. *The Children of Sánchez: Autobiography of a Mexican Family*. New York: Random House.

Little, I. M. D., et al. 1993. *Boom, Crisis and Adjustment: The Macroeconomic Experience of Developing Countries*. Oxford: Oxford University Press for the World Bank.

Loayza, Norman, Pablo Fajnzylber, and César Calderón. 2005. *Economic Growth in Latin America and the Caribbean: Stylized Facts, Explanations and Forecasts*. Washington, D.C.: World Bank.

López, Humberto, and Guillermo Perry. 2008. "Inequality in America: Determinants and Consequences." World Bank Policy Research Working Paper 4504, Washington, D.C.

López Maya, Margarita. 2003. "The Venezuelan Caracazo of 1989: Popular Protest and Institutional Weakness." *Journal of Latin American Studies* 35:117–37.

Lora, Eduardo, ed. 2007. *The State of State Reform in Latin America*. Stanford, Calif.: Stanford University Press.

Los Angeles Times. 2009. Mexico under Siege: The Drug War at Our Doorstep. Online series indexing *Los Angeles Times* coverage of "Mexico under Siege." http://projects.latimes.com/mexico-drug-war/#/its-a-war.

Loser, Claudio, and Eliot Kalter. 1992. "Mexico: The Strategy to Achieve Sustained Economic Growth." IMF Occasional Paper 99, International Monetary Fund, Washington, D.C.

Lovera, Aníbal. 1986. "La aceleración inflacionaria en Venezuela." *Pensamiento

Iberoamericano 9: 225–38.

LR21. 2007. "José Vicente Rangel: Chávez es el antipoder." February 19. http://www.larepublica.com.uy/mundo/246849-jose-vicente-rangel-chavez-es-el-antipoder.

Lustig, Nora. 1992. *Mexico: The Remaking of an Economy*. Washington, D.C.: Brookings Institution.

———, ed. 1995. *Coping with Austerity: Poverty and Inequality in Latin America*. Washington, D.C.: Brookings Institution.

———. 1998. *Mexico: The Remaking of an Economy*. 2nd ed. Washington, D.C.: Brookings Institution Press.

Lyons, John. 2008. "Bolivia Nationalizes Pipeline." *Wall Street Journal*, June 2.

Maddison, Angus. 2003. *The World Economy: Historical Statistics*. Paris: Organisation for Economic Co-operation and Development.

———. 2007. *Contours of the World Economy, 1–2030 AD: Essays in Macro-Economic History*. Oxford: Oxford University Press.

Malpass, David, and David Chon. 1994. "Mexican Pesos and Cetes Are Attractive." Bear Stearns newsletter, November 7.

Maluccio, John A. "Effects of Conditional Cash Transfer Programs on Current Poverty, Consumption, and Nutrition. International Food Policy Research Institute." Second International Workshop on Conditional Cash Transfer Programs, São Paulo, Brazil. http://siteresources.worldbank.org/SAFETYNETSANDTRANSFERS/Resources/281945-1131468287118/1876750-1140119752568/Maluccio_En.pdf.

Marichal, Carlos. 1989. *A Century of Debt Crises in Latin America: From Independence to the Great Depression, 1820–1930*. Princeton, N.J.: Princeton University Press.

Martínez, Eloy T. 2004. *Las vidas del general: Memorias del exilio y otros textos sobre Juan Domingo Perón*. Buenos Aires: Aguilar.

Martínez Dalmau, Rubén. 2008. *El proceso constituyente boliviano (2006–2008) en el marco del nuevo constitucionalismo latinoamericano*. La Paz: Editorial Enlace.

Martz, John D. 1995. "Political Parties and the Democratic Crisis." In *Lessons of the Venezuelan Experience*, ed. Louis Goodman, 31–53. Washington, D.C.: Woodrow Wilson Center Press.

Matthews, Herbert L. 1961. *The Cuban Story*. New York: George Braziller.

Maurer, Noel, and Stephen H. Haber. 2007. "Related Lending: Manifest Looting or Good Governance? Lessons from the Economic History of Mexico." In *The Decline of Latin American Economies: Growth, Institutions, and Crises*, ed. Sebastian Edwards, Gerardo Esquivel, and Graciela Márquez. Chicago: University of Chicago Press.

Mauro, Paolo. 1995. "Corruption and Growth." *Quarterly Journal of Economics* 110

(3): 681–712.

Meade, James E. 1951. *The Balance of Payments: Mathematical Supplement*. London: Oxford University Press.

Meyer, Josh. 2009. "Hundreds Arrested in U.S. Probe of Mexican Drug Cartel." *Los Angeles Times*, February 26.

Milanovic, Branko, and Lyn Squire. 2007. "Does Tariff Liberalization Increase Inequality? Some Empirical Evidence." In *Globalization and Poverty*, ed. Ann Harrison, 143–82. Chicago: University of Chicago Press.

Milesi-Ferretti, Gian M., and Assaf Razin. 1996. *Current-Account Sustainability*. Princeton Studies in International Finance 81. Princeton, N.J.: International Finance Section.

Mill, John Stuart. 1848. *The Principles of Political Economy: With Some of Their Applications to Social Philosophy*. Boston: Charles C. Little and James Brown.

Millman, Joel, and Darcy Crowe. 2008. "Chávez to Nationalize Ternium Unit." *Wall Street Journal*, April 10.

Mills, C. Wright. 1960. *Listen, Yankee: The Revolution in Cuba*. New York: Ballantine.

Molina, Evaristo. 1898. *Bosquejo de la hacienda pública de Chile desde la independencia hasta la fecha (1898)*. Santiago: Imprenta Nacional.

Morales, Marco A. 2008. "Have Latin Americans Turned Left ?" In *Left overs*: *Tales of the Latin American Left*, ed. Jorge C. Castañeda and Marco A. Morales. New York: Routledge.

Mundell, Robert A. 1995. "The International Monetary System: The Missing Factor." *Journal of Policy Modeling* 17 (5): 479–92.

Mussa, Michael. 2002. *Argentina and the Fund: From Triumph to Tragedy*. Washington, D.C.: Institute for International Economics.

Naím, Moisés. 1993. *Paper Tigers and Minotaurs: The Politics of Venezuela's Economic Reforms*. Washington, D.C.: Carnegie Endowment for International Peace.

———. 2001a. "High Anxiety in the Andes: The Real Story behind Venezuela's Woes." *Journal of Democracy* 12 (2): 17–31.

———. 2001b. *The Venezuelan Story: Revising the Conventional Wisdom*. Washington, D.C.: Carnegie Endowment for International Peace.

———. 2006. *Illicit: How Smugglers, Traffickers and Copycats Are Hijacking the Global Economy*. New York: Anchor Books.

Neruda, Pablo. 1950. *Canto general*. Mexico City: Talleres Gráficos de la Nación.

———. 1973. *Incitación al nixonicidio y alabanza de la revolución chilena*. Mexico City: Editorial Grijalbo.

New York Times. 2009. "Brazilians Vote Today in a Free and Unpredictable Election." November 15.

North, Douglass C. 1990. *Institutions, Institutional Change, and Economic Perfor-

mance. Cambridge: Cambridge University Press.

———. 1993. "The Ultimate Sources of Economic Growth." In *Explaining Economic Growth: Essays in Honour of Angus Maddison*, ed. Adam Szirmai, Bart van Ark, and Dirk Pilat. Amsterdam: North-Holland.

OECD (Organisation for Economic Co-operation and Development). 2007. *PISA 2006: Science Competencies for Tomorrow's World*. Vol. 1, *Analysis*. Paris: OECD Publishing.

O'Grady, Mary A. 2008. "The FARC's Foreign Friends." *Wall Street Journal*, June 2.

———. 2009. "A Stimulus Plan for Mexican Gangsters." *Wall Street Journal*, March 2.

Oppenheimer, Andrés. 2007. *Saving the Americas: The Dangerous Decline of Latin America and What the U.S. Must Do*. Mexico, D.F.: Random House Mondadori.

Ortega, Daniel, and Francisco R. Rodríguez. 2008a. "Freed from Illiteracy? A Closer Look at Venezuela's *Robinson* Campaign." *Economic Development and Cultural Change* 57 (1): 1–30.

———. 2008b. "A Response to Rosnick and Weisbrot." Available at http://frrodriguez.web.wesleyan.edu/docs/working_papers/Response_to_RW.pdf.

Palma, Pedro A. 1989. "La económica venezolana en el período (1974–1988)." In *Venezuela contemporánea, 1974–1989*, ed. Pedro Cunill Grau et al. Caracas: Fundación Eugenio Mendoza.

Parente, Stephen L., and Edward C. Prescott. 2000. *Barriers to Riches*. Cambridge, Mass.: MIT Press.

Pastor, Manuel, and Carol Wise. 2005. "The Lost Sexenio: Vicente Fox and the New Politics of Economic Reform in Mexico." *Latin American Politics and Society* 47 (4): 135–60.

Penfold-Becerra, Michael. 2007. "Clientelism and Social Funds: Evidence from Chávez's Misiones." *Latin American Politics and Society* 49 (4): 63–84.

Perry, Guillermo, J. Humberto López, William F. Maloney, Omar Arias, and Luis Serven. 2006. *Poverty Reduction and Growth: Virtuous and Vicious Circles*. Washington, D.C.: World Bank.

Perry, Guillermo, et al. 2007. *Informality: Exit and Exclusion*. Washington, D.C.: World Bank.

Petras, James. 2008. "Democracy, Socialism, and Imperialism." James Petras Web site. http://petras.lahaine.org/articulo.php?p=1729&more=1&c=1.

Polity Index Task Force. 2009. Polity IV Project: Regime Authority Characteristics and Transition Database. Center for Systemic Peace. http://www.systemicpeace.org/polity/polity4.htm (accessed February 2009).

Prados de la Escosura, Leandro. 2007. "When Did Latin America Fall Behind?" In *The Decline of Latin American Economies: Growth, Institutions, and Crises*, ed. Sebastian Edwards, Gerardo Esquivel, and Graciela Márquez. Chicago: University

of Chicago Press.
Prebisch, Raúl. 1984. "Five Stages in My Thinking on Development." In *Pioneers in Development*, ed. Gerald M. Meier and Dudley Seers. Oxford: Oxford University Press.
Przeworski, Adam. 2008. "Does Politics Explain the Economic Gap between the United States and Latin America?" In *Falling Behind: Explaining the Development Gap between Latin America and the United States*, ed. Francis Fukuyama. New York: Oxford University Press.
Rabello de Castro, Paulo, and Marcio Ronci. 1991. "Sixty Years of Populismo in Brazil." In *The Macroeconomics of Populism in Latin America*, ed. Rudiger Dornbusch and Sebastian Edwards. Chicago: University of Chicago Press.
Reid, Michael. 2007. *Forgotten Continent: The Battle for Latin America's Soul*. New Haven, Conn.: Yale University Press.
Roberts, Kenneth M. 1995. "Neoliberalism and the Transformation of Populism in Latin America: The Peruvian Case." *World Politics* 48 (1): 82–116.
Robinson, James A. 2008. "Latin American Equilibrium." In *Falling Behind: Explaining the Development Gap between Latin America and the United States*, ed. Francis Fukuyama, 161–93. New York: Oxford University Press.
Rodó, José, E. 1900. "Ariel." In *Ariel*, trans. F. J. Stimson. Boston: Riverside, 1922.
Rodríguez, Francisco R. 2008a. "An Empty Revolution: The Unfulfilled Promises of Hugo Chávez." *Foreign Affairs* 87 (2): 49–62.
———. 2008b. "Revolutionary Road? Debating Venezuela's Progress." *Foreign Affairs* 87 (4): 160–62.
Rodrik, Dani. 2006. "Goodbye Washington Consensus, Hello Washington Confusion? A Review of the World Bank's Economic Growth in the 1990s: Learning from a Decade of Reform." *Journal of Economic Literature* 44 (4): 973–87.
Rodrik, Dani, and Francisco Rodríguez. 2001. "Trade Policy and Economic Growth: A Skeptic's Guide to the Cross-National Evidence." In *Macroeconomics Annual 2000*, ed. Ben Bernanke and Kenneth S. Rogoff. Cambridge, Mass.: MIT Press for National Bureau of Economic Research.
Rodrik, Dani, Arbind Subramanina, and Francesco Trebbi. 2002. *Institutions Rule: The Primacy of Institutions over Geography and Integration in Economic Development*. Cambridge, Mass.: Kennedy School of Government, Harvard University.
Rosenstein-Rodan, Paul. 1974. "Why Allende Failed." *Challenge* 17 (May–June): 1–14.
———. 1984. "Natura Facit Saltum: Analysis of the Disequilibrium Growth Process." In *Pioneers in Development*, ed. Gerald M. Meier and Dudley Seers. Oxford: Oxford University Press.
Rosnick, David, and Mark Weisbrot. 2008. "'Illiteracy' Revisited: What Ortega and Rodríguez Read in the Household Survey." CEPR Reports and Issue Briefs 2008–

16, Center for Economic and Policy Research, Washington, D.C.

SAC (Sociedad de Agricultores de Colombia). 1991. "La apertura, el entorno macroeconómico y su incidencia en el sector agropecuario." *Revista Nacional de Agricultura* 896:35–42.

Sachs, Jeffrey. 2002. "Duhalde's Wrong Turn: Dollarisation Would Have Been a Better Bet in a Chronically Indisciplined Country like Argentina." *Financial Times*, January 11, 13.

Salamanca, Luis, and Roberto Viciano Pastor. 2004. *El sistema político en la Constitución Bolivariana de Venezuela*. Caracas: Vandell Hermanos.

Sarmiento, Domingo F. 1845. "Facundo: Civilization and Barabarism." In *Facundo: Civilization and Barbarism*, trans. Roberto González. Berkeley: University of California Press, 2003.

———. 1849. "Viajes en Europa, Africa i América, 1845–1847." In *A Sarmiento Anthology*, ed. Allison Williams. Princeton: Princeton University Press, 1948.

Schemo, Diana Jean. 1996. "Politics, Passion and Graft at Issue in Rio Slayings." *New York Times*, June 28.

Schetinno, Macario. 2007. *Cien años de confusión: México en el siglo XX*. Mexico, D.F.: Taurus.

Schumpeter, Joseph A. 1939. *Business cycles: A Theoretical, Historical, and Statistical Analysis of the Capitalist Process*. New York: McGraw-Hill.

Sheahan, John. 1987. *Patterns of Development in Latin America: Poverty, Repression, and Economic Strategy*. Princeton: Princeton University Press.

Smith, Adam. 1776. *An Inquiry into the Nature and Causes of the Wealth of Nations*. Ed. Edwin Cannan. London: Methuen and Co., 1904.

Soto, Hernando de. 2000. *The Mystery of Capital: Why Capitalism Triumphs in the West and Fails Everywhere Else*. New York: Basic Books.

Spiller, Pablo T., and Mariano Tommasi. 2007. *The Institutional Foundations of Public Policy in Argentina: A Transaction Cost Approach*. Cambridge: Cambridge University Press.

Stein, Barbara H., and Stanley Stein. 1970. *The Colonial Heritage of Latin America: Essays on Economic Dependence in Perspective*. New York: Oxford University Press.

Stiglitz, Joseph E. 2002. *Globalization and Its Discontents*. New York: Norton.

———. 2006. *Making Globalization Work*. New York: Norton.

Stokes, Susan C. 2001. *Mandates and Democracy: Neoliberalism by Surprise in Latin America*. Cambridge: Cambridge University Press.

Sunstein, Cass R. 1993. "The Negative Constitution: Transition in Latin America." In *Transition to democracy in Latin America: The Role of the Judiciary*, ed. Irwin P. Stotzky. Boulder, Colo.: Westview Press.

Syme, Ronald. 1958. *Colonial Elites: Rome, Spain and the Americas*. London: Oxford University Press.

Taylor, John. 2002. "Argentina Economic Update." Testimony before the Subcommittee on International Monetary Policy and Trade of the House Financial Services Committee, February 6.

Teijeiro, Mario. 2001. "Una vez más la política fiscal." Centro de Estudios Públicos, Buenos Aires. http://www.cep.org.ar/articulo.php?ids=156.

Templeton, Andrew. 1995. "The Evolution of Popular Opinion." In *Lessons of the Venezuelan Experience*, ed. Louis Goodman, 79–114. Washington, D.C.: Woodrow Wilson Center Press.

Tenembaum, Ernesto. 2004. *Enemigos: Argentina y el FMI, la apasionante discusión entre un periodista y uno de los hombres clave del Fondo en los noventa*. Buenos Aires: Grupo Editorial Norma.

Thorp, Rosemary. 1998. *Progress, Poverty and Exclusion: An Economic History of Latin America in the 20th Century*. Washington, D.C.: Inter-American Development Bank.

Tocqueville, Alexis de. 1835. *Democracy in America*. New York: Signet Classics, 2001.

Tommasi, Mariano. 2006. "The Economic Foundations of Public Policy." *Economia* 6:2.

Transparency International. 2009. Corruption Perceptions Indexes. http://www.transparency.org/policy_research/surveys_indices/cpi (accessed February 2009).

Uchitelle, Louis. 1998. "Ounces of Prevention for the Next Crisis." *New York Times*. February 1.

U.S. Department of State. 1975. *Covert Action in Chile 1963–1973*. Washington, D.C.: U.S. Government Printing Office.

———, Bureau of Democracy, Human Rights and Labor. 2007. *El Salvador: Country Reports on Human Rights Practices*. http://www.state.gov/g/drl/rls/hrrpt/2006/78891.htm. March 6.

Valdés, Juan Gabriel. 1995. *Pinochet's Economists: The Chicago School of Economics in Chile*. Cambridge: Cambridge University Press.

Vanhanen, Tatu. 1997. *Prospects of Democracy: A Study of 172 Countries*. New York: Routledge.

Vargas, Mauricio. 1993. *Memorias secretas del revolcón: La historia íntima del polémico gobierno de César Gaviria, revelado por uno de sus protagonistas*. Bogotá: Tercer Mundo Editores.

Vargas Llosa, Alvaro. 2005. *Liberty for Latin America: How to Undo Five Hundred Years of State Oppression*. New York: Farrar, Straus and Giroux.

Vela, Abraham. 1993. "Three Essays on Inflation and Stabilization: Lesson from the Mexican Solidarity Pact." PhD diss., University of California, Los Angeles.

Véliz, Claudio. 1980. *The Centralist Tradition of Latin America*. Princeton: Princeton University Press.

———. 1994. *The New World of the Gothic Fox: Culture and Economy in English and Spanish America*. Berkeley: University of California Press.

Viciano Pastor, Roberto, and Rubén Martínez Dalmau. 2008. "Ganar o perder? La propuesta de reforma constitucional en Venezuela y el referendo de diciembre de 2007." Centro de Estudios Políticos y Sociales Working Paper, Valencia, Spain.

Vinogradoff, Ludmila. 2009. "El Gobierno de Chávez califica de 'falso' el informe de EE.UU. sobre los derechos humanos." February 27. http://www.abc.es/20090226/internacional-iberoamerica/gobierno-chavez-califi ca-falso-200902262107.html.

Voigt, Stefan. 1998. "Making Constitutions Work: Conditions for Maintaining the Rule of Law." *Cato Journal* 18 (2): 191–208.

Vulliamy, Ed. 2002. "Venezuela Coup Linked to Bush Team." *Observer*, April 21.

Wacziarg, Romain, and Karen H. Welch. 2008. "Trade Liberalization and Growth: New Evidence." *World Bank Economic Review* 22 (2): 187–231.

Walker, Ignacio. 2008. "Democracy and Populism in Latin America." Kellogg Institute for International Studies Working Paper 347.

Wall Street Journal. 2008. "Venezuela's Chávez Urges End to Colombia's Insurgency." June 9.

Weber, Max. 1958. *The Protestant Ethic and the Spirit of Capitalism*. Translated by Talcott Parsons. New York: Scribner.

Weil, David N. 2005. *Economic Growth*. Boston: Addison-Wesley.

Wessel, D., P. B. Carroll, and T. T. Vogel Jr. 1995. "Peso Surprise: How Mexico's Crisis Ambushed Top Minds in Officialdom, Finance." *Wall Street Journal*, July 6, eastern edition.

West, Robin. 1993 "The Aspirational Constitution." *Northwestern University Law Review* 88 (2): 265–71.

Weyland, Kurt. 2003. "Neopopulism and Neoliberalism in Latin America: How Much Affi nity." *Third World Quarterly* 24 (6): 1095–1115.

———. 2007. *Bounded Rationality and Policy Diffusion: Social Sector Reform in Latin America*. Princeton: Princeton University Press.

Wilde, Oscar. 1899. *An Ideal Husband*. London: L. Smithers and Co.

Williamson, Edwin. 1992. *The Penguin History of Latin America*. London: Penguin.

Williamson, John. 1990. *Latin American Adjustment: How Much Has Happened?* Washington, D.C.: Peterson Institute for International Economics.

Wilpert, Gregory. 2007. "Venezuela to Introduce Local Currencies." Venezuelanalysis.com, March 30. http://www.venezuelanalysis.com/news/2310.

Wilson, Dominic, and Roopa Purushothaman. 2003. "Dreaming with BRICs: The Path to 2050." Goldman Sachs Global Economics Paper 99. http://www2.

goldmansachs.com/ideas/brics/book/99-dreaming.pdf.

World Bank. 1992. *Trends in Developing Economies*. Washington, D.C.: World Bank.

———. 2003. *Inequality in Latin America and the Caribbean: Breaking with History?* Washington, D.C.: World Bank.

———. 2006. *Poverty Reduction and Growth: Virtuous and Vicious Cycles* Washington, D.C.: World Bank.

———. 2008. *Raising Student Learning in Latin America: The Challenge for the 21st Century*, Washington, D.C.: World Bank.

———. 2009a. Doing Business data set, 2008–9. The World Bank Group. http://www.doingbusiness.org/ (accessed February 2009).

———. 2009b. World Development Indicators. http://ddp-ext.worldbank.org/ext/DDPQQ/member.do?method=getMembers&userid=1&queryId=135.

World Bank. 2009c. Worldwide Governance Indicators, 1996–2008. http://info.worldbank.org/governance/wgi/index.asp.

World Economic Forum. 2008. The Global Competitiveness Index Rankings and 2007– 2008 Comparisons. World Economic Forum. http://www.weforum.org/pdf/gcr/2008/rankings.pdf (accessed February 2009).

———. 2009. *The Global Competitiveness Report 2008–2009*. Geneva: World Economic Forum.

Yen, Goh C. 2006. "EU, Japan Propose New WTO Treaties to Prevent Export Taxes." Third World Network, April 24. http://www.twnside.org.sg/title2/twninfo396.htm.

포퓰리즘의 거짓 약속

펴낸날	초판 1쇄 2012년 6월 29일
지은이	세바스티안 에드워즈
옮긴이	이은진
펴낸이	심만수
펴낸곳	(주)살림출판사
출판등록	1989년 11월 1일 제9-210호

경기도 파주시 문발동 522-1
전화 031)955-1350 팩스 031)955-1355
기획·편집 031)955-4675
http://www.sallimbooks.com
book@sallimbooks.com

ISBN 978-89-522-1909-1 03320

※ 값은 뒤표지에 있습니다.
※ 잘못 만들어진 책은 구입하신 서점에서 바꾸어 드립니다.

책임편집 **류혜정**